校企合作财经专业精品教材

互联网+教育改革新理念教材

会计电算化教程

主编　李平原　王子国

镇　江

内容提要

本着“理论够用、强化应用、培养技能”的原则，本书以用友ERP-U872软件为平台，企业经济业务活动为主线，系统讲解了用友ERP-U872软件的基本工作原理、操作方法和工作流程。全书共八个项目，内容包括系统应用基础、总账管理系统、薪资管理系统、固定资产管理系统、应收款管理系统、应付款管理系统、UFO报表系统和供应链管理系统。

本书结构合理、内容实用，不仅可作为财经专业学生的教学用书，也可作为会计从业人员和企业管理人员的学习参考用书。

图书在版编目（CIP）数据

会计电算化教程 / 李平原，王子国主编. -- 镇江 ：江苏大学出版社，2014.8（2023.1 重印）
ISBN 978-7-81130-773-3

Ⅰ. ①会… Ⅱ. ①李… ②王… Ⅲ. ①会计电算化－高等职业教育－教材 Ⅳ. ①F232

中国版本图书馆CIP数据核字(2014)第182663号

会计电算化教程

Kuaiji Diansuanhua Jiaocheng

主　　编 / 李平原　王子国
责任编辑 / 吴昌兴　仲　蕙
出版发行 / 江苏大学出版社
地　　址 / 江苏省镇江市京口区学府路301号（邮编：212013）
电　　话 / 0511-84446464（传真）
网　　址 / http://press.ujs.edu.cn
排　　版 / 三河市祥达印刷包装有限公司
印　　刷 / 三河市祥达印刷包装有限公司
开　　本 / 787 mm×1 092 mm　1/16
印　　张 / 18.25
字　　数 / 421千字
版　　次 / 2014年8月第1版
印　　次 / 2023年1月第8次印刷
书　　号 / ISBN 978-7-81130-773-3
定　　价 / 49.60元

编者的话

“会计电算化”是信息化时代下处理会计事务的强有力工具。随着科学技术的发展，信息化时代的到来，企业对能够熟练运用会计信息系统的会计电算化人才的需求量大幅增长。为了贯彻财政部颁发的《企业会计信息化工作规范》，推进会计电算化人才建设，培养适应企业需求的人才，我们以“理论够用、强化应用、培养技能”为原则，组织编写了这本《会计电算化教程》，竭力将知识传授、能力培养、素质教育融为一体，以期着重培养学生的实际操作能力，促进“教、学、做”一体化。

本书依托用友 ERP-U872 软件，从企业实际应用出发，以企业经济业务活动为主线，系统讲解用友 ERP-U872 软件的基本工作原理、操作方法和工作流程，重点介绍用友 ERP-U872 软件的系统应用基础、总账管理系统、薪资管理系统、固定资产管理系统、应收款管理系统、应付款管理系统、UFO 报表系统和供应链管理系统。在对任务经济业务的处理上，本书采用最新《企业会计准则》、“营改增”后税法的相关规定，以工业企业为背景，所选业务具有典型性和可操作性。

本书的编写主要有以下特色：

1．项目导向，任务驱动

本书基于工作过程安排内容，注重会计基础知识与基本技能的结合，帮助学生形成职业能力。

2．简明实用，内容新颖

本书以用友 ERP-U872 软件为操作平台，结合最新的《企业会计信息化工作规范》《会计档案管理办法》的规范要求，理论联系实际，重点突出会计岗位对会计人员电算化核算能力的要求，全面介绍了企业现代化管理软件操作的基本思想与基本流程、主要操作方法及实用技巧，内容新颖、通俗易懂。

3．图文并茂，直观易懂

本书在财务软件应用讲解中采用直观的画面和清晰的步骤进行说明，使复杂问题简单化、学习过程具体化，图文并茂、简明扼要、直观易懂，能帮助学生更好地理解相关内容，掌握用友 ERP-U872 软件的操作。

4．流程明确，操作规范

本书全面介绍了用友 ERP-U872 软件操作流程，对任务提供了明确的实验向导。此外，本书还根据财务软件教学实践需要，精心制作了软件操作视频，扫码即学，便于学生有针对性地进行学习，帮助学生更轻松地理解和掌握用友 ERP-U872 软件的相关操作。

本书由李平原、王子国担任主编，刘卫民、姜惠担任副主编。在编写过程中，我们参考了大量的文献资料，未能一一列明来源，在此向这些作者表示诚挚的谢意。

由于编写时间仓促，编者水平有限，书中难免存在疏漏与不当之处，敬请广大读者批评指正。

目 录

项目一　系统应用基础……1
任务一　了解会计电算化……2
知识准备……2
一、了解会计电算化……2
二、熟悉会计电算化信息系统……4
任务二　学会会计电算化软件的安装……6
知识准备……6
任务实施……7
一、软件安装前准备……7
二、安装用友 ERP-U872……8
任务三　熟悉系统平台……11
知识准备……11
一、认识系统平台……11
二、了解基础设置……12
任务实施……13
一、任务目标……13
二、任务资料……13
三、任务操作……17
项目训练……28
项目二　总账管理系统……30
任务一　了解总账管理系统……31
知识准备……31
一、总账管理系统概述……31
二、总账管理系统的初始化设置……34
任务实施……37
一、任务目标……37
二、任务资料……37
三、任务操作……42
任务二　凭证管理……54
知识准备……54
一、填制凭证……54
二、审核凭证……56
三、凭证汇总……57
四、凭证记账……57
任务实施……57
一、任务目标……57
二、任务资料……57
三、任务操作……58
任务三　账簿管理……74
知识准备……75
一、基本会计核算账簿管理……75
二、各种辅助核算账簿管理……75
三、现金流量表查询……75
任务实施……76
一、任务目标……76
二、任务操作……76
任务四　出纳管理……80
知识准备……80
一、出纳签字……80
二、日记账及资金日报表的输出……80
三、支票登记簿的管理……81
四、银行对账……81
任务实施……82
一、任务目标……82
二、任务资料……82
三、任务操作……82
任务五　期末处理……86
知识准备……86
一、银行对账……86

二、自动转账 …… 87
三、对账 …… 89
四、结账 …… 89
任务实施 …… 90
一、任务目标 …… 90
二、任务资料 …… 90
三、任务操作 …… 91
项目训练 …… 101

项目三 薪资管理系统 …… 104
任务一 了解薪资管理系统 …… 105
知识准备 …… 105
一、薪资管理系统概述 …… 105
二、薪资管理系统初始设置 …… 107
任务实施 …… 108
一、任务目标 …… 108
二、任务资料 …… 109
三、任务操作 …… 110
任务二 薪资管理系统日常业务处理 …… 118
知识准备 …… 119
一、工资数据管理 …… 119
二、工资分钱清单 …… 119
三、个人所得税的计算与申报 …… 119
四、银行代发 …… 119
五、工资分摊 …… 120
六、工资数据查询统计 …… 120
任务实施 …… 120
一、任务目标 …… 120
二、任务资料 …… 120
三、任务操作 …… 121
任务三 薪资管理系统期末业务处理 …… 126
知识准备 …… 126
一、月末结转 …… 126
二、年末结转 …… 127
任务实施 …… 127
一、任务目标 …… 127
二、任务操作 …… 127
项目训练 …… 129

项目四 固定资产管理系统 …… 132
任务一 了解固定资产管理系统 …… 133
知识准备 …… 133
一、固定资产管理系统概述 …… 133
二、固定资产管理系统初始设置 …… 133
任务实施 …… 135
一、任务目标 …… 135
二、任务资料 …… 135
三、任务操作 …… 137
任务二 固定资产管理系统日常业务处理 …… 146
知识准备 …… 146
一、资产增减 …… 146
二、资产变动 …… 146
三、资产评估 …… 147
四、生成凭证 …… 147
五、账簿管理 …… 147
任务实施 …… 148
一、任务目标 …… 148
二、任务资料 …… 148
三、任务操作 …… 148
任务三 固定资产管理系统期末业务处理 …… 156
知识准备 …… 156
一、对账 …… 156
二、月末结账 …… 156
三、计提减值准备 …… 156
四、计提折旧 …… 156
任务实施 …… 157
一、任务目标 …… 157
二、任务资料 …… 157
三、任务操作 …… 157
项目训练 …… 159

项目五　应收款管理系统 ……162
任务一　了解应收款管理系统 ……163
知识准备 ……163
一、应收款管理系统概述 ……163
二、应收款管理系统的初始化设置 ……165
任务实施 ……167
一、任务目标 ……167
二、任务资料 ……167
三、任务操作 ……169
任务二　应收款管理系统日常业务处理 ……177
知识准备 ……177
一、单据处理 ……177
二、票据处理 ……178
三、转账处理 ……178
四、坏账处理 ……178
任务实施 ……179
一、任务目标 ……179
二、任务资料 ……179
三、任务操作 ……180
任务三　应收款管理系统期末业务处理 ……194
知识准备 ……194
一、单据查询 ……194
二、账表管理 ……194
三、期末处理 ……195
任务实施 ……195
一、任务目标 ……195
二、任务操作 ……195
项目训练 ……196

项目六　应付款管理系统 ……200
任务一　了解应付款管理系统 ……201
知识准备 ……201
一、应付款管理系统概述 ……201
二、应付款管理系统的初始化设置 ……203
任务实施 ……204
一、任务目标 ……204
二、任务资料 ……205
三、任务操作 ……206
任务二　应付款管理系统日常业务处理 ……211
知识准备 ……211
一、单据处理 ……211
二、票据处理 ……212
三、转账处理 ……212
四、制单处理 ……213
任务实施 ……213
一、任务目标 ……213
二、任务资料 ……213
三、任务操作 ……214
任务三　应付款管理系统期末业务处理 ……225
知识准备 ……226
一、单据查询 ……226
二、账表管理 ……226
三、期末处理 ……228
任务实施 ……228
一、任务目标 ……228
二、任务操作 ……228
项目训练 ……234

项目七　UFO 报表系统 ……237
任务一　了解 UFO 报表系统 ……238
知识准备 ……238
一、UFO 报表系统功能概述 ……238
二、UFO 报表系统与其他管理系统的主要关系 ……239
三、UFO 报表系统的业务处理流程 ……239
四、UFO 报表系统的基本概念 ……240
任务二　创建报表格式 ……242
知识准备 ……242
一、报表格式定义 ……242

二、报表模板……242
任务实施……243
一、任务目标……243
二、任务资料……243
三、任务操作……243
任务三　定义报表公式……247
知识准备……248
一、报表公式……248
二、财务报表数据……248
任务实施……250
一、任务目标……250
二、任务资料……250
三、任务操作……250
任务四　生成报表……253
知识准备……253
一、报表数据处理……253
二、表页管理及报表输出……254
三、图表功能……254
任务实施……254
一、任务目标……254
二、任务操作……254
项目训练……260
项目八　供应链管理系统……263
任务一　了解供应链管理系统……264
知识准备……264
一、供应链管理系统概述……264
二、供应链管理系统的初始设置……266
任务二　采购管理系统……268
知识准备……268
一、采购管理系统概述……268
二、采购管理系统日常业务处理……269
三、采购管理系统期末处理……270
任务三　销售管理系统……271
知识准备……271
一、销售管理系统概述……271
二、销售管理系统日常业务处理……271
三、销售管理系统期末处理……272
任务四　库存管理系统……273
知识准备……273
一、库存管理系统概述……273
二、库存管理系统日常业务处理……274
三、库存管理系统期末处理……275
任务五　存货核算系统……276
知识准备……276
一、存货核算系统概述……276
二、存货核算系统日常业务处理……276
三、存货核算系统期末处理……277
本章综合训练……278

项目一 系统应用基础

1

职业能力目标

知识目标

了解会计电算化的主要内容。
理解会计电算化的意义。
熟悉会计电算化系统的功能结构。
熟悉系统管理的主要功能。
理解账套管理的主要内容。
掌握常见基础档案的设置内容和设置方法。

能力目标

能简单组建一个会计信息系统。
能进行会计电算化的准备、组织和实施工作。
能熟练安装用友 ERP-U872。
能正确建账并合理分工。
能在会计信息系统中设置基础档案。

职业目标

能根据企业的实际情况判断其适宜的会计电算化形式。
能建立企业会计电算化信息系统的内部管理制度。
能根据企业的需要设置各类基础档案。

会计实践活动的发展，迄今已有 3 000 多年的历史。随着社会的发展、现代管理的需要，会计部门的职能日益增多，会计工作人员的工作量也越来越大，手工会计越来越难以满足管理的实时性和准确性。因此，将计算机技术和信息技术应用到会计工作领域成为历史必然的选择。

任务一　了解会计电算化

金源公司总经理田原在参加行业研讨会时，发现本市不少与本公司规模相近的企业都采用了会计软件进行会计核算，并且他们都表示会计电算化比手工会计进步得多。田原也觉得随着公司的发展，公司的财务部门也应当进行会计电算化的改革，但自己对于什么是会计电算化、会计电算化软件有哪些并不是十分清楚。于是，田原来到公司财务部门，向会计主管张新宁请教会计电算化的含义及作用。

知识准备

一、了解会计电算化

会计电算化的概念有狭义和广义之分。狭义的会计电算化是指以电子计算机为主体的当代电子信息技术在会计工作中的应用，即利用会计软件通过电子计算机替代手工完成会计工作的过程。广义的会计电算化是指与实现会计工作电算化有关的所有工作，包括会计电算化软件的开发和应用、会计电算化人才的培养、会计电算化的宏观规划、会计电算化的制度建设、会计软件市场的培育与发展等。

（一）会计电算化的发展阶段

按照会计电算化的服务层次和提供信息的深度，通常将会计电算划分为三个不同的发展阶段，即会计核算电算化、会计管理电算化和会计决策电算化。

1. 会计核算电算化

会计核算电算化是会计电算化的初级阶段。这一阶段主要是运用计算机代替手工核算，反映企业的经营活动情况，处理具体的经济业务。这一阶段的主要任务是处理会计科目、填制会计凭证、登记会计账簿、结账、进行成本核算及编制会计报表等。

2. 会计管理电算化

会计管理电算化是在会计核算电算化的基础上，利用会计核算系统提供的数据和其他有关信息，借助会计管理软件提供的功能和其他信息，帮助财会人员合理地规划和运用资金，以达到节约生产成本和费用开支，最终提高经济效益的目的。会计管理电算化主要起进行会计管理、监督企业经营活动的作用。

3．会计决策电算化

会计决策电算化是会计电算化的高级阶段。它是在会计管理电算化系统提供信息的基础上，结合其他数据和信息，借助决策支持系统的理论和方法，帮助决策者制定科学的决策，其主要任务是进行会计决策、参与企业经营管理、辅助和支持决策者做出决策。

✓ 所谓决策支持系统是一种辅助人们进行决策的人机会话系统，它并非代替人决策，而是以现代信息技术为手段，为决策者提供所需要的各类信息，提供相应的科学方法和数学模型，帮助决策者选择最佳方案，以减少或避免决策失误，降低决策风险。

（二）会计电算化的作用

会计电算化是会计发展史上的一次重大变革，它的产生对会计理论和实务产生了重大影响，对于提高会计核算的质量、促进会计职能转变、提高经济效益和加强国民经济宏观管理，都有十分重要的作用。

1．减轻会计人员的劳动强度，提高工作效率

在会计电算化环境下，只要将原始凭证或记账凭证按照规定的格式录入计算机，计算机就可以自动完成大量的数据计算、存储、检索和输出工作。这样就可以大大减轻财会人员繁重的记账、算账、报账工作，使会计工作更加高效、及时。

2．促进会计工作的规范化，提高会计工作质量

在手工操作环境下，会计核算工作出现差错是不可避免的现象。而在会计电算化环境下，数据处理工作均由计算机根据规范的会计软件自动处理，会计人员只要保证数据录入环节的正确性与合法性，就能够保证整个会计数据处理过程及其结果的正确性与规范性。因此，实施会计电算化的过程，也就是促进会计工作标准化、制度化、规范化的过程。

3．提高企业现代化经营管理水平

在手工操作环境下，受人工处理信息能力的限制，企业的管理和决策随意性很大。随着会计电算化的出现和逐步完善，会计电算化能够为企业提供科学及时的决策基础，使企业从经验化管理转为科学化管理，使企业的经营管理过程不但可以做到事中控制、反馈和管理，还可以通过计算机决策模型对各项管理活动进行事先预测和决策，大大提高企业的现代化经营管理水平。

另一方面，在整个行业、地区都实现会计电算化后，大量的经济信息资源可以共享，通过计算机网络的信息传递，企业可以满足部门管理、企业管理、行业管理、跨国公司管理对信息的需要，这将为管理人员利用企业内部和外部的信息进行管理、分析、预测和决策提供良好的机遇。

4．推进会计体系的不断发展

会计电算化不仅使传统会计使用的介质、工具等形式发生了变化，而且对会计核算的方式、程序、内容和方法，甚至管理制度都提出了相应的变化要求，给会计学的发展带来

了一场深刻的变革。会计电算化的进一步发展，必然会对会计理论和会计实践提出更多新的问题和新的要求，从而促进会计理论与实践的进一步发展和提高。

二、熟悉会计电算化信息系统

（一）会计电算化信息系统的构成要素

会计电算化信息系统的构成要素包括人员、计算机硬件、计算机软件、管理制度和数据五个部分。

1. 人员

人员是指会计电算化软件的日常使用人员，如会计主管、系统开发人员、系统维护人员、凭证录入人员、凭证审核人员、档案管理人员等。会计电算化要求其工作人员必须具备计算机和财务会计等多方面的知识。

2. 计算机硬件

计算机硬件是指进行会计数据录入、处理、存储及输出的各种电子设备，主要包括键盘、扫描仪等录入设备，打印机、显示器等输出设备，通信设备，数据存储设备等。

3. 计算机软件

计算机软件是控制计算机系统运行的计算机程序和文档资料的总称，一般分为系统软件和应用软件。在会计电算化信息系统中，计算机软件主要是指会计核算软件。

4. 管理制度

会计电算化的管理制度包括宏观和微观两个方面。宏观方面是指国家的有关法律法规；微观方面是指企业内部的管理制度。

5. 数据

会计电算化信息系统的数据是指以各种方式取得的会计记录资料，如各种凭证、票据等。与手工会计数据处理相比，会计电算化信息系统可以使数据处理一体化、集中化，信息存储无纸化，查询高速自动化及档案管理简洁化。

（二）会计电算化信息系统的功能结构

会计电算化信息系统为企业的财务管理提供了一个灵活、综合性的管理平台，按其职能主要包括总账管理系统，薪资管理系统，固定资产管理系统，应收、应付款管理系统，成本管理系统，报表管理系统，财务分析系统，供应链管理系统和其他管理子系统等几大模块。

1. 总账管理系统

为了适应计算机管理的需要，可以把设置账户、复式记账、填制和审核凭证、登记账簿等统称为账务处理。完成账务处理工作的系统称为总账管理系统。总账管理系统以凭证为数据处理起点，通过凭证录入和处理，完成记账、银行对账、结账、账簿查询及打印输出等工作。

总账管理系统在整个会计电算化信息系统中处于最基础和最核心的地位，同其他管理西游紧密连接。

2．薪资管理系统

薪资管理系统是进行工资核算和管理的模块。该系统以人力资源管理提供的员工及其工资的基本数据为依据，完成员工工资数据的收集、员工工资的核算、工资发放、工资费用的汇总和分摊、个人所得税计算，并按照部门、项目、个人时间等条件进行工资分析、查询和打印输出，同时提供该系统与其他管理系统的数据接口管理。

3．固定资产管理系统

固定资产管理系统主要是以固定资产卡片和固定资产明细账为基础，实现固定资产的会计核算、折旧计提和分配、设备管理等功能，同时提供了固定资产按类别、使用情况、所属部门、价值结构等进行分析、统计和各种条件下的查询和打印功能，以及该系统与其他管理系统的数据接口管理。

4．应收、应付款管理系统

应收、应付款管理系统以发票、费用单据、其他应收单据、应付单据等原始单据为依据，记录销售、采购业务所形成的往来款项，处理应收、应付款项的收回、支付和转账，进行账龄分析和坏账估计及冲销，并对往来业务中的票据、合同进行管理，同时提供统计分析、打印、查询和输出功能，以及与采购管理、销售管理、总账管理等系统进行数据传递的功能。

5．成本管理系统

成本管理系统主要有成本核算、成本分析、成本预测等功能，以满足会计核算的事前预测、事后核算分析的需要。此外，成本管理系统还具有与供应链管理系统及总账管理、薪资管理、固定资产管理和存货核算等系统进行数据传递的功能。

6．报表管理系统

报表管理系统与其他管理系统相连，可以根据会计核算的数据，生成各种内部报表、外部报表、汇总报表，并根据报表数据分析报表及生成各种分析图等。在网络环境下，很多报表管理系统同时提供了远程报表的汇总、数据传输、检索查询、分析处理等功能。

7．财务分析系统

财务分析系统从会计软件的数据库中提取数据，运用各种专门的分析方法，完成对企业财务活动的分析，实现对财务数据的进一步加工，生成各种分析和评价企业财务状况、经营成果和现金流量的各种信息，为决策提供正确依据。

8．供应链管理系统

供应链管理系统主要包括采购管理系统、销售管理系统、存货核算系统等。其中采购管理系统主要是对采购计划、采购订单、采购到货和采购入库进行核算和管理；销售管理系统主要是以企业销售业务为主线，对销售报价、销售订单、销售发货、销售开票等进行核算和管理；存货核算系统主要是核算企业存货的出入库及结余成本，为企业进行存货核算与管理提供基础数据，通过存货分析，有效降低库存量，加速资金周转。

9．其他管理系统

其他管理系统包括财务预算管理系统、领导查询系统、决策支持系统等。随着企业管理愈加科学化、规范化，会计管理软件也将不断完善。

金源公司如果要实施会计电算化，按照会计电算化信息系统的构成，从五大构成要素出发，公司该如何进行配置呢？

任务二　学会会计电算化软件的安装

会计主管张新宁与财务人员经过认真细致的调研，在对公司的情况与设备进行深入了解之后，决定在公司实施会计电算化并购买用友 ERP-U872 版本软件。那么，会计电算化硬件环境配置有哪些要求？软件该如何安装呢？

知识准备

安装会计电算化软件之前需要了解系统运行环境。用友 ERP-U872 软件需要按一定的要求配置硬件环境，具体要求如表 1-1 所示。

表 1-1　用友 ERP-U872 管理软件的运行环境

分类		最低配置	推荐配置
硬件环境	单机版	CPU 1.0 GB 或以上，内存 256 MB 或以上，硬盘 4 GB 以上	内存 256 MB 或以上，硬盘 10 GB 以上
	网络版	网络服务器：CPU PIII 800 或以上，内存 256 MB 或以上，硬盘 10 GB	
软件环境	操作系统	Windows 2000 Professional+SP4（或更高版本）+KB835732-x86，Windows 2000 Server+SP4（或更高版本）+KB835732-x86，Windows XP+SP2（或更高版本），Windows 2003+SP2（或更高版本），Windows Vista+SP1（或更高版本），Windows 2008	
	数据库	SQL Server 2000+SP4（或更高版本），SQL Server 2005+SP2（或更高版本），SQL Server 2008	
	浏览器	Internet Explorer 6.0+SP1 及更高版本	
	信息服务器	IIS 5.0 及更高版本	
	.Net 运行环境	.NET Framework 2.0 Service	

✓ 以上环境需要在安装用友 ERP-U872 软件之前按顺序完成。

✓ 浏览器一般由系统自带，无须另外安装。

任务实施

一、软件安装前准备

1．安装 IIS（互联网信息服务）

如果电脑操作系统尚未安装 IIS，首先需要进行 IIS 的安装。

（1）在控制面板中打开“程序”菜单，在“程序和功能”栏选择“启用或关闭 Windows 功能”。

（2）在“Windows 功能”窗口中勾选“Internet Information Services”复选框，如图 1-1 所示。

（3）单击【确定】按钮，完成 IIS 的安装。

2．安装数据库（SQL Server 2005）

找到 SQL 数据库存放目录，双击安装文件，运行 SQL Server 2005 安装程序进行安装，在安装过程中会有安装进度显示，如图 1-2 所示。

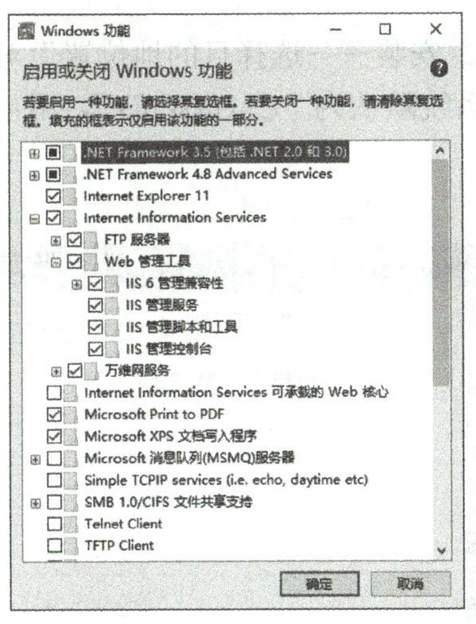

图 1-1 “Windows 功能”窗口

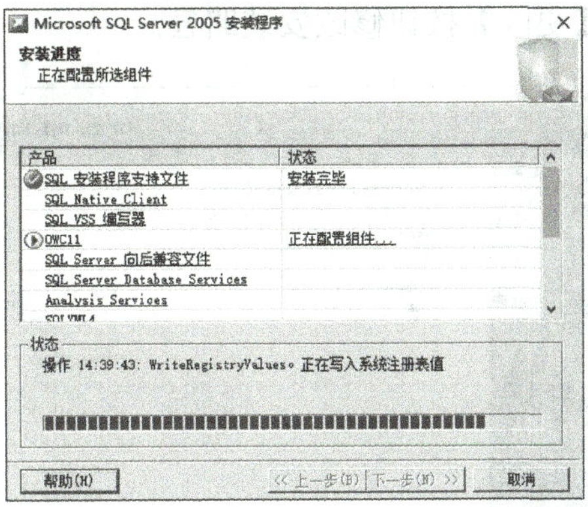

图 1-2 “Microsoft SQL Server 2005 安装程序”对话框

✓ 在数据库安装过程中，可能会出现兼容性提示。遇到类似情况，单击【运行程序】按钮即可。

二、安装用友 ERP-U872

（1）打开安装光盘目录，双击“Setup.exe”，运行用友 ERP-U872 安装程序，系统弹出“用友 ERP-U872 安装”对话框，如图 1-3 所示。

（2）单击【下一步】按钮，进入“用友 ERP-U872 安装——许可证协议”对话框，选中“我接受许可证协议中的条款”，如图 1-4 所示。

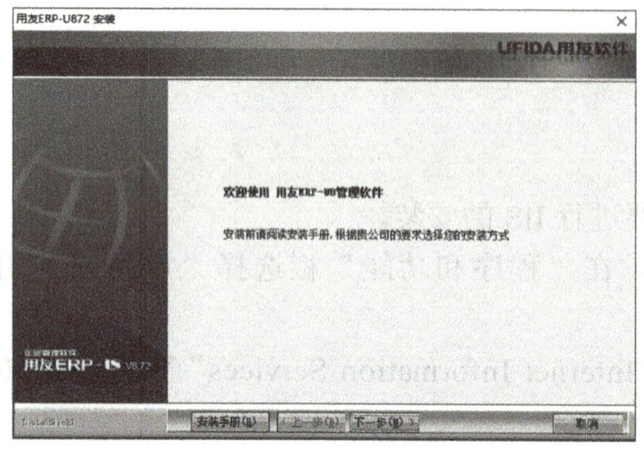

图 1-3 “用友 ERP-U872 安装”对话框

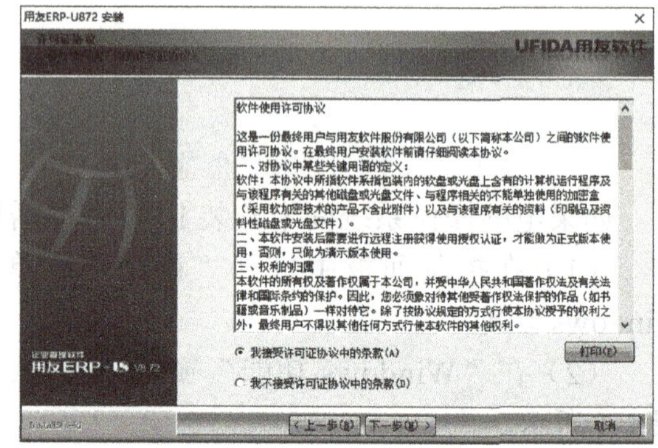

图 1-4 “用友 ERP-U872 安装——许可证协议”对话框

（3）单击【下一步】按钮，系统首先检测是否存在历史版本的 U8 产品，检测完成符合安装条件后，进入“用友 ERP-U872 安装——客户信息”对话框，录入用户名和公司名称，如图 1-5 所示。

（4）单击【下一步】按钮，进入“用友 ERP-U872 安装——选择目的地位置”对话框，如图 1-6 所示。选择安装程序将要存放的文件夹，系统默认为“C:\U8SOFT”，用户可单击【更改】按钮修改安装路径。

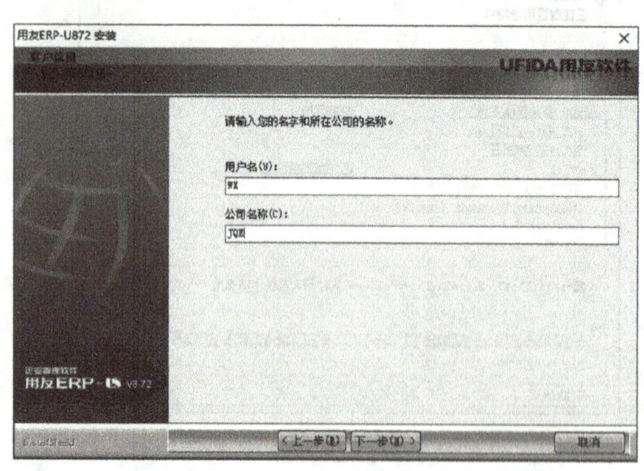

图 1-5 “用友 ERP-U872 安装——客户信息”对话框

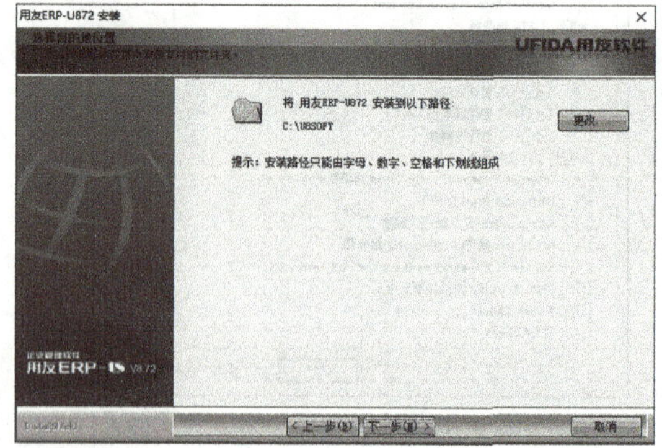

图 1-6 “用友 ERP-U872 安装——选择目的地位置”对话框

（5）单击【下一步】按钮，进入“用友 ERP-U872 安装——安装类型”对话框，选中“标准”类型，如图 1-7 所示。

（6）单击【下一步】按钮，进入“用友 ERP-U872 安装——环境检测”对话框，如图 1-8 所示。

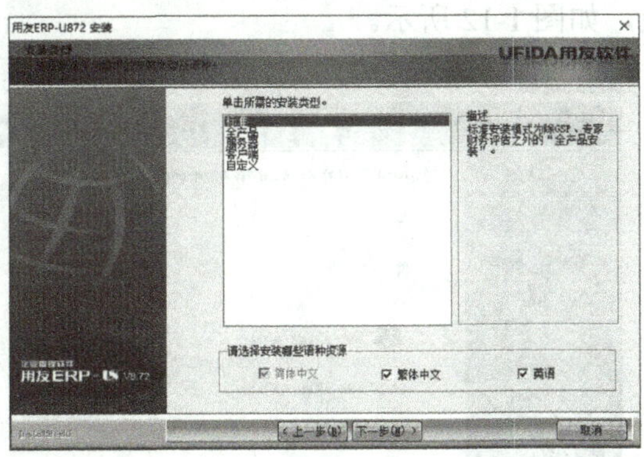

图 1-7　“用友 ERP-U872 安装——安装类型”对话框

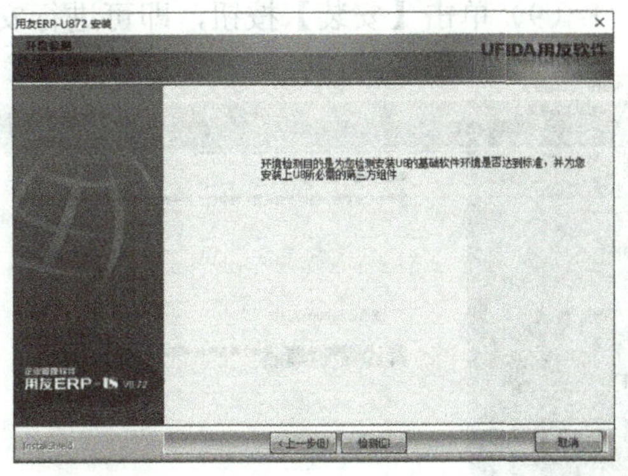

图 1-8　“用友 ERP-U872 安装——环境检测”对话框

- ✓ 软件提供的安装类型有五种：
- ✓ **标准：** 除 GSP、专家财务评估之外的“全产品安装”。
- ✓ **全产品：** 完全安装。
- ✓ **服务器：** 包括数据服务器和应用服务器的安装，用户也可分别选择进行安装。
- ✓ **客户端：** 用户可进行产品的安装选择，不使用的产品可以不进行安装。
- ✓ **自定义：** 用户可选择安装数据服务器、应用服务器、应用客户端等内容，完成定制安装过程。

（7）单击【检测】按钮，进行系统环境检测，看系统配置是否满足所需条件。若所需环境已满足，则出现如图 1-9 所示的对话框；若有未满足的条件，则会出现如图 1-10 所示的对话框，此时单击【安装缺省组件】按钮进行缺省组件安装。

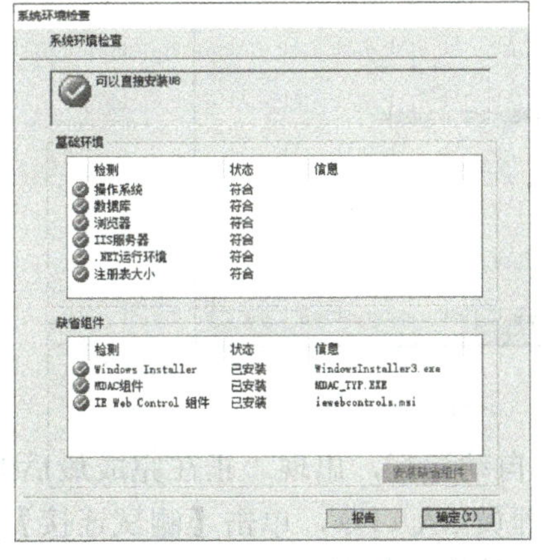

图 1-9　系统环境检查——已通过

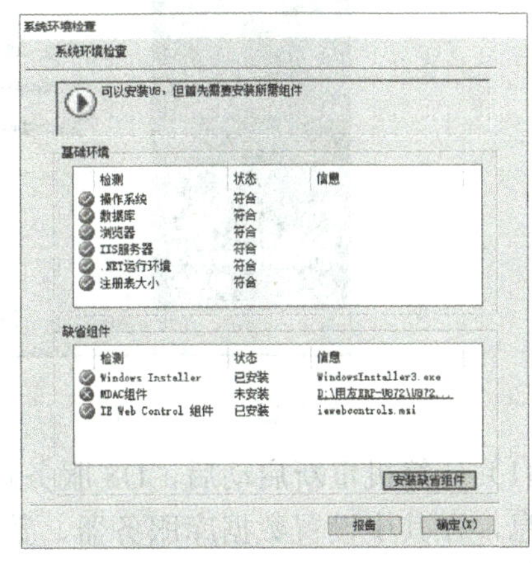

图 1-10　系统环境检查——未通过

（8）若满足条件，单击【确定】按钮，返回“用友 ERP-U872 安装——可以安装该程序了”对话框，如图 1-11 所示。

（9）单击【安装】按钮，即可进行安装，如图 1-12 所示。

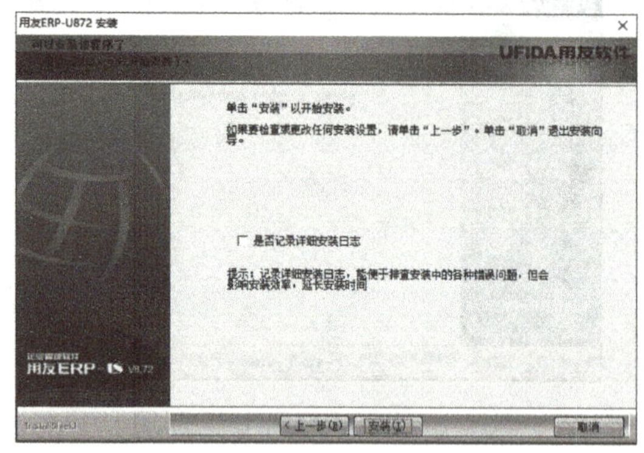

图 1-11 “用友 ERP-U872 安装——可以安装该程序了”对话框

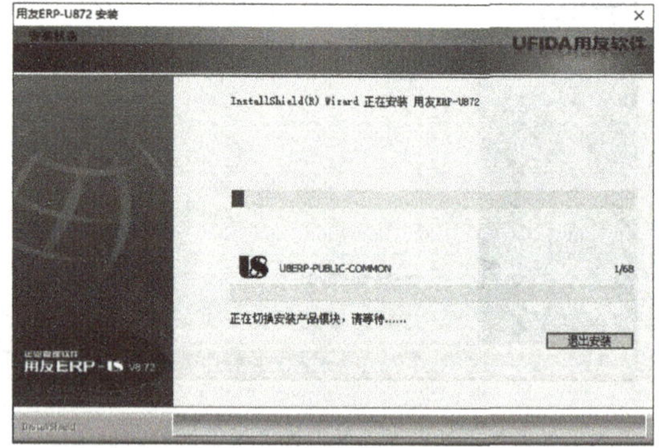

图 1-12 “用友 ERP-U872 安装——安装状态”对话框

✓ 此处安装时间较长，请耐心等待。

（10）文件复制完成后，进入“用友 ERP-U872 安装——系统安装完成”对话框，提示是否需要立即重新启动计算机，如图 1-13 所示。在此建议选择“是，立即重新启动计算机。”，单击【完成】按钮，完成用友 ERP-U872 软件的安装。

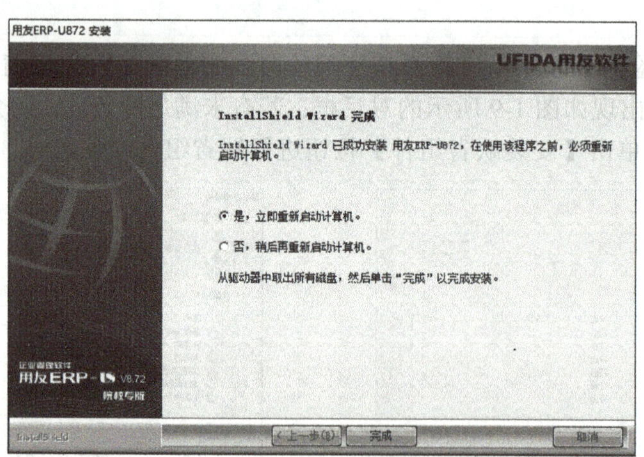

图 1-13 “用友 ERP-U872 安装——系统安装完成”对话框

（11）计算机重新启动后，U8 服务管理器会自动运行，出现“正在完成最后的配置”提示信息，在其中设置数据库服务器、数据库管理员 SA 口令，单击【测试连接】按钮，测试数据库连接，若一切正常，则会出现连接成功的提示信息。

任务三 熟悉系统平台

情景引例

金源公司顺利安装了用友 ERP-U872，从 2020 年 7 月 1 日起采用用友 ERP-U872 软件实现计算机代替手工账，根据企业核算与管理的需要，会计人员首先应当熟悉系统平台。

知识准备

一、认识系统平台

系统平台包括系统管理和企业应用平台两部分，为企业管理系统的正常运行提供基本支持。

会计信息系统作为企业管理系统中不可或缺的部分，本身也是由多个管理系统组成的，各个管理系统服务于企业的不同层次，为不同的管理需要服务。各管理系统既有相对独立的功能，彼此之间又有紧密的联系，它们共用一个企业数据库，拥有公共的基础信息、相同的账套和年度账，为实现企业财务、业务的一体化管理提供了基础条件。

在财务、业务一体化管理应用模式下，系统平台为各个管理系统提供了一个公共平台，用于对整个系统的公共任务进行统一管理，如基础信息及基础档案的设置、企业账套的管理、操作员的建立、角色的划分和权限的分配等，企业管理系统中任何产品的独立运行都必须以此为基础。

（一）系统管理功能概述

系统管理是用友 ERP-U872 软件中一个非常特殊的组成部分。它的主要功能是对用友 ERP-U872 软件的各个产品进行统一的操作管理和系统维护，具体包括账套管理、年度账管理、操作员及其权限的集中管理、建立统一的安全机制等方面。

1. 账套管理

每一个独立核算的企业都有一套完整的账簿体系，把这样一套完整的账簿体系建立在计算机系统中称为一个账套。一般来说，企业的每一个独立核算的部门都可以建立一个账套。换言之，在系统中可以为多个企业（或企业内多个独立核算的部门）分别建账。

账套管理的功能一般包括账套的建立、修改、删除、引入、输出等。

2. 年度账管理

年度账与账套是两个不同的概念：一个账套中包含了企业所有的数据；年度账则是把企业数据按年度划分。用户不仅可以建立多个账套，而且每个账套中还可以存放不同时期的年度账。这样就可以方便地操作不同核算单位、不同时期的数据。

年度账管理包括年度账建立、清空、引入、输出、结转上年数据等。

3．操作员及其权限的集中管理

为了保证系统及数据的安全与保密，系统管理具有操作员及其操作权限的集中管理功能。通过对系统操作分工和权限的管理，一方面可以避免与业务无关的人员进入系统，另一方面可以对系统所含的各个模块的操作进行协调，以保证各负其责，流程顺畅。

操作员管理包括操作员增加、修改、删除等操作；操作员权限管理包括操作员权限的增加、修改、删除等操作。

4．建立统一的安全机制

对企业来说，必须保证系统运行安全和数据存储安全。建立统一的安全机制包括设置系统运行过程中的监控机制，设置数据自动备份，清除系统运行过程中的异常任务等。

（二）用户管理

用户是指有权登录系统，对系统进行操作的人员，即通常意义上的“操作员”。每次注册登录系统，都要进行用户身份的合法性检查。只有设置了具体的用户之后，才能进行相关操作。

用户管理的主要任务是完成用户的增加、删除、修改等维护工作。

（三）账套管理

用友 ERP-U872 软件中最多允许建立 999 套账。每个账套用一个账套号和一个账套名称来表示，账套号可以由用户自由选择，但账套号不允许重复；也可由系统按顺序自动排序，编号不同的账套数据之间彼此独立，并不关联。

每个账套中一般存放不同年度的会计数据，为方便管理，不同年度的数据存放在不同的数据表中，即年度账。

二、了解基础设置

基础设置是为了保证系统的日常运行而进行的基础工作，主要包括基本信息设置、基础档案设置、业务参数设置、单据设置等。

1．基本信息设置

在基本信息设置中，可以对建账过程确定的编码方案和数据精度进行修改，并进行系统启用设置。

设置系统启用有两种方法：一是在企业建账完成后立即进行系统启用设置；另一种是在建账结束后由账套主管登录系统平台，通过系统启用进行设置。

2．基础档案设置

基础档案是系统日常业务处理必需的基础材料，是系统运行的基石。一个账套总是由若干个子系统构成的，这些子系统共享公用的基础档案信息。在启用新账套之前，应根据企业的实际情况，结合系统基础档案设置的要求，事先做好基础数据的准备工作，包括部门档案、职员档案、客户分类和客户档案、供应商分类和供应商档案、存货分类和存货档案的设置工作等。

3. 业务参数设置

系统在建立新的账套之后，可能由于具体情况的需要或者业务变更，发生一些账套信息与核算内容不符。此时，可通过业务参数设置进行一些调整。

4. 单据设置

不同企业各项业务处理中使用的单据可能存在细微的差别，用友 ERP-U872 软件中预置了常用单据模板，而且允许用户对各单据类型的多个显示模板和多个打印模板进行设置，以定义适合本企业需求的单据格式。

任务实施

一、任务目标

1. 登录系统管理。
2. 增加软件操作员。
3. 建立金源贸易股份有限公司的新账套。

二、任务资料

1. 用户基本信息

编码	用户姓名	密码	编码	用户姓名	密码
A001	张新宁	1	A004	吴昕	4
A002	李思雨	2	A005	李芳	5
A003	王元庆	3			

2. 企业基本信息

（1）账套信息

- 账套号：007。
- 账套名称：北京金源贸易股份有限公司。
- 账套路径：采用默认账套路径。
- 启用会计期：2020 年 07 月 01 日。
- 会计期间设置：默认。

（2）单位信息

- 单位名称：北京金源贸易股份有限公司。
- 单位简称：金源公司。
- 单位地址：北京市海淀区信息路 999 号。
- 法人代表：田原。

- 邮政编码：100888。
- 联系电话及传真：66668899。
- 税号：110100000001234。

（3）核算类型

- 本币代码：人民币（RMB）。
- 企业类型：工业。
- 行业性质：2007年新会计制度科目。
- 账套主管：张新宁。
- 选中“按行业性质预置科目”复选框。

（4）基础信息

该企业有外币核算，进行经济业务处理时，需要对存货、客户、供应商进行分类。

（5）分类编码方案

- 科目编码级次：4222。
- 客户和供应商分类编码级次：223。
- 存货分类编码级次：1223。
- 部门编码级次：122。
- 地区分类编码级次；223。
- 结算方式编码级次；12。
- 收发类别编码级次：112。

（6）数据精度

该企业对存货数量、单价小数位定位为2。

3. 操作员权限

（1）A001　张新宁（口令：1）

- 职务：账套主管。
- 负责财务业务一体化管理系统运行环境的建立及各项初始设置工作；负责管理软件的日常运行管理工作，监督并保证系统的有效、安全、正常运行；负责管理系统的凭证审核、记账、账簿查询、月末结账工作；负责报表管理及财务分析工作。
- 具有系统所有系统的全部权限。

（2）A002　李思雨（口令：2）

- 职务：出纳。
- 负责现金、银行账管理工作。
- 具有“凭证处理”“出纳签字”及“出纳”的全部权限。

（3）A003　王元庆（口令：3）

- 职务：应收会计、应付会计、总账会计。
- 负责总账系统的凭证管理工作及客户往来和供应商往来管理工作。
- 具有“应收款管理”“应付款管理”“总账”的全部操作权限。

（4）A004　吴昕（口令：4）

- 职务：采购主管、仓库主管、存货核算员。
- 主要负责采购业务处理。
- 具有“应收款管理”“应付款管理”“公用目录设置”“总账”“存货核算”“采购管理”“销售管理”“库存管理”的全部操作权限。

（5）A005　李芳（口令：5）

- 职务：销售主管、仓库主管、存货核算员。
- 主要负责销售业务处理。
- 权限同吴昕。

4．部门档案

部门编码	部门名称	部门属性	部门编码	部门名称	部门属性
1	管理中心	管理部门	3	制造中心	生产部门
101	总经理办公室	综合管理	301	一车间	生产制造
102	财务部	财务管理	302	二车间	
2	供销中心	供销管理			
201	销售部	市场营销			
202	采购部	采购供应			

5．人员类别

人员类别编码	人员类别名称	人员类别编码	人员类别名称
1001	管理人员	1003	采购人员
1002	生产人员	1004	销售人员

6．人员档案

人员编码	人员姓名	人员类别	所属部门	性别	是否业务员
101	田原	管理人员	总经理办公室	男	是
102	张新宁	管理人员	财务部	男	是
103	李思雨	管理人员	财务部	女	是
104	王元庆	管理人员	财务部	男	是
201	李芳	销售人员	销售部	女	是
202	李秋	销售人员	销售部	男	是
211	吴昕	采购人员	采购部	女	是
212	马珂	采购人员	采购部	男	是
301	周南	管理人员	一车间	男	是
302	王西	生产人员	一车间	女	是

7. 地区分类

地区分类	分类名称	地区分类	分类名称
01	东北地区	04	华南地区
02	华北地区	05	西北地区
03	华东地区	06	西南地区

8. 客户分类

分类编码	分类名称	分类编码	分类名称
01	批发	03	代销
02	零售	04	专柜

9. 客户档案

客户编码	001	002	003	004
客户名称	环宇有限责任公司	丽友贸易有限责任公司	三泉有限责任公司	永安有限责任公司
客户简称	环宇公司	丽友贸易公司	三泉公司	永安公司
所属分类	01	01	04	03
所属地区	02	02	03	01
税号	120000000123456	120000000654321	310100000765432	108360000234567
分管部门	销售部	销售部	销售部	销售部
分管业务员	李芳	李芳	李秋	李秋
邮政编码	100077	300310	200032	150008
地址	北京市海淀区上地路1号	天津市南开区华苑路1号	上海市徐汇区天平路8号	哈尔滨市平房区和平路116号
扣率	5			10
开户银行(默认值)	工行上地分行	工行华苑分行	工行徐汇分行	中行平房分行
银行账号	73853654	69325581	36542234	43810548

10. 供应商分类

分类编码	分类名称	分类编码	分类名称
01	原料供应商	02	成品供应商

11. 供应商档案

供应商编号	001	002	003	004
供应商名称	鑫源有限责任公司	四海有限责任公司	德源有限责任公司	青煜有限责任公司
供应商简称	鑫源公司	四海公司	德源公司	青煜公司
所属分类码	01	01	02	02
所属地区	02	02	03	03
税号	110000012345678	110000087654321	320888812345678	310103695431012

续表

开户银行	中行	中行	工行	工行
银行账号	48723367	76473293	55561278	85115076
分管部门	采购部	采购部	采购部	采购部
分管业务员	吴昕	吴昕	马珂	马珂
邮政编码	100045	100036	230187	200232
地址	北京市朝阳区十里堡1号	北京市海淀区开拓路1号	南京市湖北路1号	上海市浦东新区东方路1号甲

三、任务操作

（一）用户管理

1. 登录系统管理

（1）执行“开始”|“程序”|“用友 ERP-U872”|“系统服务”|“系统管理”命令，打开“用友 ERP-U8[系统管理]”窗口，如图 1-14 所示。

（2）执行“系统”|“注册”命令，系统弹出“登录”对话框，如图 1-15 所示。

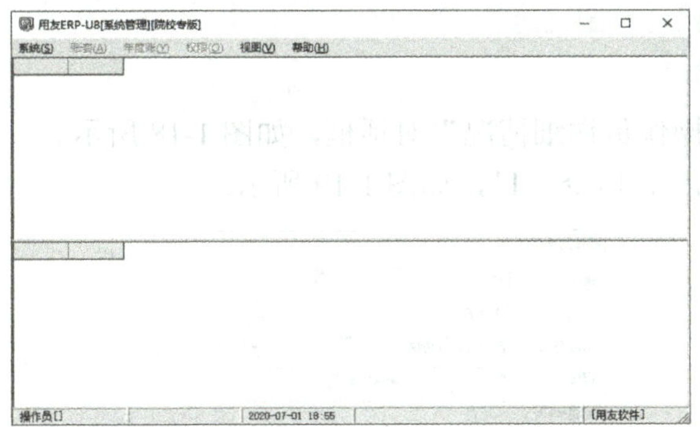

图 1-14　“用友 ERP-U8[系统管理]”窗口

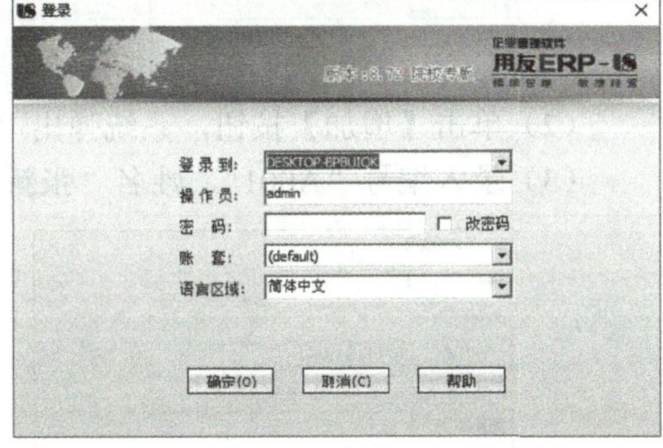

图 1-15　“登录”对话框

（3）录入操作员“admin”，选择账套为“(default)”，如图 1-16 所示。

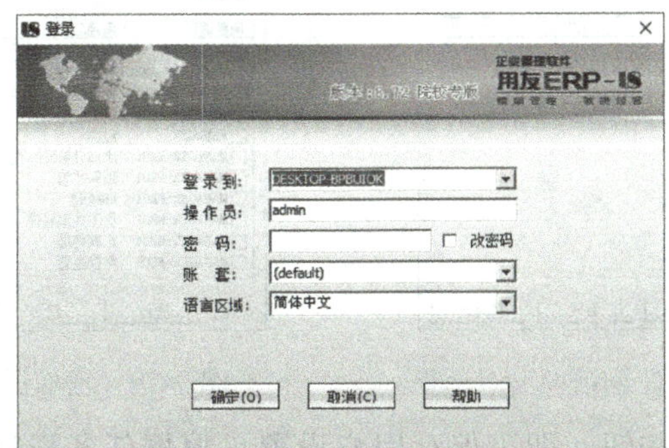

图 1-16　设置登录信息

（4）单击【确定】按钮，完成注册。

✓ 系统中预先设定了一个系统管理员“admin”，第一次运行时，系统管理员密码为空。

✓ 一定要牢记设置的系统管理员密码，否则无法以系统管理员的身份进入管理系统，也就不能执行账套数据的引入和输出。考虑实际教学环境，建议不设置系统管理员密码。

2. 增加软件操作员

（1）执行“权限”|“用户”命令，打开“用户管理”窗口，如图 1-17 所示。

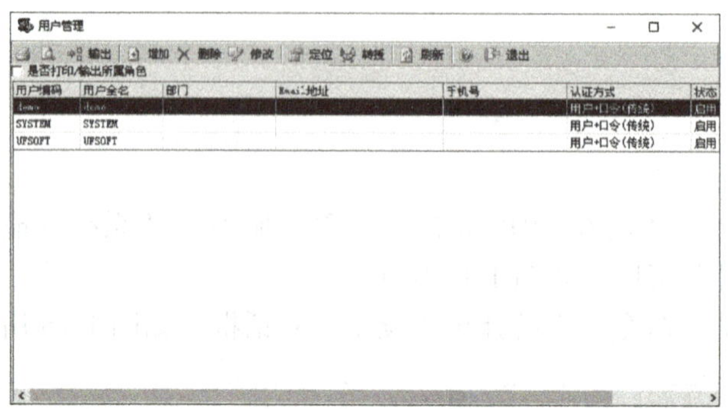

图 1-17 “用户管理”窗口

登录系统管理及增加软件操作员

（2）单击【增加】按钮，系统弹出“操作员详细情况”对话框，如图 1-18 所示。

（3）录入编号“A001”、姓名“张新宁”、口令“1”，如图 1-19 所示。

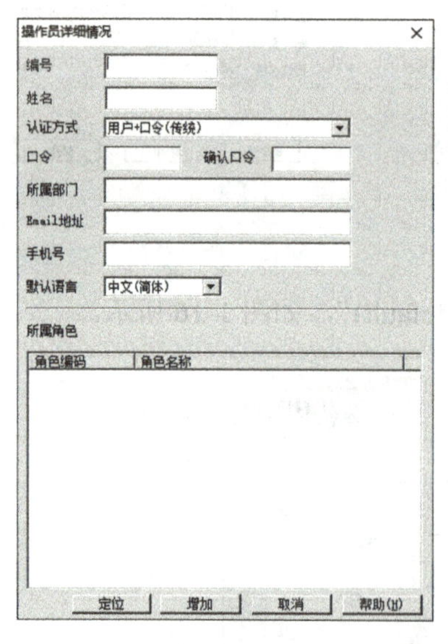

图 1-18 “操作员详细情况”对话框

图 1-19 增加操作员“张新宁”

（4）单击【增加】按钮，即可保存用户设置。根据任务资料分别录入其他操作员的信息。

（5）录入结束后，单击【取消】按钮，返回“用户管理”窗口，然后单击【退出】

按钮，返回“用友 ERP-U8[系统管理]”窗口。

注 意

✓ 只有系统管理员才有权限设置角色及其用户。
✓ 设置操作员口令时，为保密起见，录入的口令以“*”号在屏幕上显示。
✓ 所设置的操作员一旦被引用，便不能被修改和删除。
✓ 如果操作员调离企业，可以通过“修改”功能“注销当前用户”。

3. 建立新账套

- 创建账套

在“用友 ERP-U8[系统管理]”窗口中，执行“账套”|“建立”命令，系统弹出“创建账套——账套信息”对话框，如图 1-20 所示。

创建新账套

- 录入账套信息

（1）已存账套是系统中已存在的账套，在下拉列表框中显示，用户只能查看，不能录入或修改。

（2）录入账套号“007”、账套名称“北京金源贸易股份有限公司”。

（3）选择账套路径，系统默认的路径为“C:\U8SOFT\Admin”，用户可以人工更改，也可以利用【参照】（[...]）按钮进行参照录入。

（4）录入启用会计期，系统默认为计算机的系统日期，将其更改为“2020 年 7 月”，如图 1-21 所示。

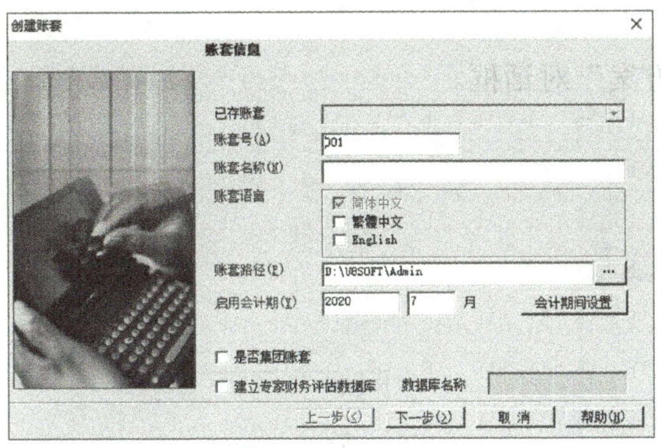

图 1-20 “创建账套——账套信息”对话框

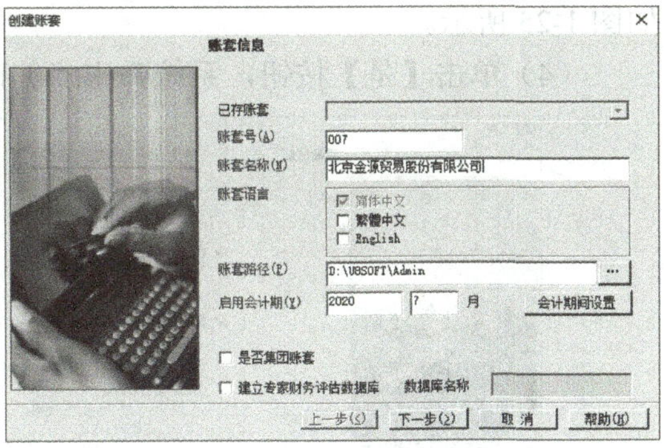

图 1-21 录入账套信息

- 录入单位信息

（1）单击【下一步】按钮，进入“创建账套——单位信息”对话框。

（2）录入单位名称“北京金源贸易股份有限公司”、单位简称“金源公司”（单位全称只在发票打印时使用，其余情况全部使用单位简称）。

（3）根据任务资料，依次录入其他栏目，如图 1-22 所示。

- 录入核算类型

（1）单击【下一步】按钮，进入“创建账套——核算类型”对话框。

（2）录入本币代码“RMB”、本币名称“人民币”。

（3）从下拉列表框中选择企业类型为“工业”、行业性质为“2007 年新会计制度科目”、科目预置语言为“中文（简体）”、账套主管为“[A001]张新宁”。

（4）选中“按行业性质预置科目”复选框。

（5）录入完成后，如图 1-23 所示。

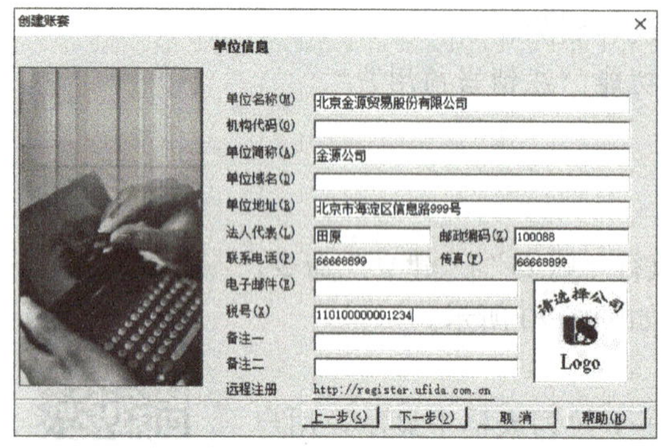

图 1-22　录入单位信息

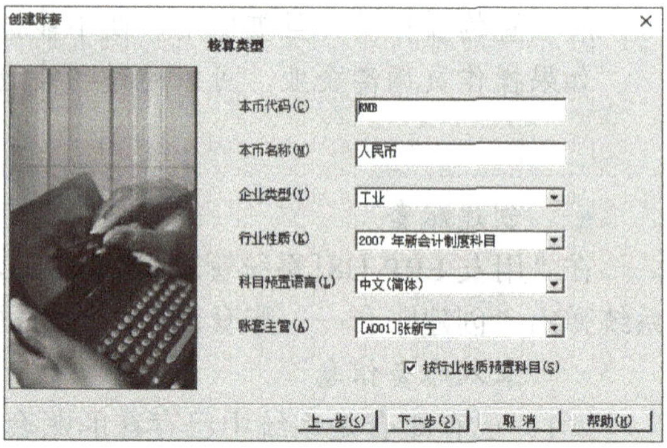

图 1-23　录入核算类型

- 确定基础信息

（1）单击【下一步】按钮，进入“创建账套——基础信息”对话框。

（2）选中“存货是否分类”“客户是否分类”“供应商是否分类”“有无外币核算”四个复选框，如图 1-24 所示。

（3）设置完成后，单击【完成】按钮，系统弹出“可以创建账套了么？”对话框，如图 1-25 所示。

（4）单击【是】按钮，系统弹出“编码方案”对话框。

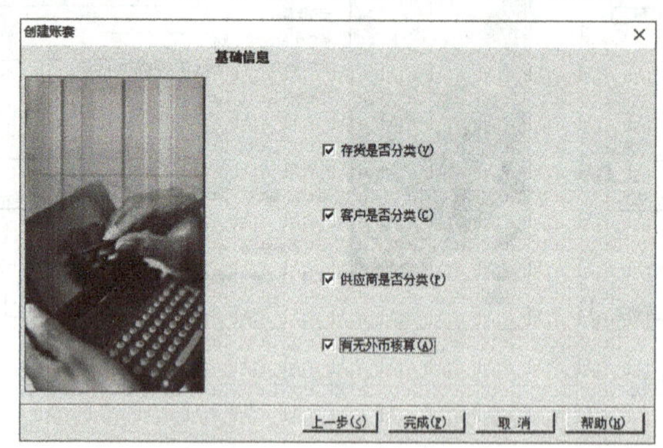

图 1-24　确定基础信息

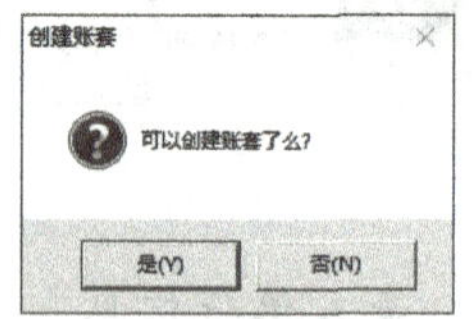

图 1-25　提示

✓ 如果单位的存货、客户、供应商相对较多，可以对其进行分类核算。如果此时不能确定是否进行分类核算，也可以在建账完成后，由账套主管在“修改账套”功能中设置分类核算。

- 确定分类编码方案和数据精度

（1）在“编码方案”对话框中，根据任务资料，修改科目编码级次、部门编码级次及收发类别编码级次等信息，如图 1-26 所示。

（2）设置完成后，单击【确定】按钮，再单击【取消】按钮，系统弹出“数据精度”对话框，如图 1-27 所示。

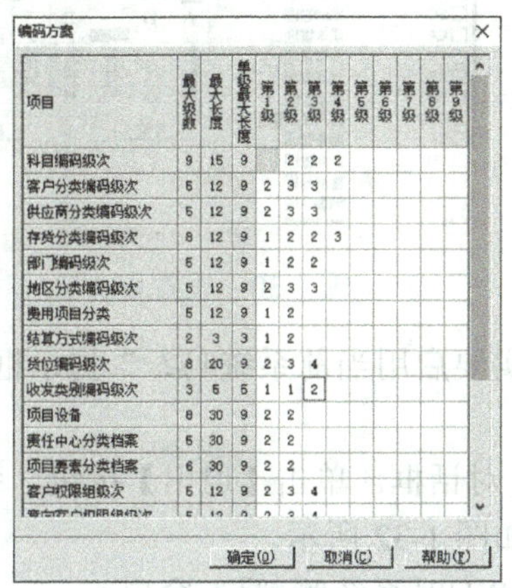

项目	最大级数	最大长度	单级最大长度	第1级	第2级	第3级	第4级	第5级	第6级	第7级	第8级	第9级
科目编码级次	9	15	9		2	2	2					
客户分类编码级次	5	12	9	2	3	3						
供应商分类编码级次	5	12	9	2	3	3						
存货分类编码级次	8	12	9	1	2	2	3					
部门编码级次	5	12	9	1	2	2						
地区分类编码级次	5	12	9	2	3	3						
费用项目分类	5	12	9	1	2							
结算方式编码级次	2	3	3	1	2							
货位编码级次	8	20	9	2	3	4						
收发类别编码级次	3	5	5	1	1	2						
项目设备	8	30	9	2	2							
责任中心分类档案	5	30	9	2	2							
项目要素分类档案	6	30	9	2	2							
客户权限组级次	5	12	9	2	3	4						

图 1-26 “编码方案”对话框

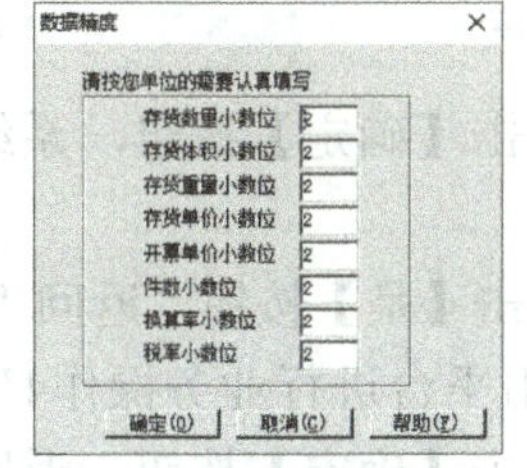

图 1-27 “数据精度”对话框

（3）数据精度采取系统默认值。

✓ 科目编码级次：用来设定企业会计科目的编码级次和各级长度。例如，企业采用 2007 年新会计制度科目，将科目编码级次设为 2-2-3，其含义是会计科目采用三级核算，一级科目编码长度为 2 位，二级科目编码长度为 2 位，三级科目编码长度为 3 位。

✓ 科目编码级次中第 1 级科目编码长度根据建账时所选行业性质自动确定，此处显示为灰色，不能修改，只能设置第 1 级之后的科目编码长度。

- 启用系统

（1）在“数据精度”对话框中，单击【确定】按钮，系统弹出“现在进行系统启用的设置？”对话框，如图 1-28 所示。

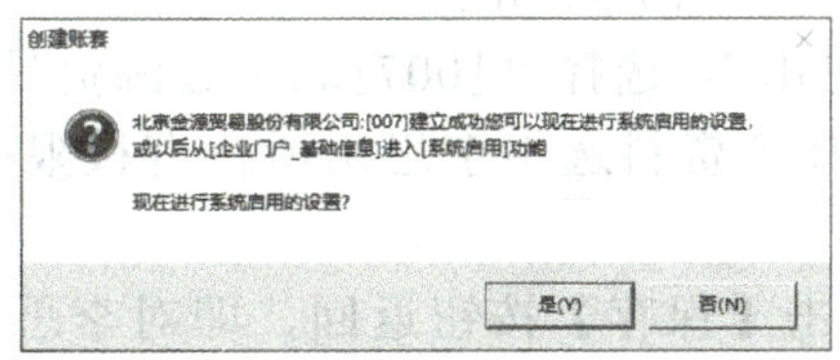

图 1-28 提示

（2）单击【是】按钮，系统弹出“系统启用”对话框，如图 1-29 所示。

（3）选中“GL 总账”复选框，系统弹出“日历”对话框，选择系统启用时间为“2020 年 07 月 01 日”，如图 1-30 所示。

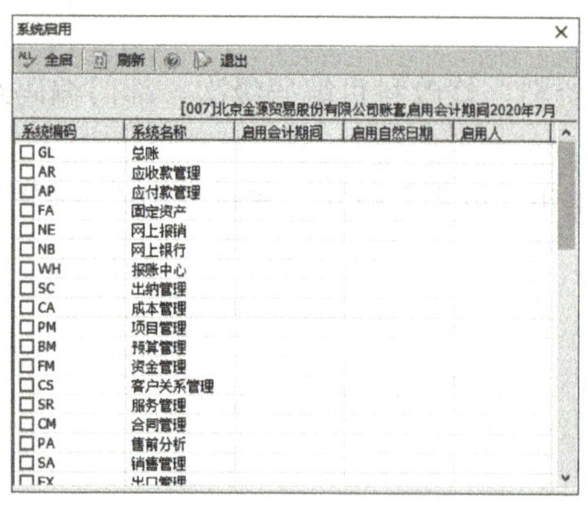

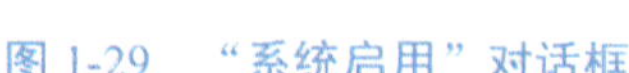
图 1-29 “系统启用”对话框

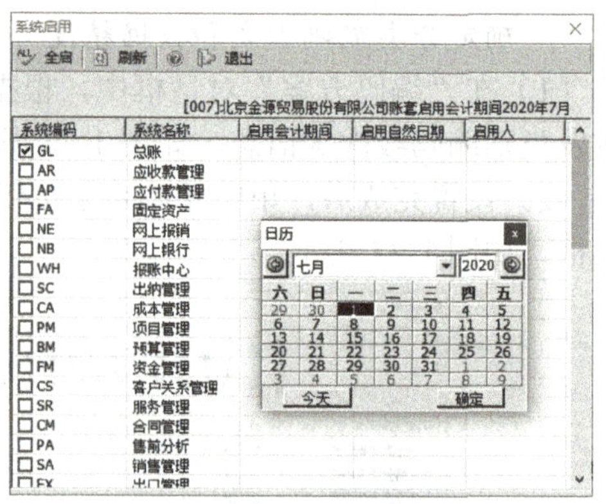

图 1-30 设置系统启用时间

（4）单击【确定】按钮，系统弹出“确实要启用当前系统吗？”提示框，如图 1-31 所示。

（5）单击【是】按钮，返回“系统启用”对话框。单击【退出】按钮，系统弹出“请进入企业应用平台进行业务操作！”对话框，如图 1-32 所示。

（6）单击【确定】按钮，返回“用友 ERP-U8[系统管理]”窗口。

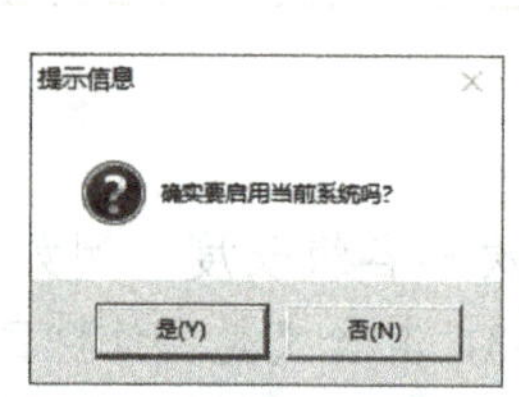

图 1-31 提示

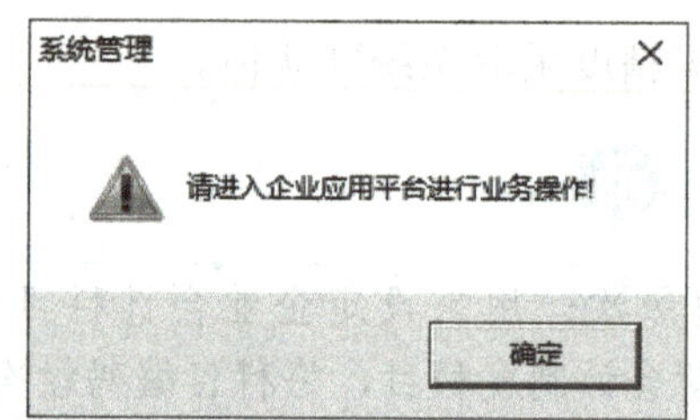

图 1-32 提示进入企业应用平台进行业务操作

4. 设置操作员权限

（1）执行“权限”|“权限”命令，打开“操作员权限”窗口。

（2）选择“[007]北京金源贸易股份有限公司”“2020”。

（3）从窗口左侧操作员列表中选择“A001 张新宁”，选中“账套主管”复选框，确定张新宁具有账套主管权限，如图 1-33 所示。

（4）选择“A002 李思雨”，选择“[007]北京金源贸易股份有限公司”“2020”。单击【修改】按钮，根据任务资料选中李思雨所拥有权限前面的复选框，如图 1-34 所示。

（5）设置完成后，单击【保存】按钮返回，即对李思雨赋予了出纳职位相应的权限。

（6）根据任务资料，依次设置其他用户的操作权限。设置完成后，单击【退出】按钮，返回“用友 ERP-U8[系统管理]”窗口。

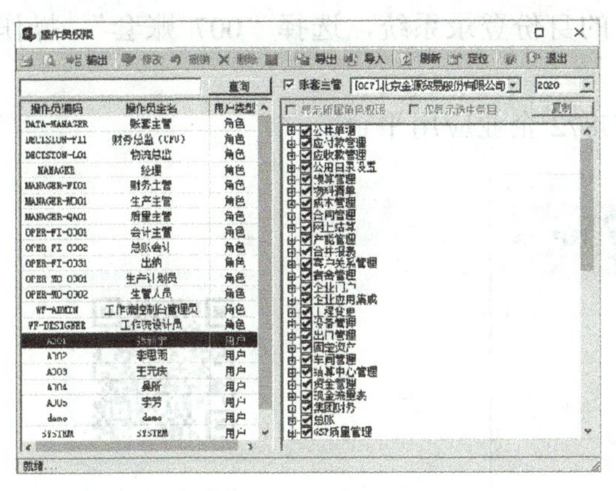

图 1-33　设置账套主管权限

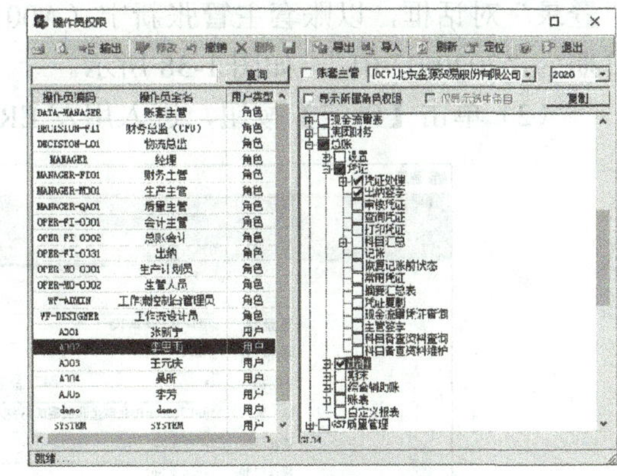

图 1-34　设置李思雨权限

5．账套输出

设置操作员权限

（1）执行“账套”|“输出”命令，系统弹出“账套输出”对话框，如图 1-35 所示。

（2）选择需要输出的账套号为“[007] 北京金源贸易股份有限公司”，单击【确认】按钮。

（3）系统弹出“请选择账套备份路径”对话框，如图 1-36 所示，选择希望输出的账套路径。

（4）单击【确定】按钮，系统弹出“输出成功”对话框，如图 1-37 所示，单击【确定】按钮。

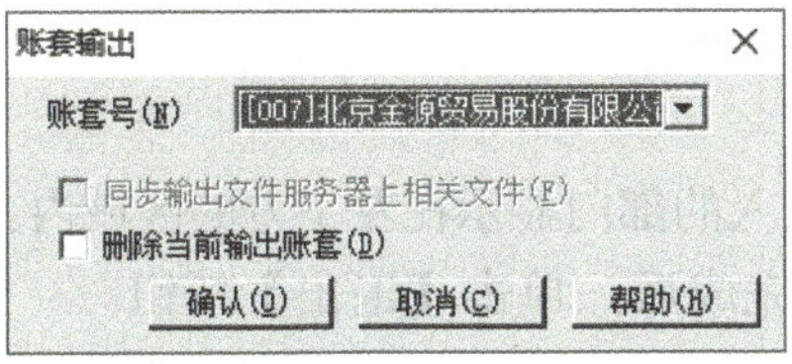

图 1-35　“账套输出”对话框

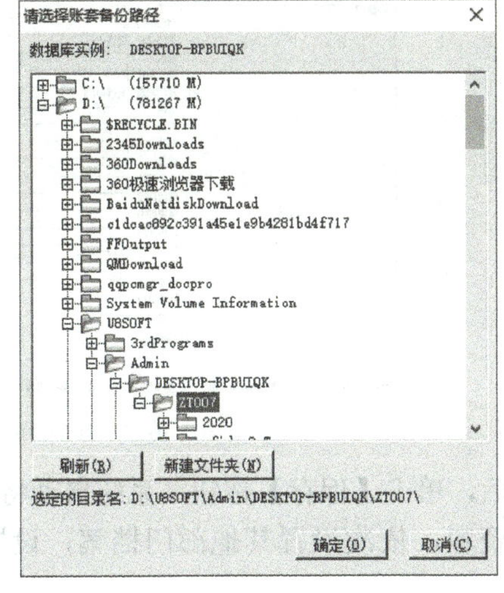

图 1-36　“请选择账套备份路径”对话框

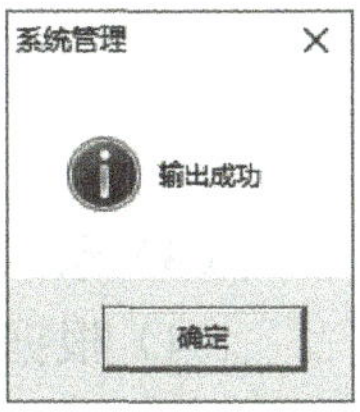

图 1-37　提示

（二）基础信息设置

1．登录企业应用平台

（1）执行“开始”|“程序”|“用友 ERP-U872”|“企业应用平台”命令，系统弹出

“登录”对话框，以账套主管张新宁（A001）的身份登录系统，选择“007 账套”，操作日期为“2020-07-01”，如图 1-38 所示。

（2）单击【确定】按钮，进入用友 ERP-U872 企业应用平台。

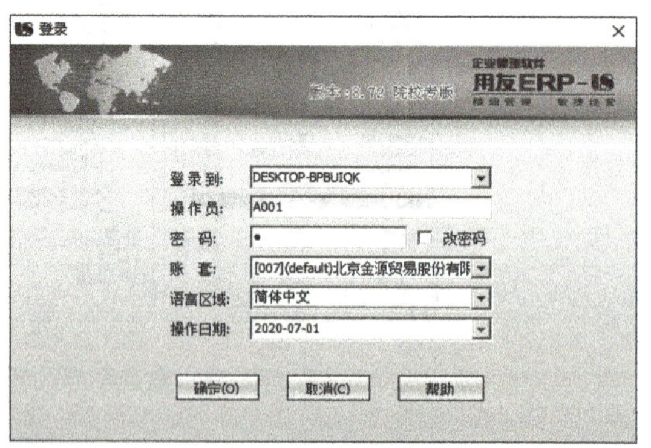

图 1-38　登录企业应用平台

设置机构人员

2. 设置机构人员——部门档案

（1）在企业应用平台“基础设置”选项卡下，执行“基础档案”|“机构人员”|“部门档案”命令，打开“部门档案”窗口。

（2）单击【增加】按钮，录入部门编码“1”、部门名称“管理中心”、部门属性“管理部门”，如图 1-39 所示。

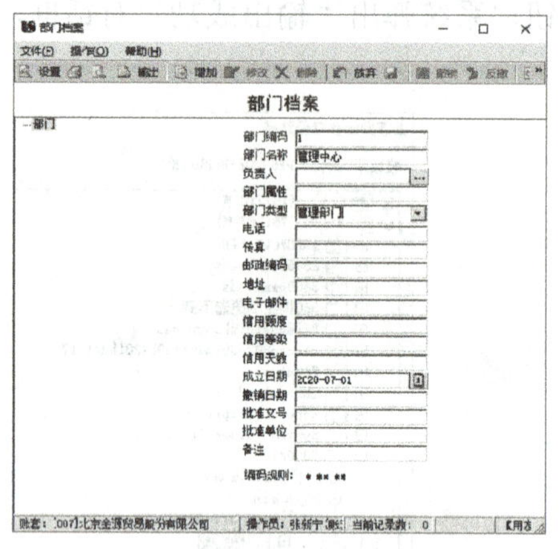

图 1-39　设置部门档案

（3）录入完成后，单击【保存】按钮，系统自动将录入的部门显示在左下方的区域内。

（4）根据任务资料，依次设置其他部门档案，设置完成后，单击【退出】按钮。

✓ 部门档案既可以在企业应用平台的基础档案中进行设置，也可以在使用部门档案的其他管理系统中进行设置。在用友 ERP-U872 中，基础档案信息是共享的。

✓ 部门编码必须符合编码规则。若在设置部门档案时发现编码方案不合适，可以在部门档案数据为空时修改部门编码方案。
✓ 部门编码及部门名称为必录项，其他内容可以为空。

3．设置机构人员——人员类别

（1）在企业应用平台“基础设置”选项卡下，执行“基础档案”|“机构人员”|“人员类别”命令，打开“人员类别”窗口。

（2）定位“在职人员”，单击【增加】按钮，系统弹出“增加档案项”对话框，录入档案编码“1001”、档案名称“管理人员”，如图 1-40 所示，单击【确定】按钮。

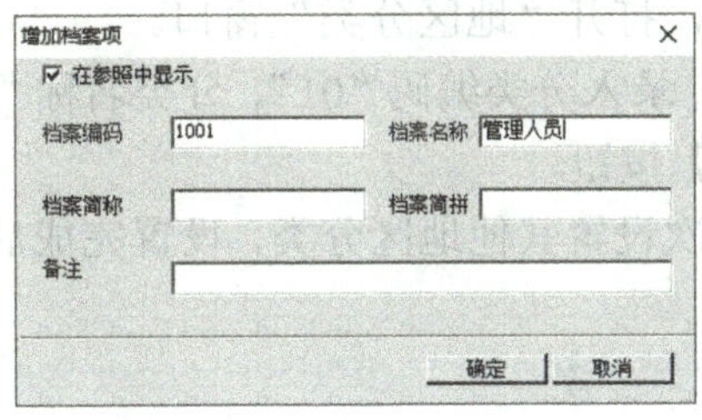

图 1-40　设置机构人员类别

（3）根据任务资料，依次设置其他人员类别，设置完成后，单击【取消】按钮。

4．设置机构人员——人员档案

（1）在企业应用平台“基础设置”选项卡下，执行“基础档案”|“机构人员”|“人员档案”命令，打开“人员列表”窗口。

（2）单击【增加】按钮，打开“人员档案”窗口，录入人员编码“101”、人员姓名“田原”、性别“男”、人员类别“管理人员”、行政部门“总经理办公室”，选中“是否业务员”复选框，如图 1-41 所示。

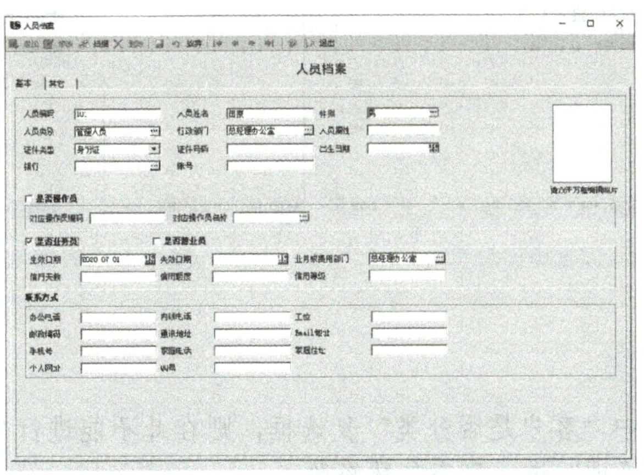

图 1-41　设置人员档案

（3）设置完成后，单击【保存】按钮。

（4）根据任务资料，依次设置其他人员档案。设置完成后，单击【退出】按钮。

- ✓ 设置完部门档案后方可设置人员档案。
- ✓ 行政部门只能是末级部门。
- ✓ 如果某员工需要在其他档案或其他单据的“业务员”中被参照，则需要选中“是否业务员”复选框。否则，在业务员列表中，将不显示此人的信息。

5．设置客商信息——地区分类

（1）在企业应用平台“基础设置”选项卡下，执行“基础档案”|“客商信息”|“地区分类”命令，打开“地区分类”窗口。

设置客商信息

（2）单击【增加】按钮，录入分类编码“01”、分类名称“东北地区”，如图1-42所示，单击【保存】按钮。

（3）根据任务资料，依次设置其他地区分类，设置完成后，单击【退出】按钮。

6．设置客商信息——客户分类

（1）在企业应用平台“基础设置”选项卡下，执行“基础档案”|“客商信息”|“客户分类”命令，打开“客户分类”窗口。

（2）单击【增加】按钮，录入分类编码“01”、分类名称“批发”，如图1-43所示，单击【保存】按钮。

（3）根据任务资料，依次设置其他客户分类，设置完成后，单击【退出】按钮。

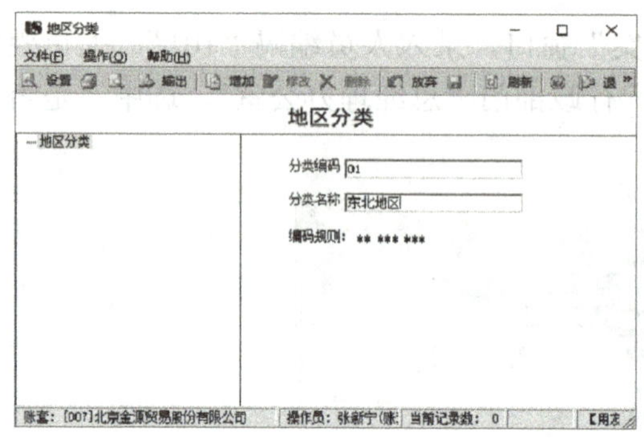

图1-42 设置地区分类

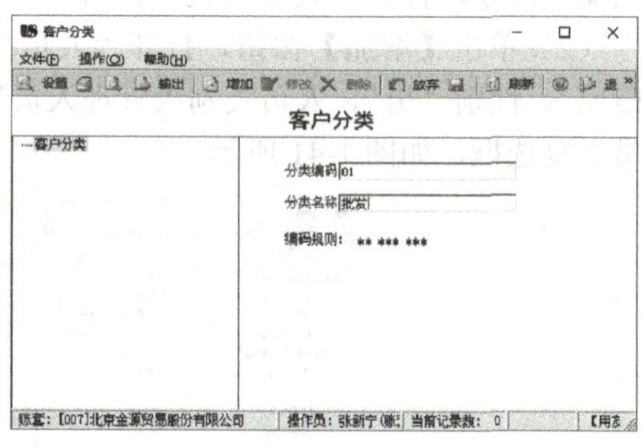

图1-43 设置客户分类

- ✓ 若建账时没有选中“客户是否分类”复选框，则在此不能进行分类设置，可由账套主管登录“系统管理”进行账套参数修改。

7．设置客商信息——客户档案

（1）在企业应用平台“基础设置”选项卡下，执行“基础档案”|“客商信息”|“客户档案”命令，打开“客户档案”窗口。

（2）单击【增加】按钮，系统弹出“增加客户档案”对话框，录入客户编码“001”、客户名称“环宇有限责任公司”、客户简称“环宇公司”、所属分类“01-批发”、所属地区“02-华北地区”、币种“人民币”、税号“120000000123456”，如图1-44所示。

（3）单击【银行】按钮，打开“客户银行档案”窗口。单击【增加】按钮，依次录入客户的开户银行、银行账号、选择默认值等信息，如图1-45所示。

（4）设置完成后，单击【保存】按钮，然后单击【退出】按钮，返回“增加客户档案”对话框。

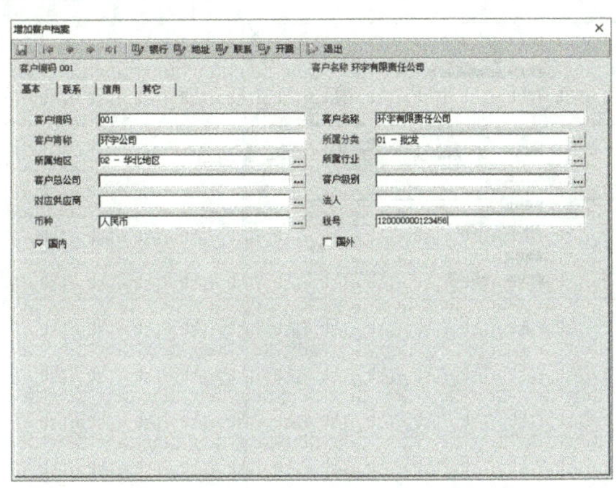

图1-44　增加客户档案

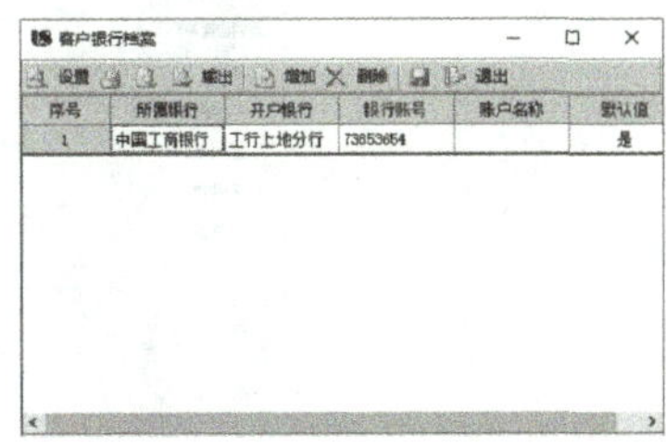

图1-45　设置客户银行档案

（5）分别在“联系”“信用”选项卡下，录入其他客户信息，单击【保存】按钮，保存所设置的客户档案信息。

（6）根据任务资料，依次设置其他客户档案信息，设置完成后，单击【退出】按钮。

8. 设置客商信息——供应商分类

（1）在企业应用平台“基础设置”选项卡下，执行“基础档案”|“客商信息”|“供应商分类”命令，打开“供应商分类”窗口。

（2）单击【增加】按钮，录入分类编码“01”、分类名称“原料供应商”，如图1-46所示，单击【保存】按钮。

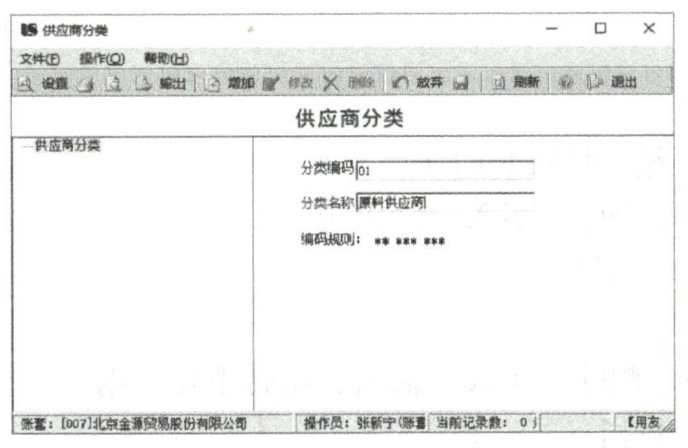

图1-46　设置供应商分类

（3）根据任务资料，依次设置其他供应商分类，设置完成后，单击【退出】按钮。

9. 设置客商信息——供应商档案

（1）在企业应用平台“基础设置”选项卡下，执行“基础档案”|“客商信息”|“供应商档案”命令，打开“供应商档案”窗口。

（2）单击【增加】按钮，系统弹出“增加供应商档案”对话框，录入供应商编码“001”、供应商名称“鑫源有限责任公司”、供应商简称“鑫源公司”、所属分类“01-原料供应商”、所属地区“02-华北地区”、币种“人民币”、税号“110000012345678”、开户银行“中行”、银行账号“48723367”，如图1-47所示。

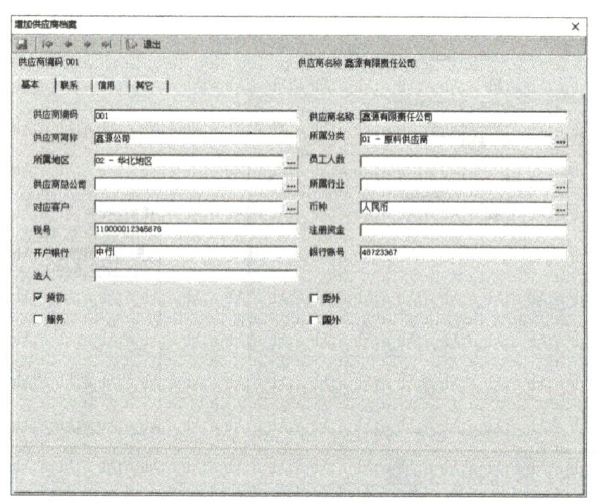

图1-47 增加供应商档案

（3）在“联系”选项卡下，录入其他供应商信息，单击【保存】按钮，保存所设置的供应商档案信息。

（4）根据任务资料，依次设置其他供应商档案信息，设置完成后，单击【退出】按钮。

项目训练

一、不定项选择题

1．账套管理功能一般包括账套的（　　）。

A．建立、修改、删除、引入、输出等

B．建立、修改、删除

C．引入、输出

D．建立、修改、删除、引入、输出、结转上年数据

2．操作员权限管理包括（　　）。

A．操作员权限的增加、修改、删除等操作

B．操作员的增加、修改、删除等操作

C．操作员的增加、修改等操作

D．以上都不对

3．用友 ERP-U872 软件中最多允许建立（　　）套账。

A．999　　B．666

C．900　　D．600

4．下列关于删除账套的说法中，正确的是（　　）。

A．系统不提供删除账套的功能

B．只有账套主管才能删除账套

C．正在使用的账套不允许删除

D．删除账套前系统会进行强制备份

5．在用友 ERP 管理系统中，系统管理员不能进行（　　）操作。

A．清除异常任务　　B．账套修改

C．账套建立　　D．设置自动备份计划

一、上机操作题

1．建立账套。

账套号：610。

账套名称：新华纺织有限公司。

启用会计期间：2020 年 3 月。

【单位信息】单位名称：新华纺织有限公司；单位简称：新华公司。

【核算类型】行业性质：小企业会计制度。账套主管：demo。

【基础信息】外币核算：有。

【编码方案】科目编码级次：422。

【系统启用】启用总账管理系统，启用日期为 2020 年 03 月 01 日。

2．增加操作员。

（1）编号：x001；姓名：文华；口令：1；所属部门：财务部。

（2）编号：x002；姓名：孙云；口令：3；所属部门：财务部。

3．设置操作员权限。

设置文华全部模块的操作权限；孙云具有工资管理系统、固定资产管理系统的操作权限。

4．客户档案。

华盛公司、四方公司、鑫科公司、福耀公司。

5．供应商档案。

华城公司、恒鑫公司、埃泰克公司。

项目二 总账管理系统

2

职业能力目标

知识目标

熟悉总账管理系统的功能结构。
掌握总账管理系统的业务处理流程。
掌握凭证处理的基本方法。
掌握凭证记账的方法。
掌握期末业务处理的原则和方法。

能力目标

能进行总账管理系统初始化设置和录入期初余额。
能正确录入凭证、审核凭证。
能熟练记账并进行账簿查询。
能熟练进行期末业务的转账定义设置。
能正确生成期末业务转账凭证。

职业目标

能根据企业的需要进行总账管理系统的初始化设置。
能使用用友 ERP-U872 进行企业日常账务处理工作。
能熟练进行企业的期末业务处理。

任务一 了解总账管理系统

情景引例

金源公司已经完成了账套号为“007 北京金源贸易股份有限公司”的公司账套建立，从 2020 年 7 月 1 日起启用了总账管理系统。因此，财会人员需要了解总账管理系统的基本功能、业务处理流程及初始化设置。

知识准备

一、总账管理系统概述

总账管理系统是指完成设置账户、复式记账、填制和审核凭证、登记账簿等工作的管理系统。总账管理系统是财务、业务一体化管理软件的核心系统，综合、全面、概括地反映企业各个方面的会计工作内容，适合于各行各业进行账务核算及管理工作。总账管理系统既可以独立运行，也可同其他系统协同运转。

（一）总账管理系统的主要功能

总账管理系统的主要功能包括初始设置、凭证管理、现金管理、账簿管理、辅助核算管理、期末处理等。

1. 初始设置

初始设置是指由用户根据本企业的需要建立账务应用环境，将用友通用账务处理系统变成适合本单位实际需要的专用系统，主要工作包括选项设置、期初余额的录入、明细账权限设置等。

2. 凭证管理

凭证管理是指通过严密的制单控制保证填制凭证的正确性。它能提供资金赤字控制、支票控制、预算控制、外币折算误差控制、查看最新余额等功能，加强对发生业务的及时管理和控制，完成凭证的录入、审核、查询、打印，以及出纳签字、常用凭证定义等。

3. 现金管理

现金管理为出纳人员提供了一个集成办公环境，以加强其对现金及银行存款的管理。它可完成银行日记账、现金日记账的登记，随时输出最新资金日报表、余额调节表及进行银行对账。现金管理是总账管理系统的重要组成部分。

4. 账簿管理

账簿管理中强大的查询功能使整个系统实现总账、明细账、凭证联查，并可查询包含未记账凭证的最新数据，还可随时提供总账、余额表、明细账、日记账等标准账表查询。

5. 辅助核算管理

（1）个人往来核算：主要进行个人借款、还款管理工作，及时地控制个人借款，完成清欠工作，具有提供个人借款明细账、催款单、余额表、账龄分析报告，以及自动清理核销已清账等功能。

（2）部门核算：主要是为了考核部门费用收支的发生情况，及时地反映、控制部门费用的支出，对各部门的收支情况加以比较，便于进行部门考核；提供各级部门总账、明细账的查询，并对部门收入与费用进行部门收支分析等。

（3）项目管理：用于生产成本、在建工程等业务的核算，以项目为中心为用户提供各项目的成本、费用、收入、往来等汇总与明细情况，以及项目计划执行报告等；提供项目总账、明细账及项目统计表的查询。

（4）往来管理：主要进行客户和供应商往来款项的发生、清欠管理工作，及时掌握往来款项的最新情况；提供往来款的总账、明细账、催款单、往来账清理、账龄分析报告等。

6. 月末处理

月末处理功能可自动完成月末分摊、计提、对应转账、销售成本、汇兑损益、期间损益结转等业务，还可进行试算平衡、对账、结账、生成月末工作报告等工作。

（二）总账管理系统与其他管理系统的主要关系

总账管理系统是会计信息系统的核心系统。其他管理系统的数据都必须传递到总账管理系统中，同时总账管理系统也要把数据传递到其他业务管理系统中供其利用。

总账管理系统与其他业务管理系统的主要关系如图 2-1 所示。

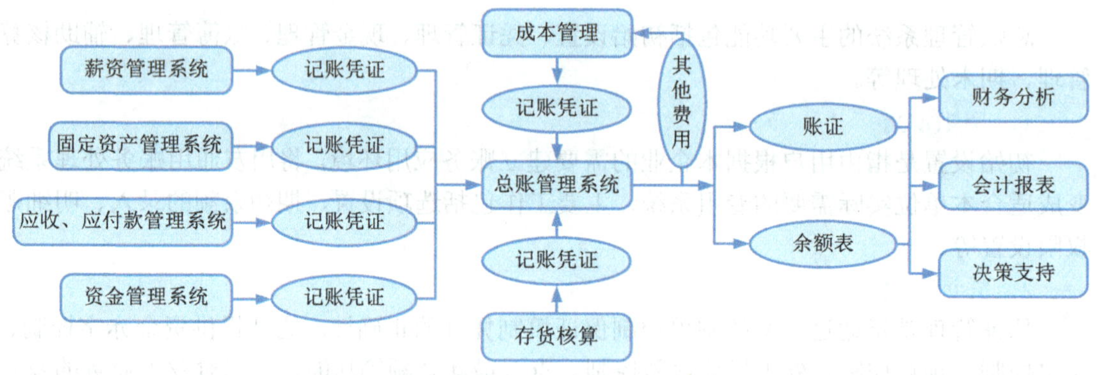

图 2-1 总账管理系统与其他管理系统的主要关系

（三）总账管理系统的业务处理流程

对于业务较为简单、核算要求较低的企业，可以只使用总账管理系统，按照“制单→审核→记账→结账”的核算流程进行操作；对于实际业务较为复杂、核算要求较高的企业，必须在总账管理系统的基础上，依靠其他管理系统实现对企业的管理。总账管理系统的业务处理流程如图 2-2 所示。

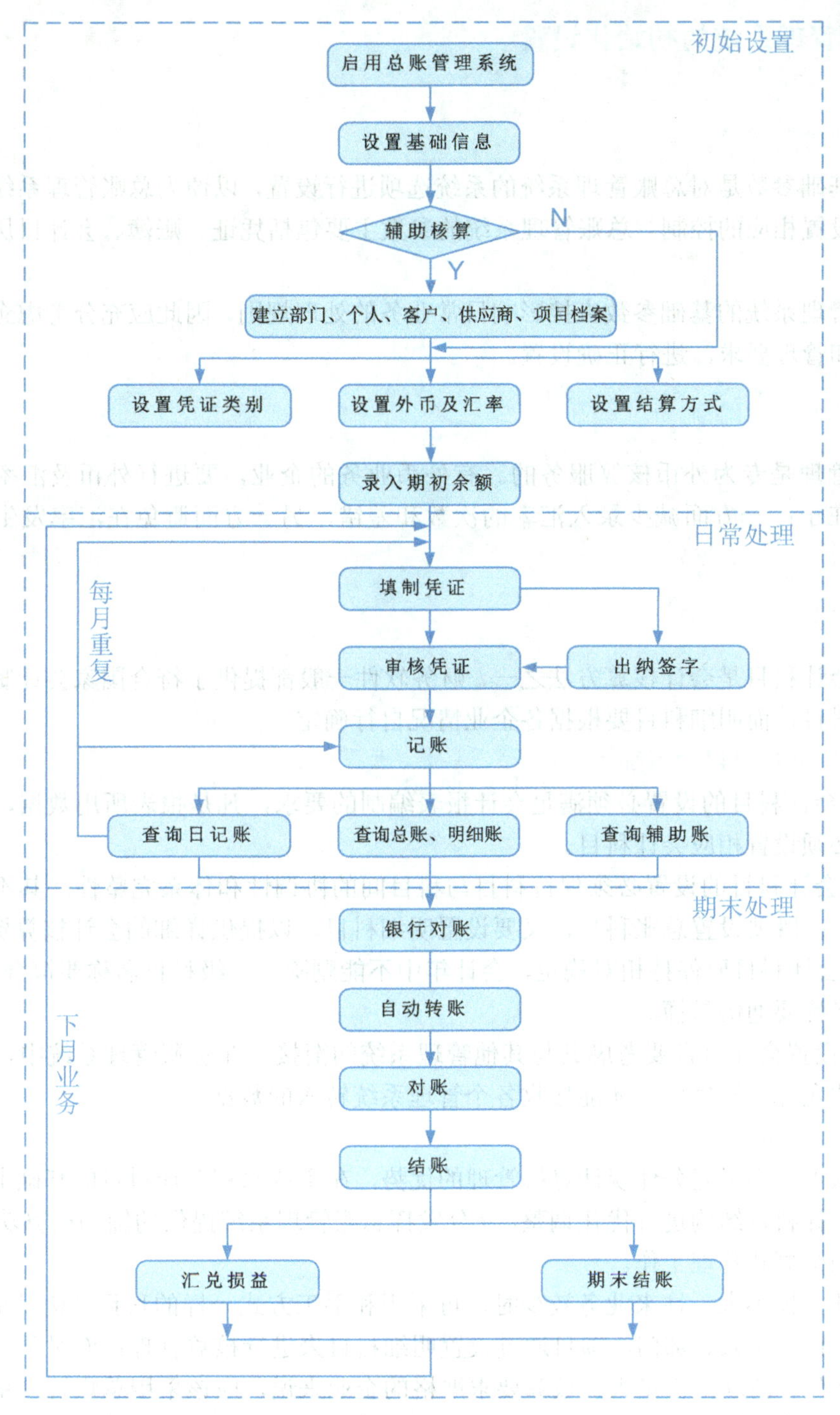

图 2-2　总账管理系统操作流程

二、总账管理系统的初始化设置

（一）设置基础参数

设置基础参数是对总账管理系统的系统选项进行设置，以便为总账管理系统配置相应的功能或设置相应的控制。总账管理系统的参数主要包括凭证、账簿、会计日历和其他选项参数。

总账管理系统的基础参数直接影响日常业务的处理规则，因此应充分考虑企业日常业务的特点和管理要求，进行正确设置。

（二）定义外币及汇率

汇率管理是专为外币核算服务的。有外币业务的企业，要进行外币及汇率的设置，主要作用在于：一方面减少录入汇率的次数和差错，另一方面避免在汇率发生变化时出现错误。

（三）设置会计科目

设置会计科目是会计核算方法之一，财务软件一般都提供了符合国家会计制度规定的一级会计科目，而明细科目要根据各企业情况自行确定。

1．设置会计科目的原则

（1）会计科目的设置必须满足会计报表编制的要求，凡是报表所用数据，需从系统取数的，必须设置相应会计科目。

（2）会计科目的设置必须保持科目与科目间的协调性和体系完整性。其不能只有下级而无上级；既要设置总账科目，又要设置明细科目，以提供详细的会计核算资料。

（3）会计科目要保持相对稳定，会计年中不能删除。一级科目名称要符合国家标准，明细科目名称要通俗易懂。

（4）设置会计科目要考虑其与其他管理系统的衔接。在总账管理系统中，只有末级会计科目才允许有发生额，才能接收各个管理系统转入的数据。

2．辅助核算科目的设置

一般来说，为了充分体现计算机管理的优势，在企业原有会计科目的基础上，应对以往的一些会计科目结构进行优化调整，充分发挥总账管理系统提供的辅助核算功能，深化、强化企业的核算和管理工作。

当企业规模不大、往来业务较少时，可采用和手工方式一样的科目结构及记账方法，即将往来单位、个人、部门、项目通过设置明细科目来进行核算管理；而对于一个往来业务频繁，清欠、清理工作量大，核算要求严格的企业来说，应该采用总账管理系统提供的辅助核算功能进行管理，即将这些明细科目的上级科目设为末级科目及辅助核算科目，并将这些明细科目设为相应的辅助核算目录。一个科目设置辅助核算后，它所发生的每一笔业务将会登记在总账和辅助明细账上。

例如，未使用辅助核算功能，科目设置如表 2-1 所示。

表 2-1 未使用辅助核算功能的科目设置

科目编码	科目名称	科目编码	科目名称
1131	应收账款	4101	生产成本
113101	北京石化公司	410101	甲产品
113102	天津销售分公司	41010101	直接材料
……		41010102	直接人工
1133	其他应收款	……	
113301	差旅费应收款	410102	乙产品
11330101	王坚	41010101	直接材料
11330102	李默	41010102	直接人工
113302	私人借款	……	
11330201	王坚	5502	管理费用
11330202	李默	550201	办公费
……		55020101	A 部门
1603	在建工程	55020102	B 部门
160301	设备安装工程	550202	差旅费
16030101	A 部门	55020201	A 部门
16030102	B 部门	55020202	B 部门
……		……	

使用总账管理系统的辅助核算功能进行核算时，科目设置如表 2-2 所示。

表 2-2 使用辅助核算功能的科目设置

科目编码	科目名称	辅助核算
1131	应收账款	客户往来
1133	其他应收款	
113301	差旅费应收款	个人往来
113302	私人借款	个人往来
1603	在建工程	部门项目
4101	生产成本	
410101	直接材料	项目核算
410102	直接人工	项目核算
5502	管理费用	
550201	办公费	项目核算
550202	差旅费	项目核算

3．设置辅助核算档案

在设置会计科目时，除对科目设置辅助核算属性之外，还应将从科目中去掉的明细科目设置为辅助核算的目录。

一个单位项目核算的种类可能多种多样，如在建工程、对外投资、技术改造、融资成本、在产品成本、课题及合同订单等，为此应允许企业定义多个种类的项目核算。企业可以将具有相同特性的一类项目定义成一个项目大类，一个项目大类可以核算多个项目。为了便于管理，还可以对这些项目进行分类管理。

总账管理系统可以按以下步骤定义项目：

（1）设置科目辅助核算，在会计科目设置功能中先设置相关的项目核算科目，如对生产成本及其下级科目设置项目核算的辅助账类。

（2）定义项目大类，即定义项目核算的分类类别，如增加生产成本项目大类。

（3）指定核算科目，即具体指定需按此类项目核算的科目。一个项目大类可以指定多个科目，而一个科目只能指定一个项目大类。例如，将直接材料、直接人工和制造费用指定为按生产成本项目大类核算的科目。

（4）定义项目分类。为了便于统计，可将同一项目大类下的项目进一步划分，如将生产成本项目大类进一步划分为自行开发项目和委托开发项目。

（5）定义项目目录，将各个项目大类中的具体项目录入系统。

（四）设置凭证类别

第一次使用总账管理系统时，应正确选择凭证类别的分类方式。系统提供了五种常用分类方式供企业选择：① 记账凭证；② 收款、付款、转账凭证；③ 现金、银行、转账凭证；④ 现金收款、现金付款、银行收款、银行付款、转账凭证；⑤ 自定义凭证类别。

对选择的凭证分类可以在制单时设置对科目的限制条件，系统有以下五种限制类型供选择。

- 借方必有：制单时，此类凭证借方至少有一个限制科目发生。
- 贷方必有：制单时，此类凭证贷方至少有一个限制科目发生。
- 凭证必有：制单时，此类凭证的借方或贷方至少有一个限制科目发生。
- 凭证必无：制单时，此类凭证无论是借方还是贷方均不可有限制科目发生。
- 无限制：制单时，此类凭证可使用所有合法的科目。

限制科目由用户录入，可以是任意级次的科目。科目之间用英文逗号分隔，数量不限，也可参照录入，但不能重复录入。若限制科目为非末级科目，则在制单时其所有下级科目都将受到同样的限制。

（五）设置结算方式

设置结算方式用来建立和管理企业在经营活动中所涉及的结算方式。它与财务结算方式一致，如现金结算、支票结算等。

（六）设置明细权限

在需要对操作员的操作权限做进一步细化时，如希望制单权限控制到科目，凭证审核权控制到操作员，明细账查询控制到科目等，首先应在设置系统参数时，将上述选项做选中标志，再到“明细权限”功能中进行设置。

（七）录入期初余额

在开始使用总账管理系统时，应将经过整理的手工账目的期初余额录入计算机。假如企业是在年初建账，则期初余额就是年初数；假如是年中启用总账管理系统，则应先将各账户此时的余额和年初到此时的借贷方累计发生额计算清楚。例如，某企业 2020 年 4 月开始启用总账管理系统，那么应将该企业 2020 年 3 月末各科目的期末余额及 1～3 月的累计发生额计算出来，作为启用系统的期初数据录入到总账管理系统中，系统将自动计算年初余额。若科目有辅助核算，还应整理各辅助项目的期初余额，以便在期初余额中录入。

期初余额的录入分总账期初余额录入和辅助账期初余额录入两部分。

任务实施

一、任务目标

1．完成总账管理系统参数设置。

2．完成基础档案设置：会计科目、凭证类别、外币及汇率、结算方式、辅助核算档案等。

3．完成期初余额录入。

二、任务资料

1．总账控制参数

选项卡	参数设置（没有项选择系统默认）
凭证	• 制单序时控制 • 支票控制 • 资金及往来科目赤字控制 • 可以使用应收系统受控科目 • 可以使用应付系统受控科目 • 可以使用存货系统受控科目 • 取消“现金流量科目必录现金流量项目”选项 • 凭证编号方式采用系统编号

续表

选项卡	参数设置（没有项选择系统默认）
账簿	• 账簿打印位数宽度按软件的标准设定 • 明细账打印按年排页
凭证打印	• 打印凭证的制单、出纳、审核、记账等人员姓名
权限	• 出纳凭证必须经由出纳签字 • 允许修改、作废他人填制的凭证 • 可查询他人凭证 • 明细账查询权限控制到科目
其他	• 部门、个人、项目按编码方式排序 • 外币核算方式选择固定汇率
会计日历	• 数量小数位和单价小数位设置为 2 位

2. 基础数据

（1）外币及汇率

币符：USD。

币名：美元。

汇率小数位：3。

固定汇率：6.275（此汇率只供演示使用）。

（2）2020 年 7 月份会计科目及期初余额表

科目名称	辅助核算	方向	币别/计量单位	期初余额
库存现金（1001）	日记账	借		6 875.70
银行存款（1002）	银行、日记	借		511 057.16
工行存款（100201）	银行、日记	借		511 057.16
中行存款（100202）	银行、日记	借	美元	
应收票据（1121）	客户往来	借		
应收账款（1122）	客户往来	借		157 600.00
预付账款（1123）	供应商往来	借		
其他应收款（1221）		借		3 800.00
应收单位款（122101）	客户往来	借		
应收个人款（122102）	个人往来	借		3 800.00
坏账准备（1231）		贷		10 000.00
材料采购（1401）		借		−80 000.00
原材料（1403）		借		1 004 000.00

续表

科目名称	辅助核算	方向	币别/计量单位	期初余额
生产用原材料（140301）	数量核算	借	吨	1 004 000.00
材料成本差异（1404）		借		1 000.00
库存商品（1405）		借		2 554 000.00
委托加工物资（1408）		借		
周转材料（1411）		借		
固定资产（1601）		借		260 860.00
累计折旧（1602）		贷		47 120.91
在建工程（1604）	项目核算	借		
人工费（160401）	项目核算	借		
材料费（160402）	项目核算	借		
其他（160403）	项目核算	借		
无形资产（1701）		借		58 500.00
长期待摊费用（1801）		借		642.00
开办费（180101）		借		642.00
待处理财产损益（1901）				
待处理流动资产损益（190101）				
待处理固定资产损益（190102）				
短期借款（2001）		贷		200 000.00
应付账款（2202）	供应商往来	贷		276 850.00
预收账款（2203）	客户往来	贷		
应付职工薪酬（2211）		贷		8 200.00
应交税费（2221）		贷		−16 800.00
应交增值税（222101）		贷		−16 800.00
进项税额（22210101）		贷		−33 800.00
销项税额（22210105）		贷		17 000.00
其他应付款（2241）		贷		2 100.00
实收资本（4001）		贷		2 609 052.00
本年利润（4103）		贷		1 478 000.00
利润分配（4104）		贷		−119 022.31
未分配利润（410415）		贷		−119 022.31
生产成本（5001）	项目核算	借		17 165.74

续表

科目名称	辅助核算	方向	币别/计量单位	期初余额
直接材料（500101）	项目核算	借		10 000.00
直接人工（500102）	项目核算	借		4 000.74
制造费用（500103）	项目核算	借		2 000.00
折旧费（500104）	项目核算	借		1 165.00
其他（500105）	项目核算	借		
制造费用（5101）		借		
工资（510101）		借		
折旧费（510102）		借		
主营业务收入（6001）		贷		
其他业务收入（6051）		贷		
营业外收入（6301）		贷		
主营业务成本（6401）		借		
其他业务成本（6402）		借		
税金及附加（6403）		借		
销售费用（6601）		借		
管理费用（6602）	部门核算	借		
工资（660201）	部门核算	借		
福利费（660202）	部门核算	借		
办公费（660203）	部门核算	借		
差旅费（660204）	部门核算	借		
招待费（660205）	部门核算	借		
折旧费（660206）	部门核算	借		
其他（660207）	部门核算	借		
财务费用（6603）		借		
利息支出（660301）		借		
其他（660302）		借		

说明：

- 将“库存现金（1001）”科目指定为现金科目。
- 将“银行存款（1002）”科目指定为银行科目。
- 将“库存现金（1001）”“工行存款（100201）”“中行存款（100202）”指定为现金流量科目。

（3）凭证类别

凭证类别	限制类别	限制科目
收款凭证	借方必有	1001,100201,100202
付款凭证	贷方必有	1001,100201,100202
转账凭证	凭证必无	1001,100201,100202

（4）结算方式

结算方式编码	结算方式名称	票据管理
1	现金结算	否
2	支票结算	否
201	现金支票	是
202	转账支票	是
3	其他	否

（5）项目目录（生产成本项目）

项目设置步骤	设置内容
项目大类	生产成本
核算科目	生产成本（5001） 直接材料（500101） 直接人工（500102） 制造费用（500103） 折旧费（500104） 其他（500105）
项目分类	1. 自行开发项目 2. 委托开发项目
项目名称	项目编号 101，普通打印纸-A4，所属分类码 1； 项目编号 102，凭证套打纸-8X，所属分类码 1

（6）项目目录（现金流量项目）

① 增加项目分类定义

分类编码	06	0601	0602
分类名称	现金内部活动	流入	流出

② 项目目录

项目编号	项目名称	所属分类	方向
25	现金内部变动流入	0601	流入
26	现金内部变动流出	0602	流出

（7）数据权限控制设置及分配

操作员“王元庆”具有应收账款、预付账款、应付账款、预收账款、其他应收款五个科目的明细账查询和打印权限。

3．期初余额

（1）总账期初余额表

见“2020 年 7 月份会计科目及期初余额表”。

（2）辅助账期初余额表

① 会计科目：应收账款（1122）　　余额：借 157 600.00 元

日期	凭证号	客户	摘要	方向	金额	业务员	票号	票据日期
2020-05-25	转-118	环宇公司	销售商品	借	99 600.00	李芳	P111	2020-05-25
2020-06-10	转-15	丽友贸易公司	销售商品	借	58 000.00	李芳	Z111	2020-06-10

② 会计科目：其他应收款——应收个人款（122102）　余额：借 3 800.00 元

日期	凭证号	部门	个人	摘要	方向	期初余额
2020-06-26	付-118	总经理办公室	田原	出差借款	借	2 000.00
2020-06-27	付-156	销售部	李秋	出差借款	借	1 800.00

③ 会计科目：应付账款（2202）　　余额：贷 276 850.00 元

日期	凭证号	供应商	摘要	方向	金额	业务员	票号	票据日期
2020-04-20	转-45	鑫源公司	购买原材料	贷	276 850.00	吴昕	C000	2020-04-20

④ 会计科目：生成成本（5001）　　余额：借 17 165.74 元

科目名称	普通打印纸-A4	凭证套打纸-8X	合计
直接材料（500101）	4 000.00	6 000.00	10 000.00
直接人工（500102）	1 500.00	2 500.74	4 000.74
制造费用（500103）	800.00	1 200.00	2 000.00
折旧费（500104）	500.00	665.00	1 165.00
合计	6 800.00	10 365.74	17 165.74

三、任务操作

1．登录总账管理系统

（1）执行“开始”|“程序”|“用友 ERP-U872”|“企业应用平台”命令，在“登录”对话框中，使用“张新宁（A001）”身份登录。

（2）在企业应用平台“业务工作”选项卡下，执行“财务会计”|“总账”命令，打开总账管理系统。

2. 设置总账控制参数

（1）在企业应用平台“业务工作”选项卡下，执行“财务会计”|“总账”|“设置”|“选项”命令，系统弹出“选项”对话框，如图 2-3 所示。

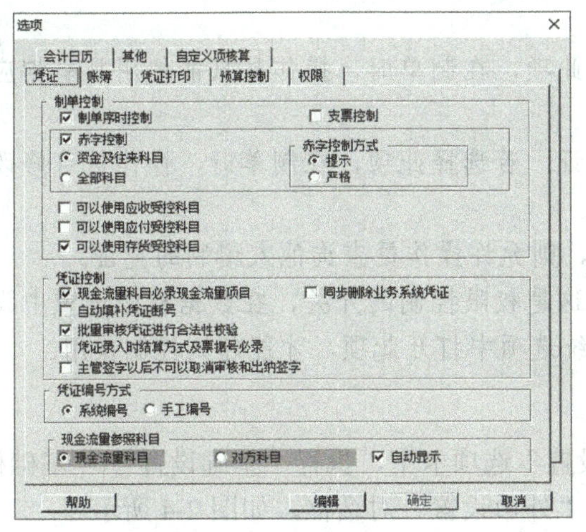

图 2-3 “选项”对话框

登录总账管理系统并设置控制参数

（2）单击【编辑】按钮，根据任务资料在“凭证”选项卡上进行设置。

（3）分别在“账簿”“凭证打印”“权限”“其他”“会计日历”选项卡下，根据任务资料的要求进行相应的设置。

提 示

- ✓ 制单序时控制：此项与“系统编号”选项连用，若选择此项，则制单时凭证编号必须按日期顺序排列。
- ✓ 支票控制：若选择此项，则在使用银行科目编制凭证时，如果录入了未在支票登记簿中登记的支票号，则系统将提供登记支票登记簿的功能。
- ✓ 赤字控制：若选择此项，在制单时，当“资金及往来科目”或“全部科目”的最近余额出现负数时，系统将予以提示。控制方式可以选择提示和严格两种。
- ✓ 可以使用应收、应付、存货受控科目：若科目为其他系统的受控科目，为了防止重复制单，只允许受其控制系统使用此科目进行制单，总账管理系统不能使用此科目制单。所以如果希望在总账管理系统中也能使用这些科目填制凭证，则应选择此项。
- ✓ 现金流量科目必录现金流量项目：若选择此项，在录入凭证时如果使用现金流量科目则必须录入现金流量项目及金额。
- ✓ 系统在“填制凭证”功能中一般按照凭证类别按月自动编制凭证编号，即“系统编号”；但有的企业需要系统允许在制单时手工录入凭证编号，即“手工编号”。
- ✓ 打印位数宽度定义正式账簿打印时各栏目的宽度，包括摘要、金额、外币、数量、汇率、单价。

- ✓ 按年排页：即打印时从本会计年度的第一个会计月开始将明细账顺序排页，再将打印月份范围所在的页打印输出，打印起始页号为所打月份在全年总排页中的页号。因此，若所选月份范围不是第一个月，则打印结果的页号有可能不是从“第 1 页”开始排。
- ✓ 制单权限控制到科目：若选择此项，在制单时，操作员只能使用具有相应制单权限的科目制单。
- ✓ 允许修改、作废他人填制的凭证：若选择此项，在制单时，操作员可修改或作废别人填制的凭证，否则不能修改。
- ✓ 可查询他人凭证：若选择此项，则允许操作员查询他人填制的凭证。
- ✓ 明细账查询权限控制到科目：这是权限控制的开关，在数据权限设置中设置明细账查询权限，必须在总账管理系统选项中打开此项，才能起到控制作用。

3. 设置外币及汇率

（1）在企业应用平台“基础设置”选项卡下，执行“基础设置”|“基础档案”|“财务”|“外币设置”命令，系统弹出“外币设置”对话框，如图 2-4 所示。

（2）单击【增加】按钮，录入币符“USD”、币名“美元”、汇率小数位“3”。

（3）单击【确认】按钮，录入“2020.07”月份的“记账汇率”为“6.275”，如图 2-5 所示，单击【退出】按钮。

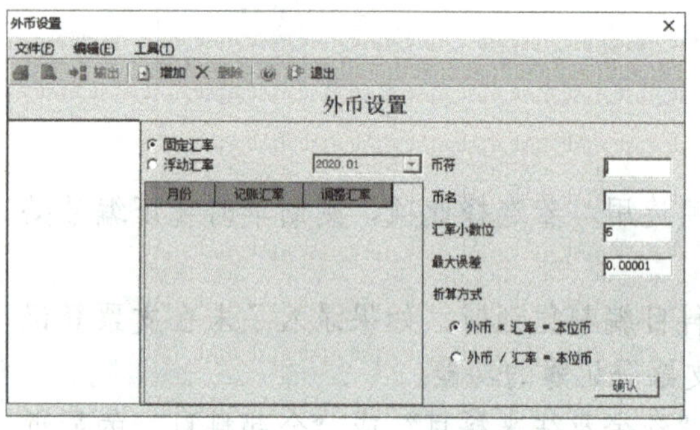

图 2-4 “外币设置”对话框

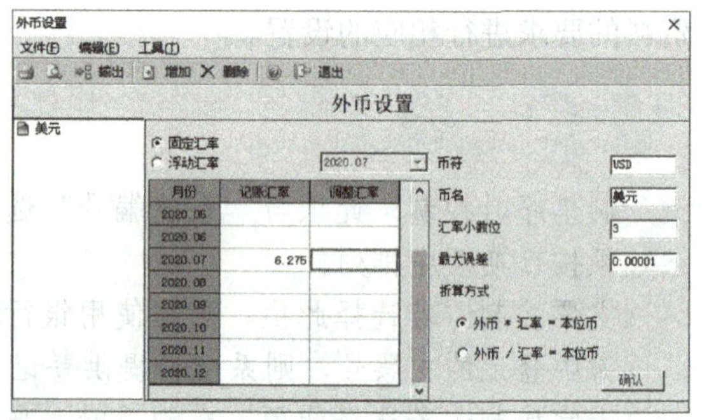

图 2-5 录入记账汇率

4. 设置会计科目

❖ 增加会计科目

（1）在企业应用平台“基础设置”选项卡下，执行“基础档案”|“财务”|“会计科目”命令，打开“会计科目”窗口，如图 2-6 所示。

（2）单击【增加】按钮，系统弹出“新增会计科目”对话框，如图 2-7 所示，根据任务资料录入“科目编码”“科目名称”，选择“辅助核算”“受控系统”等。相关信息设置完成后，单击【确定】按钮，系统自动按照科目编码顺序保存新增的会计科目。

（3）根据任务资料，依次增加其他会计科目。单击【关闭】按钮，返回“会计科目”窗口。

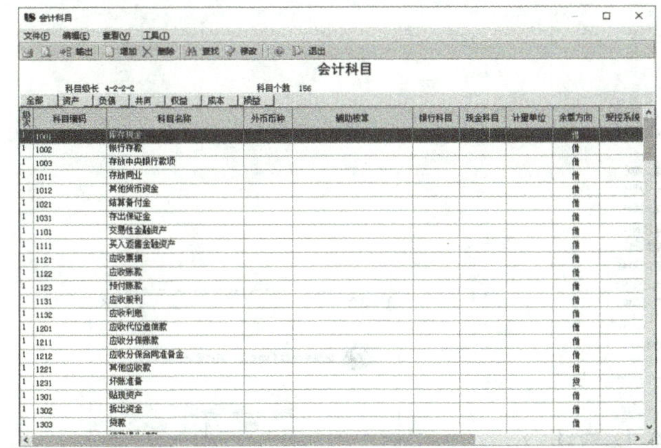

图 2-6　“会计科目”窗口

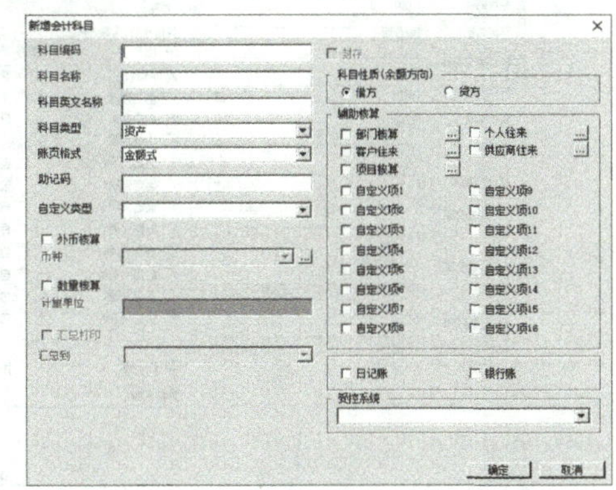

图 2-7　“新增会计科目”对话框

- ✓ 增加会计科目时，应当先增加上级科目，再增加下级科目，遵循自上而下的原则。
- ✓ 增加的会计科目编码长度及每段位数要符合编码规则。
- ✓ 科目如果需要进行外币核算时，应选中“外币核算”复选框，并选择其核算的币种。若在建账时没有选中“外币核算”复选框，则“外币核算”复选框不被激活。
- ✓ 科目如果要进行数量核算，应选中“数量核算”复选框，并设置相应的计量单位。这样，在录入该科目的期初余额和用该科目制单时，不仅要录入金额，还需要录入物品数量。

❖ 修改会计科目

（1）在“会计科目”窗口中，选择要修改的会计科目 1001，单击【修改】按钮或双击该科目，系统弹出“会计科目_修改”对话框。

设置基础档案

（2）单击【修改】按钮，进入科目修改的可编辑状态，如图 2-8 所示，根据任务资料对所选科目进行修改。修改完成后，单击【确定】按钮进行保存。

（3）根据任务资料内容修改其他会计科目，修改完成后，单击【返回】按钮。

❖ 删除会计科目

（1）在“会计科目”窗口中，选择要删除的会计科目。

（2）单击【删除】按钮，系统弹出“记录删除后不能修复！真的删除此记录吗？”对话框，如图 2-9 所示。

（3）单击【确定】按钮，即可删除该科目。

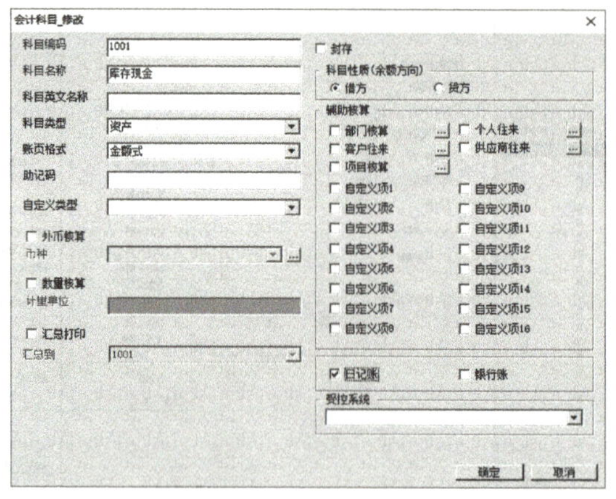

图 2-8 “会计科目_修改”对话框（可编辑状态）

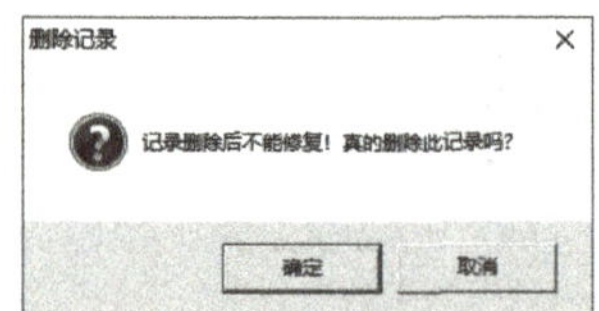

图 2-9 提示

- ✓ 如果科目已录入期初余额或已制单，则不能删除。
- ✓ 非末级会计科目不能删除。
- ✓ 被指定为“现金科目”“银行科目”的会计科目不能删除，若想删除，必须先取消指定。

❖ 指定会计科目

（1）在“会计科目”窗口中，执行“编辑”|“指定科目”命令，系统弹出“指定科目”对话框。

（2）选择“现金科目”，将“1001 库存现金”由待选科目选入已选科目，如图 2-10 所示。

（3）选择“银行科目”，将“1002 银行存款”由待选科目选入已选科目，如图 2-11 所示。

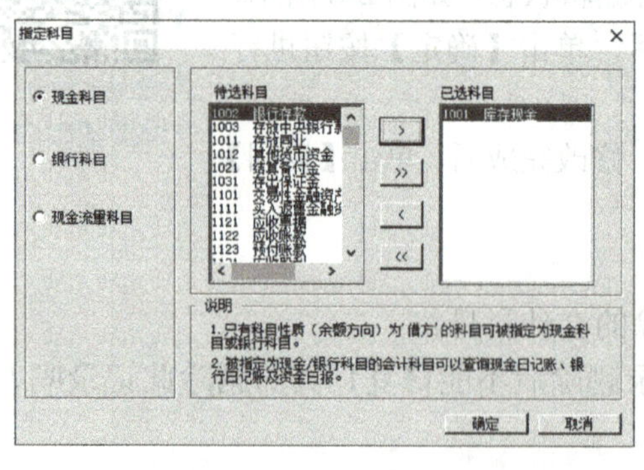

图 2-10 指定现金科目

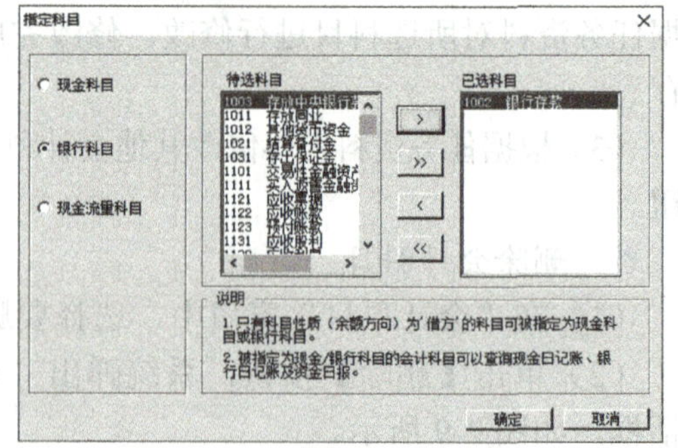

图 2-11 指定银行科目

（4）选择“现金流量科目”单选按钮，将“1001 库存现金”“100201 工行存款”“100202 中行存款”由待选科目选入已选科目。

（5）单击【确定】按钮。

提 示

- ✓ 指定会计科目即指定出纳的专管科目。只有指定科目后，才能执行出纳签字，查看现金、银行存款日记账，从而实现现金、银行管理的保密性。
- ✓ 被指定的“现金科目”“银行科目”必须是一级科目。
- ✓ 在指定“现金科目”“银行科目”之前，应在建立“存款现金”“银行存款”会计科目时选中“日记账”复选框。
- ✓ 现金流量表的编制有两种方法：一种是利用总账中的现金流量辅助核算；另一种是利用专门的现金流量表软件编制现金流量表。本例拟采用第一种方法，因此在此处明确与现金流量有关联的科目。

5. 设置凭证类别

（1）在企业应用平台“基础设置”选项卡下，执行“基础档案”|“财务”|“凭证类别”命令，系统弹出“凭证类别预置”对话框，如图 2-12 所示。

（2）选中“收款凭证　付款凭证　转账凭证”，单击【确定】按钮，系统弹出“凭证类别”对话框。

（3）设置收款凭证的限制类型，双击收款凭证“限制类型”，选择“借方必有”；在“限制科目”栏录入“1001,100201,100202”。

（4）设置付款凭证的“限制类型”为“贷方必有”，在“限制科目”栏录入“1001,100201,100202”；设置转账凭证的“限制类型”为“凭证必无”，在“限制科目”栏录入“1001,100201,100202”。

（5）设置完成后，如图 2-13 所示，单击【退出】按钮。

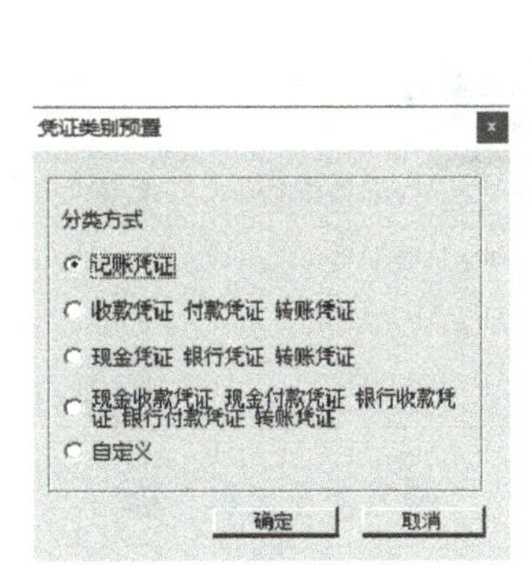

图 2-12　“凭证类别预置”对话框

凭证类别

文件(F)　编辑(E)　工具(T)

输出　增加　修改　删除　退出

凭证类别

类别字	类别名称	限制类型	限制科目	调整期
收	收款凭证	借方必有	1001,100201,100202	
付	付款凭证	贷方必有	1001,100201,100202	
转	转账凭证	凭证必无	1001,100201,100202	

图 2-13　“凭证类别”对话框

6. 设置结算方式

（1）在企业应用平台“基础设置”选项卡下，执行“基础档案”|“收付结算”|“结算方式”命令，打开“结算方式”窗口。

（2）单击【增加】按钮，录入结算方式编码“1”、结算方式名称“现金结算”，如图 2-14 所示，单击【保存】按钮。

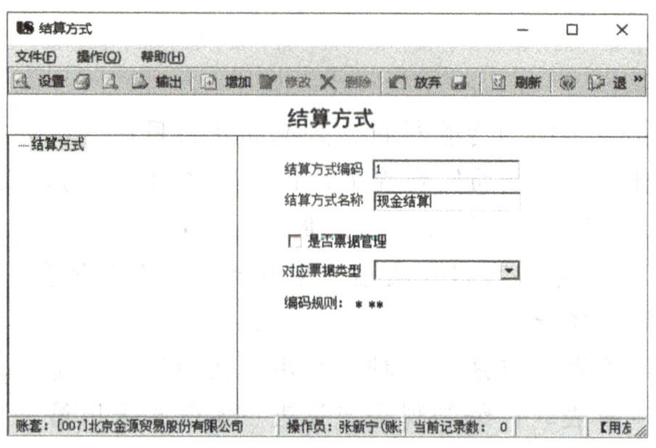

图 2-14 “结算方式”窗口

（3）根据任务资料，依次录入其他结算方式。对于“现金支票”和“转账支票”，要选中“是否票据管理”复选框。

（4）设置完成后，单击【退出】按钮。

7. 设置项目目录

❖ 定义项目大类（生产成本项目）

（1）在企业应用平台“基础设置”选项卡下，执行“基础档案”|“财务”|“项目目录”命令，系统弹出“项目档案”对话框，如图 2-15 所示。

（2）单击【增加】按钮，系统弹出“项目大类定义_增加”对话框，录入新项目大类名称“生产成本”，如图 2-16 所示。

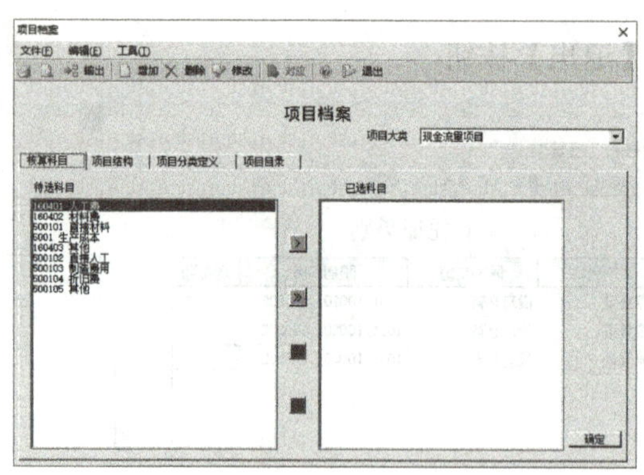

图 2-15 “项目档案”对话框

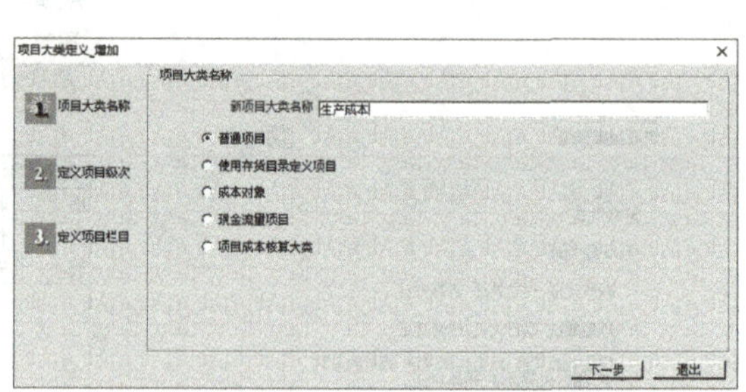

图 2-16 录入项目大类名称

（3）单击【下一步】按钮，录入要定义的项目级次，本例采用系统默认值，如图 2-17 所示。

（4）单击【下一步】按钮，录入要修改的项目栏目，本例采用系统默认值，如图 2-18 所示。

（5）单击【完成】按钮，返回“项目档案”对话框。

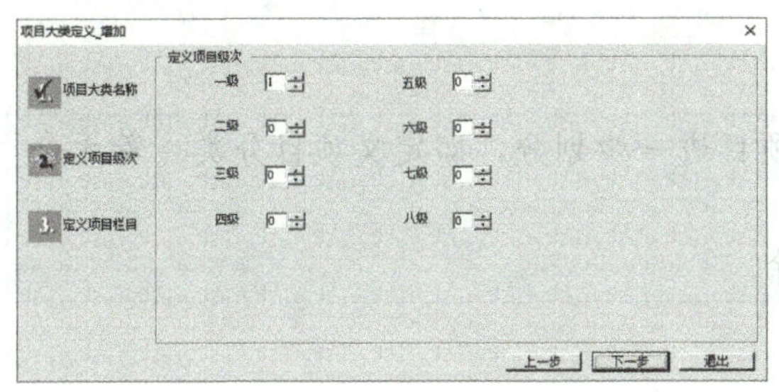

图 2-17　定义项目级次

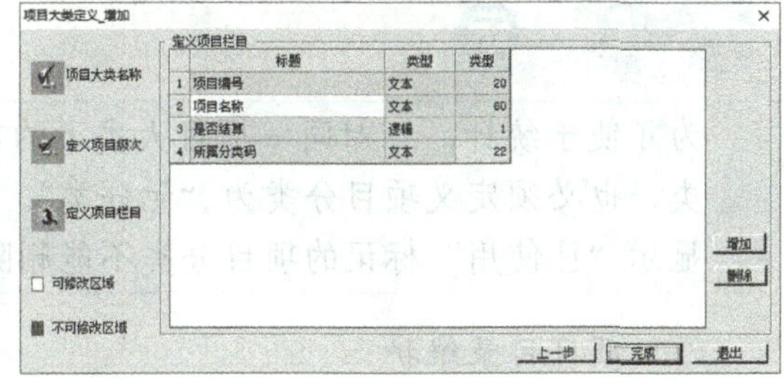

图 2-18　定义项目栏目

✓ 项目大类的名称是该类项目的总称，而不是会计科目名称。例如，在建工程按具体工程项目核算，此时项目大类名称应为“工程项目”而不是“在建工程”。

✓ 系统预设了“现金流量项目”和“项目管理”两个大类，企业可根据需要增设大类。

❖ 指定核算科目

（1）在“项目档案”对话框中，选中“核算科目”单选项。

（2）选择项目大类为“生产成本”。

（3）双击“5001　生产成本”，将生产成本选为参加核算科目，根据任务资料选择其他核算科目，如图 2-19 所示。

❖ 定义项目分类

（1）在“项目档案”对话框中，选中“项目分类定义”，如图 2-20 所示。

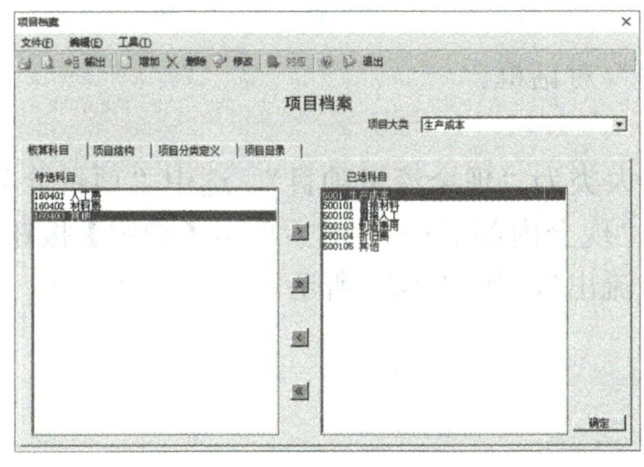

图 2-19　指定项目核算科目

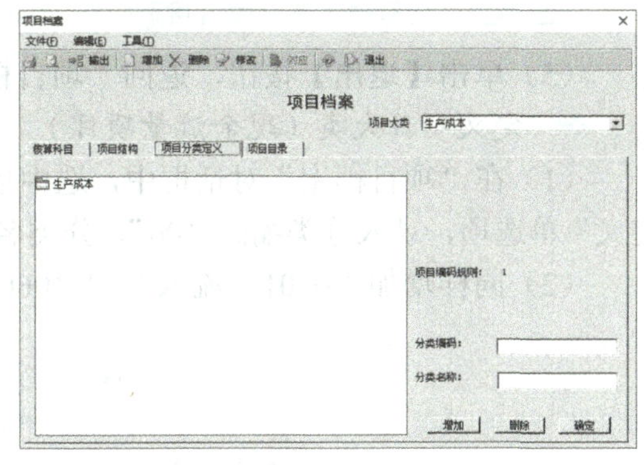

图 2-20　项目档案——项目定义分类

（2）单击【增加】按钮，录入分类编码“1”、分类名称“自行开发项目”，单击【确定】按钮。

（3）同理，定义“委托开发项目”。

提 示

✓ 为了便于统计，可对同一项目大类下的项目进一步划分，即定义项目分类。若无分类，也必须定义项目分类为“无分类”。

✓ 显示“已使用”标记的项目分类不能删除。

❖ 项目目录维护

（1）在“项目档案”对话框中，选中“项目目录”，如图 2-21 所示。

（2）单击右下角的【维护】按钮，打开“项目目录维护”窗口。

（3）单击【增加】按钮，录入项目编号“101”、项目名称“普通打印纸-A4”，选择所属分类码“1”，然后按【Enter】键。

（4）同理，继续增加“102 凭证套打纸-8X”项目档案，所属分类码为“1”。维护完毕后，如图 2-22 所示。

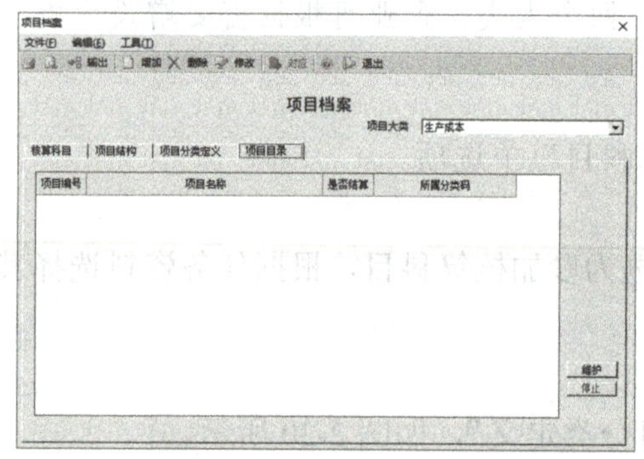

图 2-21 项目档案——项目目录

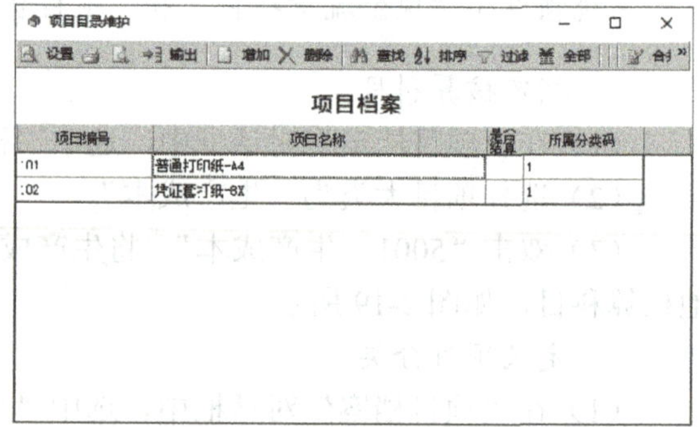

图 2-22 “项目目录维护”窗口

（5）单击【退出】按钮，返回“项目档案”对话框。

❖ 定义项目大类（现金流量项目）

（1）在“项目档案”对话框中，选中项目大类为“现金流量项目”，选中“项目分类定义”单选项，录入分类编码“06”、分类名称“现金内部活动”，然后单击【确定】按钮。

（2）同样增加“0601 流入”和“0602 流出”，如图 2-23 所示。

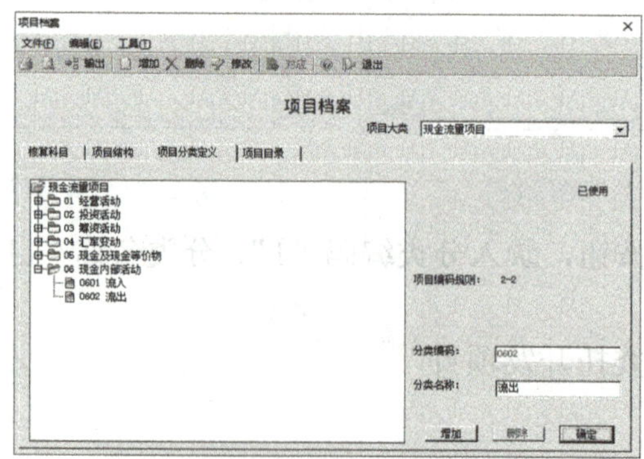

图 2-23 定义明细科目名称

（3）选中“项目目录”，单击【维护】按钮，打开“项目目录维护”窗口，如图 2-24 所示。

（4）单击【增加】按钮，根据任务资料增加“现金内部变动流入”和“现金内部变动流出”，如图 2-25 所示。

图 2-24 “项目目录维护”窗口

图 2-25 增加项目档案

（5）录入完成后，单击【退出】按钮退出。

8. 数据权限控制设置及分配

（1）在企业应用平台“系统服务”选项卡下，执行“权限”|“数据权限控制设置”命令，系统弹出“数据权限控制设置”对话框，如图 2-26 所示。

（2）在记录级列表中选择“科目”“部门”，单击【确定】按钮。

（3）执行“权限”|“数据权限分配”命令，打开“权限浏览”窗口，从“用户及角色”列表中选择“A003 王元庆”，如图 2-27 所示。

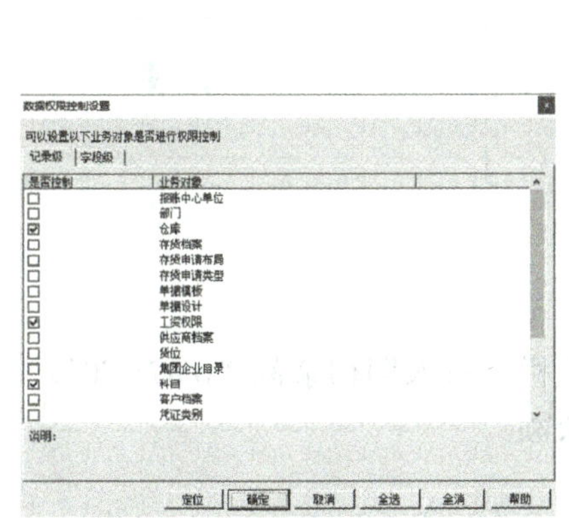

图 2-26 “数据权限控制设置”对话框

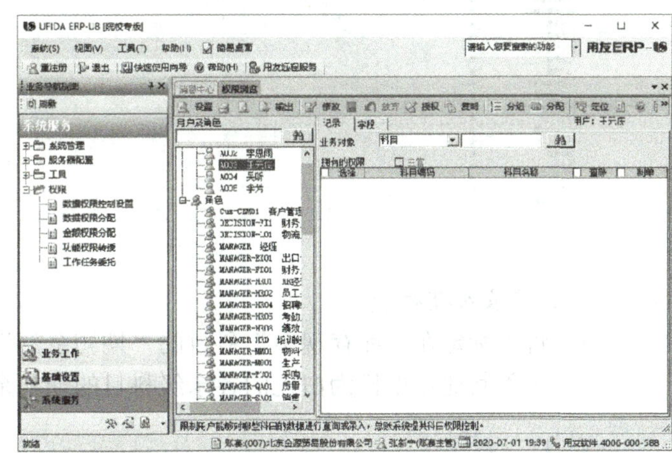

图 2-27 选择权限人

（4）单击【授权】按钮，系统弹出“记录权限设置”对话框。

（5）分别将“应收账款”“预付账款”“其他应收款”“应付账款”“预收账款”科目从“禁用”列表框中选入“可用”列表框，如图 2-28 所示。

（6）单击【保存】按钮，系统弹出“保存成功，重新登录门户，此配置才能生效！”对话框，如图 2-29 所示。

（7）单击【确定】按钮返回。

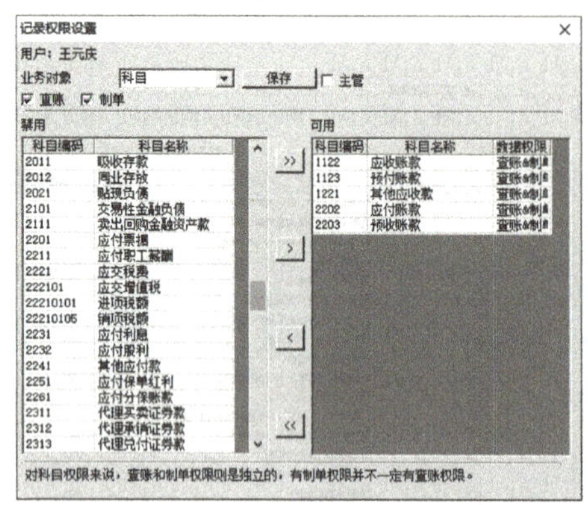

图 2-28　设置记录权限

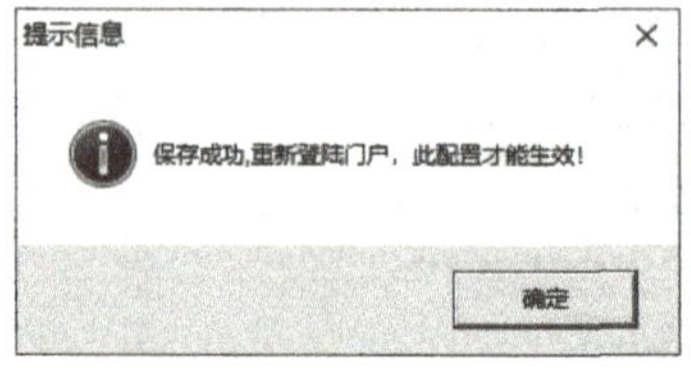

图 2-29　提示

9. 期初余额录入

在企业应用平台“业务工作”选项卡下，执行“财务会计”|“总账”|“设置”|“期初余额”命令，打开“期初余额录入”窗口，如图 2-30 所示。

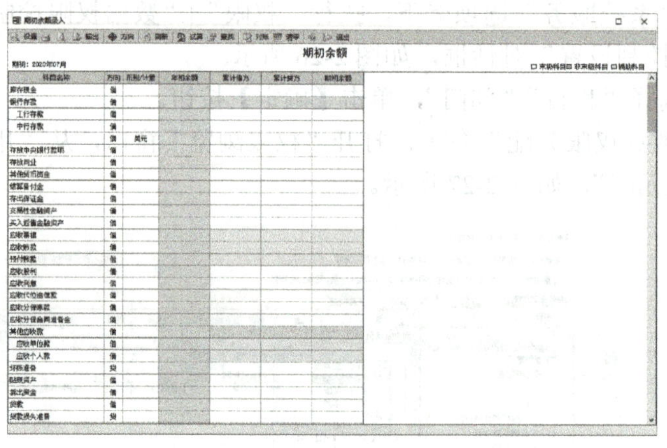

图 2-30　“期初余额录入”窗口

期初余额录入及试算平衡

❖　直接录入期初余额

（1）将光标定在“库存现金”科目的“期初余额”栏，录入期初余额“6 875.70”。

（2）录入其他数据栏为白色的各末级科目的期初余额。

✓　录入“期初余额”时，期初余额栏会显示三种颜色。其中，白色代表“末级科目”，灰色代表“非末级科目”，黄色代表“辅助核算科目”。

✓　只需录入最末级科目的余额和累计发生数，上级科目的余额和累计发生数由系统自动计算。

> ✓ 总账科目与其下级科目的方向必须一致。如果所录明细余额的方向与总账余额相反，则可用“–”号表示。
>
> ✓ 年中启用会计电算化软件的，只需录入末级科目的期初余额及累计借方、累计贷方，年初余额则由系统自动计算出来。

❖ 录入涉及辅助核算会计科目期初余额

（1）双击“应收账款”科目的“期初余额”栏，打开“辅助期初余额”窗口。

（2）单击【增行】按钮，根据任务资料录入相关信息，如图 2-31 所示。若该科目需要录入往来明细资料，则单击【往来明细】按钮，在打开的“期初往来明细”窗口中，单击【增行】按钮，录入该科目的期初往来明细资料，如图 2-32 所示。

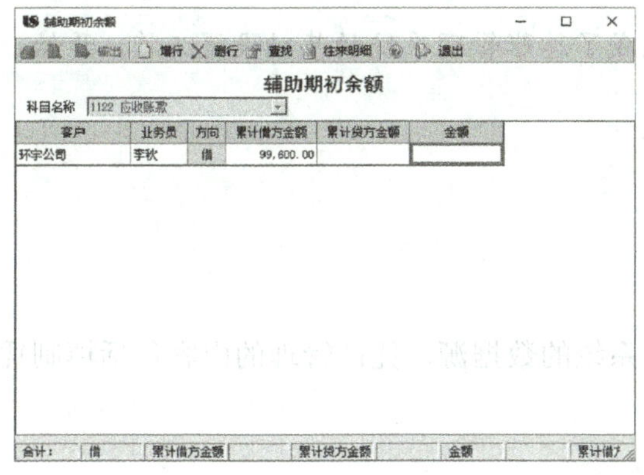

图 2-31 录入辅助期初余额信息

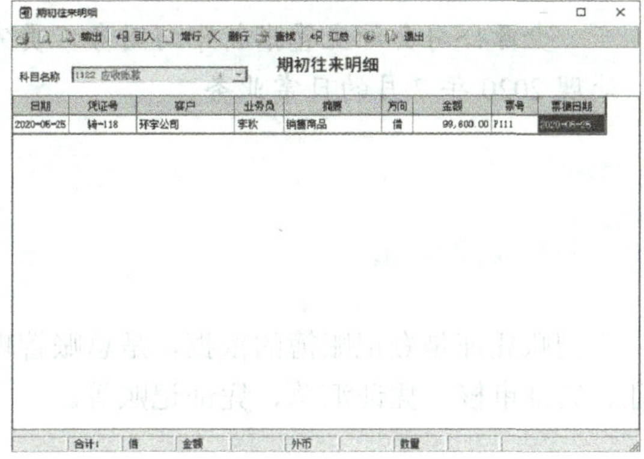

图 2-32 录入期初往来明细

（3）录入完成后，单击【退出】按钮返回。

（4）录入其他数据栏为黄色的带有辅助核算项的会计科目。

❖ 试算平衡

（1）录完所有科目余额后，单击【试算】按钮，系统弹出“期初试算平衡表”对话框。

（2）若期初余额试算平衡，如图 2-33 所示，则单击【确定】按钮返回“期初余额录入”窗口，单击【退出】按钮返回。

（3）若期初余额不平衡，如图 2-34 所示，则修改期初余额调整平衡。

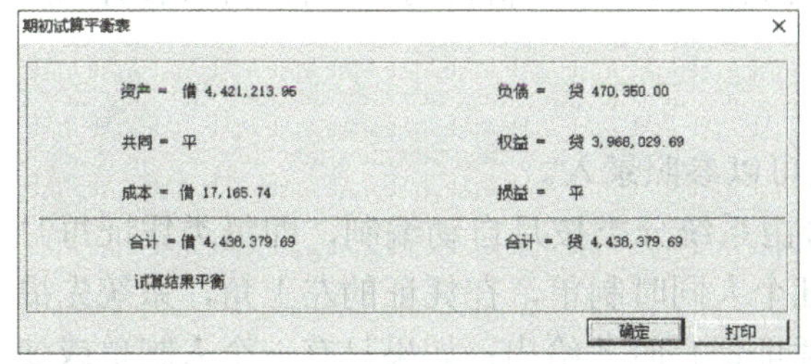

图 2-33 试算结果平衡

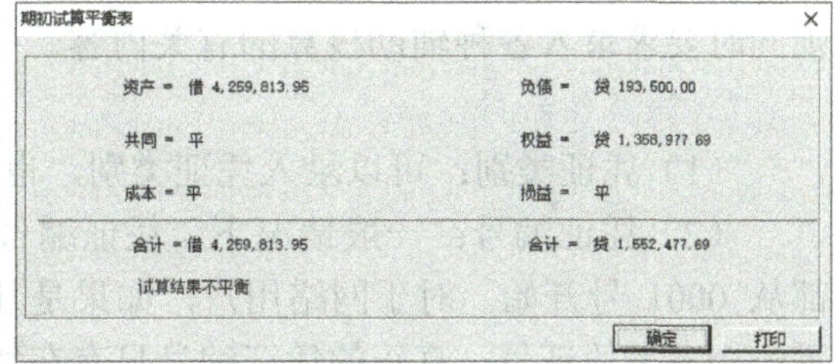

图 2-34 试算结果不平衡

✓ 期初余额试算不平衡时将不能记账，但可以填制凭证。
✓ 若已经记过账，则不能再录入、修改期初余额，也不能执行“结转上年余额”功能。

任务二　凭证管理

情景引例

金源公司会计主管张新宁与财务人员完成了总账管理系统的基础设置工作，开始处理2020年7月的日常业务。

知识准备

记账凭证是登记账簿的依据，是总账管理系统的数据源。凭证管理的内容包括填制凭证、凭证审核、凭证汇总、凭证记账等。

一、填制凭证

在实际工作中，可直接在计算机上根据审核无误、准予报销的原始凭证填制记账凭证（即前台处理），也可以先由人工制单而后集中录入（即后台处理），企业可根据本单位实际情况灵活使用。一般来说，业务量不多或基础较好或使用网络版的企业可采用前台处理方式，而在第一年使用用友财务软件或人机并行阶段的企业，则比较适合采用后台处理方式。

（一）增加凭证

记账凭证的内容一般包括两部分：一是凭证头部分，包括凭证类别、凭证编号、制单日期和附单据数等；二是凭证正文部分，包括摘要、科目、辅助信息和金额等。如果录入会计科目有辅助核算要求，则应录入辅助核算内容；如果一个科目同时兼有多种辅助核算，则同时要求录入各种辅助核算的有关内容。

1．凭证头部分

（1）凭证类别：可以录入凭证类别，也可以参照录入。

（2）凭证编号：一般情况下，凭证编号由系统分类按月自动编制，即每类凭证每月都从 0001 号开始。对于网络用户，如果是几个人同时制单，在凭证的左上角，系统先提示一个参考凭证号，真正的凭证编号只有在凭证保存时才给出；如果只有一个人制单或使用单用户版制单时，凭证左上角的凭证号即是正在填制的凭证的编号。系统自动管理凭证页号，规定每页凭证有 5 条记录，当某号凭证不止一页时，系统将自动在凭证号后标上分单号。例如，“收-0001 号 0002/0003”表示为收款凭证第 0001 号凭证共有 3 张分单，当前光标所在分录在第 2 张分单上。如果在启用账套时设置凭证编号方式为“手工编号”，则用户可在此处手工录入凭证编号。

（3）制单日期：即填制凭证的日期。系统自动取进入账务系统前录入的业务日期为记账凭证填制的日期，如果日期不对，可进行修改或参照录入。

（4）附单据数：即录入原始凭证张数。

（5）凭证自定义项：是由用户自定义的凭证补充信息。用户可根据需要自行定义和录入，系统对这些信息不进行校验，只进行保存。

2. 凭证正文部分

（1）摘要：录入本笔分录的业务说明，要求简洁明了，不能为空。

（2）科目：必须录入末级科目。科目可以录入科目编码、中文科目名称、英文科目名称或助记码。

（3）辅助信息：对于要进行辅助核算的科目，系统提示录入相应的辅助核算信息。辅助核算信息包括客户往来、供应商往来、个人往来、部门核算和项目核算。如果需要对所录入的辅助项进行修改，可双击所要修改的项，在系统显示的辅助信息录入窗内进行修改。

（4）金额：即该笔分录的借方或贷方本币发生额，金额不能为零，但可以是红字，红字金额以负数形式录入。

（二）生成和调用常用凭证

总账管理系统可以将某张凭证作为常用凭证存储在常用凭证库中，以后可按所存代号调用这张常用凭证。当填制一张与常用凭证相类似或完全相同的凭证时，可调用此常用凭证，这样会加快凭证的录入速度。

（三）修改凭证

在填制凭证中，通过翻页查找或录入查询条件找到要修改的凭证，将光标移到需修改的地方进行修改即可。可修改的内容包括摘要、科目、辅助项、金额及方向、增删分录等。

✓ 其他管理系统传过来的凭证不能在总账管理系统中进行修改，只能在生成该凭证的系统中进行修改。

（四）作废/恢复凭证

当某张凭证不想要或出现不便修改的错误时，可将其作废。

作废凭证的操作方法如下：打开填制凭证后，找到要作废的凭证。执行“制单”|“作废/恢复”命令，凭证上显示“作废”字样，表示已将该凭证作废，作废凭证仍保留凭证内容及凭证编号。

若已作废的凭证需要恢复，可执行“制单”|“作废/恢复”命令，取消作废标志，并将当前凭证恢复为有效凭证。

（五）凭证整理

凭证整理就是删除所有作废凭证，并对未记账凭证重新编号。若本月已有凭证记账，则本月最后一张已记账凭证之前的凭证将不能做凭证整理，只能对其后面的未记账凭证做凭证整理。若想做凭证整理，应先利用“恢复记账前状态”功能中恢复本月月份初的记账前状态，再做凭证整理。

（六）制作红字冲销凭证

对于已记账的凭证，发现错误时，可以制作一张红字冲销凭证。执行“制单”|“冲销凭证”命令，制作红字冲销凭证。通过红字冲销增加的凭证，应视同正常凭证进行保存管理。

（七）查看凭证有关信息

总账管理系统的填制凭证功能不仅是各账簿数据的录入口，同时也提供了强大的信息查询功能。通过“填制凭证”|“查询凭证”功能，可以查询符合条件的凭证信息；通过“查看”菜单可以查看到当前科目最新余额、外部系统制单信息、联查明细账等。

二、审核凭证

为确保登记到账簿的每一笔经济业务的准确性和可靠性，制单员填制的每一张凭证都必须经过审核员的审核。审核凭证主要包括出纳签字、主管签字和审核凭证三方面的工作，根据会计制度规定，审核与制单不能为同一人。

1．出纳签字

由于出纳凭证涉及企业现金的收入与支出，应加强对出纳凭证的管理。出纳人员可通过出纳签字功能对制单员填制的带有现金、银行科目的凭证进行检查核对，主要核对出纳凭证的出纳科目的金额是否正确。审查认为错误或有异议的凭证，应交与填制人员修改后再核对。

出纳签字应先更换操作员，由具有签字权限的人员进行。对于出纳签字，可以单个签字，也可以成批签字。

2．主管签字

为了加强对会计人员制单的管理，系统提供“主管签字”功能，若选择该功能，会计人员填制的凭证必须经主管签字后才能记账。

3．审核凭证

审核凭证是审核员按照财会制度，对制单员填制的记账凭证进行检查核对，主要审核记账凭证是否与原始凭证相符，会计分录是否正确等。审查认为错误或有异议的凭证，应交与填制人员修改后再审核，只有具有审核权的人才能进行审核操作。

凭证审核同出纳签字一样需先重新注册更换操作员，由具有审核权限的操作员进行，凭证既可逐张审核，也可成批审核。

三、凭证汇总

凭证汇总是按条件对记账凭证进行汇总并生成一张凭证汇总表。进行汇总的凭证可以是已记账凭证，也可以是未记账凭证。财务人员可在凭证未全部记账前，随时查看企业目前的经营状况及其他财务信息。

四、凭证记账

记账凭证经审核签字后，即可用来登记总账、明细账、日记账、部门账、往来账、项目账及备查账等。记账一般采用向导方式，使记账过程更加明确，记账工作由计算机自动进行数据处理，不用人工干预。

取消记账，又称反记账或恢复记账前状态。在记账过程中，如果发生断电等情况使记账发生中断，导致记账错误；或者记账后发现录入的记账凭证有错误，需进行修改，可调用恢复记账前状态功能，将数据恢复到记账前状态，待调整完成后重新记账。

任务实施

一、任务目标

1. 以“王元庆（A003）”的身份完成相关业务的凭证填制。
2. 以“张新宁（A001）”的身份完成相关凭证的审核。
3. 以“张新宁（A001）”的身份完成凭证记账及取消记账。

二、任务资料

2020 年 7 月，金源公司发生如下经济业务：

（1）1 日，收到罚没收入 1 000.00 元。

借：库存现金（1001）　　1 000.00

　贷：营业外收入（100201）　　1 000.00

（2）2 日，采购部李芳购买 200.00 元的办公用品，以现金支付，附单据一张。

借：管理费用/办公费（660203）　　200.00

　贷：库存现金（1001）　　200.00

（3）3 日，财务部李思雨从工行提取现金 10 000.00 元，作为备用金，现金支票号为 XJ001。

借：库存现金（1001）　　10 000.00

　贷：银行存款/工行存款（100201）　　10 000.00

（4）5 日，收到鑫源公司投资资金 10 000.00 美元，汇率为 6.275，转账支票号为 ZZW001。

借：银行存款/中行存款（100202）　　62 750.00

　贷：实收资本（4001）　　62 750.00

（5）8 日，采购部吴昕采购原纸 10 吨，每吨 5 000.00 元，材料直接入库，货款以银行存款支付，转账支票号为 ZZR001。

借：原材料/生产用原材料（140301）　　50 000.00

　贷：银行存款/工行存款（100201）　　50 000.00

（6）12 日，销售部李芳收到环宇公司转来的一张转账支票，金额 99 600.00 元，用以偿还前欠货款，转账支票号为 ZZR002。

借：银行存款/工行存款（100201）　　99 600.00

　贷：应收账款（1122）　　99 600.00

（7）14 日，采购部吴昕从鑫源公司购入油墨 100 桶，单价为 80.00 元，货税款暂欠，商品已验收入库，增值税税率为 13%。

借：库存商品（1405）　　8 000.00

　应交税金/应交增值税/进项税额（22210101）　　1 040.00

　贷：应付账款（2202）　　9 040.00

（8）16 日，总经理办公室支付业务招待费 1 200.00 元，经办人田原，转账支票号为 ZZR003。

借：管理费用/招待费（660205）　　1 200.00

　贷：银行存款/工行存款（100201）　　1 200.00

（9）18 日，总经理办公室田原出差归来，报销差旅费 2 000.00 元，交回现金 200.00 元。

借：管理费用/差旅费（660204）　　1 800.00

　库存现金（1001）　　200.00

　贷：其他应收款（122102）　　2 000.00

（10）20 日，一车间领用原纸 5 吨，单价 5 000.00 元，用于生产普通打印纸-A4。

借：生产成本/直接材料（500101）　　25 000.00

　贷：原材料/生产用原材料（140301）　　25 000.00

三、任务操作

（一）凭证管理

1. 注册系统平台

以“王元庆（A003）”的身份注册进入系统平台，操作日期选择“2020-07-31”。

✓ 操作日期选择“2020-07-31”，这样可以只注册一次企业应用平台就录入不同日期的凭证。

✓ 若已经以其他操作员身份注册企业应用平台，可单击左上角【重注册】按钮重新注册系统。

2．填制凭证

总账管理系统日常业务处理首先以填制凭证开始。记账凭证是登记账簿的依据，是总账管理系统的唯一数据来源。

❖ 增加凭证——无辅助核算业务

业务 1：无辅助核算业务

（1）在企业应用平台“业务工作”选项卡下，执行“财务会计”|“总账”|“凭证”|“填制凭证”命令，系统弹出“填制凭证”对话框。

（2）单击【增加】按钮或者按“F5”快捷键，系统自动增加一张收款凭证。

（3）选择凭证类别为“收”、制单日期为“2020.07.01”，录入摘要“收到罚没收入”。

（4）录入科目名称“库存现金”或科目编码“1001”、借方金额“1 000.00”。

（5）按“Enter”键复制上一条摘要，录入科目名称“营业外收入”或科目编码“6301”、贷方金额“1 000.00”。

（6）单击【保存】按钮，如图 2-35 所示。

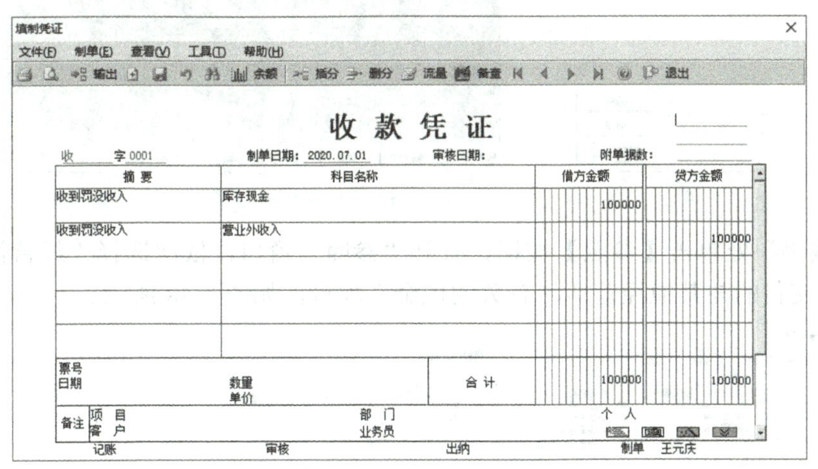

增加凭证——无辅助核算项目

图 2-35 收款凭证（业务 1）

✓ 凭证日期应大于等于总账管理系统启用日期，并小于等于计算机系统日期。如果录入日期后系统提示“日期不能超前建账日期”，则需要检查总账管理系统启用日期；如果录入日期后系统提示“日期不能滞后系统日期”，则需要检查计算机的系统日期。

✓ 不同行的摘要可以相同也可以不同，但不能为空。

✓ 按“空格”键可以改变账户的借贷方向；可以按“=”取当前凭证借贷方金额的差额到当前光标位置。

✓ 录入科目时，一般录入科目编码，计算机将根据科目编码自动切换为对应的会计科目名称。会计科目可以录入科目助记码或单击参照按钮选择录入。录入的科目编码必须在建立会计科目时已定义，而且是最底层的科目编码。

❖ 增加凭证——有辅助核算业务

业务2：辅助核算——现金流量

增加凭证——有辅助核算项目

（1）在“填制凭证”对话框中，单击【增加】按钮，增加一张新凭证。

（2）选择凭证类别为“付”、制单日期为“2020.07.02”，录入附单据数“1”、摘要“购买办公用品”。

（3）录入科目名称“660203”，按“Enter”键，打开部门辅助项，录入“采购部”，如图2-36所示。

（4）录入借方金额“200.00”，按“Enter”键；摘要自动复制到下一行，录入科目名称“1001”、贷方金额“200.00”，单击“流量”按钮，系统弹出“现金流量录入修改”对话框，如图2-37所示。

图2-36 “辅助项”对话框（业务2）

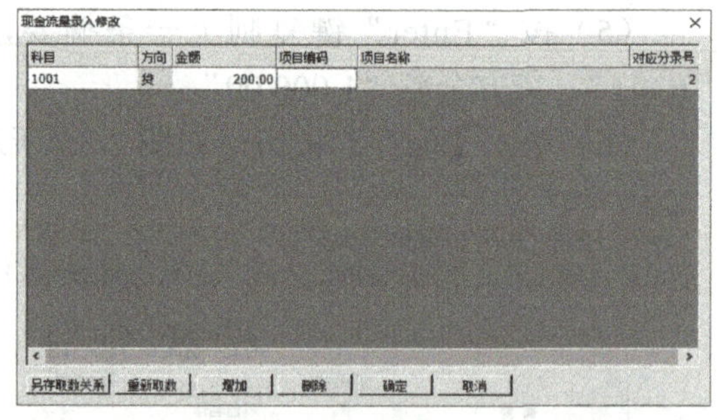

图2-37 “现金流量录入修改”对话框

（5）在“项目编码”处单击【参照】按钮，打开“参照”窗口，依次选择“经营活动”|“现金流出”|“支付的与其他经营活动有关的现金”项目，如图2-38所示。

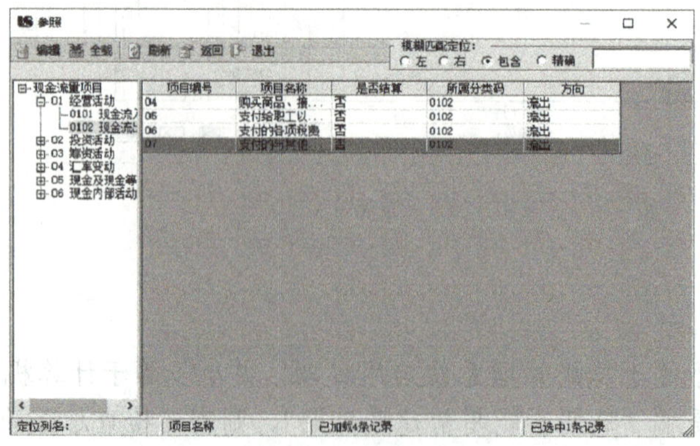

图2-38 “参照”窗口

（6）双击后返回“现金流量录入修改”对话框。单击【确定】按钮，返回“填制凭证”对话框。

（7）单击【保存】按钮，系统弹出“凭证已成功保存！”对话框，如图 2-39 所示。

（8）单击【确定】按钮。凭证保存后，如图 2-40 所示。

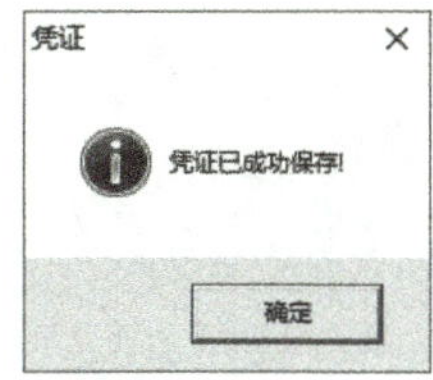

图 2-39　提示

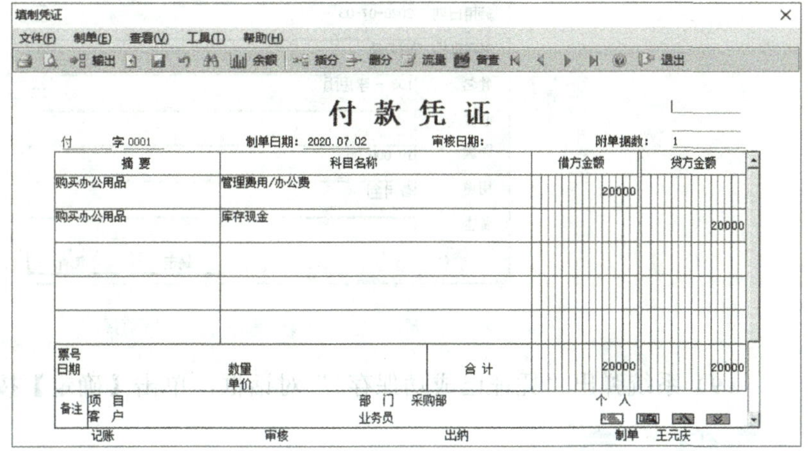

图 2-40　付款凭证（业务 2）

业务 3：辅助核算——银行科目

（1）在“填制凭证”对话框中，单击【增加】按钮，增加一张新凭证。

（2）选择凭证类别为“付”、制单日期为“2020.07.03”。

（3）录入摘要“提取现金”、科目名称“1001”、借方金额“10 000.00”。

（4）按“Enter”键复制上一条摘要，录入科目名称“100201”，按“Enter”键，系统弹出“辅助项”对话框。

（5）录入结算方式“201”、票号“XJ001”，选择发生日期为“2020-07-03”，如图 2-41 所示，单击【确定】按钮。

（6）录入贷方金额“10 000.00”。

（7）单击【保存】按钮，系统弹出“此支票尚未登记，是否登记？”对话框，如图 2-42 所示。

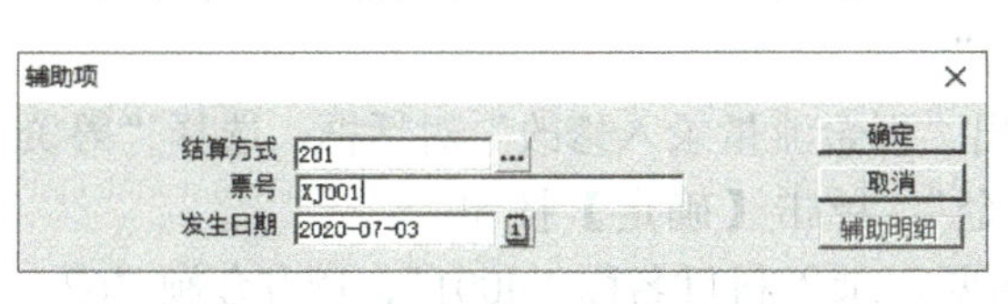

图 2-41　“辅助项”对话框（业务 3）

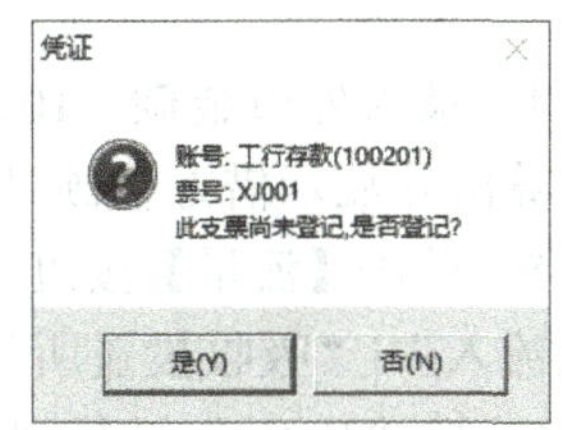

图 2-42　提示

（8）单击【是】按钮，系统弹出“票号登记”对话框。录入领用日期“2020-07-03”、领用部门“财务部”、姓名“李思雨”、限额“10 000.00”、用途“备用金”，如图 2-43 所示，单击【确定】按钮。

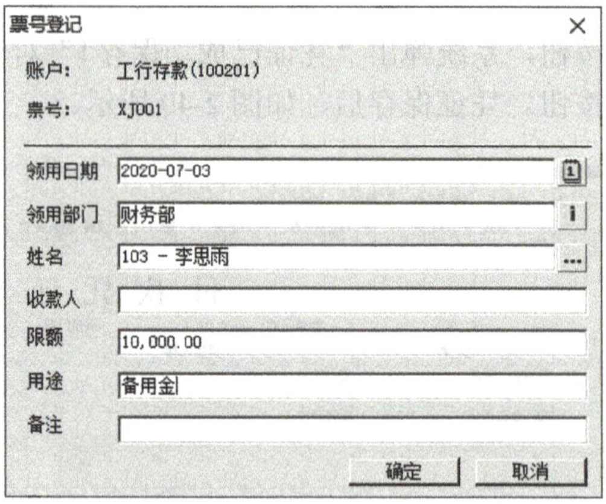

图 2-43 “票号登记”对话框

（9）系统弹出“凭证已成功保存！”对话框，单击【确定】按钮。

✓ 在设置中选择支票控制，即将该结算方式设为支票管理，则银行账辅助信息不能为空，而且该方式的票号应在支票登记簿中有记录。

业务 4：辅助核算——外币科目

（1）在“填制凭证”对话框中，单击【增加】按钮，增加一张新凭证。

（2）选择凭证类别为“收”、制单日期为“2020-07-05”。

（3）录入摘要“收到投资”、科目名称“100202”，系统自动弹出“辅助项”对话框，根据任务资料录入完成后，如图 2-44 所示，单击【确定】按钮。

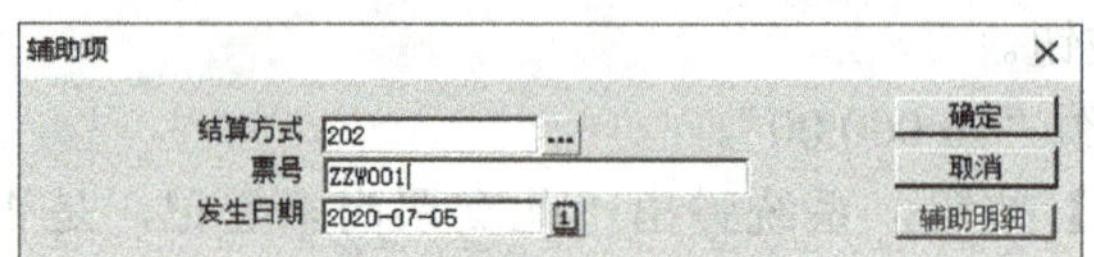

图 2-44 “辅助项”对话框（业务 4）

（4）录入外币金额“10 000.00”，按“Enter”键，系统自动显示外币汇率“6.275”，并自动算出并显示借方金额“62 750.00”。

（5）单击【流量】按钮，系统弹出“现金流量录入修改”对话框，选择“筹资活动”|“现金流入”|“吸收投资所收到的现金”，单击【确定】按钮。

（6）按“Enter”键复制上一条摘要，录入科目名称“4001”、贷方金额“62 750.00”，单击【保存】按钮，保存凭证，如图 2-45 所示。

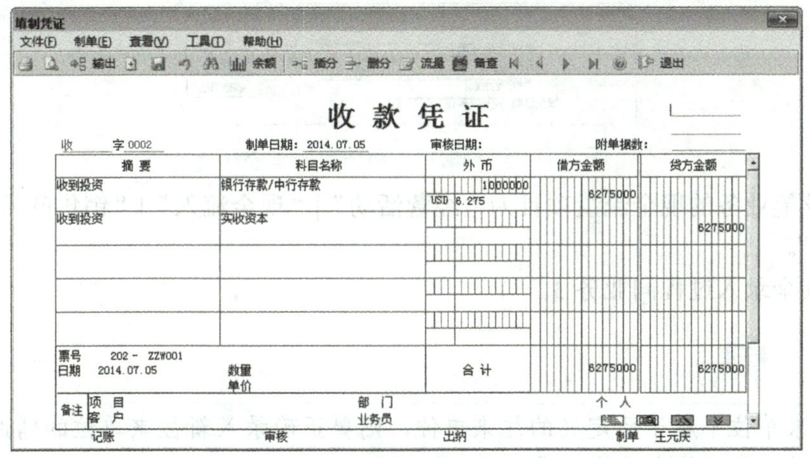

图 2-45 收款凭证（业务 4）

业务 5：辅助核算——数量科目

（1）在“填制凭证”对话框中，单击【增加】按钮，增加一张新凭证。

（2）根据任务资料录入相关凭证信息。

（3）录入完数量科目“140301”后，在系统弹出的“辅助项”对话框中录入数量“10”、单价“5 000.00”，如图 2-46 所示。

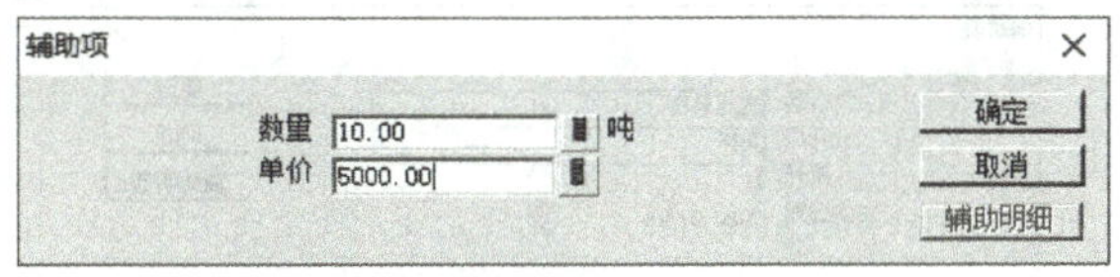

图 2-46 录入辅助项（业务 5）

（4）该笔业务的现金流量项目为“经营活动”|“现金流出”|“购买商品、接受劳务支付的现金”。

（5）其余录入过程同业务 3。

- ✓ 数量、单价和金额信息三者只能录入两个，系统会自动计算第三个信息，否则可能会因为小数四舍五入原因出现总账和明细账数据不平现象。
- ✓ 如果没有录入辅助信息，仍可继续操作并保存凭证，不显示出错信息，但有可能导致数量金额核算科目对账不平。

业务 6：辅助核算——客户往来

（1）在“填制凭证”对话框中，单击【增加】按钮，增加一张新凭证。

（2）根据任务资料录入相关凭证信息。

（3）录入完客户往来科目“1122”后，系统弹出“辅助项”对话框，录入客户“环宇公司”、发生日期“2020-07-12”，如图 2-47 所示。

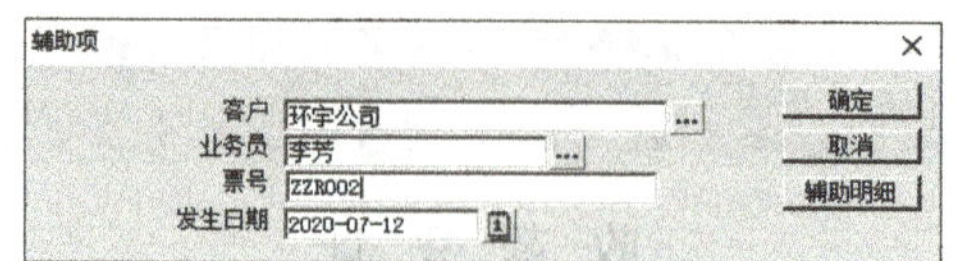

图 2-47 “辅助项”对话框（业务 6）

（4）该笔业务的现金流量项目为“经营活动”|“现金流入”|“销售商品、提供劳务收到的现金”。

（5）其余录入过程同业务 3。

✓ 如果往来单位不属于已定义的往来单位，则要正确录入新往来单位的辅助信息，系统会自动追加到往来单位目录中。

业务 7：辅助核算——供应商往来

（1）在“填制凭证”对话框中，单击【增加】按钮，增加一张新凭证。

（2）根据任务资料录入相关凭证信息。

（3）录入完供应商往来科目“2202”后，系统弹出“辅助项”对话框，录入供应商“鑫源公司”、业务员“吴昕”、发生日期“2020-07-14”，如图 2-48 所示，单击【确认】按钮。

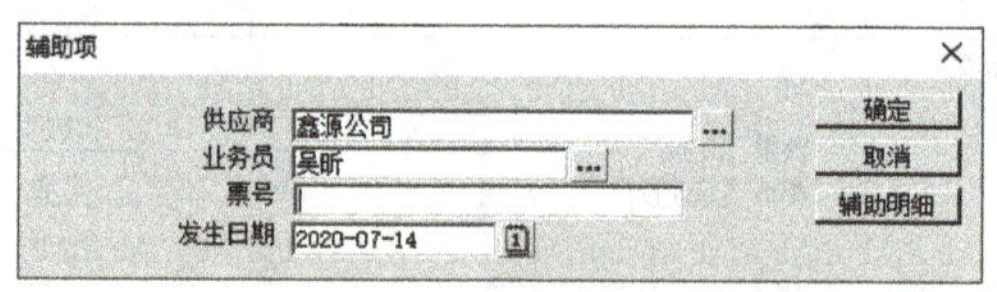

图 2-48 “辅助项”对话框（业务 7）

（4）单击【保存】按钮，保存该凭证。

（5）其余录入过程同业务 3。

业务 8：辅助核算——部门核算

（1）在“填制凭证”对话框中，单击【增加】按钮，增加一张新凭证。

（2）根据任务资料录入相关凭证信息。

（3）录入完部门科目“660205”后，系统弹出“辅助项”对话框，录入部门“总经理办公室”，如图 2-49 所示。

图 2-49 “辅助项”对话框（业务 8）

（4）该笔业务的现金流量项目为“经营活动”|“现金流出”|“支付的与其他经营活动有关的现金”。

（5）其余录入过程同业务 3。

业务 9：辅助核算科目——个人往来

（1）在“填制凭证”对话框中，单击【增加】按钮，增加一张新凭证。

（2）根据任务资料录入相关凭证信息。

（3）录入个人往来科目“122102”后，系统弹出“辅助项”对话框，录入部门“总经理办公室”、个人“田原”、发生日期“2020-07-18”，如图 2-50 所示。

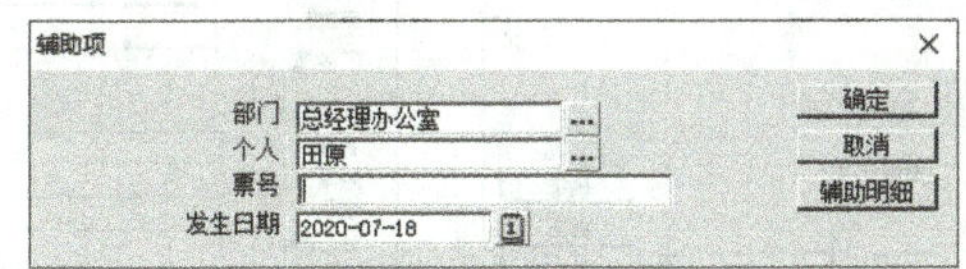

图 2-50　“辅助项”对话框（业务 9）

（4）该笔业务的现金流量项目为“经营活动”|“现金流入”|“收到的与其他经营活动的现金”。

（5）其余录入过程同业务 3。

✓ 在录入个人信息时，若不录入“部门名称”，只录入“个人名称”，系统将根据所录入个人名称自动调出个人的所属部门。

业务 10：辅助核算科目——项目核算

（1）在“填制凭证”对话框中，单击【增加】按钮，增加一张新凭证。

（2）根据任务资料录入相关凭证信息。

（3）录入完项目核算科目“500101”后，系统弹出“辅助项”对话框，录入项目名称“普通打印纸-A4”，如图 2-51 所示。

图 2-51　“辅助项”对话框（业务 10）

（4）其余录入过程同业务 3。

✓ 系统根据数量乘以单价自动计算出金额，并将金额先放在借方，如果方向不符，可将光标移动到贷方后，按“Space（空格）”键即可调整金额方向。

3. 查询凭证

（1）在企业应用平台“业务工作”选项卡下，执行“财务会计”|“总账”|“凭证”|“查询凭证”命令，系统弹出“凭证查询”对话框，如图 2-52 所示。

（2）设置查询条件后即可进行查询，单击【辅助条件】按钮，可设置更多查询条件，如图 2-53 所示。

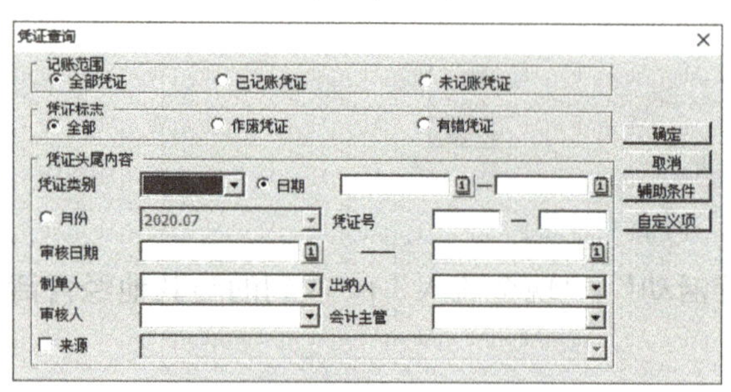

图 2-52 “凭证查询”对话框

图 2-53 凭证查询——辅助条件

（3）单击【确定】按钮，系统弹出“查询凭证”对话框，如图 2-54 所示。双击某一凭证行或选中某条凭证，单击【确定】按钮，屏幕即可显示出此张凭证。

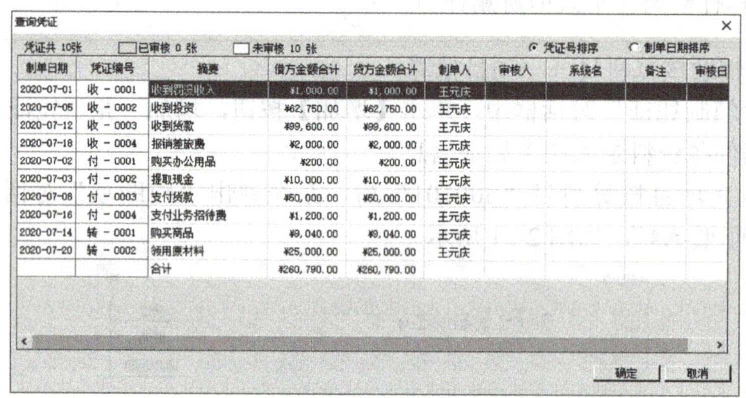

查询凭证

凭证共 10张　已审核 0 张　未审核 10 张　凭证号排序　制单日期排序

制单日期	凭证编号	摘要	借方金额合计	贷方金额合计	制单人	审核人	系统名	备注	审核日
2020-07-01	收 - 0001	收到罚没收入	¥1,000.00	¥1,000.00	王元庆				
2020-07-05	收 - 0002	收到投资	¥62,750.00	¥62,750.00	王元庆				
2020-07-12	收 - 0003	收到货款	¥99,600.00	¥99,600.00	王元庆				
2020-07-18	收 - 0004	报销差旅费	¥2,000.00	¥2,000.00	王元庆				
2020-07-02	付 - 0001	购买办公用品	¥200.00	¥200.00	王元庆				
2020-07-03	付 - 0002	提取现金	¥10,000.00	¥10,000.00	王元庆				
2020-07-08	付 - 0003	支付货款	¥50,000.00	¥50,000.00	王元庆				
2020-07-16	付 - 0004	支付业务招待费	¥1,200.00	¥1,200.00	王元庆				
2020-07-14	转 - 0001	购买商品	¥9,040.00	¥9,040.00	王元庆				
2020-07-20	转 - 0002	领用原材料	¥25,000.00	¥25,000.00	王元庆				
		合计	¥260,790.00	¥260,790.00					

确定　取消

图 2-54 “查询凭证”对话框

4. 修改凭证

（1）在企业应用平台“业务工作”选项卡下，执行“财务会计”|“总账”|“凭证”|“填制凭证”命令，系统弹出“填制凭证”对话框。

（2）单击【查询凭证】按钮，打开“凭证查询”对话框，设置查询条件，找到要修改的凭证。

（3）对于凭证的一般信息，可将光标放在要修改的地方直接修改；如果要修改凭证的辅助信息，首先选中辅助核算科目行，然后将光标置于备注栏辅助项，待鼠标图形变为“笔形”时，如图 2-55 所示，双击备注栏辅助项，系统弹出“辅助项”对话框后，在对话框中修改相关信息。

（4）修改完成后，单击【保存】按钮，保存相关信息。

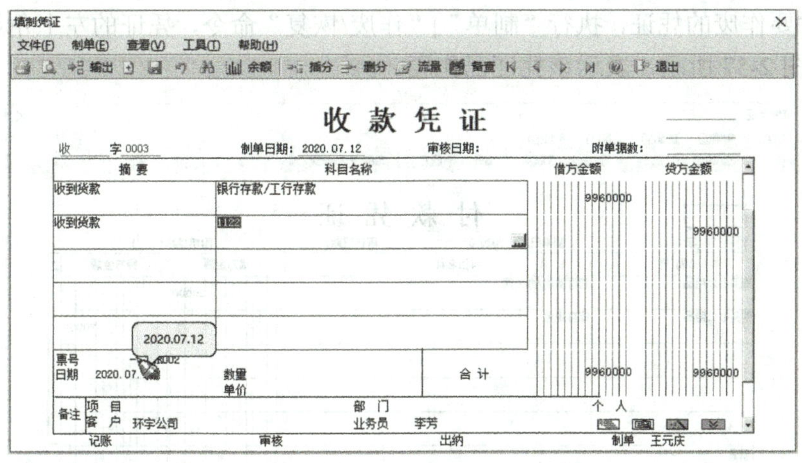

图 2-55　修改凭证的辅助信息

注意

- ✓ 未经审核的错误凭证可以通过“填制凭证”功能直接修改；已审核的凭证应先取消审核后，再进行修改。
- ✓ 若已采用制单序时控制，则在修改制单日期时，不能修改为上一张凭证的制单日期之前。
- ✓ 若选择“不允许修改或作废他人凭证”的权限控制，则操作员不能修改或作废他人填制的凭证。
- ✓ 如果涉及银行科目的分录已录入支票信息，并对该支票做过报销处理，修改操作将影响“支票登记簿”中的内容。
- ✓ 外部系统传过来的凭证不能在总账管理系统中进行修改，只能在生成该凭证的系统中进行修改。

5. 冲销凭证

（1）在“填制凭证”对话框中，执行“制单”|“冲销凭证”命令，系统弹出“冲销凭证”对话框，如图 2-56 所示。

（2）设置要冲销凭证的条件，如“月份”“凭证类别”“凭证号”等信息。

（3）单击【确定】按钮，系统自动生成一张红字冲销凭证。

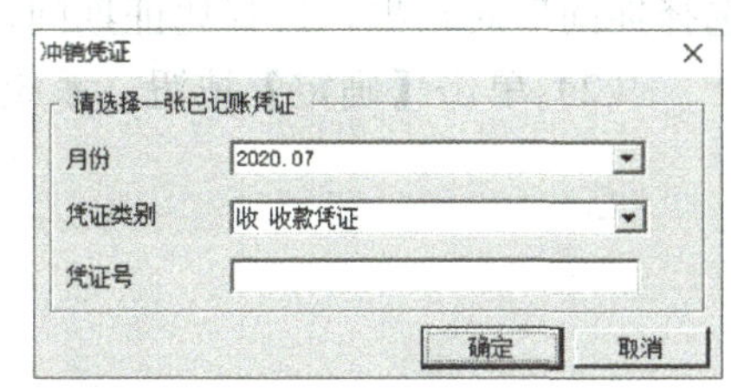

图 2-56　“冲销凭证”对话框

6. 作废凭证

若要删除某张凭证，必须分两步进行，即先进行“作废”操作，然后再进行“整理”操作才能删除凭证。

（1）在“填制凭证”对话框中，单击【查询】按钮，可先查询到要作废的凭证。

（2）对要作废的凭证，执行“制单”|“作废/恢复”命令，凭证的左上角显示“作废”字样后，如图 2-57 所示，表示该凭证已作废。

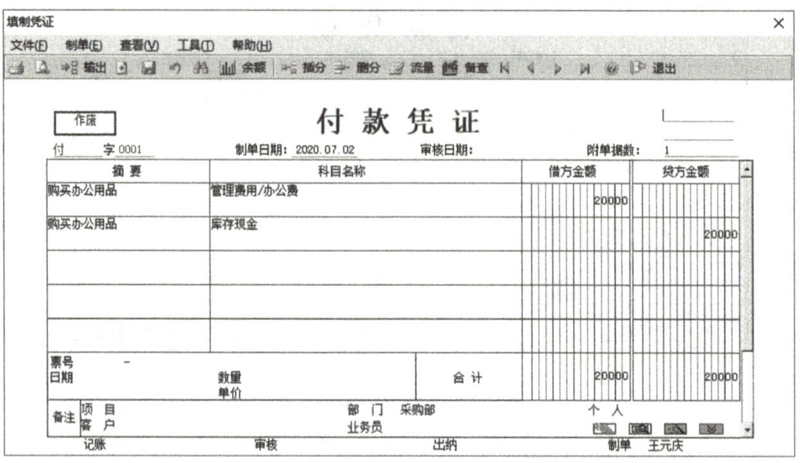

图 2-57 已作废凭证

- ✓ 作废凭证仍保留凭证内容及编号，只显示“作废”字样。
- ✓ 作废凭证不能修改，不能审核。
- ✓ 在记账时，已支付的凭证应参与记账，否则月末无法结账，但不对作废凭证做数据处理，相当于一张空凭证。
- ✓ 账簿查询时，查询不到作废凭证的数据。
- ✓ 若当前凭证已作废，可通过执行“制单”|“作废/恢复”命令，取消作废标志，并将当前凭证恢复为有效凭证。

7. 整理凭证

（1）在“填制凭证”对话框中，执行“制单”|“整理凭证”命令，系统弹出“凭证选择期间”对话框，选择凭证期间，如图 2-58 所示。

（2）单击【确定】按钮，系统弹出“作废凭证表”对话框，如图 2-59 所示。

图 2-58 “凭证期间选择”对话框

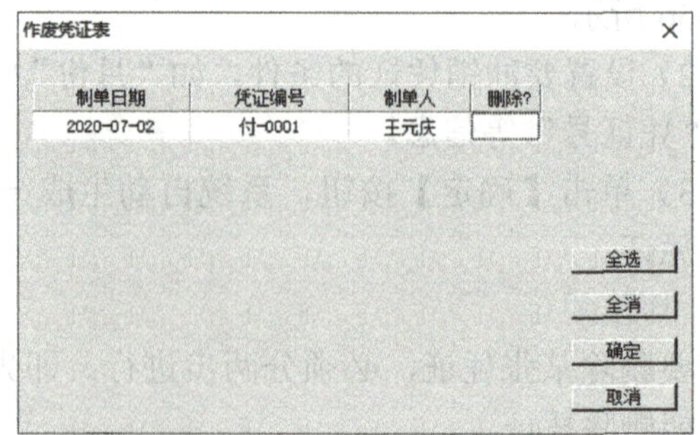

图 2-59 “作废凭证表”对话框

（3）双击需要删除凭证所在行的“删除”栏，单击【确定】按钮，系统弹出“是否还需整理凭证断号”提示框。

（4）选择“按凭证号重排”，如图 2-60 所示。单击【是】按钮，系统则将这些凭证从数据库中删除并对剩下的凭证重新排号。

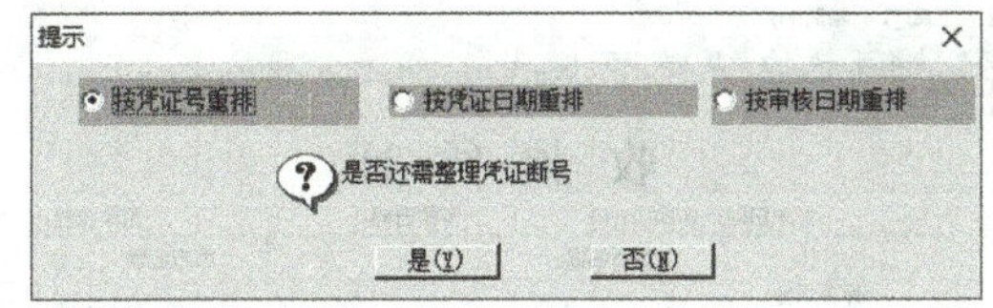

图 2-60　凭证断号整理

（二）出纳签字与取消签字

1. 更新操作员

（1）在企业应用平台中，执行左上角“重注册”命令，系统弹出“登录”对话框。

（2）以“李思雨（A002）”的身份注册进入用友 ERP-U872，操作日期为“2020-07-31”。

2. 进行出纳签字

（1）在企业应用平台“业务工作”选项卡下，执行“财务会计”|“总账”|“凭证”|“出纳签字”命令，系统弹出“出纳签字”对话框，如图 2-61 所示。

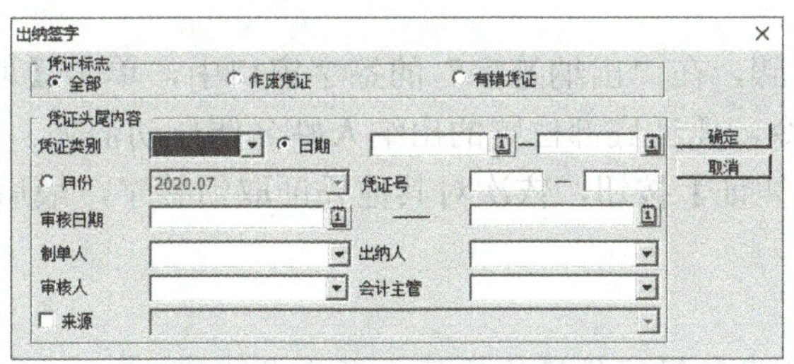

图 2-61　“出纳签字”对话框

（2）设置查询条件，选择【全部】单选按钮。

（3）单击【确认】按钮，打开“出纳签字”凭证列表窗口，如图 2-62 所示。

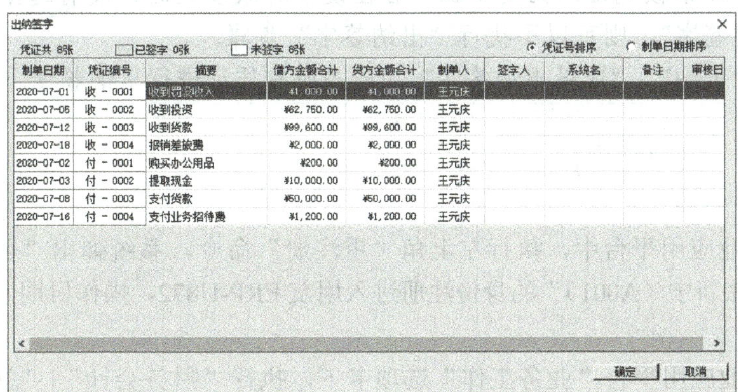

图 2-62　出纳签字——凭证列表

（4）双击某一张要签字的凭证或单击【确定】按钮，打开“出纳签字”的签字窗口。

（5）单击【签字】按钮，凭证底部的“出纳”位置自动签上出纳人姓名，如图 2-63 所示。

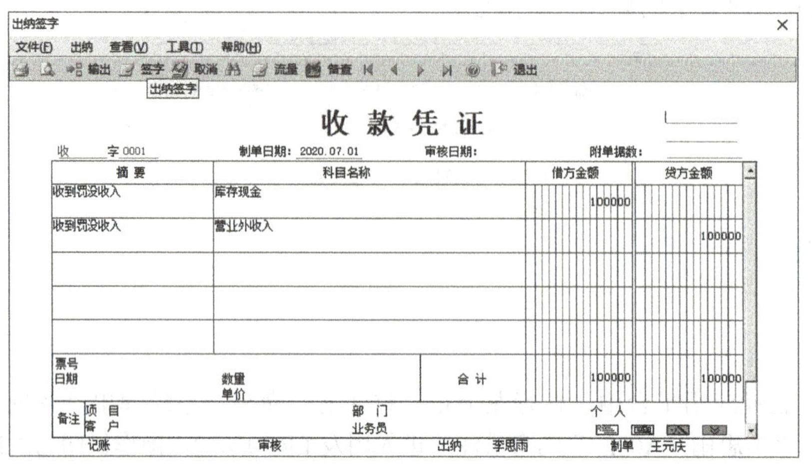

图 2-63 已签字收款凭证

（6）单击【下张凭证】按钮，对其他凭证签字。全部凭证签字完成单击【退出】按钮。

3．取消出纳签字

（1）依照上述步骤，在“出纳签字”的签字窗口中，单击【取消】按钮或执行“出纳”|“取消签字”命令，凭证底部位置的出纳人姓名便自动消失。

（2）单击【下张凭证】按钮，依次对其他凭证取消签字，最后单击【退出】按钮。

- ✓ 涉及指定为现金科目和银行科目的凭证才需要出纳签字。
- ✓ 凭证一经签字，就不能被修改、删除，只有取消签字后才可以修改或删除，取消签字只能由出纳自己进行。
- ✓ 凭证签字并非审核凭证的必要步骤。若在设置总账参数时，没有选择“出纳凭证必须经由出纳签字”，则可以不执行“出纳签字”步骤。
- ✓ 可以执行“出纳”|“成批出纳签字”功能对所有凭证进行出纳签字。

（三）凭证审核与取消审核

1．更新操作员

（1）在企业应用平台中，执行左上角“重注册”命令，系统弹出“登录”对话框。

（2）以“张新宁（A001）”的身份注册进入用友 ERP-U872，操作日期为“2020-07-31”。

2．凭证审核

（1）在企业应用平台“业务工作”选项卡下，执行“财务会计”|“总账”|“凭证”|“审核凭证”命令，系统弹出“凭证审核”对话框，如图 2-64 所示。

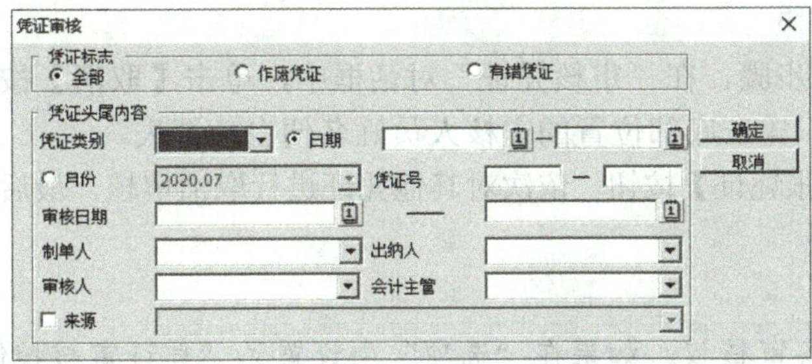

图 2-64 “凭证审核”对话框

（2）设置查询条件，单击【确认】按钮，打开“凭证审核”的凭证列表窗口，如图 2-65 所示。

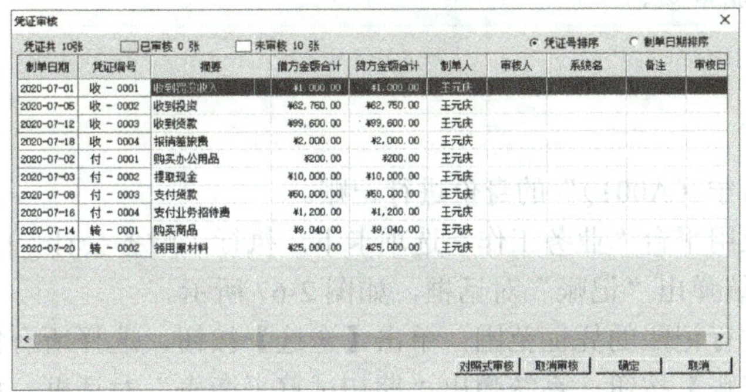

制单日期	凭证编号	摘要	借方金额合计	贷方金额合计	制单人	审核人	系统名	备注	审核日
2020-07-01	收 - 0001	收到罚没收入	¥1,000.00	¥1,000.00	王元庆				
2020-07-05	收 - 0002	收到投资	¥62,750.00	¥62,750.00	王元庆				
2020-07-12	收 - 0003	收到贷款	¥99,600.00	¥99,600.00	王元庆				
2020-07-18	收 - 0004	报销差旅费	¥2,000.00	¥2,000.00	王元庆				
2020-07-02	付 - 0001	购买办公用品	¥200.00	¥200.00	王元庆				
2020-07-03	付 - 0002	提取现金	¥10,000.00	¥10,000.00	王元庆				
2020-07-08	付 - 0003	支付货款	¥50,000.00	¥50,000.00	王元庆				
2020-07-16	付 - 0004	支付业务招待费	¥1,200.00	¥1,200.00	王元庆				
2020-07-14	转 - 0001	购买商品	¥9,040.00	¥9,040.00	王元庆				
2020-07-20	转 - 0002	领用原材料	¥25,000.00	¥25,000.00	王元庆				

图 2-65 凭证审核——凭证列表

（3）双击要审核的凭证或单击【确定】按钮，打开“凭证审核”的审核凭证窗口。

（4）查看需要审核的凭证，检查无误后，单击【审核】按钮，凭证底部的“审核”位置自动签上审核人姓名，如图 2-66 所示。

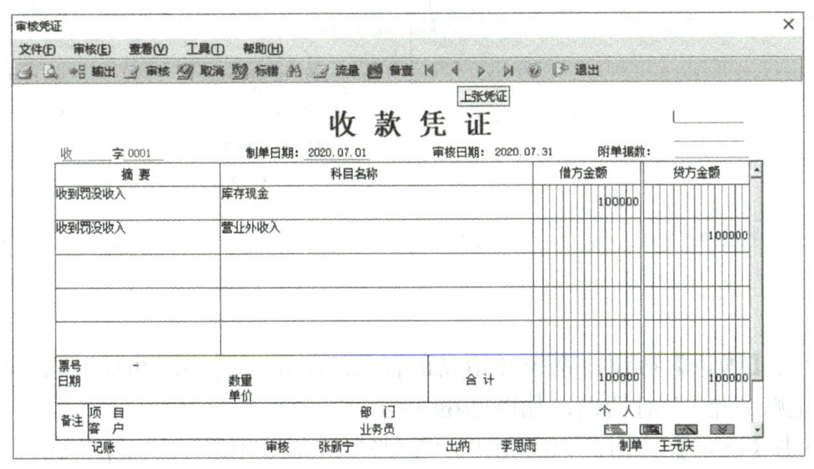

图 2-66 收款凭证（已审核）

（5）单击【下张凭证】按钮，对其他凭证签字，全部凭证签字完成后，单击【退出】按钮。

3. 取消凭证审核

（1）依照上述步骤，在“审核凭证”对话框中，单击【取消】按钮或执行“审核”|“取消审核”命令，凭证底部位置的审核人员姓名便自动消失。

（2）单击【下张凭证】按钮，依次对其他凭证进行取消审核，最后单击【退出】按钮。

✓ 审核人必须具备审核权。如果在“选项”中设置了“凭证审核控制到操作员”时，审核人还需要有对制单人所制凭证的审核权。

✓ 审核人和制单人不能是同一个人，凭证一经审核，不能被修改或删除，只有取消审核签字后才可修改或删除，已标志作废的凭证不能被审核，也不能标错，需先取消作废标志后才能审核。

（四）凭证记账与取消记账

1. 凭证记账

（1）以“张新宁（A001）”的身份进行记账。

（2）在企业应用平台“业务工作”选项卡下，执行“财务会计”|“总账”|“凭证”|“记账”命令，系统弹出“记账”对话框，如图 2-67 所示。

（3）选择要进行记账的凭证范围，单击【全选】按钮，选择所有凭证。

（4）单击【记账】按钮，系统弹出“期初试算平衡表”对话框，如图 2-68 所示。

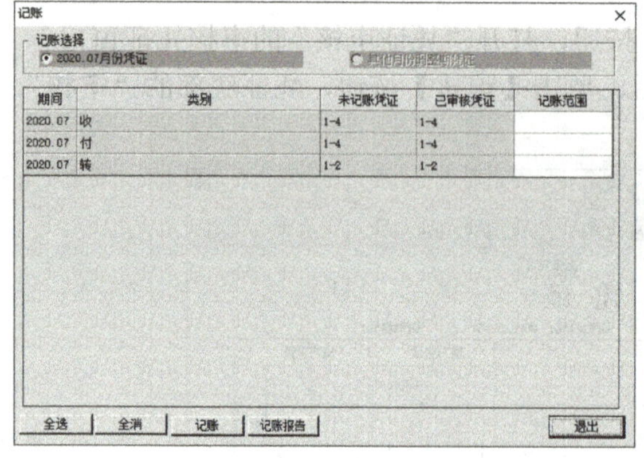

图 2-67 “记账”对话框

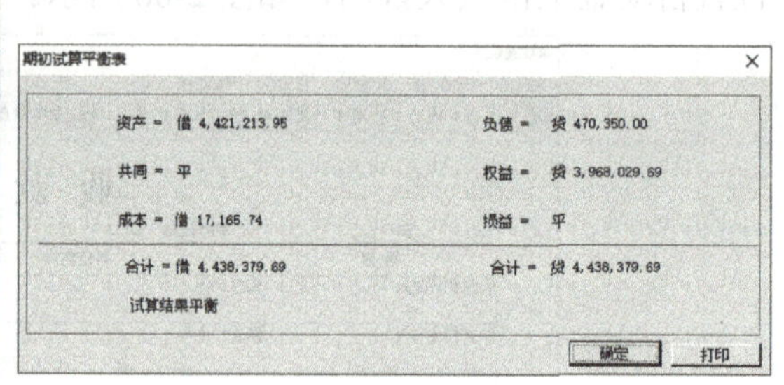

图 2-68 “期初试算平衡表”对话框

（5）单击【确认】按钮，系统开始登记有关的总账、明细账和辅助账。登记完成后，系统弹出“记账完毕！”对话框，如图 2-69 所示。

（6）单击【确定】按钮，记账完毕。“记账”对话框中显示凭证汇总信息，如图 2-70 所示，可进行“打印”“预览”“输出”操作。

（7）单击【退出】按钮，记账完毕。

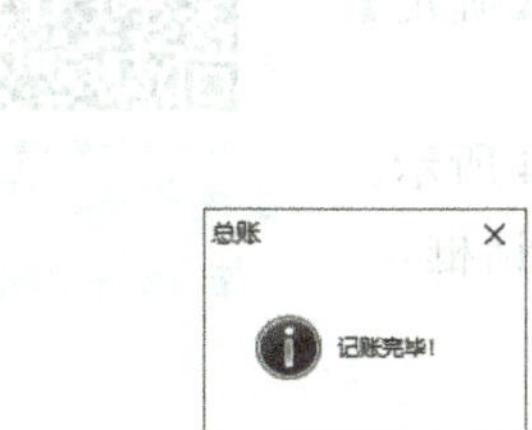

图 2-69 提示

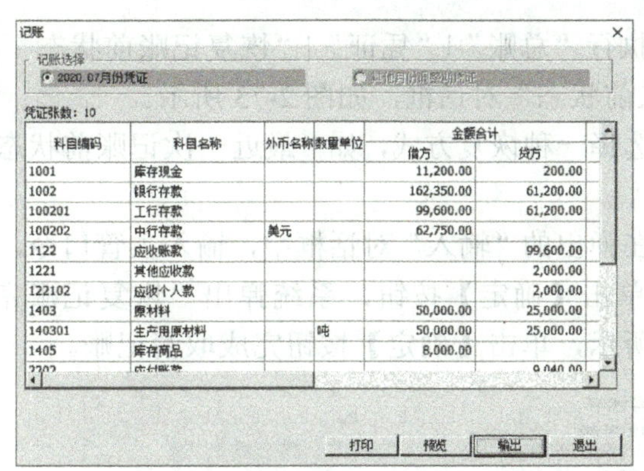

科目编码	科目名称	外币名称	数量单位	金额合计 借方	金额合计 贷方
1001	库存现金			11,200.00	200.00
1002	银行存款			162,350.00	61,200.00
100201	工行存款			99,600.00	61,200.00
100202	中行存款	美元		62,750.00	
1122	应收账款				99,600.00
1221	其他应收款				2,000.00
122102	应收个人款				2,000.00
1403	原材料			50,000.00	25,000.00
140301	生产用原材料		吨	50,000.00	25,000.00
1405	库存商品			8,000.00	

图 2-70 凭证汇总信息

提 示

- ✓ 第一次记账时，若期初余额试算不平衡，不能记账。
- ✓ 上月未结账，本月不能记账。
- ✓ 未审核凭证不能记账，记账范围应小于等于已审核范围。
- ✓ 作废凭证不需审核可直接记账。
- ✓ 记账过程一旦断电或因其他原因造成中断后，系统将自动调用“恢复记账前状态”功能恢复数据，然后再重新记账。

2. 取消记账

系统提供了两种取消记账（即恢复记账前状态）功能：一种是将数据恢复到最后一次记账前状态；另一种是将系统恢复到本月月初状态。

（1）在企业应用平台“业务工作”选项卡下，执行“财务会计”|“总账”|“期末”|“对账”命令，系统弹出“对账”对话框，如图 2-71 所示。

（2）按“Ctrl+H”键，系统弹出“恢复记账前状态功能已被激活。”对话框，如图 2-72 所示。

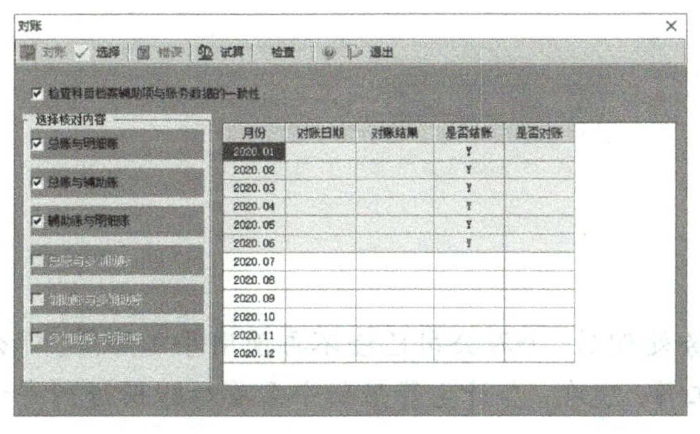

图 2-71 “对账”对话框

图 2-72 提示

（3）单击【确定】按钮，返回“对账”对话框，再单击【退出】按钮。

（4）执行“总账”|“凭证”|“恢复记账前状态”命令，系统弹出“恢复记账前状态”对话框，如图2-73所示。

出纳签字、凭证审核与记账

（5）选择一种恢复方式，如“最近一次记账前状态”，单击【确定】按钮。

（6）在弹出的“输入”对话框中，输入主管口令，如图2-74所示。

（7）单击【确定】按钮，系统弹出“恢复记账完毕！”对话框，如图2-75所示，单击【确定】按钮完成取消记账。

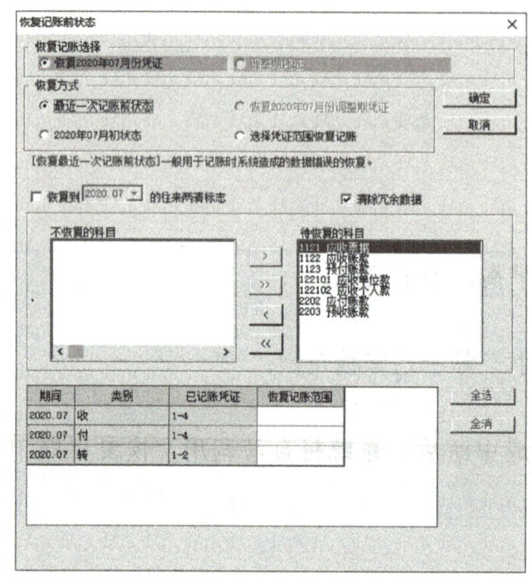

图2-73 “恢复记账前状态”对话框

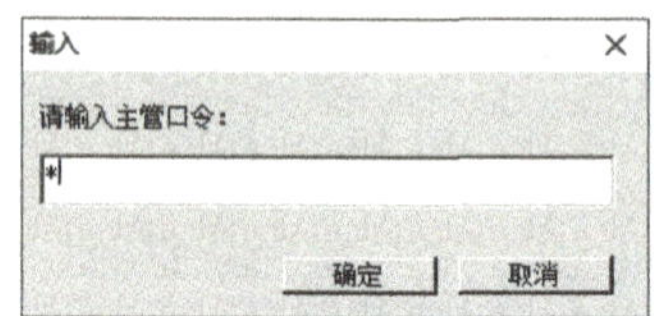

图2-74 “输入”对话框

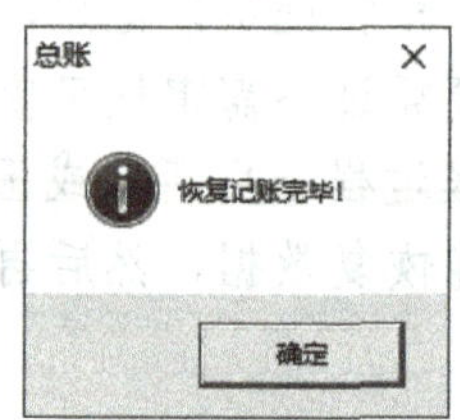

图2-75 提示

✓ 已结转月份的数据不能取消记账。
✓ 只有账套主管才能取消记账、恢复记账前状态。

任务三 账簿管理

使用用友ERP-U872进行日常业务处理后，金源公司已经不再使用手工账簿。那么，若要查询信息，就需要进行账簿管理工作。现在，会计主管张新宁需要对账册进行查询。

知识准备

企业发生的经济业务，经过制单、审核、记账等程序后，就形成了正式的会计账簿，除了前面介绍的现金和银行存款的查询和输出外，账簿管理还包括基本会计核算账簿的查询和输出，以及各种辅助核算账簿的查询和输出等。

一、基本会计核算账簿管理

基本会计核算账簿管理包括总账、发生额及余额表、明细账、序时账和多栏账的查询及打印。

1. 总账查询

总账查询不但可以查询各总账科目的年初余额、各月发生额合计和月末余额，而且可以查询所有2～6级明细科目的年初余额、各月发生额合计和月末余额。

2. 发生额及余额表查询

发生额及余额表用于查询统计各级科目的本月发生额、累计发生额和余额等，可输出某月或某几个月的所有总账科目或明细科目的期初余额、本期发生额、累计发生额和期末余额。因此建议利用“发生额及余额表”代替总账。

3. 明细账查询

明细账查询用于平时查询各账户的明细发生情况，还可按任意条件组合查询明细账。在查询过程中可以包含未记账凭证。

4. 序时账查询

序时账是以流水账的形式反映单位的经济状况，查询打印较为简单。

5. 多栏账查询

多栏账查询用于查询多栏明细账。在查询多栏账之前，必须先定义查询格式。进行多栏账栏目定义有两种定义方式，即自动编制栏目和手动编制栏目。一般先进行自动编制再进行手动调整，这样可提高录入效率。

二、各种辅助核算账簿管理

辅助核算账簿管理包括个人往来、部门核算、项目核算账簿的总账、明细账查询、输出，以及部门收支分析和项目统计表的查询、输出。当供应商往来和客户往来采用总账管理系统核算时，其核算账簿的管理在总账管理系统中进行，否则应在供销存管理系统中进行。

三、现金流量表查询

本功能可以查询现金流量明细表和现金流量统计表。现金流量明细表可以按月份查询，也可以按日期查询，还可以按现金流量项目查询。现金流量统计表针对现金流量项目分类进行查询，可以按月份查询，也可以按日期查询。

任务实施

一、任务目标

1．查询基本会计核算账簿。
2．查询部门账。

二、任务操作

以“张新宁（A001）”的身份登录用友 ERP-U872。

（一）基本会计核算账簿管理

1．查询总账

（1）在企业应用平台“业务工作”选项卡下，执行“财务会计”|“总账”|“账表”|“科目账”|“总账”命令，系统弹出“总账查询条件”对话框，如图 2-76 所示。

（2）设置查询条件后，单击【确定】按钮，即可查询某科目总账，如图 2-77 所示。

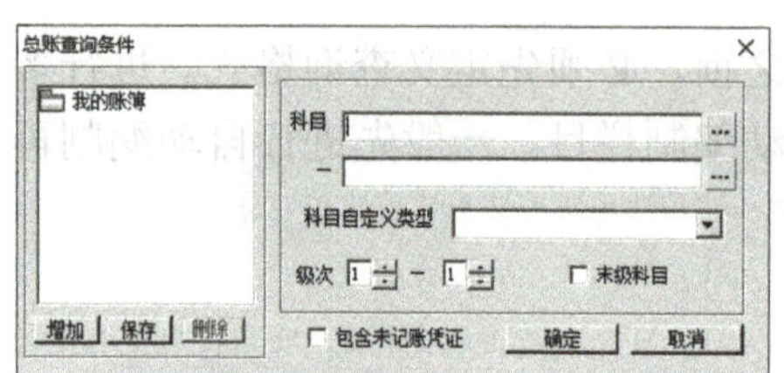

图 2-76 “总账查询条件”对话框

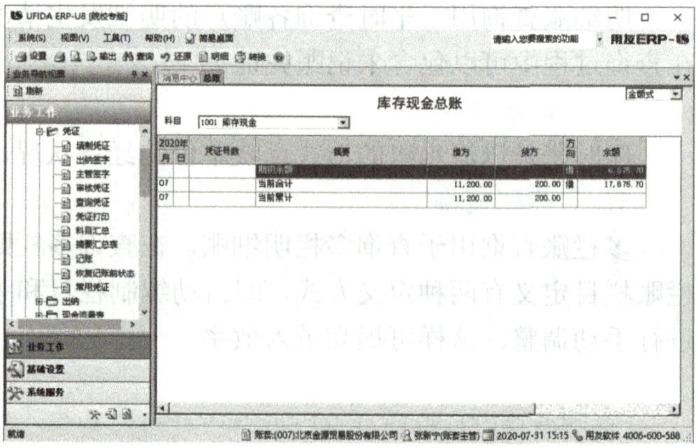

图 2-77 “库存现金总账”窗口

✓ 在“总账查询条件”对话框中，若直接单击【确定】按钮，则系统进入第一个会计科目总账窗口，在此窗口“科目”下拉栏中，可选择其他的一级科目进行总账查询。

✓ 在“总账查询条件”对话框中，若选择“包含未记账凭证”复选框，则查询结果包含未记账的会计数据。

2. 查询余额表

（1）在企业应用平台“业务工作”选项卡下，执行“财务会计”|“总账”|“账表”|“科目账”|“余额表”命令，系统弹出“发生额及余额查询条件”对话框。

（2）设置查询条件后，单击【确定】按钮，即可查询发生额及余额表，如图 2-78 所示。

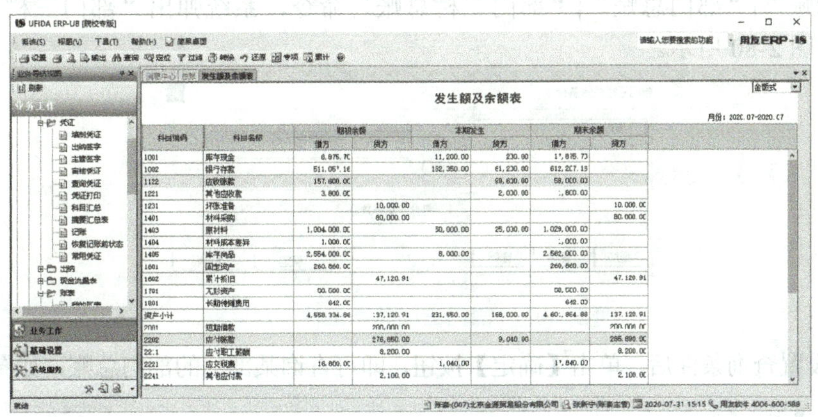

图 2-78 “发生额及余额表”窗口

✓ 在余额表查询功能中，可以查询各级科目的期初余额、本期发生额及期末余额。

✓ 在发生额及余额表中，单击【专项】按钮，可以查询到带有辅助核算内容的辅助资料。

3. 查询明细账

（1）在企业应用平台“业务工作”选项卡下，执行“财务会计”|“总账”|“账表”|“科目账”|“明细账”命令，系统弹出“明细账查询条件”对话框。

（2）设置查询条件后，单击【确定】按钮，即可查询某科目明细账，如图 2-79 所示。

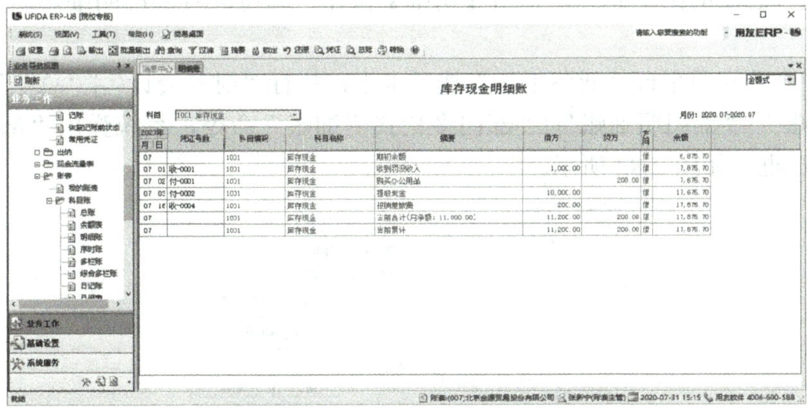

图 2-79 “库存现金明细账”窗口

（二）辅助账核算账簿管理（部门账）

辅助账的查询只介绍部门账，其他账簿查询可采取同样操作。

1. 部门总账

（1）在企业应用平台“业务工作”选项卡下，执行“财务会计”|“总账”|“账表”|“部门辅助账”|“部门总账”|“部门三栏总账”命令，系统弹出“部门三栏总账条件”对话框，如图 2-80 所示。

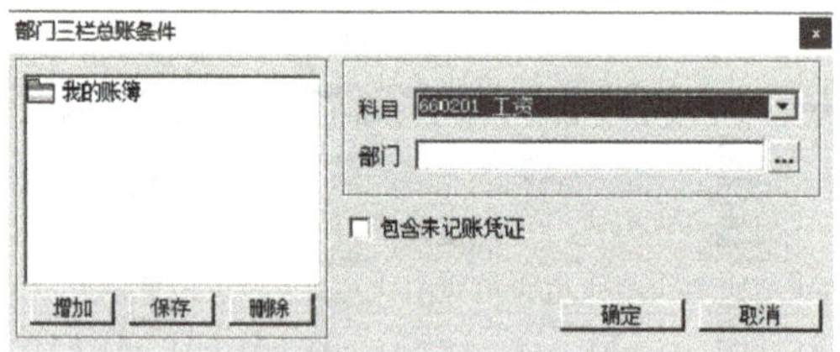

图 2-80 “部门三栏总账条件”对话框

（2）设置查询条件后，单击【确定】按钮，即可查询某部门的部门总账，如图 2-81 所示。

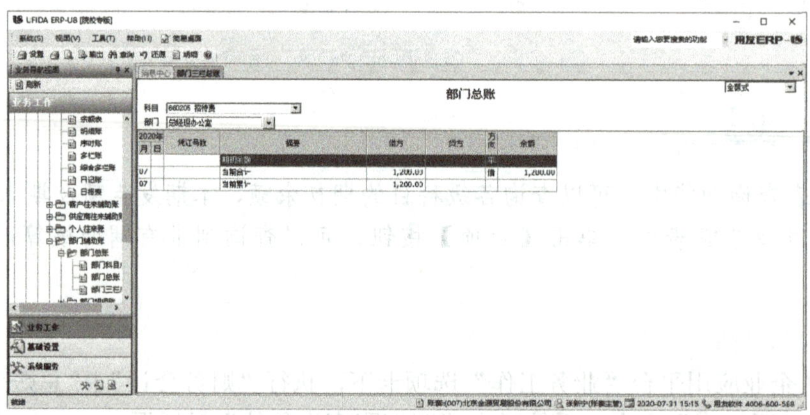

图 2-81 “部门总账”窗口

（3）选择总账的某笔业务，单击【明细】按钮，即可联查部门明细账。

2. 部门明细账

（1）在企业应用平台“业务工作”选项卡下，执行“财务会计”|“总账”|“账表”|“部门辅助账”|“部门明细账”|“部门多栏式明细账”命令，系统弹出“部门多栏明细账条件”对话框，如图 2-82 所示。

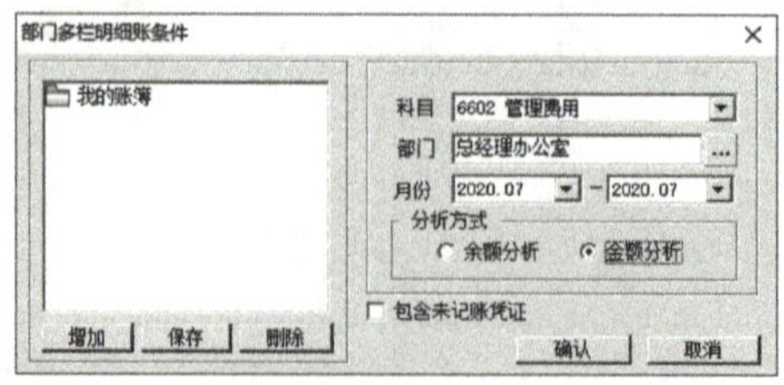

图 2-82 “部门明细账条件”对话框

（2）设置查询条件后，单击【确认】按钮，即可查询某部门的部门多栏账，如图 2-83 所示。

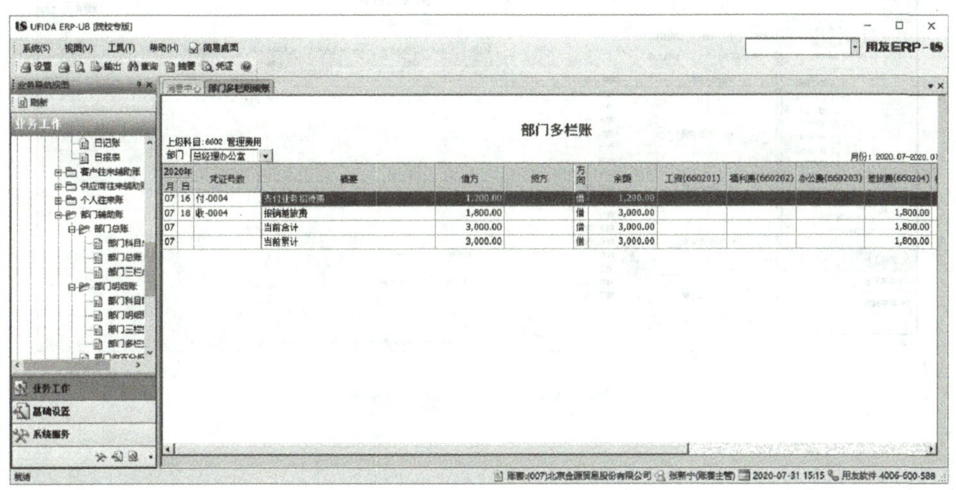

图 2-83　“部门多栏账”窗口

（3）选择部门多栏账的某笔业务，单击【凭证】按钮，即可联查该笔业务的凭证。

3. 部门收支分析

（1）在企业应用平台“业务工作”选项卡下，执行“财务会计”|“总账”|“账表”|“部门辅助账”|“部门收支分析”命令，系统弹出“部门收支分析条件”对话框，如图 2-84 所示。

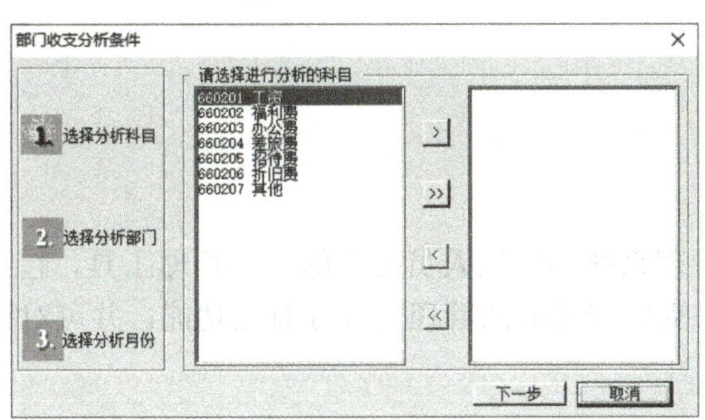

图 2-84　“部门收支分析条件”对话框

（2）第一步选择分析科目：单击“»”按钮，选择所有的部门核算科目，单击【下一步】按钮。

（3）第二步选择分析部门：单击“»”按钮，选择所有的部门，单击【下一步】按钮。

（4）第三步选择分析月份：起止月份“2020.01—2020.07”。

（5）单击【完成】按钮，显示查询结果，如图 2-85 所示。

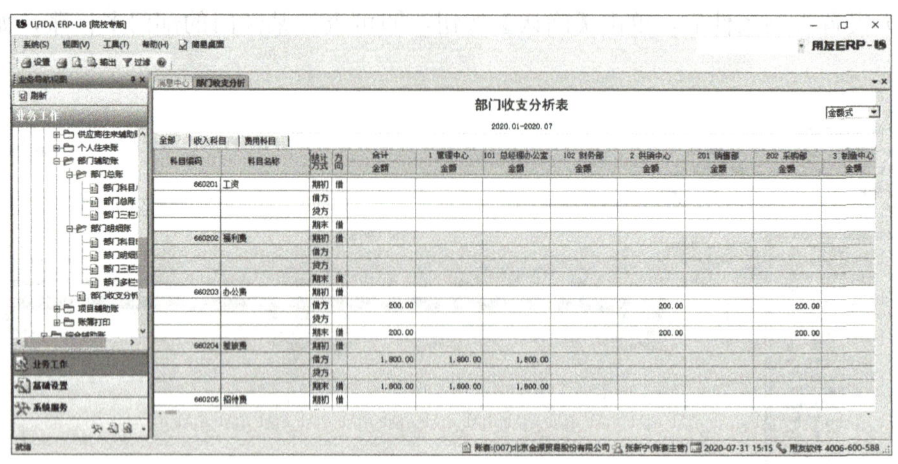

图 2-85　部门收支分析表

任务四　出纳管理

会计主管要求金源公司的出纳李思雨使用用友 ERP-U872 进行出纳业务处理，李思雨根据本月业务进行日常工作处理。

出纳管理是现金管理系统为出纳人员提供的一套管理工具，包括出纳签字、现金和银行存款日记账的输出、支票登记簿的管理及银行对账功能，并可对银行长期未达账提供审计报告。

一、出纳签字

前文已经讲述过出纳签字的功能，此处不再赘述。

二、日记账及资金日报表的输出

日记账是指现金和银行存款日记账。日记账由计算机登记，日记账的作用只是用于输出。只要建立会计科目时在“日记账”选项打上“√”标志，即表明该科目要登记日记账。

1. 现金日记账

如果查询现金日记账，必须预先指定现金科目。

2. 银行存款日记账

如果查询银行存款日记账，必须预先指定银行存款科目。银行存款日记账的查询与现金日记账的查询基本相同，所不同的只是银行存款日记账设置有“结算号”栏，它主要用于对账。

3. 资金日报表

资金日报表是反映现金、银行存款日发生额及余额情况的报表。在手工方式下，资金日报表由出纳员逐日填写，反映当天营业终止时现金、银行存款的收支情况及余额。在电算化方式下，资金日报表主要用于查询、输出或打印资金日报表，提供当日借、贷金额合计和余额及发生的业务量等信息。

三、支票登记簿的管理

在手工记账时，出纳员通常利用支票领用登记簿来登记支票领用情况，为此总账管理系统特为出纳员提供了“支票登记簿”功能，以供其详细登记支票领用人、领用日期、支票用途及是否报销等情况。使用支票登记簿要注意以下几点：

（1）只有在会计科目中设置了银行账辅助核算的科目才能使用支票登记簿；

（2）只有在结算方式设置中选择票据控制，才能选择登记银行科目。

领用支票时，银行出纳员须使用“支票登记”功能据实登记领用日期、领用部门、领用人、支票号和备注等。

支票支出时，经办人持原始单据（发票）报销，会计人员据此填制记账凭证，在录入该凭证时，录入该支票的结算方式和支票号，填制完成该凭证后，系统自动在支票登记簿中将支票写上报销日期，该号支票即为已报销。对报销的支票，系统用不同的颜色区分。

✓ 支票登记簿中的报销日期栏，一般由系统自动填写，但对于有些已报销而由于人为原因而造成系统未能自动填写报销日期的支票，可进行手工填写。在实际应用中，如果要求领用人亲笔签字，最好不使用支票登记簿，这会增加录入的工作量。

四、银行对账

银行对账是企业货币资金管理的重要内容，由于凭证传递时间的不同，以及企业和银行在业务处理上可能存在差错，往往会发生双方账面记录不一致的情况。为了及时发现记账差错，正确掌握银行存款实际可用的金额，企业必须定期将银行存款日记账及银行传来的对账单进行核对并编制银行存款余额调节表，这就是银行对账。银行对账是出纳管理的一项很重要的工作。此项工作通常是在期末进行，因此银行对账的功能将在“任务五”中做详细介绍。

任务实施

一、任务目标

1. 以“李思雨（A002）”的身份完成现金、银行存款日记账和资金日报表的查询。
2. 以“李思雨（A002）”的身份完成支票登记操作。

二、任务资料

2020 年 7 月 25 日，采购部马珂借转账支票一张购买原材料，票号 155，预计金额 5 000 元。

三、任务操作

以“李思雨（A002）”的身份重新注册进入用友 ERP-U872 企业应用平台，操作日期为“2020-07-31”。

（一）日记账及资金日报表的输出

1. 查询日记账

（1）在企业应用平台“业务工作”选项卡下，执行“财务会计”|“总账”|“出纳”|“现金日记账”命令，系统弹出“现金日记账查询条件”对话框，如图 2-86 所示。

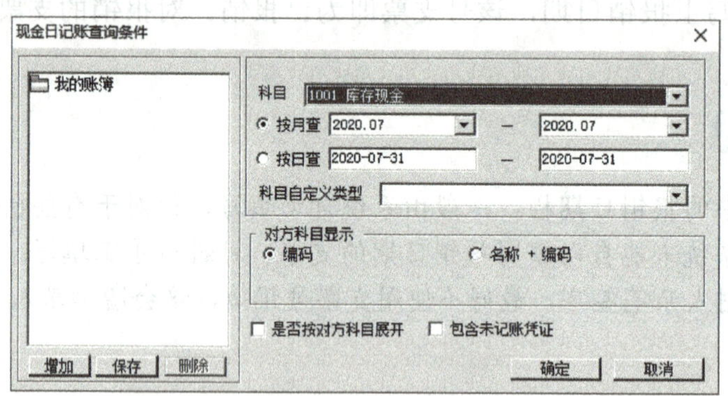

图 2-86 “现金日记账查询条件”对话框

（2）选择科目为“1001 库存现金”，默认月份为“2020.07”。

（3）单击【确认】按钮，打开“现金日记账”窗口，如图 2-87 所示。

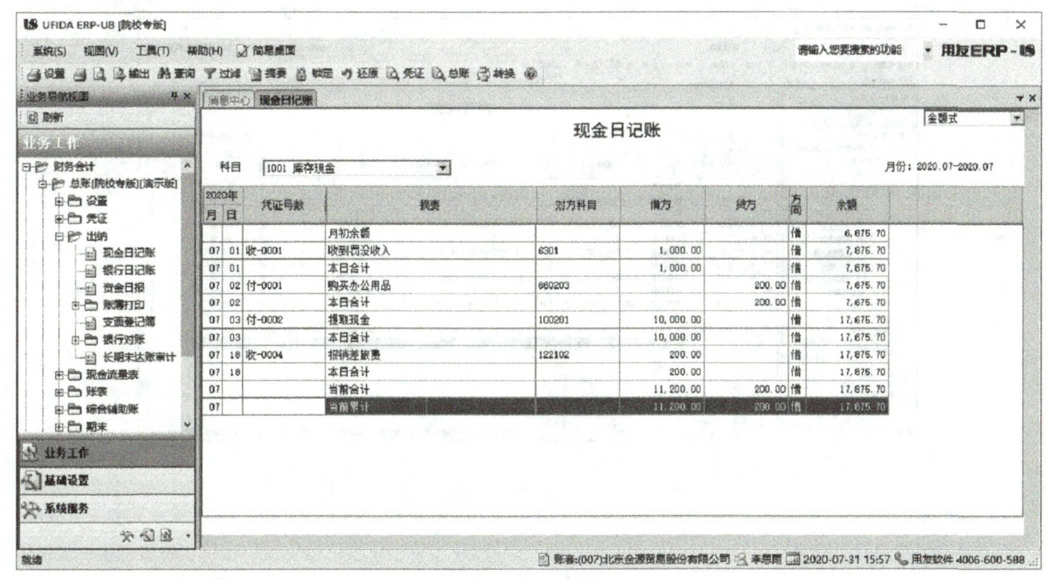

2020年 月	日	凭证号数	摘要	对方科目	借方	贷方	方向	余额
			月初余额				借	6,875.70
07	01	收-0001	收到罚没收入	6301	1,000.00		借	7,875.70
07	01		本日合计		1,000.00		借	7,875.70
07	02	付-0001	购买办公用品	660203		200.00	借	7,675.70
07	02		本日合计			200.00	借	7,675.70
07	03	付-0002	提取现金	100201	10,000.00		借	17,675.70
07	03		本日合计		10,000.00		借	17,675.70
07	18	收-0004	报销差旅费	122102	200.00		借	17,875.70
07	18		本日合计		200.00		借	17,875.70
07			当前合计		11,200.00	200.00	借	17,875.70
07			当前累计		11,200.00	200.00	借	17,675.70

图 2-87　“现金日记账”窗口

（4）双击某行或将光标置于某行再单击【凭证】按钮，即可查看相应的凭证。

（5）单击【总账】按钮，即可查看此科目的三栏式总账。

（6）单击【退出】按钮退出。

✓ 如果在总账选项中设置了“明细账查询权限控制到科目”，而操作员没有被赋予“现金”和“银行存款”科目的查询权限，则无法查询到日记账结果，系统会提示“此操作员无科目编码 1001 的权限”等信息。此时应按以下步骤进行操作：

✓ （1）以账套主管“张新宁（A001）”身份重新注册，在企业应用平台“业务工作”选项卡下，执行“财务会计”|“总账”|“设置”|“数据权限分配”命令，打开“权限浏览”窗口。

✓ （2）选中用户“A002　李思雨”，业务对象选中“科目”，单击【授权】按钮，系统弹出“记录权限设置”对话框。

✓ （3）选中“查账”复选框，将禁用科目栏“1001 库存现金”“1002 银行存款”“100201 工行存款”“100202　中行存款”选入到“可用”栏。

✓ （4）单击【保存】按钮，系统弹出“保存成功，重新登录门户，此配置才能生效!”提示框，单击【确定】按钮。

2．查询银行存款日记账

查询银行存款日记账与查询日记账操作基本相同，所不同的只是银行存款日记账设置了“结算号”栏，主要用于对账，如图 2-88 所示。

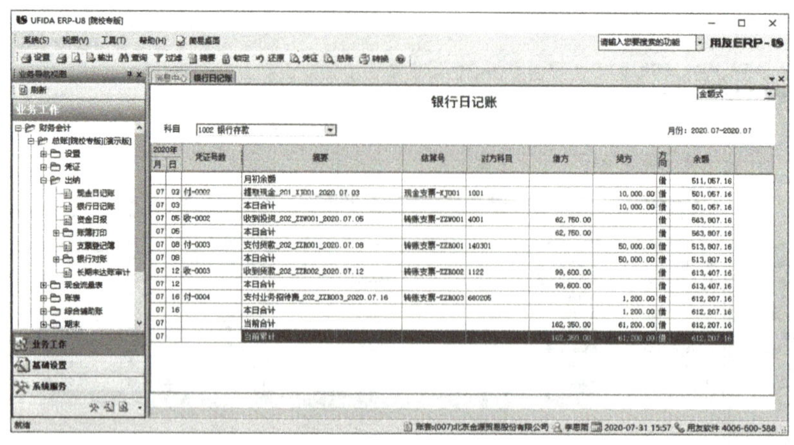

图 2-88 “银行日记账”窗口

3．查询资金日报表

（1）在企业应用平台“业务工作”选项卡下，执行“财务会计”|“总账”|“出纳”|“资金日报”命令，系统弹出“资金日报表查询条件”对话框，如图 2-89 所示。

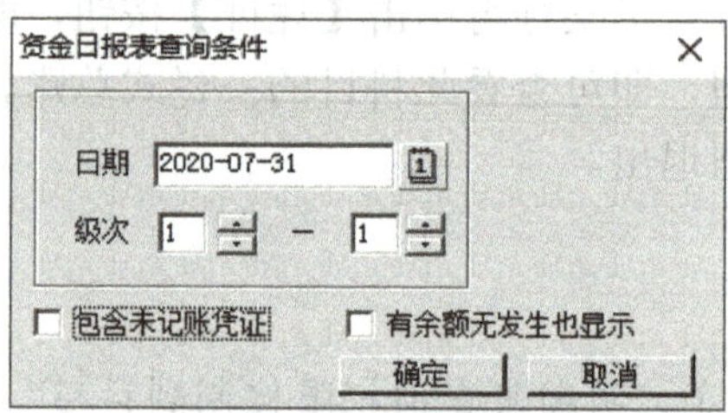

图 2-89 “资金日报表查询条件”对话框

（2）录入查询日期“2020-07-03”，选中“有余额无发生也显示”复选框。

（3）单击【确认】按钮，打开“资金日报表”窗口，如图 2-90 所示。

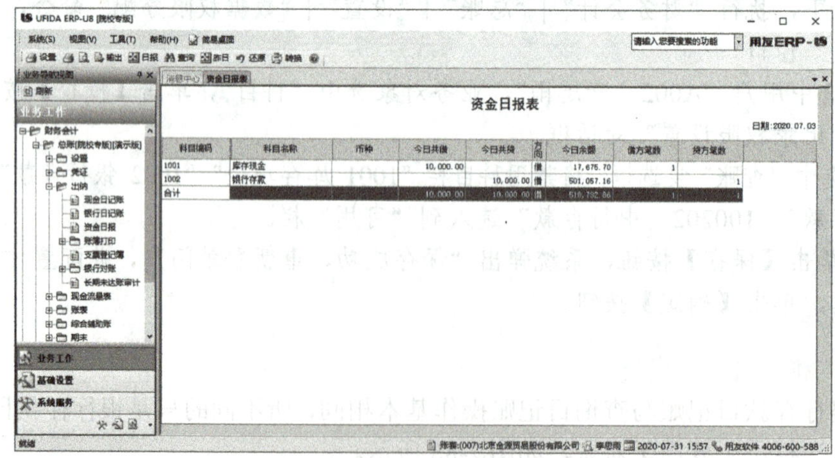

图 2-90 “资金日报表”窗口

（二）登记支票登记簿

（1）在企业应用平台“业务工作”选项卡下，执行“财务会计”|“总账”|“出纳”|“支票登记簿”命令，系统弹出“银行科目选择”对话框，如图 2-91 所示。

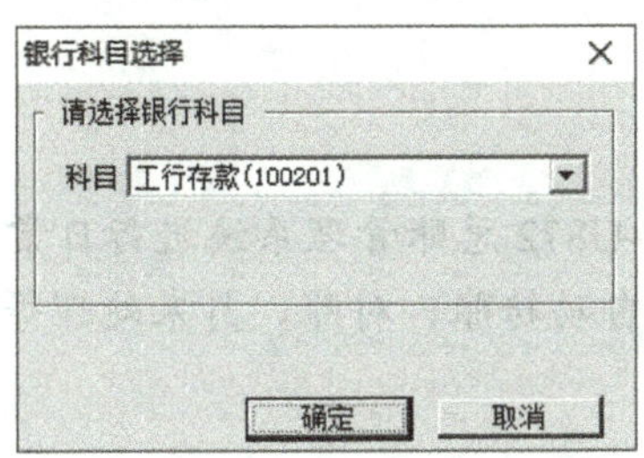

图 2-91 “银行科目选择”对话框

（2）选择科目“工行存款（100201）”，单击【确认】按钮，打开“支票登记”窗口。

（3）单击【增加】按钮，录入领用日期“2020.07.25”、领用部门“采购部”、领用人“马珂”、支票号“155”、预计金额“5 000.00”、用途“购买材料”，如图 2-92 所示。

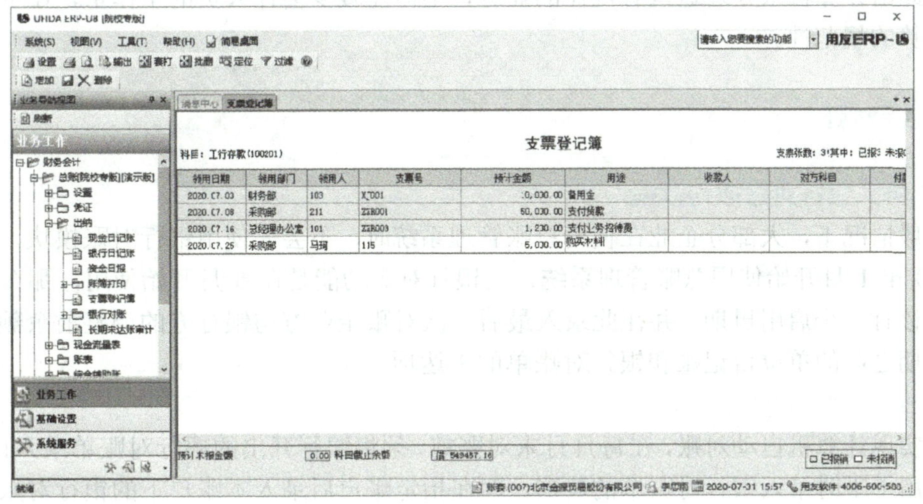

图 2-92 设置登记支票相关参数

（4）单击【保存】按钮，完成支票登记。

- ✓ 只有在结算方式设置中选择“票据管理方式”功能才能在此选择登记。
- ✓ 领用日期和支票号必须录入，其他内容可选择录入。
- ✓ 报销日期不能在领用日期之前。
- ✓ 已报销的支票可成批删除。

任务五　期末处理

金源公司使用用友 ERP-U872 总账管理系统进行日常业务处理。月末，会计主管张新宁需要进行银行对账、自动转账、对账、月末处理等业务。

知识准备

总账管理系统期末处理主要包括银行对账、自动转账、对账、月末处理及年末处理。与日常业务相比，期末处理数量不多，但业务种类繁杂且时间紧迫。在计算机环境下，各会计期间的许多期末业务具有较强的规律性，且方法很少改变，如费用计提、分摊的方法等，因此由计算机来处理这些有规律的业务，不但能减少会计人员的工作量，还可以加强财务核算的规范性。

一、银行对账

1．录入银行对账期初数据

一般情况下，大部分企业在使用总账管理系统时，不会先使用银行对账模块，如某企业 2020 年 1 月开始使用总账管理系统，而银行对账功能是在 5 月开始使用，那么银行对账则应该有一个启用日期，并在此录入最后一次对账企业方与银行方的调整前余额，以及启用日期之前的单位日记账和银行对账单的未达项。

2．录入银行对账单

要实现计算机自动对账，在每月月末对账前，须将银行开出的银行对账单录入计算机。本功能用于平时录入银行对账单的情形，即在指定账户后录入本账户下的银行对账单，以便与企业银行存款日记账进行对账。

3．进行银行对账

银行对账采用自动对账与手工对账相结合的方式。

自动对账即由计算机根据对账依据将银行存款日记账未达账项与银行对账单进行自动核对、勾销。对账依据通常是“结算方式+结算号+方向+金额”或“方向+金额”。对于已核对上的银行业务，系统将会自动在银行存款日记账和银行对账单双方写上两清标志，并视为已达账项，否则视其为未达账项。由于自动对账是以银行存款日记账和银行对账单双方对账依据完全相同为条件，所以为了保证自动对账的正确和彻底，必须保证对账数据的规范合理。

手工对账是对自动对账的补充。采用自动对账后，可能还有一些特殊的已达账没有对出来，而被视为未达账项，为了保证对账更彻底、正确，可通过手工对账进行调整、勾销。

下面四种情况中，只有第一种情况自动已核销已对账的记录，后三种情况均需通过手工对账来强制核销。

- 对账单文件中一条记录和银行日记账未达账项文件中一条记录完全相同。
- 对账单文件中一条记录和银行日记账未达账项文件中多条记录完全相同。
- 对账单文件中多条记录和银行日记账未达账项文件中一条记录完全相同。
- 对账单文件中多条记录和银行日记账未达账项文件中多条记录完全相同。

4. 余额调节表的查询输出

在对银行账进行两清勾对后，计算机自动整理汇总未达账和已达账，生成银行存款余额调节表，以检查对账是否正确。该余额调节表为截止到对账截止日期的余额调节表，若无对账截止日期，则为最新余额调节表。如果余额调节表显示账面余额不平，应查“银行期初录入”中的相关项目是否平衡，“银行对账单”录入是否正确，“银行对账”中勾对是否正确、对账是否平衡，如不正确则进行调整。

5. 对账结果查询

对账结果查询主要用于查询单位日记账和银行对账单的对账结果。它是对银行存款余额调节表的补充，可进一步了解对账后对账单上勾对的明细情况（包括已达账项和未达账项），从而进一步查询对账结果。检查无误后，可通过核销银行账来核销已达账。银行对账不平时，不能使用核销功能，核销不影响银行日记账的查询和打印。核销错误可以进行反核销。

二、自动转账

转账分为外部转账和内部转账。外部转账是指将其他管理系统生成的凭证转入总账管理系统中；内部转账是指在总账管理系统内部，把某个或某几个会计科目中的余额或本期发生额结转到一个或多个会计科目中。

实现自动转账包括转账定义和转账生成两部分。

（一）转账定义

初次使用总账管理系统时，应先通过“转账定义”设置自动转账分录，以后只需调用“转账生成”功能，即可快速生成自动转账凭证。转账定义主要包括自定义转账、对应结转、销售成本结转、汇兑损益结转和期间损益结转。

1. 自定义转账设置

自定义转账功能可以完成的转账业务主要包括：

- 费用分配的结转，如工资分配等。
- 费用分摊的结转，如制造费用等。
- 税金计算的结转，如增值税等。
- 提取各项费用的结转，如提取福利费等。
- 各项辅助核算的结转。

✓ 如果使用供应链管理系统，则在总账管理系统中不能按客户、供应商辅助项进行结转，只能按科目总数进行结转。

2．对应结转设置

对应结转不仅可以进行两个科目的一对一结转，还提供科目的一对多结转功能。对应结转的科目可为上级科目，但其下级科目的科目结构必须一致（相同明细科目），如有辅助核算，则两个科目的辅助账类也必须一一对应。

本功能只结转期末余额，若结转发生额，需在自定义结转中设置。

3．销售成本结转设置

销售成本结转设置主要用于在没有启用供应链管理系统时，完成企业销售成本的计算和结转。销售成本结转分为售价法和计划价法两种方法。

4．汇兑损益结转设置

汇兑损益结转设置用于期末自动计算外币账户的汇兑损益，并在转账生成中自动生成汇兑损益转账凭证。汇兑损益能够处理外汇存款账户，外币现金账户，外币结算的各项债权、债务；但不包括所有者权益类账户、成本类账户和损益类账户。

为了保证汇兑损益计算正确，填制某月的汇兑损益凭证时，账户必须先将本月的所有未记账凭证先记账。

汇兑损益入账科目不能是辅助账科目或有外币核算的科目。若启用了供应链管理系统，则计算汇兑损益的外币科目不能是具有客户或供应商往来核算的科目。

5．期间损益结转设置

期间损益结转设置用于在一个会计期间终止时，将损益类科目的余额结转到本年利润科目中，从而及时反映企业利润的盈亏情况。期间损益结转主要是对于管理费用、销售费用、财务费用、销售收入、营业外收支等科目的结转。

损益科目结转中将列出所有的损益科目。如果希望某损益科目参与期间损益的结转，则应在该科目所在行的本年利润科目栏填写本年利润科目代码；若为空，则将不结转此损益科目的余额。

损益科目的期末余额将结转到该行的本年利润科目中去。若损益科目与本年利润科目都有辅助核算，则辅助账类必须相同。损益科目表中的本年利润科目必须为末级科目，且为本年利润入账科目的下级科目。

（二）转账生成

完成转账定义后，每月月末只需执行“转账生成”功能即可由计算机快速生成转账凭证，并将在此生成的转账凭证自动追加到未记账凭证中去，而通过审核、记账后才能真正完成结转工作。

由于转账凭证中定义的公式基本上取自账簿，因此，在进行月末转账之前，必须将所有未记账凭证全部记账，否则生成的转账凭证中的数据可能不准确。特别是对于一组相关转账分录，必须按顺序集中进行转账生成、审核、记账。

如果启用了供应链管理系统，则在总账管理系统中不能按客户、供应商进行结转。

企业可根据实际需要选择生成结转方式、结转月份及需要结转的转账凭证，系统在进行结转计算后显示将要生成的凭证，确认无误后，将生成的凭证追加到未记账凭证中。

结转月份为当前会计月，且每月只结转一次。在生成结转凭证时，要注意操作日期，一般在月末进行。

若转账科目有辅助核算，但未定义具体的转账辅助项，则可以选择“按所有辅助项结转”或“按有发生的辅助项结转”。

- ✓ 按所有辅助项结转：按转账科目的每一个辅助项生成一笔分录。
- ✓ 按有发生的辅助项结转：按转账科目下每一个有发生的辅助项生成一笔分录。

三、对账

对账是指对账簿数据进行核对，以检查记账是否正确、账簿是否平衡。它主要是通过核对总账与明细账、总账与辅助账数据来完成账账核对。

试算平衡就是将系统中设置的所有科目的期末余额按会计平衡公式“借方余额＝贷方余额”进行平衡检验，并输出科目余额表及是否平衡信息。

一般来说，计算机记账后，只要记账凭证录入正确，计算机自动记账后各种账簿就都是正确、平衡的，但由于非法操作、计算机病毒或其他原因，有时可能会造成某些数据被破坏，因而引起账账不符。为了保证账证相符、账账相符，应经常使用本功能进行对账，至少一个月一次，一般可在月末未结账前进行。

如果使用了供应链管理系统，则在总账管理系统中不能对往来客户账、供应商往来账进行对账。

当对账出现错误或记账有误时，系统允许“恢复记账前状态”，进行检查、修改，直到对账正确。

四、结账

每月月底企业都要进行结账处理，结账实际上就是计算和结转各账簿的本期发生额和期末余额，并终止本期的账务处理工作。

在会计电算化方式下，结账是一种成批数据处理，每月只结账一次，主要是对当月日常处理的限制和对下月账簿的初始化，由计算机自动完成，比手工记账要简便得多。

在结账之前要进行下列检查：

（1）检查本月业务是否全部记账，有未记账凭证不能结账。

（2）月末结转必须全部生成并记账，否则本月不能结账。

（3）检查上月是否已结账，若上月未结账，则本月不能结账。

（4）核对总账与明细账、主体账与辅助账、总账管理系统与其他管理系统数据是否已一致，若不一致，则不能结账。

（5）损益类账户是否全部结转完毕，若未全部结转完毕，则本月不能结账。

（6）若与其他管理系统联合使用，其他管理系统是否已结账；若没有，则本月不能结账。

结账前要进行数据备份，结账后不得再录入本月凭证，并终止各账户的记账工作；计算本月各账户发生额合计和本月账户期末余额，并将余额结转下月月初。

如果结账以后发现结账错误，可以进行“反结账”，即取消结账标志，然后进行修正，再进行结账工作。

任务实施

一、任务目标

1．以“李思雨（A002）”的身份进行银行对账操作。
2．以“王元庆（A003）”的身份进行自动转账操作。
3．以“张新宁（A001）”的身份进行审核、记账、对账、结账操作。

二、任务资料

（一）银行对账

1．银行对账期初数据

金源公司银行账的启用日期为 2020-07-01，工行人民币户企业日记账调整前余额为 511 057.16 元，银行对账单调整余额为 533 829.16 元。未达账项一笔，系银行已收企业未收款 22 772.00 元，日期为 2020-06-30，结算方式为 202 转账支票。

2．2020 年 7 月银行对账单

日期	结算方式	票号	借方金额（元）	贷方金额（元）
2020-07-03	201	XJ001		10 000.00
2020-07-08	202	ZZR001		50 000.00
2020-07-12	202	ZZR002	99 600.00	
2020-07-16	202	ZZR003		1 200.00

（二）自动转账定义及生成

业务 1：摊销本月应负担的报刊费

借：管理费用/其他（660207）　　JG( )

　贷：长期待摊费用/开办费（180101）　　642/12

业务 2：按短期借款期末余额的 0.2%计提短期借款利息

借：财务费用/利息支出（660301）　　QM(2001,月,贷)*0.002

　贷：应付利息（2231）　　JG( )

三、任务操作

（一）银行对账

以“李思雨（A002）”的身份重新注册进入用友 ERP-U872 企业应用平台。

1. 录入银行对账期初数据

（1）在企业应用平台“业务工作”选项卡下，执行“财务会计”|“总账”|“出纳”|“银行对账”|“银行对账期初录入”命令，系统弹出“银行科目选择”对话框，如图 2-93 所示。

（2）选择科目为“工行存款（100201）”，单击【确定】按钮，系统弹出“银行对账期初”对话框，确定启用日期为“2020.07.01”，如图 2-94 所示。

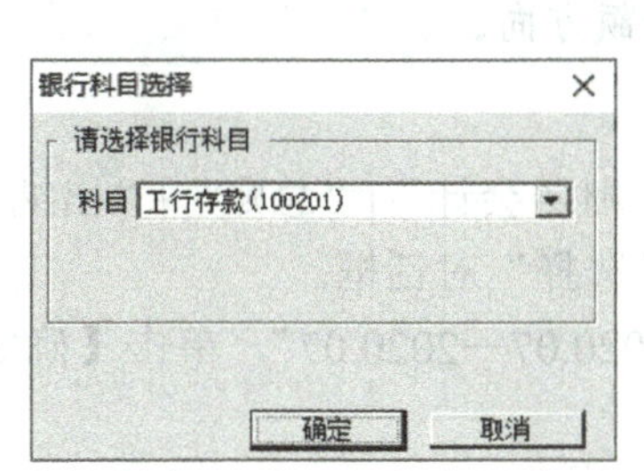

图 2-93 “银行科目选择”对话框

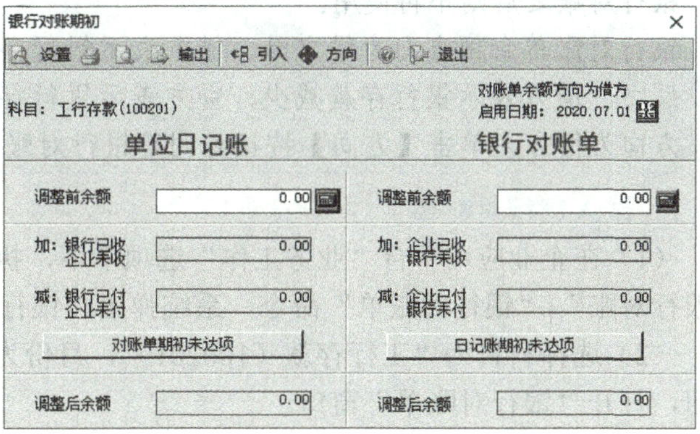

图 2-94 “银行对账期初”对话框

（3）录入单位日记账的调整前余额“511 057.16”、银行对账单的调整前余额“533 829.16”。

（4）单击【对账单期初未达项】按钮，打开“银行方期初”窗口，如图 2-95 所示。

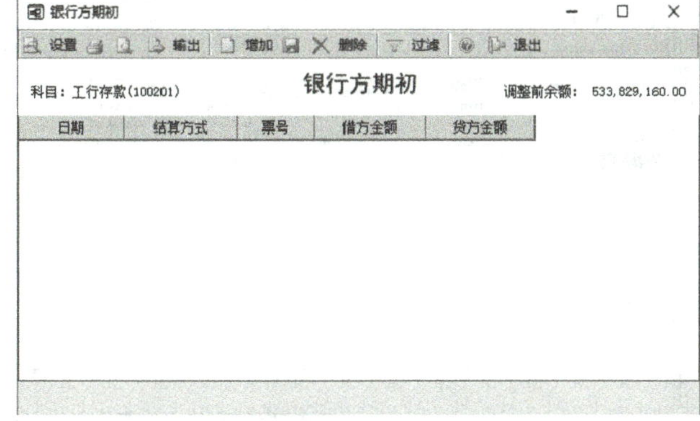

图 2-95 “银行方期初”窗口

（5）单击【增加】按钮，录入日期“2020-06-30”、结算方式“202”、借方余额“22 772.00”。

（6）单击【保存】按钮，再单击【退出】按钮，银行对账期初如图 2-96 所示。

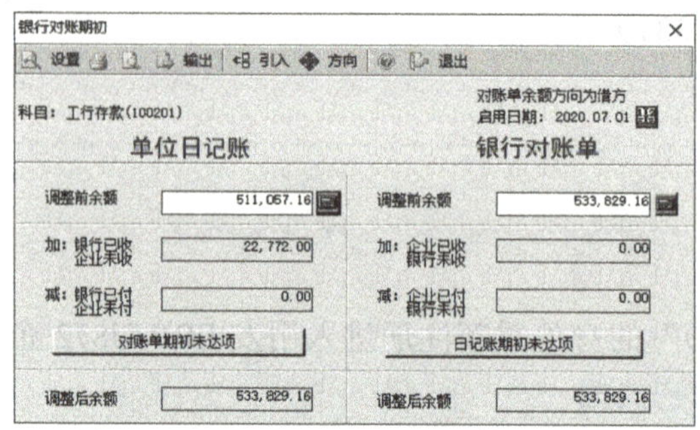

图 2-96　设置后的银行对账期初

✓ 第一次使用银行对账功能前，系统要求录入日记账及对账单未达账项，在开始使用银行对账之后则不再使用。

✓ 银行对账单余额方向为借方时，借方表示银行存款增加，贷方表示银行存款减少；反之，借方表示银行存款减少，贷方表示银行存款增加。系统默认银行对账单余额方向为借方，单击【方向】按钮可调整银行对账单余额方向。

2. 录入银行对账单

（1）在企业应用平台“业务工作”选项卡下，执行“财务会计”|“总账”|“出纳”|“银行对账”|“银行对账单”命令，系统弹出“银行科目选择”对话框。

（2）选择科目为“工行存款（100201）”、月份为“2020.07—2020.07”，单击【确定】按钮，打开“银行对账单”窗口。

（3）单击【增加】按钮，录入银行对账单数据，单击【保存】按钮，最终结果如图 2-97 所示。

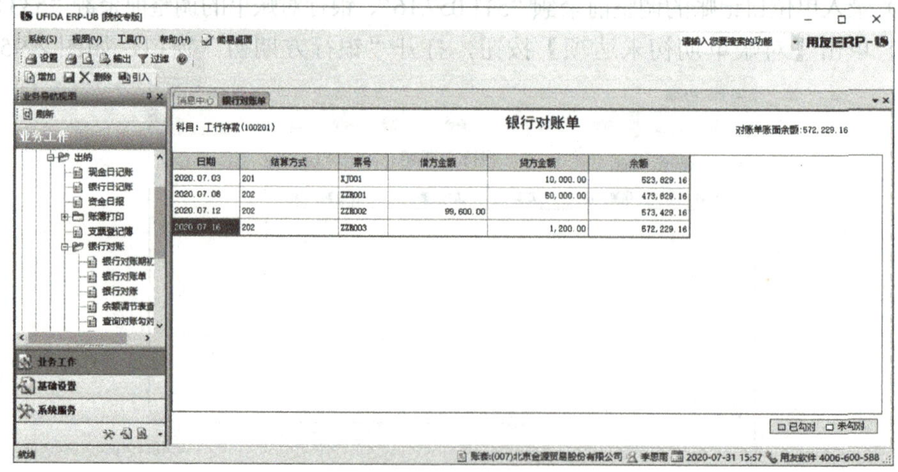

图 2-97　“银行对账单”窗口

3. 对账

登记支票登记簿及银行对账

❖ 自动对账

（1）在企业应用平台“业务工作”选项卡下，执行“财务会计”|“总账”|“出纳”|“银行对账”|“银行对账”，系统弹出“银行科目选择”对话框。

（2）选择科目为“工行存款（100201）”、月份为“2020.07—2020.07”，单击【确定】按钮，打开“银行对账”窗口，如图 2-98 所示。

（3）单击【对账】按钮，系统弹出“自动对账”对话框。录入截止日期“2020-07-31”，默认系统提供的其他对账条件，如图 2-99 所示。

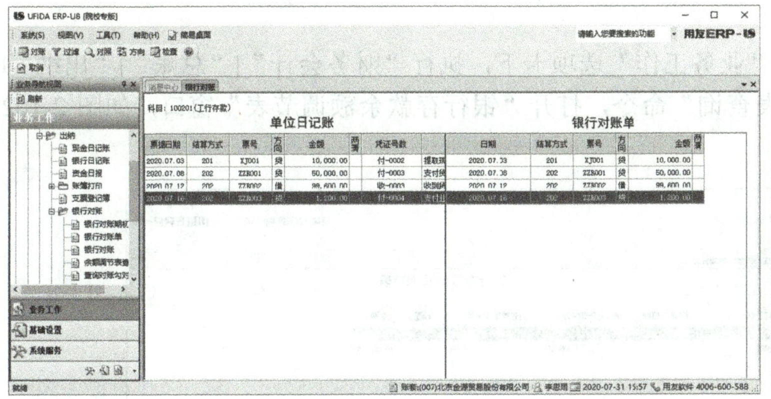
图 2-98　“银行对账”窗口

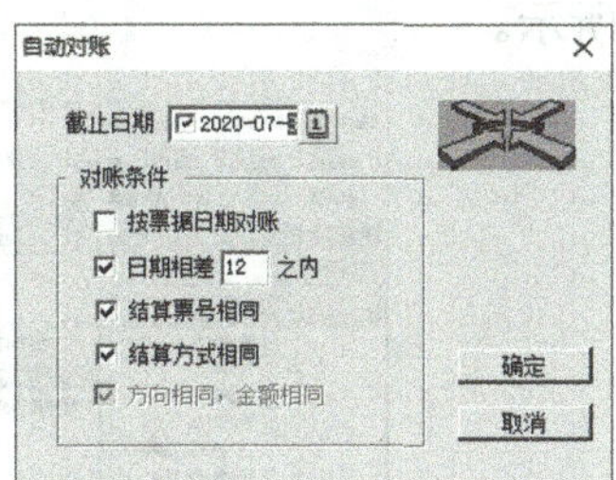

图 2-99　“自动对账”对话框

（4）单击【确定】按钮，显示自动对账结果，如图 2-100 所示。

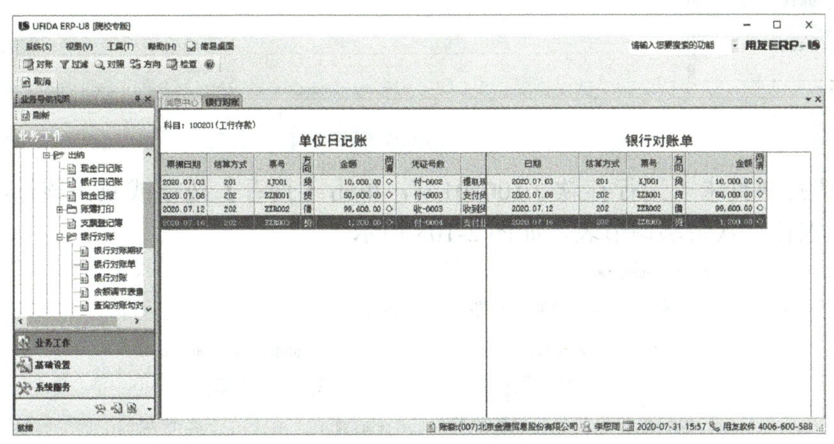
图 2-100　自动对账结果

提　示

✓ 对账条件中的“方向相同，金额相同”是必选条件，对账截止日期可以不录入。

✓ 对于已达账项，系统自动在银行存款日记账和银行对账单双方的“两清”栏打上圆圈标志。

❖ 手工对账

（1）对于银行对账窗口中一些应勾对而未勾对上的账项，可分别双击“两清”栏，直接进行手工调整。手工对账的标志为“Y”，以区别于自动对账标志。

（2）对账完成后，单击【检查】按钮，检查结果平衡，如图 2-101 所示。

（3）单击【确认】按钮返回。

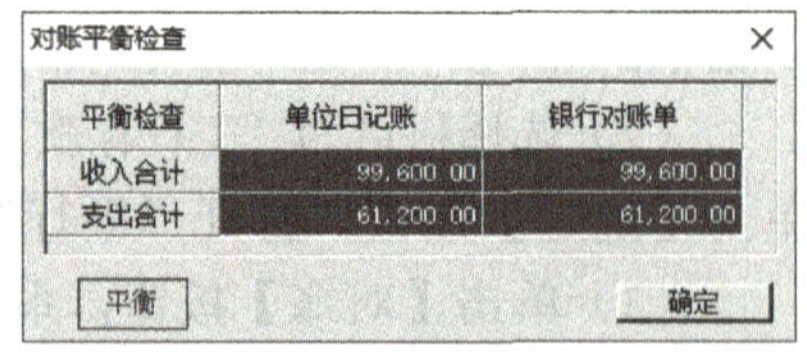

图 2-101 “对账平衡检查”对话框

4. 输出余额调节表

（1）在企业应用平台“业务工作”选项卡下，执行“财务会计”|“总账”|“出纳”|“银行对账”|“余额调节表查询”命令，打开“银行存款余额调节表”窗口，如图 2-102 所示。

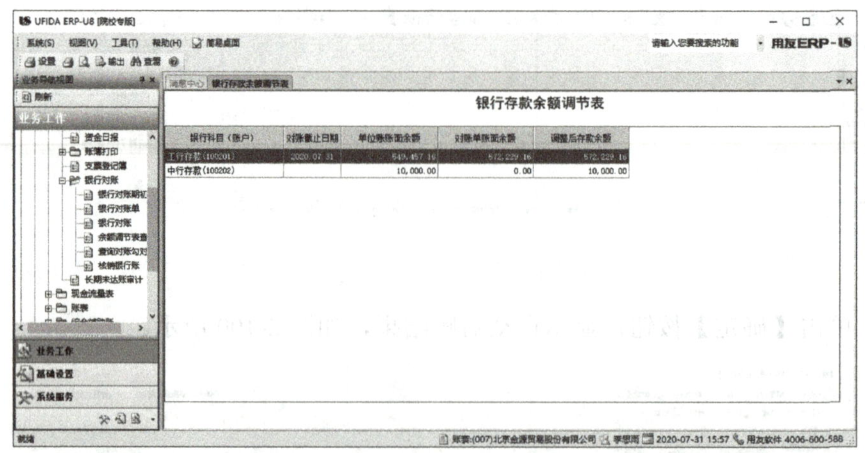

图 2-102 “银行存款余额调节表”窗口

（2）选择科目未“工行存款（100201）”，单击【查看】按钮或双击该行，即显示该银行账户的银行存款余额调节表，如图 2-103 所示。

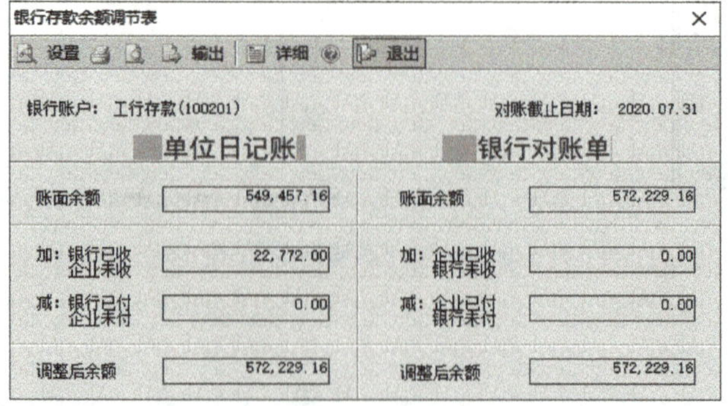

图 2-103 银行存款余额调节表

（3）单击【打印】按钮，即可打印银行存款余额调节表。

（二）自动转账

以“王元庆（A003）”的身份重新注册进入用友 ERP-U872 企业应用平台。

1. 转账定义

❖ 自定义转账设置

业务 1：

（1）在企业应用平台“业务工作”选项卡下，执行“财务会计”|“总账”|“期末”|“转账定义”|“自定义转账”命令，打开“自定义转账设置”窗口。

（2）单击【增加】按钮，系统弹出“转账目录”对话框，如图 2-104 所示。

（3）录入转账序号“0001”、转账说明“摊销开办费”，选择凭证类别为“转 转账凭证”。单击【确定】按钮，继续定义转账凭证分录信息。

（4）单击【增行】按钮，确定分录的借方信息。选择科目编码为“660207”、部门为“总经理办公室”、方向为“借”，录入金额公式 JG( )。

（5）单击【增行】按钮，确定分录的贷方信息。选择科目编码为“180101”、方向为“贷”，录入金额公式“642/12”。单击【保存】按钮，如图 2-105 所示。

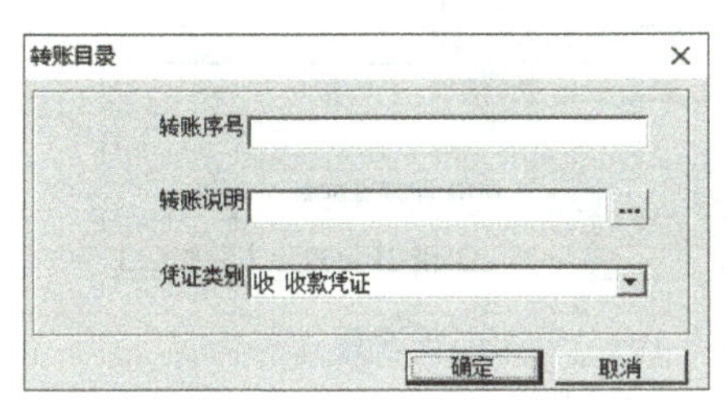

图 2-104 “转账目录”对话框

自定义转账设置

设置 输出 增加 修改 删除 放弃 插入 增行 删行

转账序号 0001　转账说明 摊销开办费　凭证类别 转账凭证

摘要	科目编码	部门	个人	客户	供应商	项目	方向	金额公式
摊销开办费	660207	总经理...					借	JG()
摊销开办费	180101						借	642/12

图 2-105 “自定义转账设置”窗口

提示

- ✓ 转账科目可以为非末级科目，部门可为空，它表示所有部门。
- ✓ 如果使用应收款、应付款管理系统，则在总账管理系统中，不能按供应商辅助项进行结转，只能按科目总数进行结转。
- ✓ 录入转账计算公式有两种方法：一是直接录入计算公式；二是引导方式录入公式。
- ✓ “JG( )”含义为“取对方科目计算结果”，其中的“( )”必须为英文符号，否则系统提示“金额公式不合法：词法或语法错误”。

业务 2：

（1）单击【增加】按钮，系统弹出“转账目录”对话框。

（2）录入转账序号“0002”、转账说明“计提短期借款利息”，选择凭证类别为“转转账凭证”，如图 2-106 所示。

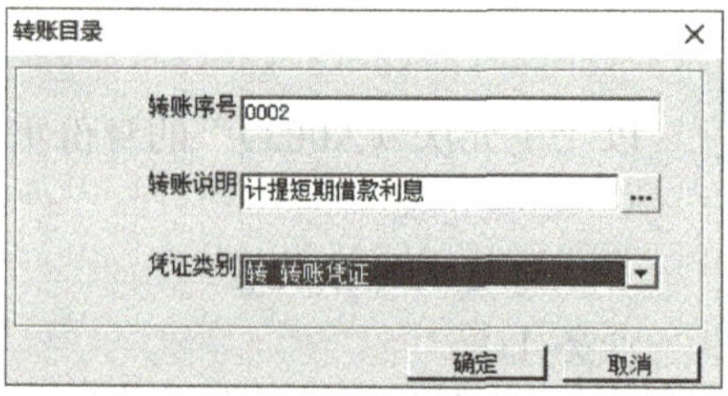

图 2-106　设置转账目录

（3）单击【确定】按钮，继续定义转账凭证分录信息。

（4）单击【增行】按钮，选择科目编码为“660301”、方向为“借”；双击金额公式栏，选择参照按钮，系统弹出“公式向导”对话框，选择函数为“QM( )”，如图 2-107 所示。

（5）单击【下一步】按钮，继续公式定义。

（6）选择科目为“2001”、期间为“月”、方向为“贷”，其他默认，如图 2-108 所示。

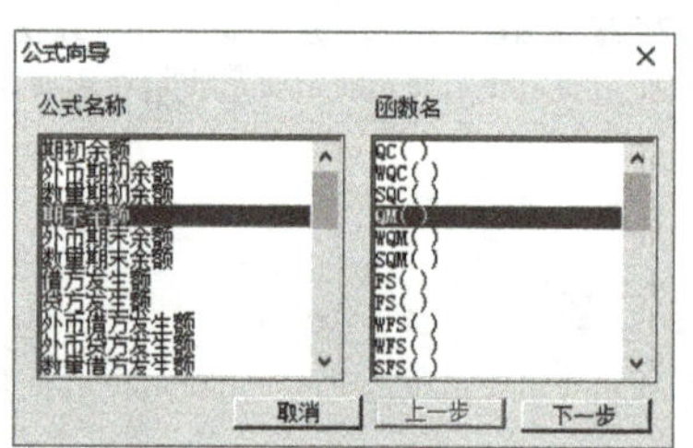

图 2-107　选择“期末余额”函数

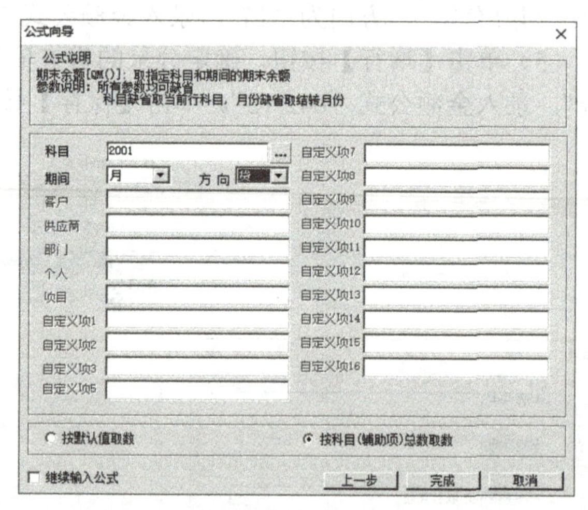

图 2-108　公式向导设置

（7）单击【完成】按钮，金额公式栏带回自定义转账设置窗口中设置的信息。将光标移至末尾，录入“*0.002”，按“Enter”键确认。

（8）单击【增行】按钮，选择科目编码为“2231”、方向为“贷”，录入金额公式“JG( )”，单击【保存】按钮。

❖　期间损益结转设置

（1）在企业应用平台“业务工作”选项卡下，执行“财务会计”|“总账”|“期末”|“转账定义”|“期间损益”命令，系统弹出“期间损益结转设置”对话框，如图 2-109 所示。

（2）选择凭证类别为“转　转账凭证”、本年利润科目为“4103”，单击【确定】按钮。

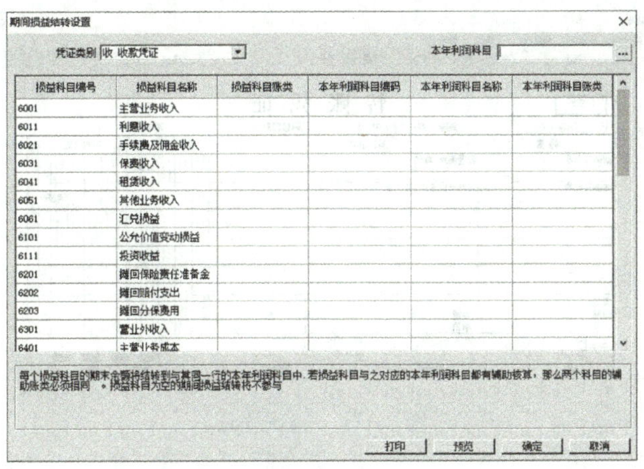

图 2-109 “期间损益结转设置”对话框

✓ 损益科目结转表中的本年利润科目必须为末级科目，而且必须为本年利润入账科目的下级科目。

2．转账生成

❖ 自定义转账生成

（1）在企业应用平台“业务工作”选项卡下，执行“财务会计”|“总账”|“期末”|“转账生成”命令，系统弹出“转账生成”对话框。

（2）选中“自定义转账”，单击【全选】按钮，如图 2-110 所示。

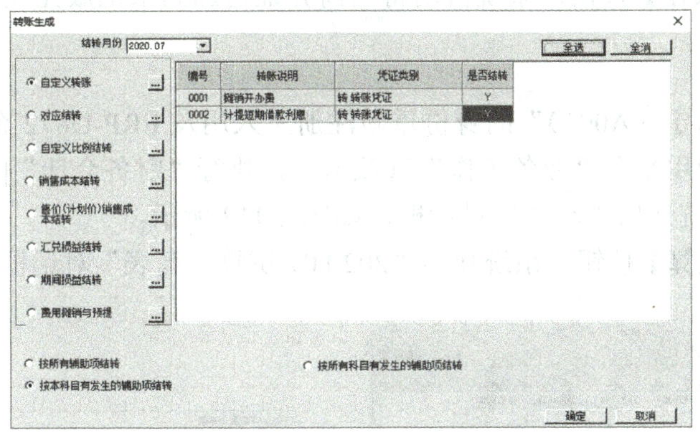

图 2-110 “转账生成”对话框

（3）单击【确定】按钮，生成转账凭证，补充凭证信息。

（4）单击【保存】按钮，凭证左上角显示“已生成”字样，如图 2-111 所示，系统自动将当前凭证追加到未记账凭证中。

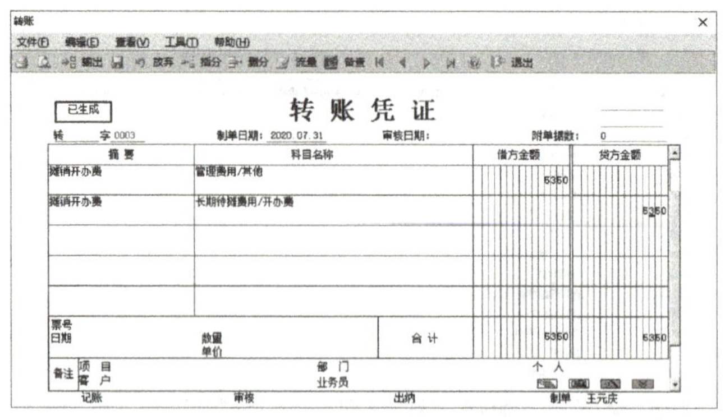

图 2-111 转账凭证

- ✓ 转账凭证每月只生成一次。如果已生成的转账凭证有误，必须删除后再重新生成。
- ✓ 生成的转账凭证仍需审核才能记账。
- ✓ 进行转账生成的操作必须由具有制单权限的人员进行。生成的转账凭证必须保存，否则视同放弃。

❖ 期间损益结转生成

（1）以“王元庆（A003）”身份生成期间损益自动转账凭证。

（2）在企业应用平台“业务工作”选项卡下，执行“财务会计”|“总账”|“期末”|“转账生成”命令，系统弹出“转账生成”对话框。

（3）选中“期间损益结转”，单击【全选】按钮，再单击【确定】按钮，生成转账凭证。

（4）单击【保存】按钮，系统自动将当前凭证追加到未记账凭证中。

（三）对账

（1）以“张新宁（A001）”的身份重新注册进入用友 ERP-U872 企业应用平台。

（2）在企业应用平台“业务工作”选项卡下，执行“财务会计”|“总账”|“期末”|“对账”命令，系统弹出“对账”对话框，如图 2-112 所示。

（3）单击【试算】按钮，系统弹出“2020.07 试算平衡表”对话框，如图 2-113 所示。

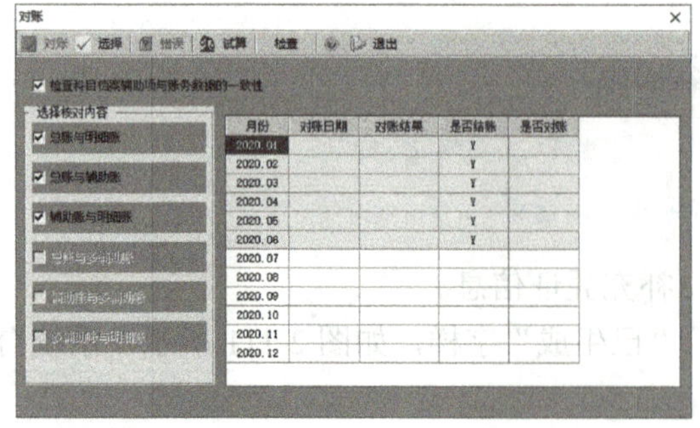

图 2-112 “对账”对话框

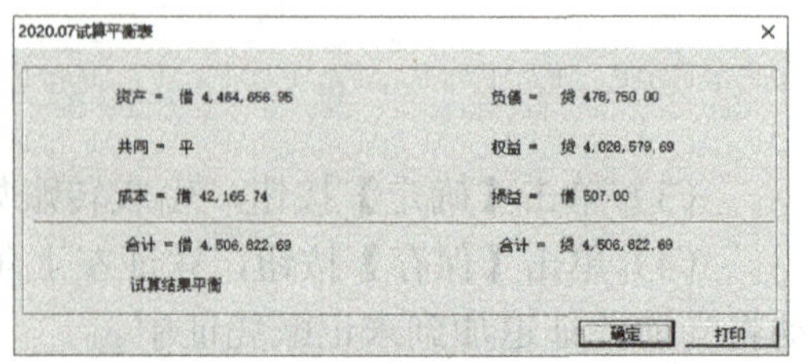

图 2-113 “2020.07 试算平衡表”对话框

（4）单击【确定】按钮，返回“对账”对话框，单击【选择】按钮，在2020.07“是否对账”栏出现“Y”标志。

（5）单击【对账】按钮，开始自动对账，并显示对账结果“正确”，如图2-114所示。

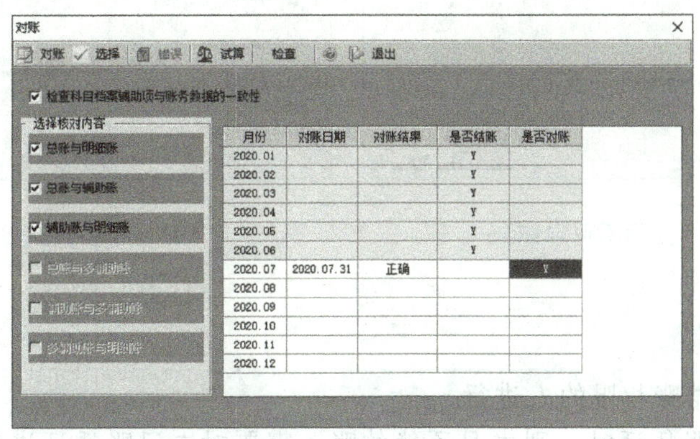

图2-114 对账正确

（四）结账

1. 结账

（1）在企业应用平台“业务工作”选项卡下，执行“财务会计”|“总账”|“期末”|“结账”命令，系统弹出“结账”对话框，如图2-115所示。

（2）单击要结账月份“2020.07”，单击【下一步】按钮。

（3）单击【对账】按钮，系统对要结账的月份进行账账核对。

（4）单击【下一步】按钮，系统显示“2020年07月工作报告”，如图2-116所示。

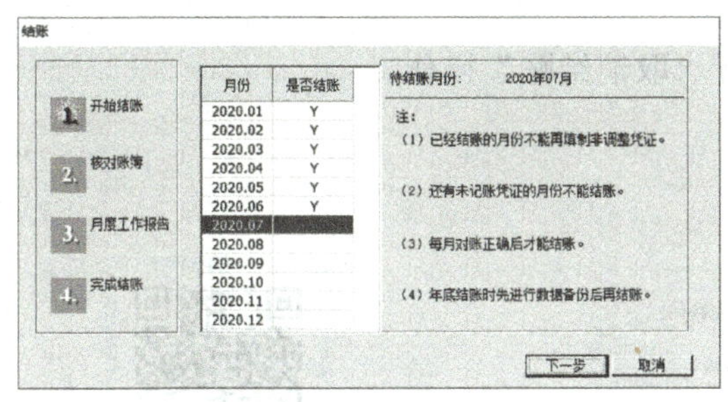

图2-115 “结账”对话框

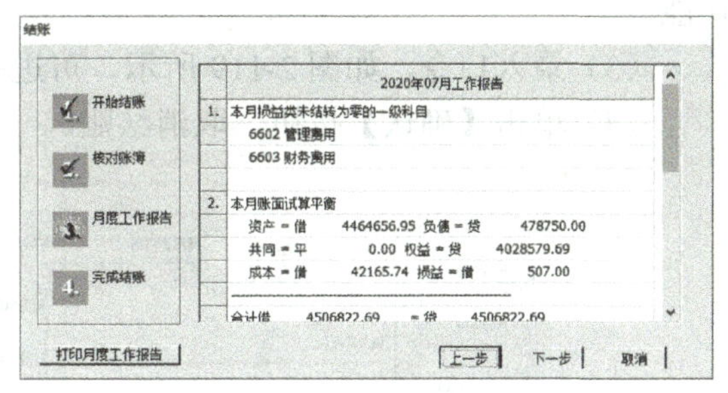

图2-116 2020年07月工作报告

（5）查看工作报告后，单击【下一步】按钮，系统弹出“2020年07月 未通过检查，不可以结账！”对话框，如图2-117所示。

（6）单击【上一步】按钮，在“2020年07月工作报告”中，检查不能结账的原因。

（7）单击【取消】按钮，取消本次的结账操作。

（8）对出现的原因进行处理，如对出现的未记账凭证进行审核、记账。

（9）重新进行结账操作，工作检查完成后，系统弹出如图2-118对话框。

（10）单击【确定】按钮，完成结账工作。

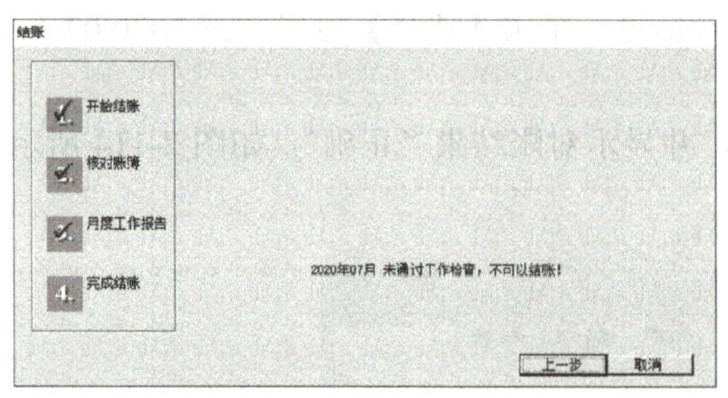

图 2-117　提示不可以结账

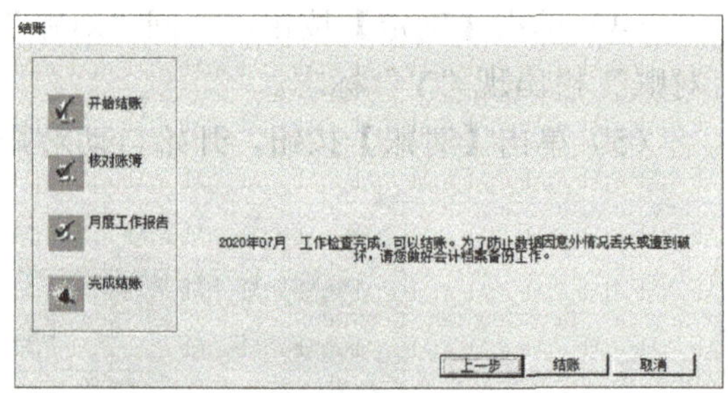

图 2-118　提示可以结账

- ✓ 结账只能由有结账权限的人进行。
- ✓ 本月还有未记账凭证时，则本月不能结账。需要对未记账凭证进行审核、记账，才能进行结账。
- ✓ 结账必须按月连续进行，若上月未结账，则本月不能结账。但可以填制、审核凭证。
- ✓ 若总账与明细账对账不符，则不能结账。
- ✓ 结账前，要进行数据备份。

2．取消结账

（1）在企业应用平台“业务工作”选项卡下，执行“财务会计”|“总账”|“期末”|“结账”命令，系统弹出“结账”对话框。

（2）选择要取消结账的月份“2020.07”，按“Ctrl+Shift+F6”键，激活“取消结账”功能。

（3）录入口令，如图 2-119 所示，可进行“取消结账”操作。

（4）单击【确认】按钮，取消结账。

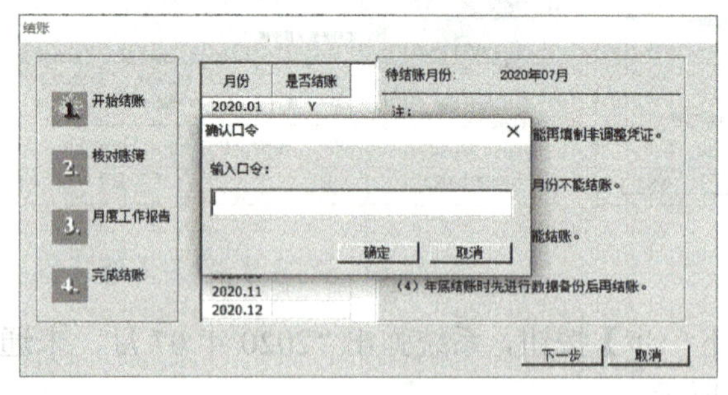

图 2-119　取消结账

自动转账、对账和结账

- ✓ 取消结账只能由账套主管进行。

项目训练

一、不定项选择题

1. 下列关于总账管理系统结账功能的说法中，正确的有（　　）。

　A. 结账功能每月可根据需要多次进行

　B. 结账前，一般应进行数据备份

　C. 已结账月份不能再填制记账凭证

　D. 结账操作只能由会计主管进行

2. 由于各会计期间的许多转账和期末业务具有较强的规律性，可以通过设定自动转账分录达到快速生成转账凭证的目的。目前总账管理系统“转账定义”功能提供（　　）等多种转账功能的定义。

　A. 自动转账定义　　B. 对应转账设置

　C. 销售成本结转设置　　D. 期间损益结转设置

3. 月末处理是指在将本月发生的经济业务全部登记入账后所要做的工作，通过总账管理系统“月末处理”功能，用户可以实现（　　）等操作。

　A. 转账定义　　B. 转账生成

　C. 对账　　D. 结账

4. 在总账管理系统账表功能中查阅部门总账时，系统提供的查询方式有（　　）。

　A. 按发生额查询　　B. 按科目查询

　C. 按部门查询　　D. 按科目和部门查询

5. 在总账管理系统中，对于定义为部门辅助核算的会计科目，可以进行部门辅助账管理。部门辅助账管理主要涉及（　　）等方面。

　A. 部门辅助总账查询　　B. 部门明细账查询

　C. 正式账簿打印　　D. 部门收支分析

6. 总账管理系统中的“出纳管理”功能是出纳人员进行管理的一套工具，它包括（　　）等功能。

　A. 现金和银行存款日记账输出　　B. 支票登记簿管理

　C. 银行对账　　D. 长期未达账审计

7. 在总账管理系统中，如果由于断电或人为因素导致记账错误，可调用“恢复记账前状态”功能，将数据恢复到记账前状态并进行调整。目前，系统提供的恢复记账前状态的方式有（　　）。

　A. 将系统恢复到最后一次记账前状态

　B. 将系统恢复到本年年初状态

　C. 将系统恢复到启用时状态

　D. 将系统恢复到本月月初状态

8．在总账管理系统中，只有经过审核的记账凭证才能作为正式凭证进行记账处理，在这里，审核凭证包括（　　）等几个方面的工作。

A．出纳签字　　B．主管签字

C．审核员审核凭证　　D．修改标错凭证

9．在总账管理系统“期初余额”功能中，下列科目不能直接录入期初余额，需要通过辅助项录入期初数据的有（　　）。

A．往来核算科目　　B．外币核算科目

C．项目核算科目　　D．数量核算科目

10．在总账管理系统中，用户可以根据本单位需要对记账凭证进行分类，系统提供的常用凭证分类方式有（　　）。

A．记账凭证

B．收款、付款、转账凭证

C．现金、银行、转账凭证

D．现金收款、现金付款、银行收款、银行付款、转账凭证

11．下列会计科目中，适合进行分部门辅助核算的有（　　）。

A．银行存款　　B．管理费用

C．应收账款　　D．固定资产

12．在总账管理系统中可以对会计科目进行（　　）辅助核算。

A．分部门核算　　B．客户往来核算

C．内部往来核算　　D．项目核算

13．总账管理系统提供的各科目会计账页格式有（　　）。

A．多栏备查式　　B．辅助账式

C．金额式　　D．数量金额式

14．在总账管理系统中，用户可通过“设置/会计科目”功能实现对会计科目的（　　）操作。

A．修改　　B．插入

C．查询　　D．打印

15．总账管理系统的“设置/选项”功能，可进行（　　）参数的设置。

A．赤字控制　　B．凭证类别

C．科目级数及每级科目代码长度　　D．凭证编号方式

16．总账管理系统与其他管理系统之间存在数据传递关系，它可以接收其他管理系统生成的凭证，也可以向（　　）等管理系统提供财务数据。

A．应收、应付款管理系统　　B．UFO 报表系统

C．薪资管理系统　　D．存货核算系统

二、上机操作题

1．引入项目一“项目训练”上机操作题账套。

2．在总账管理系统中，按下表建立科目并录入期初余额。

科目名称	辅助核算	方向	币别/计量单位	期初余额
库存现金（1001）		借		7 000.00
银行存款（1002）		借		2 400 000.00
工行存款（100201）	银行、日记	借		1 112 000.00
中行存款（100202）	银行、日记	借		1 280 000.00
应收账款（1122）		借		200 000.00
应收单位款（122101）	客户往来	借		200 000.00
库存商品（1405）		借		185 000.00
棉布（140501）	数量金额	借		185 000.00
股本（4001）		贷		2 000 000.00
本年利润（4103）				
主营业务收入（6001）				
主营业务成本（6401）				

注：棉布的期初库存数量为 10 000 米，单价为 18.50 元。

3．设置记账凭证类型为“记账凭证”。

4．编制记账凭证。

2020 年 3 月，新华公司发生如下经济业务：

（1）5 日，销售给华盛公司棉布 800 米，单价 18.50 元（假设不考虑相关税费），收到货款（工行）10 000.00 元，余款暂欠。

借：银行存款/工行存款（100201）　　10 000.00

　　应收账款/应收单位款（122101）　　4 800.00

　贷：主营业务收入（6001）　　200.00

（2）7 日，收到四方公司前欠货款 200 000.00 元，存入中行。

借：银行存款/中行存款（100202）　　200 000.00

　贷：应收账款/应收单位款（122101）　　200 000.00

（3）15 日，从工行提取现金 4 000.00 元。

借：库存现金（1001）　　4 000.00

　贷：银行存款/工行存款（100201）　　4 000.00

（4）结转本月已销售商品的成本（棉布 800 米，单价 18.50 元）

借：主营业务成本（6401）　　10 000.00

　贷：库存商品/棉布（140501）　　10 000.00

5．完成出纳签字、审核凭证、记账、结账等业务。

3

项目三
薪资管理系统

职业能力目标

知识目标

了解用友 ERP-U872 工资管理系统的基本功能。
熟悉薪资管理系统的业务流程。
熟悉薪资管理系统基础设置的内容。
掌握薪资管理系统初始设置的主要内容。
掌握薪资管理系统日常业务处理的内容和基本方法。

能力目标

掌握工资类别、人员类别、工资项目和计算公式的设置。
掌握数据的录入、计算和汇总。
能够计提和分摊工资费用和附加费，生成工资费用转账凭证。
能够查询工资账表资料。
能够进行薪资管理系统的期末处理。

职业目标

能根据企业的实际情况建立薪资管理系统账套。
能按照业务要求设置正确的工资项目、计算公式。
能对企业的工资数据进行分析和处理。

薪资管理是企业财会部门最基本的业务之一，采用计算机进行薪资管理，不仅可以节约财会人员的精力和时间，而且能够大大提高薪资管理的准确性和及时性。

用友 ERP-U872 薪资管理系统可用于企业进行工资计算、发放、管理等业务，协助企业做好薪资管理工作。

任务一 了解薪资管理系统

金源公司已经完成了账套号为“007 北京金源贸易股份有限公司”的公司账套建立，从 2020 年 7 月 1 日起，启用了薪资管理系统。会计主管张新宁需要对薪资管理系统进行初始设置。

知识准备

一、薪资管理系统概述

（一）薪资管理系统功能概述

薪资管理是企业管理的主要组成部分，其中对于企业员工的业绩考评和薪酬的确定更是关系到企业每一个员工的切身利益，对于调动每一个员工的工作积极性、正确处理企业与员工之间的经济关系具有重要意义。薪资管理是各企事业单位最经常使用的功能之一。

1. 薪资类别管理

薪资管理系统提供处理多个工资类别的功能。如果单位按周或一月多次发放工资；单位中有多种不同类别（部门）的人员，工资发放项目不同，计算公式也不同，但需要进行统一工资核算管理；企业在不同地区设有分支结构，而工资核算由总部统一管理；工资发放时使用多种货币，应选择建立多个工资类别。如果单位中所有员工的工资统一管理，而所有员工的工资项目、工资计算公式全部相同，则只需要建立单个工资类别，以提高系统的运行效率。

2. 人员档案管理

薪资管理系统既可以设置人员的基础信息并对人员变动进行调整，也可以设置人员附加信息的功能。

3. 薪资数据管理

薪资管理系统可以根据不同企业的需要设计工资项目和计算公式；管理所有人员的工资数据，并对平时发生的工资变动进行调整；自动计算个人所得税，结合工资发放形式进行扣零处理或向代发工资的银行传输工资数据；自动计算、汇总工资数据；自动完成工资分摊、计提、转账业务。

4. 选择报表管理

薪资管理系统提供多层次、多角度的工资数据查询，并进行统计分析，供决策人员参考使用。

（二）薪资管理系统与其他管理系统的主要关系

薪资管理系统与系统管理共享基础数据，薪资管理系统将工资分摊的结果生成转账凭证，传递到总账管理系统，两个系统可互相查询凭证；此外，薪资管理系统能够向成本核算系统传送相关费用的合计数据。

（三）薪资管理系统的业务处理流程

1. 首次使用操作流程

采用多工资类别核算的企业，第一次启用薪资管理系统，应按照如图 3-1 所示步骤进行操作。

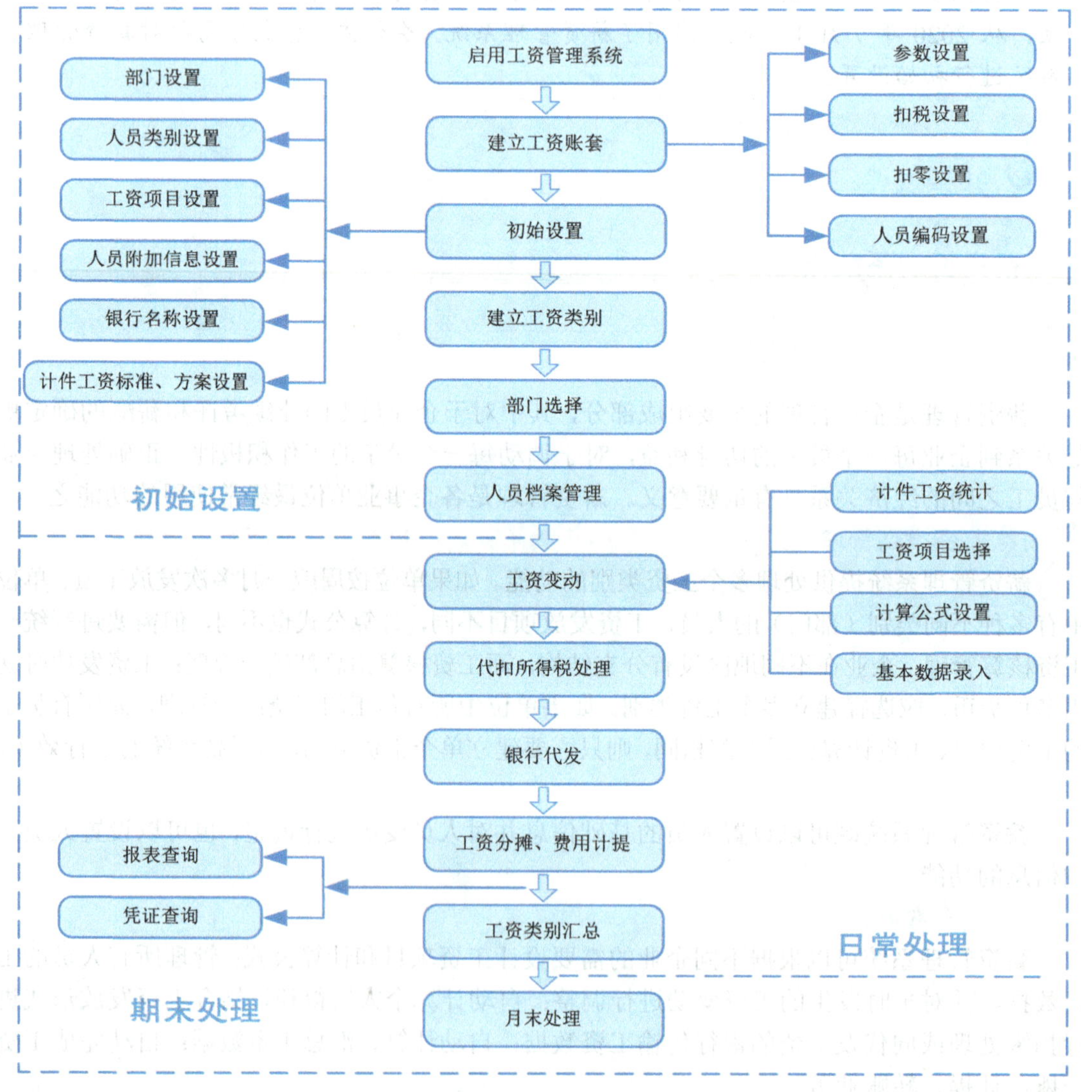

图 3-1 启用薪资系统操作流程

2. 非首次使用操作流程

如果已经使用了薪资管理系统，年末应进行数据结转，以便开始下一年度的薪资管理。在新的会计年度开始时，可在“设置”菜单中选择所需修改的内容，如人员附加信息、人员类别、工资项目和部门等，这些设置只有在新的会计年度第一个会计月中删除所涉及的工资数据和人员档案后，才可进行修改。

二、薪资管理系统初始设置

计算机处理工资程序与手工处理基本类似，但需要用户进行初始设置，如部门、人员类别、工资项目、公式、个人工资、个人所得税设置，银行代发设置，各种表样的定义等，每月只需对有变动的地方进行修改，系统就自动进行计算，汇总生成各种报表。薪资管理系统初始设置包括建立工资账套和基础信息设置两部分。

（一）建立工资账套

工资账套与系统管理中的账套是不同的概念，系统管理中的账套针对整个核算系统，而工资账套针对薪资管理系统。要建立工资账套，前提是在系统管理中建立本单位的核算账套。建立工资账套时可以根据建账向导分四步进行，即参数设置、扣税设置、扣零设置和人员编码。

（二）基础信息设置

建立工资账套以后，用户要对整个系统运行所需的一些基础信息进行设置，主要包括以下五个方面。

1. 部门设置

部门设置用于定义单位的不同部门，一般与其他管理系统使用相同的部门编码。员工薪资也是按照部门进行管理的。

2. 人员类别设置

人员类别设置是指按照某种特定的分类方式将企业员工分成若干类，以便于根据人员类别进行工资汇总计算。人员类别与工资费用的分配、分摊有关。

3. 人员附加信息设置

人员附加信息设置可增加人员信息，丰富人员档案的内容，便于对人员进行更加有效的管理。例如，增加设置人员的性别、民族、婚否等。

4. 工资项目设置

在此设置的工资项目是针对所有工资类别的全部工资项目。工资项目设置即定义工资项目的名称、类型、宽度、小数、增减项等。其中，工资账单中一些固定项目，如应发合计、扣款合计、实发合计等，不能删除和重命名；其他项目可根据企业实际情况定义或参照增加，如基本工资、奖励工资、请假天数等。

5. 银行名称设置

发放工资的银行可按需要设置多个，银行名称设置是针对所有工资类别。例如，同一工资类别中的人员由于在不同的工作地点，需在不同的银行代发工资；不同的工资类别由不同的银行代发工资，均需设置相应的银行名称。

（三）工资类别管理

薪资管理系统是按工资类别来进行管理的。每个工资类别下有职工档案、工资变动、工资数据、报税处理、银行代发等。对工资类别的维护包括建立、打开、删除、关闭和汇总工资类别。

1. 人员档案

人员档案的设置用于处理工资发放人员的姓名、职工编号、所在部门、人员类别等信息，此处员工的增加变动也必须在本功能中处理。人员档案的操作是针对某个工资类别的，即应先设置相应的工资类别。

人员档案管理包括增加、修改、删除人员档案，人员调离与停发处理，查找人员等。

2. 设置工资项目和计算公式

在系统初始设置中的工资项目包括本单位各种工资类别所需要的全部工资项目。由于不同的工资类别，工资发放项目不同，计算公式也不同，因此应对某个指定工资类别所需的工资项目进行设置，并定义此工资类别的工资数据计算公式。

（1）选择建立本工资类别的工资项目。这里只能选择系统初始设置中的工资项目，不可自行录入。工资项目的类型、长度、小数位数、增减项等不可更改。

（2）设置计算公式。设置计算公式是指定义某些工资项目的计算公式及工资项目之间的运算关系，如“缺勤扣款=基本工资/月工作日×缺勤天数”。运用公式可直观表达工资项目的实际运算过程，灵活地进行工资计算处理。定义公式可通过选择工资项目、运算符、关系符、函数等组合完成。

对于系统固定的工资项目“应发合计”“扣款合计”“实发合计”等的计算公式，系统可根据工资项目设置的“增减项”自动给出。用户在此只能增加、修改、删除其他工资项目的计算公式。

定义工资项目计算公式要符合逻辑，系统将对公式进行合法性检查。对不符合逻辑的公式，系统将给出错误提示。定义公式时要注意先后顺序，先得到的数据应先设置公式。应发合计、扣款合计和实发合计公式应是公式定义的最后三个公式，并且实发合计的公式要在应发合计和扣款合计公式之后。如出现计算公式超长，可将所用到的工资项目名称缩短（减少字符数）或设置过渡项目。定义公式时可使用函数公式向导参照录入。

任务实施

一、任务目标

以账套主管“张新宁（A001）”的身份进行薪资管理系统初始设置。

二、任务资料

（一）建立工资账套

（1）工资类别个数：多个。
（2）核算币种：人民币（RMB）。
（3）要求代扣个人所得税；不进行扣零处理。
（4）人员编码长度：3 位。
（5）启用日期：2020 年 07 月 01 日。

（二）基础信息设置

1. 工资项目设置

项目名称	类型	长度	小数位数	增减项
基本工资	数字	8	2	增项
奖励工资	数字	8	2	增项
交补	数字	8	2	增项
应发合计	数字	10	2	增项
请假扣款	数字	8	2	减项
养老保险金	数字	8	2	减项
扣款合计	数字	10	2	减项
实发合计	数字	10	2	增项
代扣税	数字	10	2	减项
请假天数	数字	8	0	其它

2. 人员档案设置

（1）工资类别 1：正式人员工资

- 部门选择：所有部门。
- 工资项目：基本工资、奖励工资、交补、应发合计、请假扣款、养老保险金、扣款合计、实发合计、代扣税、请假天数。
- 计算公式：

工资项目	定义公式
请假扣款	请假天数*20
养老保险金	（基本工资+奖励工资）*0.05
交补	iff (部门名称 =“总经理办公室” OR 部门名称 =“销售部”, 1 000 , 800)

- 人员档案：

人员编号	人员姓名	部门名称	账号	中方人员	是否计税
101	田原	总经理办公室	20200010001	是	是
102	张新宁	财务部	20200010002	是	是
103	李思雨	财务部	20200010003	是	是
104	王元庆	财务部	20200010004	是	是
201	李芳	销售部	20200010005	是	是
202	李秋	销售部	20200010006	是	是
211	吴昕	采购部	20200010007	是	是
212	马珂	采购部	20200010008	是	是
301	周南	一车间	20200010009	是	是
302	王西	一车间	20200010010	是	是

注：以上所有人员的代发银行均为中国工商银行。

（2）工资类别 2：临时人员

- 部门选择：制造中心。

（三）代扣个人所得税

设置计税基数为 5 000.00 元（个人工资与薪金所得税税率见下表）。

级数	全月应纳税所得额	税率（%）	速算扣除额（元）
1	不超过 3 000.00 元	3	0
2	超过 3 000.00 元至 12 000.00 元	10	210.00
3	超过 12 000.00 元至 25 000.00 元	20	1 410.00
4	超过 25 000.00 元至 35 000.00 元	25	2 660.00
5	超过 35 000.00 元至 55 000.00 元	30	4 410.00
6	超过 55 000.00 元至 80 000.00 元	35	7 160.00
7	超过 80 000.00 元	45	15 160.00

三、任务操作

（一）启用并注册薪资管理系统

（1）在企业应用平台下“基础设置”选项卡下，执行“基本信息”|“系统启用”命令，系统弹出“系统启用”对话框，选中“WA 薪资管理”复选框。

（2）在弹出的“日历”对话框中，选择薪资系统的启用时间为“2020 年 07 月 01 日”，单击【确定】按钮。

（3）在系统弹出的“确实要启用当前系统吗？”对话框中，单击【是】按钮返回。

（二）建立工资账套

（1）在企业应用平台“业务工作”选项卡下，执行“人力资源”|“薪资管理”命令，首次登录薪资管理系统，系统会弹出“请先设置工资类别。”对话框，如图 3-2 所示。

（2）单击【确定】按钮，系统弹出“建立工资套”对话框，进行第一步“参数设置”。选择工资类别个数为“多个”，如图 3-3 所示。

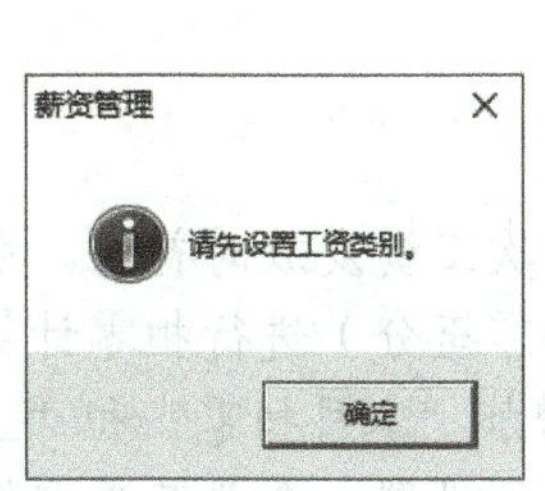

图 3-2　提示设置工资类别

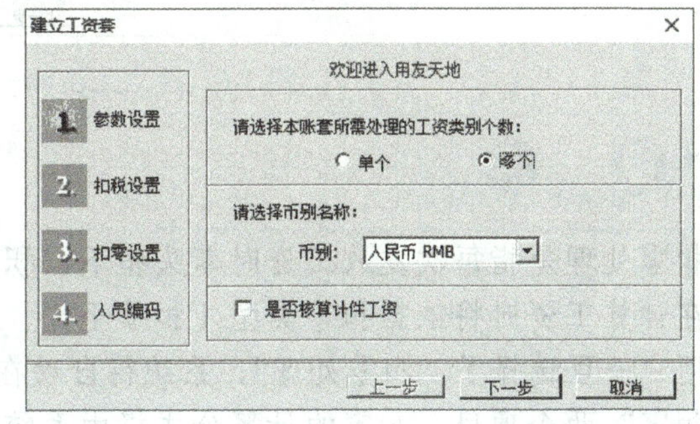

图 3-3　建立工资套——参数设置

✓ 如果企业中所有员工的工资发放项目与工资计算方法都相同，那么可以对全体员工使用统一的工资核算方案，此时可以选择单个工资类别个数。

✓ 本例中对正式人员和临时人员分别进行核算，所以工资类别应选择“多个”。

（3）单击【下一步】按钮，在第二步“扣税设置”中，选中“是否从工资中代扣个人所得税”复选框，如图 3-4 所示。

（4）单击【下一步】按钮，在第三步“扣零设置”中，不做选择，如图 3-5 所示。

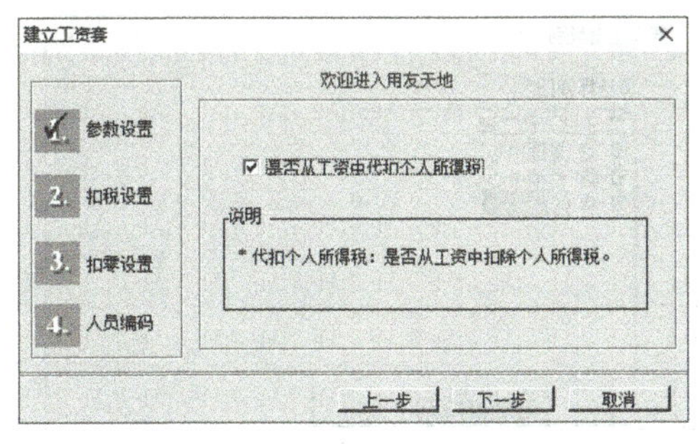
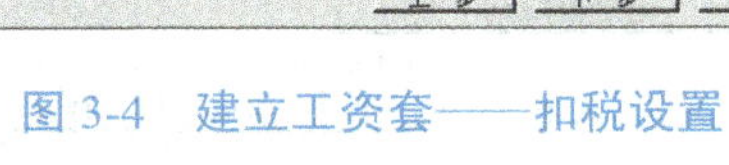

图 3-4　建立工资套——扣税设置

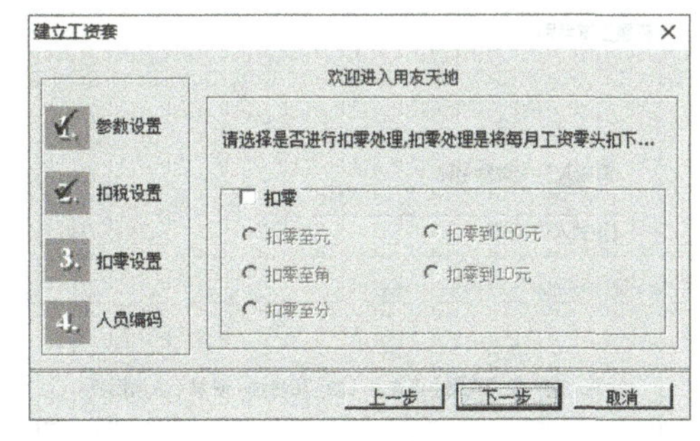

图 3-5　建立工资套——扣零设置

（5）单击【下一步】按钮，在第四步“人员编码”中，如图 3-6 所示，不做选择，单击【完成】按钮。

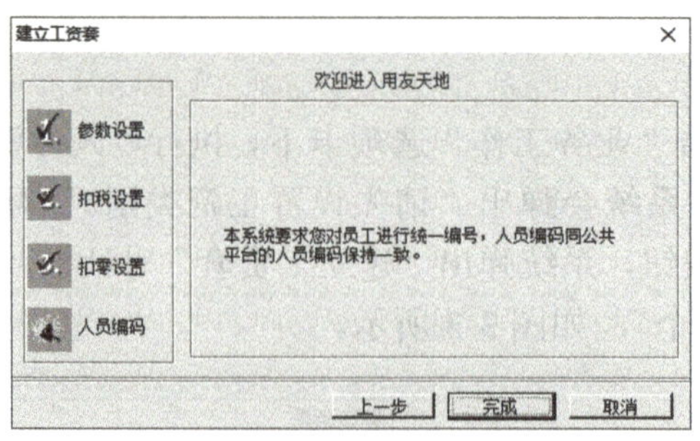

图 3-6　建立工资套——人员编码

✓ 扣零处理是指每次发放工资时零头扣下，积累取整，于下次工资发放时补上，系统在计算工资时将依据扣零类型（扣零至元、扣零至角、扣零至分）进行扣零计算。用户一旦选择了“扣零处理”，系统将自动在固定项目中增加“本月扣零”和“上月扣零”两个项目，扣零的计算公式将由系统自动定义，无须设置。企业若采取银行代发工资，则很少使用此设置。

✓ 薪资管理系统可以建立 999 套工资账套。

（三）建立工资类别

1. 建立正式人员工资类别

（1）在企业应用平台“业务工作”选项卡下，执行“人力资源”|“薪资管理”|“工资类别”|“新建工资类别”命令，系统弹出“新建工资类别”对话框，录入工资类别名称“正式人员工资”，如图 3-7 所示。

（2）单击【下一步】按钮，在“请选择部门”列表中，单击【选定全部部门】按钮选中全部部门，如图 3-8 所示。

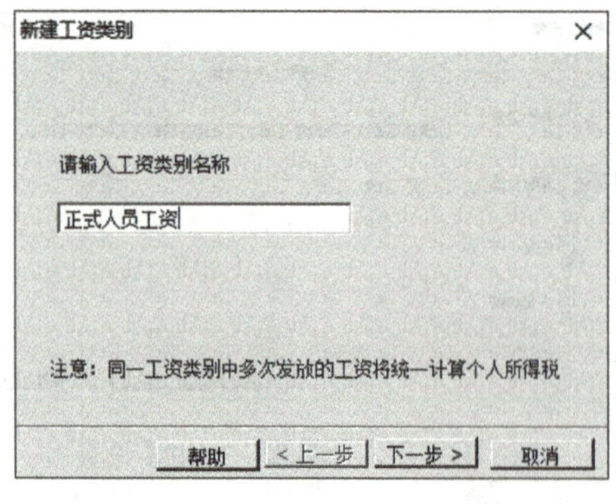

图 3-7　设置新建工资类别

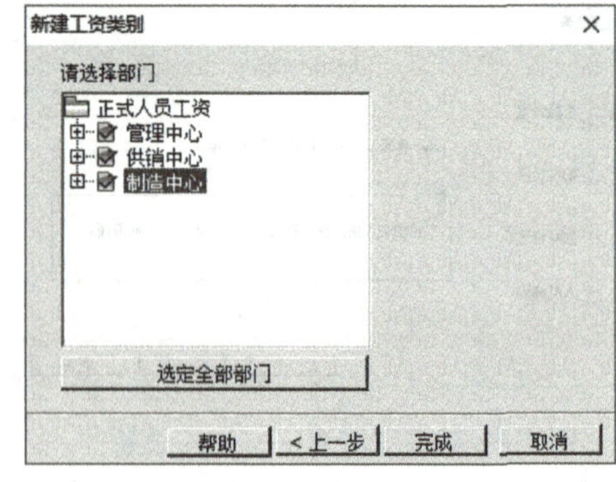

图 3-8　新建工资类别——请选择部门

（3）单击【完成】按钮，系统弹出“是否以 2020-07-01 为当前工资类别的启用日期？”对话框，单击【是】按钮。

（4）执行“工资类别/关闭工资类别”命令，关闭“正式人员”工资类别。

2. 建立临时人员工资类别

（1）在企业应用平台“业务工作”选项卡下，执行“人力资源”|“薪资管理”|“工资类别”|“新建工资类别”命令，系统弹出“新建工资类别”对话框。

（2）录入工资类别名称“临时人员工资”，选择部门为“制造中心”。

（3）按照与建立正式人员工资相同的步骤完成临时人员工资类别的建立。

（4）执行“工资类别/关闭工资类别”命令，关闭“临时人员”工资类别。

（四）设置工资项目

（1）在企业应用平台“业务工作”选项卡下，执行“人力资源”|“薪资管理”|“设置”|“工资项目设置”命令，系统弹出“工资项目设置”对话框，如图3-9所示。

（2）单击【增加】按钮，工资项目列表中增加一空行，单击“名称参照”下拉列表框，从下拉列表中选择“基本工资”选项；双击“类型”栏，单击下拉列表框，从下拉列表中选择“数字”选项；“长度”采用系统默认值“8”；双击“小数”栏，将小数设置为“2”；双击“增减项”栏，单击下拉列表框，从下拉列表中选择“增项”选项。

（3）单击【增加】按钮，增加其他工资项目。

（4）单击【确定】按钮，系统弹出“工资项目已经改变，请确定各工资类别的公式是否正确。否则计算结果可能不正确”对话框，如图3-10所示，单击【确定】按钮。

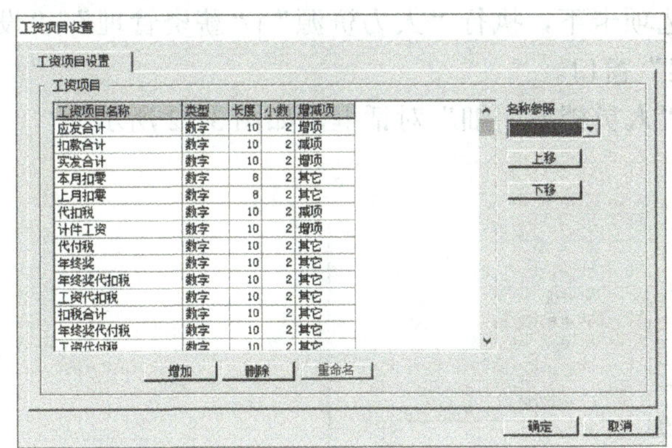

图3-9　“工资项目设置”对话框

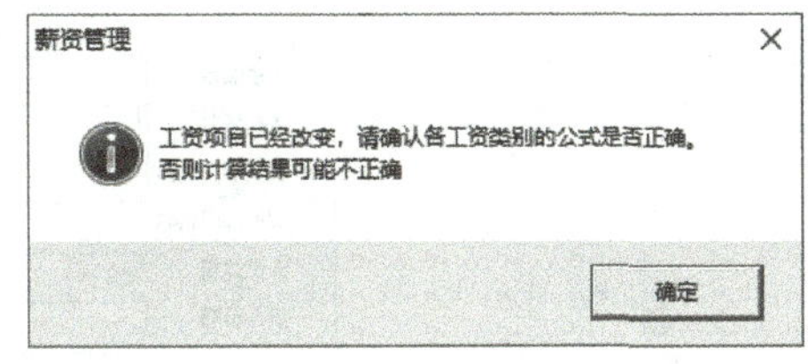

图3-10　提示

- ✓ 系统提供若干常用工资项目供参考，可选择录入。对于参照中未提供的工资项目，可以双击“工资项目名称”一栏直接录入，或先从“名称参照”中选择一个项目，然后单击【重命名】按钮修改为需要的项目。
- ✓ 在关闭工资类别的状态下，执行“工资项目设置”命令，是对所有工资类别全部工资项目的设置；在打开某个工资类别的状态下，只能从已设置的全部工资项目中选择当前工资类别所需的工资项目。

（五）设置人员档案（正式人员）

1. 打开工资类别

（1）在企业应用平台“业务工作”选项卡下，执行“人力资源”|“薪资管理”|“工资类别”|“打开工资类别”命令，系统弹出“打开工资类别”对话框，如图 3-11 所示。

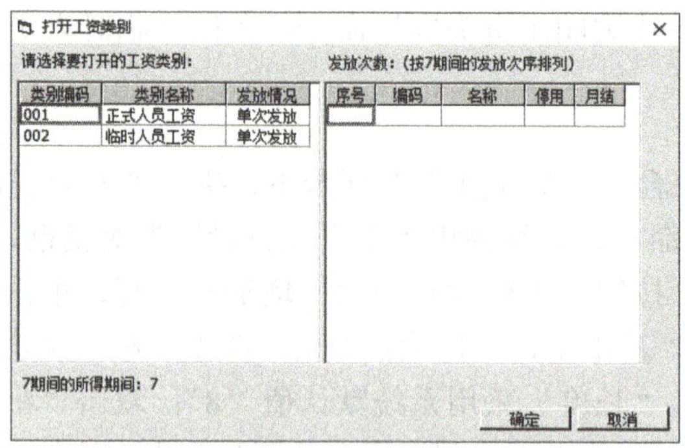

图 3-11 “打开工资类别”对话框

（2）选择“001 正式人员”工资类别，单击【确认】按钮。

2. 增加人员档案

（1）在企业应用平台“业务工作”选项卡下，执行“人力资源”|“薪资管理”|“设置”|“人员档案”命令，打开“人员档案”窗口。

（2）单击【增加】按钮，系统弹出“人员档案明细”对话框，如图 3-12 所示。

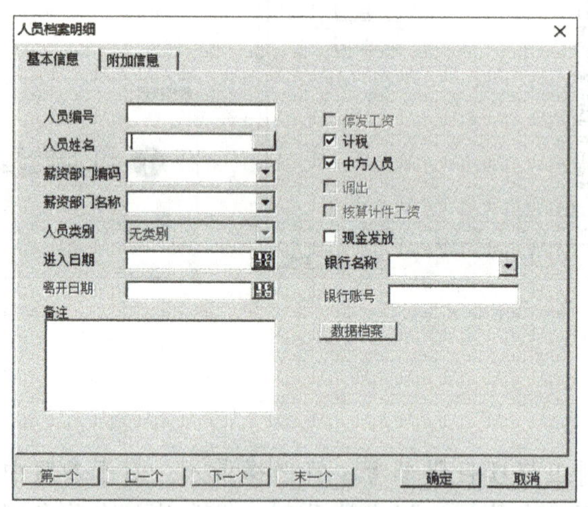

图 3-12 “人员档案明细”对话框

（3）录入人员编码“101”、人员姓名“田原”、部门编码“101”、部门名称“总经理办公室”、人员类别“无类别”、属性“计税、中方人员”、银行名称“中国工商银行”、银行账号“20200010001”。

（4）根据任务资料，录入其他人员档案，设置完成后，如图 3-13 所示。

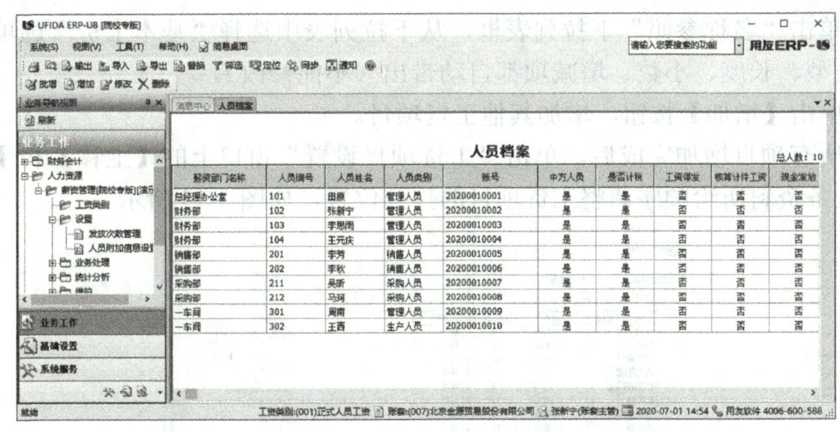

图 3-13　增加后的人员档案

增加人员档案时也可批量从职员档案中引入人员。具体操作如下：

（1）单击【批增】按钮，系统弹出“人员批量增加”对话框，如图 3-14 所示。

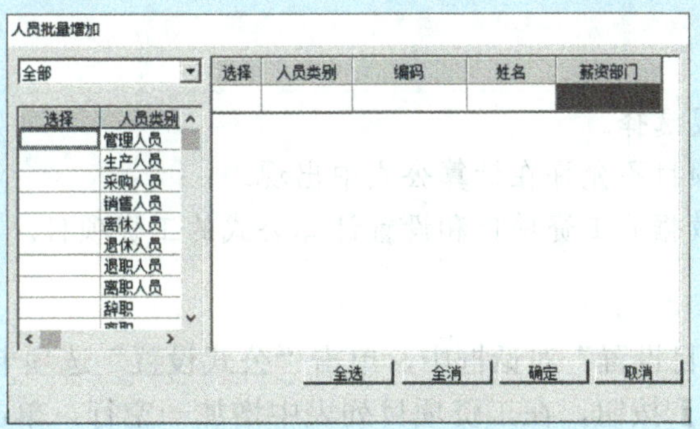

图 3-14　“人员批量增加”对话框

（2）在人员类别中，依次单击选择部门“总经理办公室”“财务部”“销售部”“采购部”“一车间”“二车间”前面的选择栏，单击【确定】按钮返回。

（3）修改人员档案信息，补充录入银行账号信息，修改完成后，单击【退出】按钮。

（六）设置工资计算公式

1. 选择工资项目

（1）在企业应用平台“业务工作”选项卡下，执行“人力资源”|“薪资管理”|“工资类别”|“打开工资类别”命令，系统弹出“打开工资类别”对话框，选择“001 正式人员工资”类别，单击【确定】按钮。

（2）执行“设置”|“工资项目设置”命令，系统弹出“工资项目设置”对话框。

（3）在“工资项目设置”选项卡下，单击【增加】按钮，在工资项目列表中增加一空行。

（4）单击“名称参照”下拉列表框，从下拉列表中选择“基本工资”选项，工资项目名称、类型、长度、小数、增减项都自动带出（不能修改）。

（5）单击【增加】按钮，增加其他工资项目。

（6）所有项目增加完成后，单击“工资项目设置”窗口上的【上移】和【下移】按钮，根据任务资料所给顺序调整工资项目的排列位置，如图 3-15 所示。

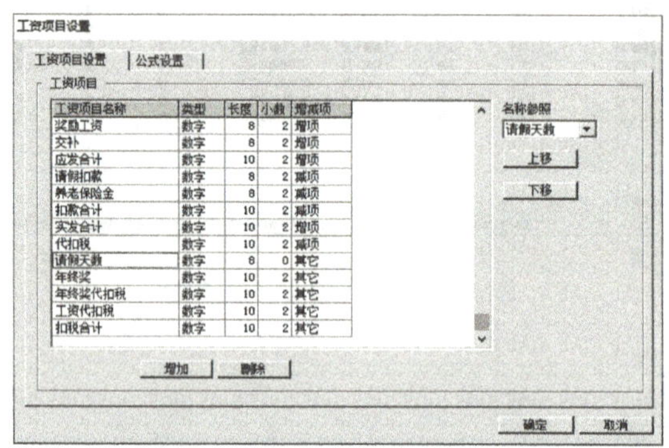

工资项目名称	类型	长度	小数	增减项
奖励工资	数字	8	2	增项
交补	数字	8	2	增项
应发合计	数字	10	2	增项
请假扣款	数字	8	2	减项
养老保险金	数字	8	2	减项
扣款合计	数字	10	2	减项
实发合计	数字	10	2	增项
代扣税	数字	10	2	减项
请假天数	数字	8	0	其它
年终奖	数字	10	2	其它
年终奖代扣税	数字	10	2	其它
工资代扣税	数字	10	2	其它
扣税合计	数字	10	2	其它

图 3-15　调整工资项目的排列位置

- ✓ 工资项目不能重复选择。
- ✓ 没有选择的工资项目不允许在计算公式中出现。
- ✓ 不能删除已录入数据的工资项目和设置计算公式的工资项目。

2. 设置“请假扣款”计算公式

（1）在“工资项目设置”对话框中，单击“公式设置”选项卡，如图 3-16 所示。

（2）单击【增加】按钮，在工资项目列表中增加一空行，单击该行，在下拉列表中选择“请假扣款”选项。

（3）单击“请假扣款公式定义”文本框，单击下方工资项目列表中的“请假天数”；单击运算符“*”，在“请假扣款公式定义”文本框中“*”后单击，录入数字“20”，单击【公式确认】按钮，如图 3-17 所示。

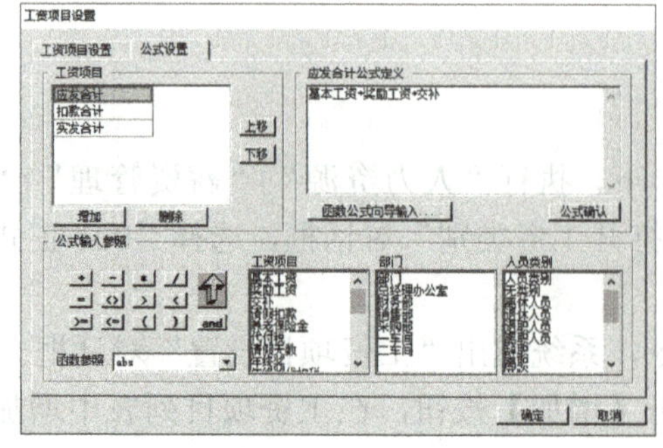

图 3-16　“工资项目设置”对话框

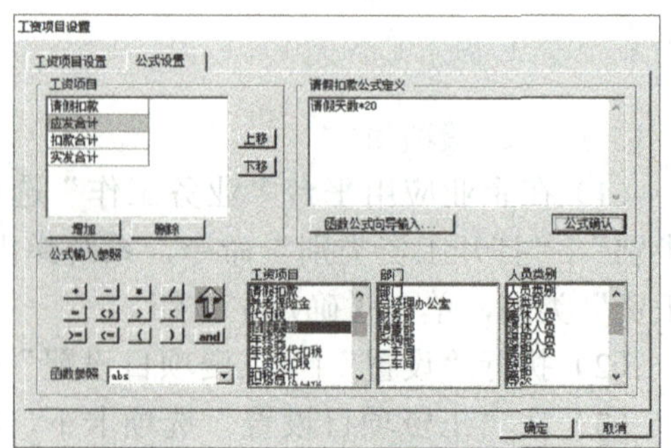

图 3-17　定义请假扣款公式

（4）同理，根据任务资料，设置养老保险金的计算公式。

3. 设置“交补”计算公式

（1）单击【增加】按钮，在工资项目列表中增加一空行，单击该行，在下拉列表框中选择“交补”选项。

（2）单击“交补公式定义”文本框，再单击【函数公式向导输入...】按钮，打开“函数向导——步骤之 1”对话框，如图 3-18 所示。

（3）从“函数名”列表中选择“iff”，单击【下一步】按钮，打开“函数向导——步骤之 2”对话框，如图 3-19 所示。

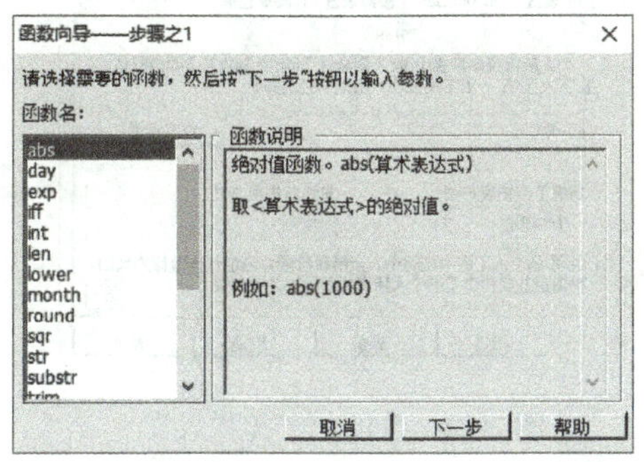

图 3-18　“函数向导——步骤之 1”对话框

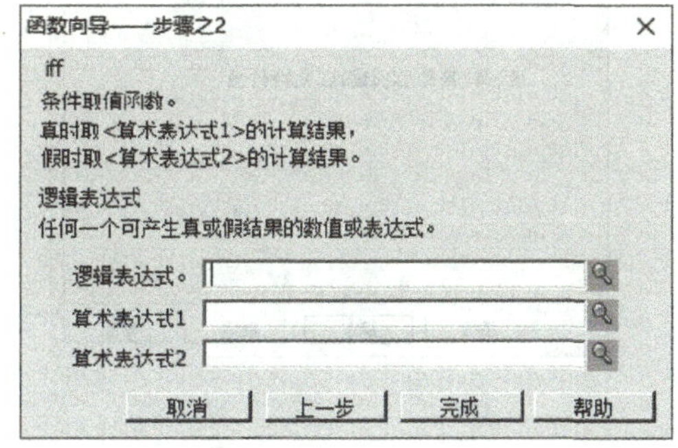

图 3-19　“函数向导——步骤之 2”对话框

（4）单击【逻辑表达式。】参照按钮，打开“参照”对话框。从“参照”下拉列表中选择“部门名称”选项，从下面的列表中选择“总经理办公室”，单击【确定】按钮。

（5）在“逻辑表达式。”文本框中的公式后单击鼠标，录入 OR 后（OR 的前后都应有空格），再次单击【逻辑表达式。】参照按钮，出现“参照”对话框，从“参照”下拉列表中选择“部门名称”选项，从下面的列表中选择“销售部”，单击【确定】按钮，返回“函数向导——步骤之 2”对话框。

（6）在“算术表达式 1”后的文本框中录入 1 000，在“算术表达式 2”后的文本框中录入 800，如图 3-20 所示。单击【完成】按钮，返回“公式设置”窗口。

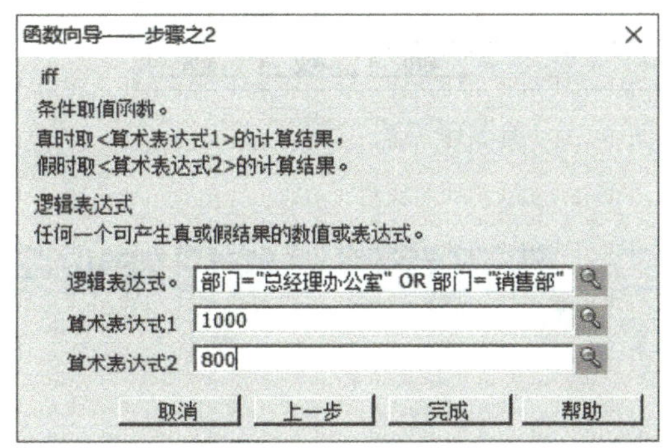

图 3-20　函数向导——步骤之 2（录入完成）

（7）单击【公式确认】按钮。单击【确定】按钮，退出公式设置。

（七）设置所得税纳税基数

（1）在企业应用平台“业务工作”选项卡下，执行“人力资源”|“薪资管理”|“工资类别”|“打开工资类别”命令，打开“打开工资类别”对话框，选择“001 正式人员工资”类别，单击【确定】按钮。

（2）执行“设置”|“选项”命令，系统弹出“选项”对话框，如图 3-21 所示。

（3）单击“扣税设置”，如图 3-22 所示。

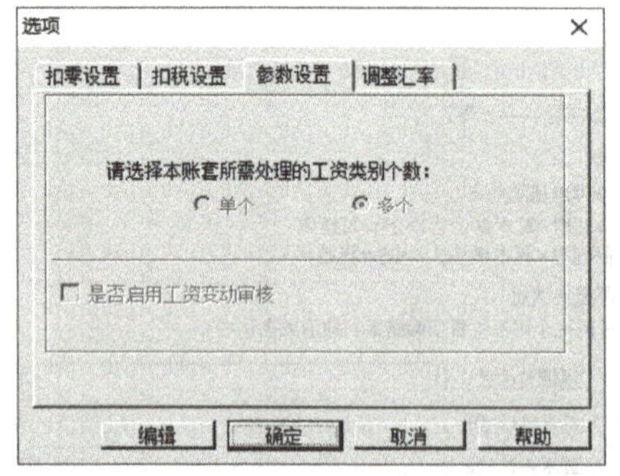

图 3-21 “选项”对话框

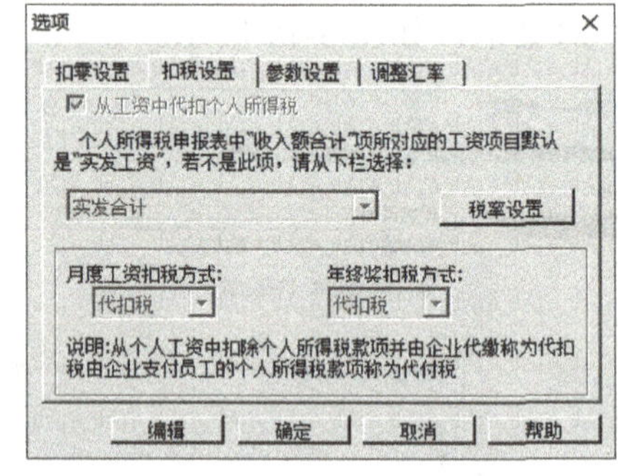

图 3-22 选项——扣税设置

（4）单击【编辑】按钮，选择收入额合计为“实发合计”，单击【税率设置】按钮，打开“个人所得税申报表——税率表”窗口。

（5）修改基数为“5 000.00”，根据任务资料修改税率表，如图 3-23 所示。

（6）设置完成后，单击【确定】按钮，返回“选项”对话框，再单击【确定】按钮返回。

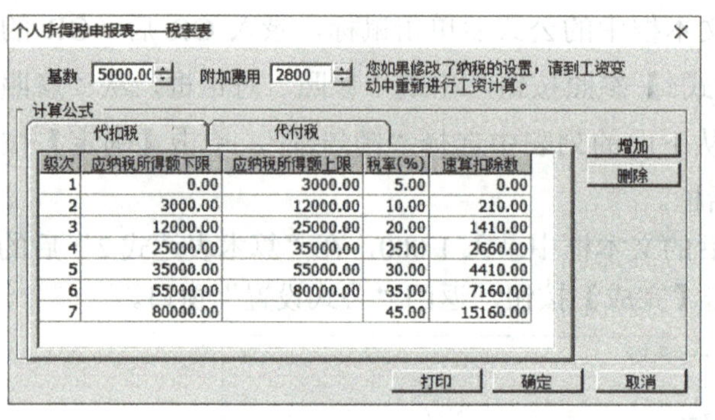

个人所得税申报表——税率表

基数 5000.0(附加费用 2800 您如果修改了纳税的设置，请到工资变动中重新进行工资计算。

计算公式 代扣税 代付税

级次	应纳税所得额下限	应纳税所得额上限	税率(%)	速算扣除数
1	0.00	3000.00	5.00	0.00
2	3000.00	12000.00	10.00	210.00
3	12000.00	25000.00	20.00	1410.00
4	25000.00	35000.00	25.00	2660.00
5	35000.00	55000.00	30.00	4410.00
6	55000.00	80000.00	35.00	7160.00
7	80000.00		45.00	15160.00

增加 删除 打印 确定 取消

图 3-23 修改税率表

薪资管理系统初始设置

任务二 薪资管理系统日常业务处理

金源公司会计主管张新宁已经按照公司实际情况对薪资管理系统进行了初始设置，可以对公司的工资进行核算。

知识准备

一、工资数据管理

第一次使用薪资管理系统时必须将所有人员的基本工资数据录入计算机，每月发生工资数据的变动也在此进行调整。为了快速、准确地录入工资数据，系统提供以下功能。

1. 筛选和定位

如果对部分人员的工资数据进行修改，最好采用数据过滤的方法，先将所要修改的人员过滤出来，然后进行工资数据修改。修改完成后进行“重新计算”和“汇总”。

2. 编辑

工资变动窗口提供了编辑功能，可以对选定的个人进行快速录入。

3. 替换

替换功能可将符合条件的人员的某个工资项目的数据，统一替换成某个数据。例如，可将管理人员的奖金统一上调100元。

4. 过滤器

如果只修改工资项目中的某一个或几个项目，可将要修改的项目过滤出来。例如，只对天数、病假天数两个工资项目的数据进行修改。对于常用到的过滤项目可以在项目过滤选择后，录入一个名称进行保存，以后可通过过滤项目名称调用，不用时也可以删除。

二、工资分钱清单

工资分钱清单是按单位计算的工资发放分钱票面额清单，会计人员根据此表从银行取款并发给各部门。系统提供了票面额设置的功能，用户可根据单位需要自由设置，系统根据实发工资项目分别自动计算出按部门、人员、企业各种面额的张数。

三、个人所得税的计算与申报

鉴于许多企事业单位计算职工工资薪金所得税工作量较大，薪资管理系统特提供个人所得税自动计算功能，用户只需自定义所得税率，系统将自动计算个人所得税。

四、银行代发

银行代发业务处理是指银行根据企业提供的工资信息给企业职工发放工资的业务。这样做既减轻了财务部门发放工资的繁重工作，又有效地避免了财务去银行提取大笔款项所承担的风险，同时还提高了对员工个人工资的保密程度。

五、工资分摊

工资分摊是指对当月发生的工资费用总额的计算、分配及各种经费的计提，并且自动制作转账凭证，传递到总账管理系统中。

六、工资数据查询统计

工资数据处理结果最终通过工资报表的形式反映，薪资管理系统提供了主要的工资报表格式，企业也可根据自身实际情况，通过“设置”和“格式”功能自行设计。

1. 工资表

工资表包括工资发放签名表、工资发放条、工资卡、部门工资汇总表、人员类别工资汇总表、条件汇总表、条件统计表、条件明细表、工资变动明细表和工资变动汇总表等由系统提供的原始表，主要用于本月工资发放和统计，工资表可以进行修改和重建。

2. 工资分析表

工资分析表是以工资数据为基础，对部门、人员类别的工资数据进行分析和比较，产生各种分析表，供决策人员使用。

任务实施

一、任务目标

以账套主管“张新宁（A001）”的身份进行薪资管理系统日常业务处理。

二、任务资料

（一）工资数据

1. 2020 年 7 月份人员工资情况

正式人员工资情况如下表。

姓名	基本工资（元）	奖励工资（元）	姓名	基本工资（元）	奖励工资（元）
田原	8 000.00	500.00	李秋	5 000.00	200.00
张新宁	6 000.00	300.00	吴昕	7 500.00	450.00
李思雨	5 000.00	200.00	马珂	6 000.00	300.00
王元庆	5 500.00	200.00	周南	7 500.00	450.00
李芳	6 000.00	300.00	王西	6 500.00	350.00

2. 2020 年 7 月工资变动情况

（1）考勤情况：李芳请假 2 天；吴昕请假 1 天。

（2）发放资金情况：因上月销售部推广产品业绩较好，每人增加奖励工资 200 元。

（二）工资分摊

（1）应付工资总额等于工资项目“实发合计”，应付福利费、工会经费、职工教育费和养老保险金也以此为计提基数。

（2）工资费用分配的转账分录如下表。

<table>
<tr><th rowspan="2">工资分摊
部门</th><th colspan="2">应付工资</th><th colspan="2">应付福利费（14%）</th><th colspan="2">工会经费（2%）、职工教育经费（1.5%）</th></tr>
<tr><th>借方科目</th><th>贷方科目</th><th>借方科目</th><th>贷方科目</th><th>借方科目</th><th>贷方科目</th></tr>
<tr><td>总经理办公室</td><td>660201</td><td>2211</td><td>660202</td><td>2211</td><td rowspan="5">660207</td><td rowspan="5">2211</td></tr>
<tr><td>财务部</td><td>660201</td><td>2211</td><td>660202</td><td>2211</td></tr>
<tr><td>销售部</td><td>6601</td><td>2211</td><td>6601</td><td>2211</td></tr>
<tr><td>采购部</td><td>660201</td><td>2211</td><td>660202</td><td>2211</td></tr>
<tr><td>一车间</td><td>500102</td><td>2211</td><td>500102</td><td>2211</td></tr>
</table>

三、任务操作

（一）工资变动

（1）在企业应用平台“业务工作”选项卡下，执行“人力资源”|“薪资管理”|“工资类别”|“打开工资类别”命令，系统弹出“打开工资类别”对话框，选择“001 正式人员工资”类别，单击【确定】按钮。

（2）执行“业务处理”|“工资变动”命令，打开“工资变动”窗口，如图 3-24 所示。

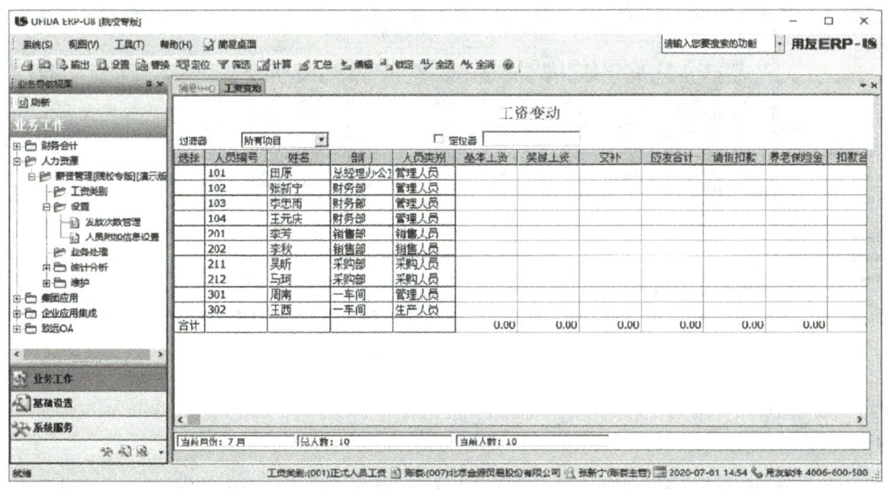

图 3-24　“工资变动”窗口

（3）单击“过滤器”下拉列表框，选择“过滤设置”选项，系统弹出“项目过滤”对话框，如图 3-25 所示。

（4）选择“工资项目”列表框中的“基本工资”和“奖励工资”选项，单击 > 按钮，将这两项选入“已选项目”列表框中。

（5）单击【确定】按钮，返回“工资变动”窗口，此时每个人的工资项目只显示两项。

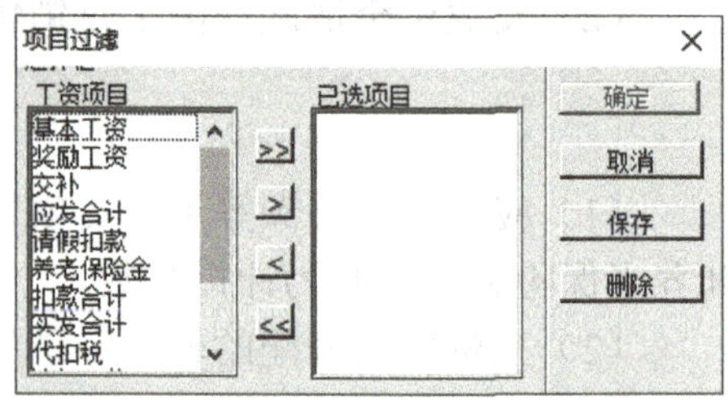

图 3-25 “项目过滤”对话框

（6）根据任务资料录入“正式人员”工资类别的工资数据，结果如图 3-26 所示。

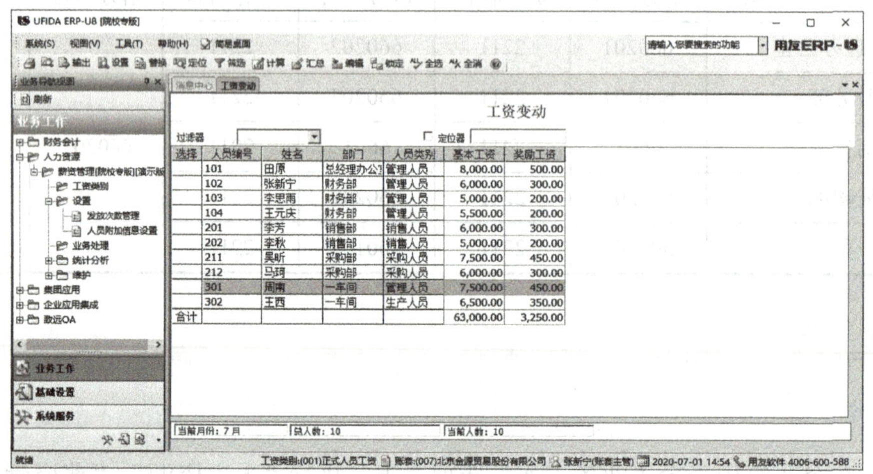

图 3-26 录入工资数据

（7）执行“计算”和“汇总”命令，对工资进行重新计算与汇总，如图 3-27 所示。

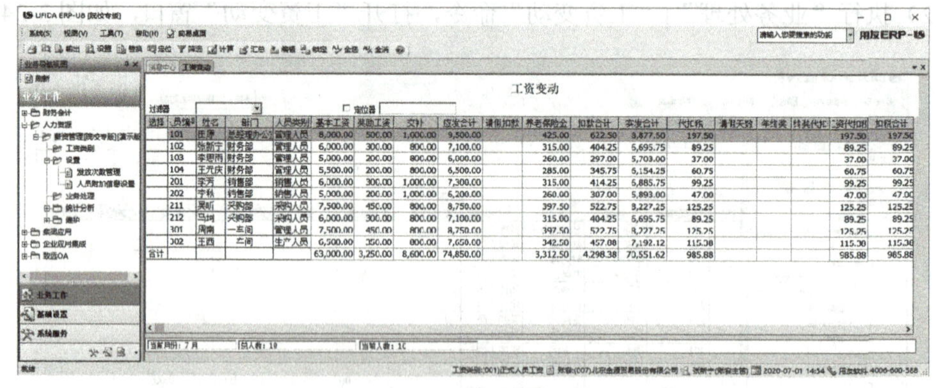

图 3-27 工资变动计算与汇总

✓ 第一次使用薪资管理系统时必须录入所有人员的基本工资数据。工资数据可以在录入人员档案时直接录入，也可以在工资变动功能中录入。

✓ 工资录入时只需录入没有进行公式设定的项目，如基本工资、奖励工资和请假天数，其余各项由系统根据计算公式自动计算生成。

（二）正式人员工资类别日常业务

使用“张新宁（A001）”身份进入企业应用平台，操作日期为“2020-07-31”。

1. 录入正式人员工资变动数据

（1）在企业应用平台“业务工作”选项卡下，执行“人力资源”|“薪资管理”|“工资类别”|“打开工资类别”命令，系统弹出“打开工资类别”对话框，选择“001 正式人员工资”类别，单击【确定】按钮。

（2）执行“业务处理”|“工资变动”命令，打开“工资变动”窗口，录入请假天数：李芳请假 2 天，吴昕请假 1 天。

（3）选择人员为“销售部”，单击【替换】按钮，系统弹出“工资项数据替换”对话框。

（4）单击“将工资项目”下拉列表框，从中选择“奖励工资”选项，在替换成文本框中，录入“奖励工资+200”。在“替换条件”文本框中选择：“部门”“=”“销售部”，如图 3-28 所示。

（5）单击【确定】按钮，系统弹出“数据替换将不可恢复。是否继续？”对话框，如图 3-29 所示。

（6）单击【是】按钮，系统弹出“2 条记录被替换，是否重新计算？”对话框，如图 3-30 所示。

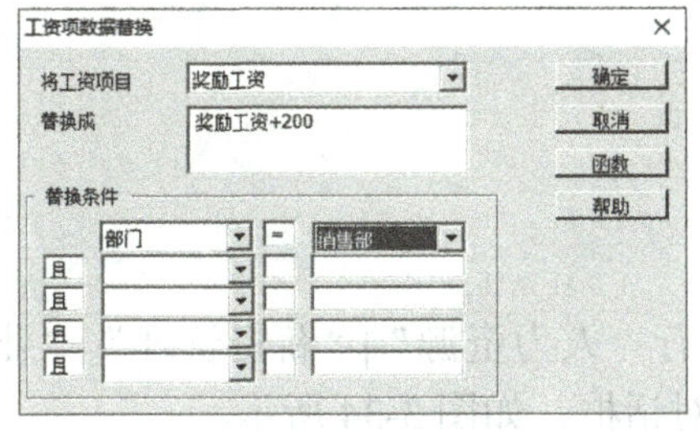

图 3-28 工资数据替换

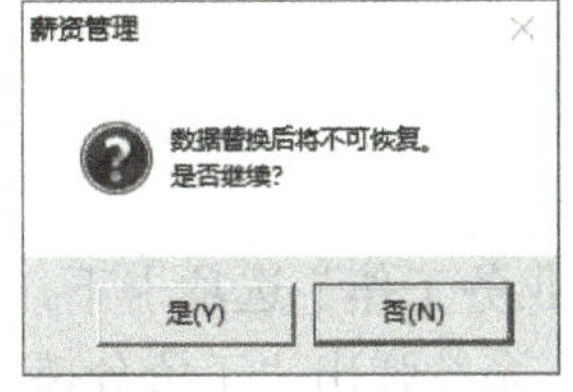

图 3-29 提示数据不可恢复

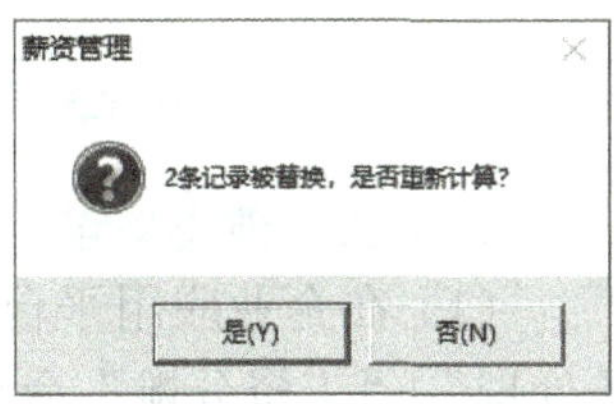

图 3-30 提示是否重新计算

（7）单击【是】按钮，系统自动完成工资计算。

2. 数据计算与汇总

（1）在“工资变动”窗口中，单击【计算】按钮，完成工资数据的计算。

（2）单击【汇总】按钮，汇总工资数据。

（3）单击【退出】按钮，退出“工资变动”窗口。

3. 查看个人所得税

（1）在企业应用平台“业务工作”选项卡下，执行“人力资源”|“薪资管理”|“业务处理”|“扣缴所得税”命令，系统弹出“个人所得税申报模板”对话框，如图 3-31 所示。

（2）单击【打开】按钮，系统弹出“所得税申报”对话框，默认各项设置，如图 3-32 所示。

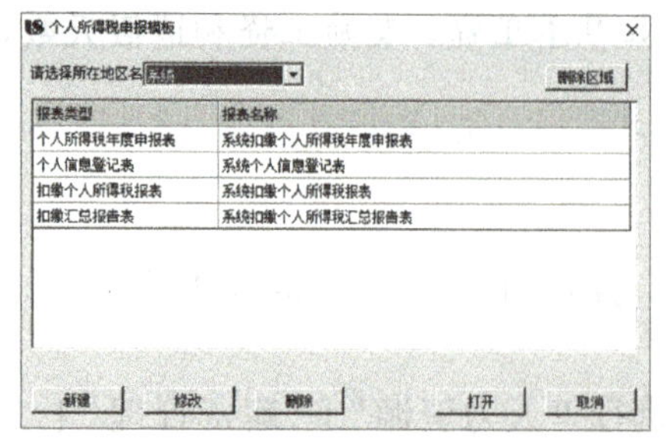

图 3-31 “个人所得税申报模板”对话框

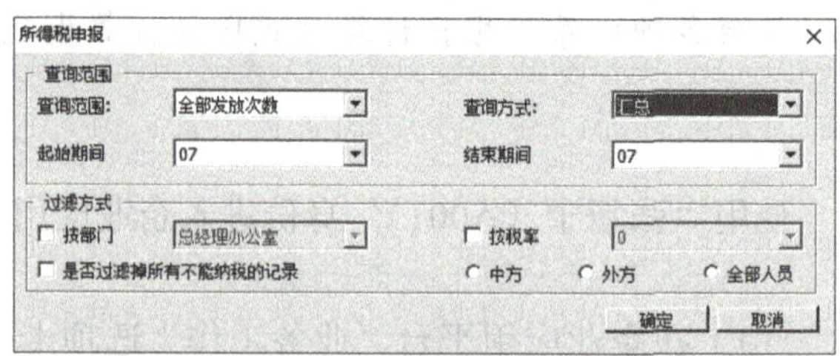

图 3-32 “所得税申报”对话框

（3）单击【确定】按钮，打开“系统扣缴个人所得税年度申报表”窗口，如图 3-33 所示。如果不需要修改税率和扣除额，单击【退出】按钮。

系统扣缴个人所得税年度申报表

2020年7月 – 2020年7月

总人数：10

姓名	证件号码	所得项目	所属期间...	所属期间...	收入额	减费用额	应纳税所...	税率	速算扣除数	应纳税额	已扣缴税款
田丽		工资	20200101	20201231			4075.00	10	210.00	197.50	197.50
张财宁		工资	20200101	20201231			1785.00	5	0.00	89.25	89.25
[illegible]		工资	20200101	20201231			740.00	5	0.00	37.00	37.00
王元庆		工资	20200101	20201231			1215.00	5	0.00	60.75	60.75
李芳		工资	20200101	20201231			2135.00	5	0.00	106.75	106.75
李秋		工资	20200101	20201231			1130.00	5	0.00	56.50	56.50
吴昕		工资	20200101	20201231			3332.50	10	210.00	123.25	123.25
马珂		工资	20200101	20201231			1785.00	5	0.00	89.25	89.25
周南		工资	20200101	20201231			3352.50	10	210.00	125.25	125.25
王西		工资	20200101	20201231			2307.50	5	0.00	115.38	115.38
合计							21857.50		630.00	1000.88	1000.88

图 3-33 “系统扣缴个人所得税年度申报表”窗口

（三）正式人员类别工资分摊

1. 工资分摊类型设置

（1）在企业应用平台“业务工作”选项卡下，执行“人力资源”|“薪资管理”|“业务处理”|“工资分摊”命令，系统弹出“工资分摊”对话框，如图 3-34 所示。

（2）单击【工资分摊设置】按钮，系统弹出“分摊类型设置”对话框，如图 3-35 所示。

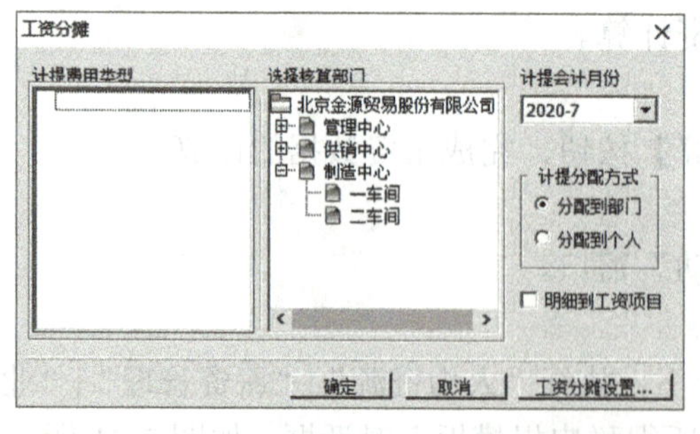

图 3-34 “工资分摊”对话框

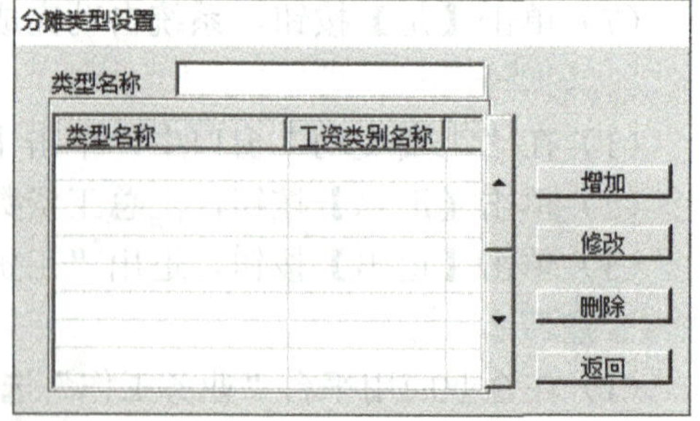

图 3-35 “分摊类型设置”对话框

（3）单击【增加】按钮，系统弹出“分摊计提比例设置”对话框，如图 3-36 所示，录入计提类型名称为“应付工资”。

（4）单击【下一步】按钮，系统弹出“分摊构成设置”对话框，设置分摊构成，如图 3-37 所示。

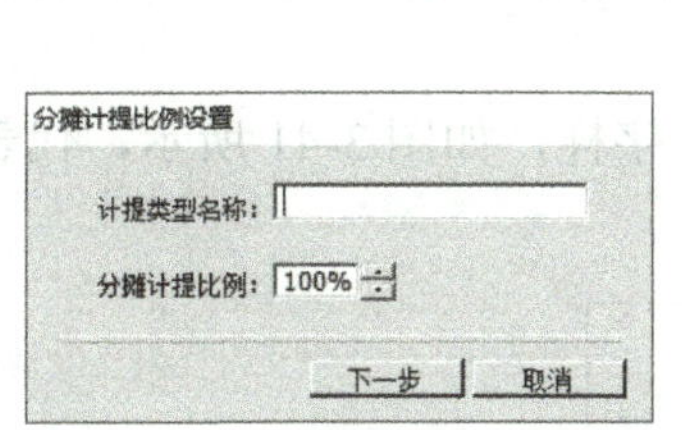

图 3-36　“分摊计提比例设置”对话框

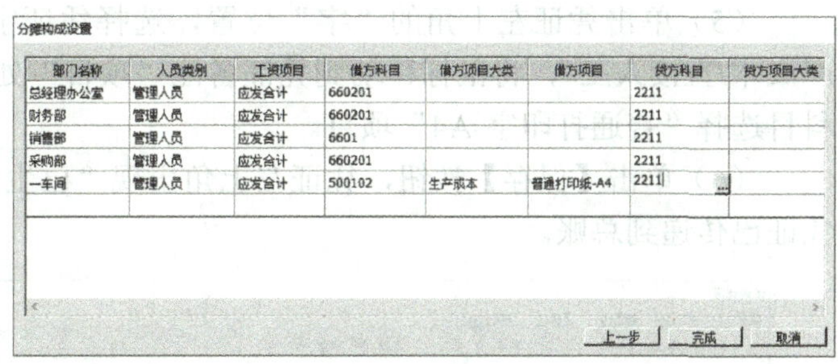

图 3-37　分摊构成设置

（5）根据任务资料分别设置应付福利费、工会经费、职工教育经费等分摊计提项目，设置结果如图 3-38 所示。

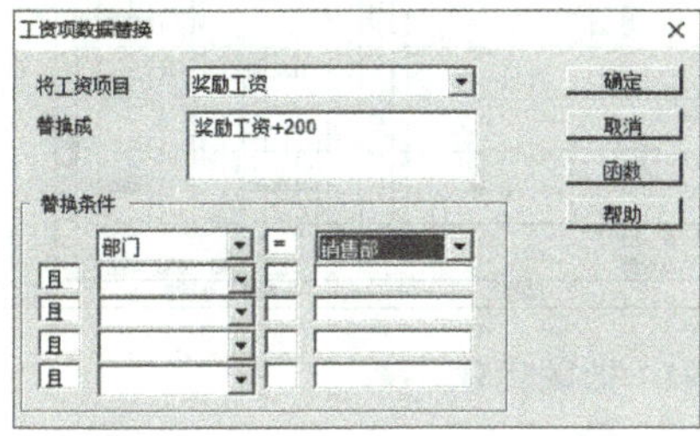

图 3-38　分摊设置结果

2．分摊工资费用

（1）在企业应用平台“业务工作”选项卡下，执行“人力资源”|“薪资管理”|“业务处理”|“工资分摊”命令，系统弹出“工资分摊”对话框。

（2）选择需要分摊的计提费用类型；确定分摊计提的月份“2020.07”；选择核算部门为管理中心、供销中心、制造中心；选中“明细到工资项目”复选框，如图 3-39 所示。

（3）单击【确定】按钮，打开“应付工资一览表”窗口，如图 3-40 所示。

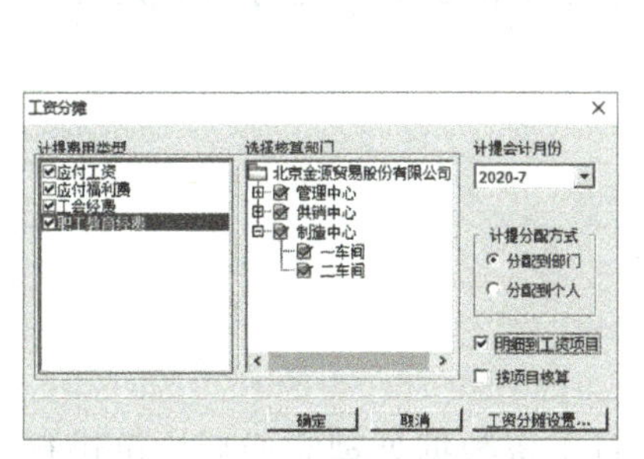

图 3-39　工资分摊设置

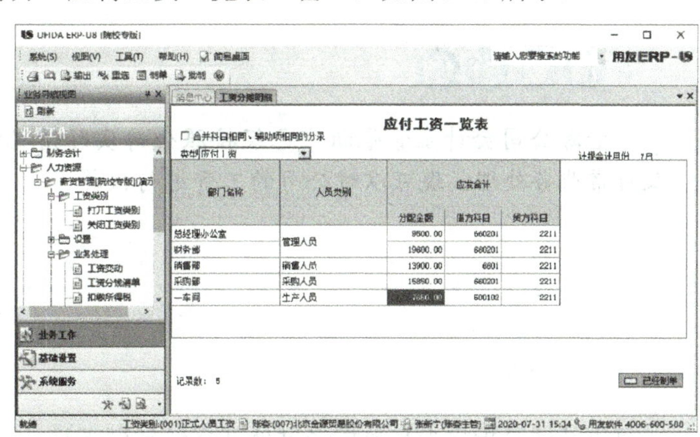

图 3-40　“应付工资一览表”窗口

（4）选中“合并科目相同、辅助项相同的分录”复选框，选择类型为“应付工资”，单击【制单】按钮，即可生成记账凭证。

（5）单击凭证左上角的“字”位置，选择凭证字为“转账凭证”、科目名称为“生产成本/直接人工”，将鼠标移动到凭证备注“项目”处，待出现“笔形”双击，项目核算科目选择“普通打印字-A4”项目。

（6）单击【保存】按钮，凭证左上角出现“已生成”字样，如图 3-41 所示，代表该凭证已传递到总账。

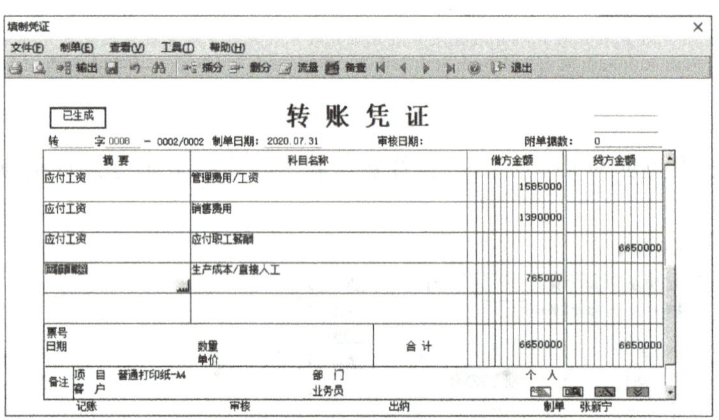

图 3-41　收款凭证

薪资管理系统日常业务处理

提　示

✓ 工资分摊应按分摊类型依次进行，在“应付工资一览表”中，也应分别选择“应付工资”“应付福利费”“工会经费”“职工教育经费”计提工资费用生成记账凭证。

任务三　薪资管理系统期末业务处理

情景引例

金源公司会计主管张新宁已经按照公司实际情况对薪资管理系统进行初始设置及日常业务处理，现可以对公司的工资进行核算。

知识准备

一、月末结转

月末结转是指将当月数据经过处理后结转到下月。每月工资数据处理完成后均可进行月末结转。在工资项目中一些项目是变动的，即每月的数据均不相同，在每月工资处理时均需将其数据清零，而后录入当月的数据，此类项目即为清零项目。

因月末结转功能只有主管人员才能执行，所以应以账套主管的身份登录系统。

月末结转只有在会计年度的 1 月至 11 月进行，且只有在当月工资数据处理完成后才可进行。若要处理多个工资类别，则应打开工资类别，分别进行月末结转。若本月工资数据未汇总，系统将不允许进行月末结转。进行期末处理后，当月数据将不允许变动。

二、年末结转

年末结转是指将工资数据经过处理后结转至下年。进行年末结转后，新年度账将自动建立。只有处理完所有工资类别的工资数据（对多工资类别，应关闭所有工资类别），然后在系统管理中选择“年度账”菜单，进行上年数据结转。其他操作与月末处理类似。

年末结转只有在当月工资数据处理完成后才能进行。若当月工资数据未汇总，系统将不允许进行年末结转。进行年末结转后，本年各月数据将不允许变动。若用户跨月进行年末结转，系统将给予提示。年末结转功能只有主管人员才能进行。

任务实施

一、任务目标

以账套主管“张新宁（A001）”的身份进行薪资管理系统期末业务处理。

二、任务操作

1. 工资类别汇总

（1）在企业应用平台“业务工作”选项卡下，执行“人力资源”|“薪资管理”|“工资类别”|“关闭工资类别”命令。

（2）执行“维护”|“工资类别汇总”命令，系统弹出“工资类别汇总”对话框，如图 3-42 所示。

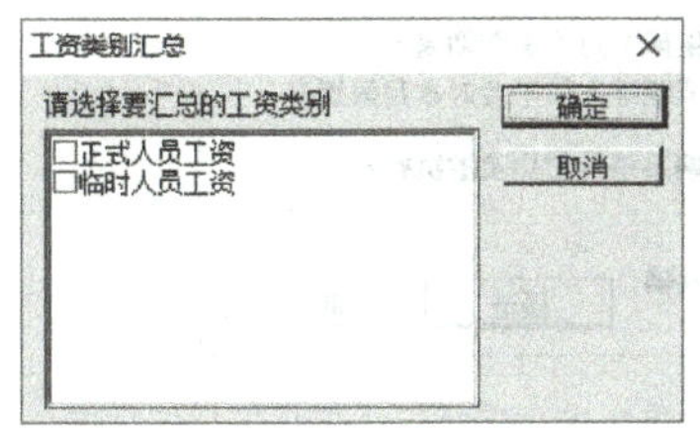

图 3-42　“工资类别汇总”对话框

（3）选择要汇总的工资类别，单击【确定】按钮，完成工资类别汇总。

（4）执行“工资类别”|“打开工资类别”命令，系统弹出“打开工资类别”对话框，如图 3-43 所示，选择“998　汇总工资类别”。

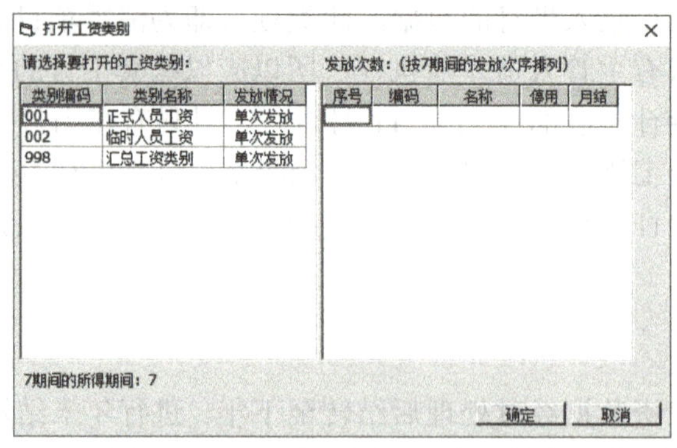

图 3-43 “打开工资类别”对话框

（5）单击【确认】按钮，查看工资类别汇总后的各项数据。

- ✓ 工资类别汇总功能必须在关闭所有工资类别时才可以使用。
- ✓ 所选工资类别中必须有汇总月份的工资数据；如果是第一次进行工资类别汇总，需要在该汇总类别中设置工资项目计算公式。
- ✓ 如果每次汇总的工资类别一致，则公式无须重新设置。
- ✓ 如果与上一次所选择的工资类别不一致，则需重新设置计算公式。
- ✓ 汇总工资类别不能进行月末和年末结算。

2．月末处理

（1）在企业应用平台“业务工作”选项卡下，执行“人力资源”|“薪资管理”|“业务处理”|“月末处理”命令，系统弹出“月末处理”对话框，如图 3-44 所示。

（2）单击【确定】按钮，系统弹出“月末处理之后，本月工资将不许变动！继续月末处理吗？”对话框，如图 3-45 所示。

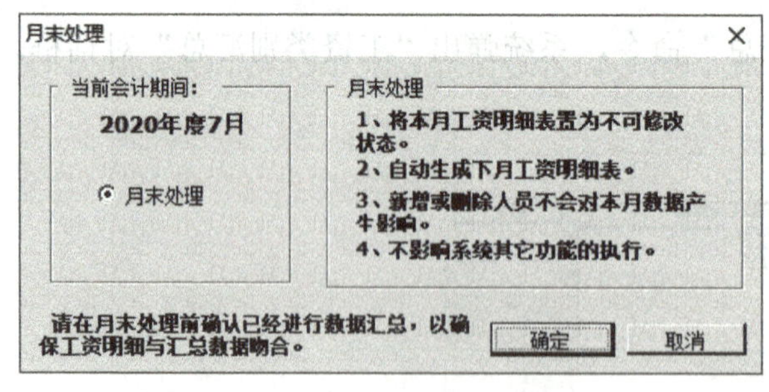

图 3-44 “月末处理”对话框

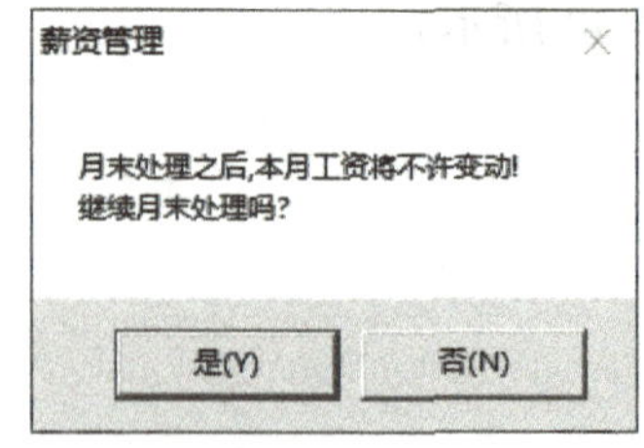

图 3-45 提示

（3）单击【是】按钮，系统弹出“是否选择清零项？”对话框，如图 3-46 所示。

（4）单击【是】选择清零项，系统弹出“选择清零项目”对话框，如图 3-47 所示。

（5）在“请选择清零项目”列表框中，选择“请假天数”“请假扣款”“奖励工资”项目，移至右侧的列表框中。

（6）单击【确认】按钮，系统弹出“月末处理完毕！”对话框，如图 3-48 所示。

（7）单击【确定】按钮返回。

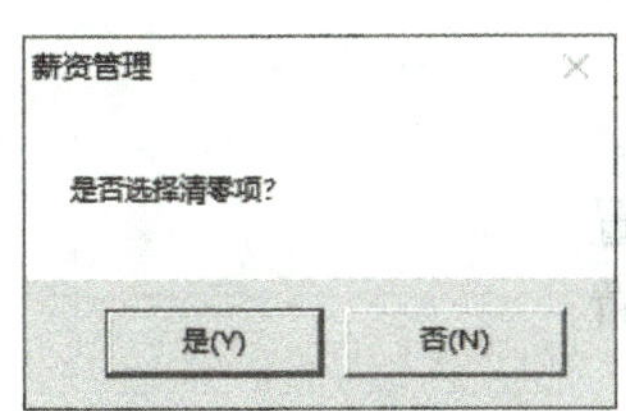

图 3-46 提示是否清零

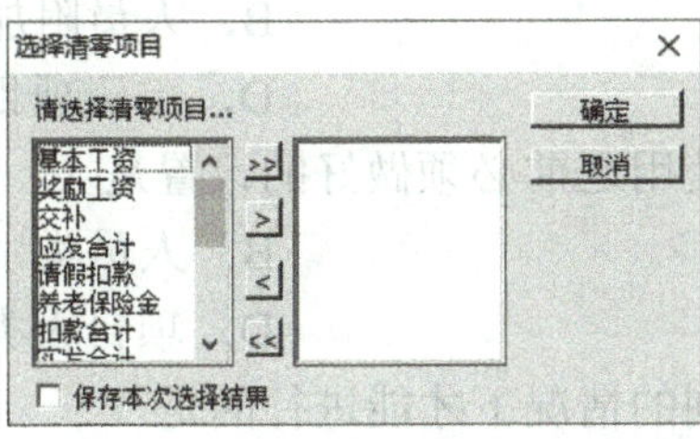

图 3-47 “选择清零项目”对话框

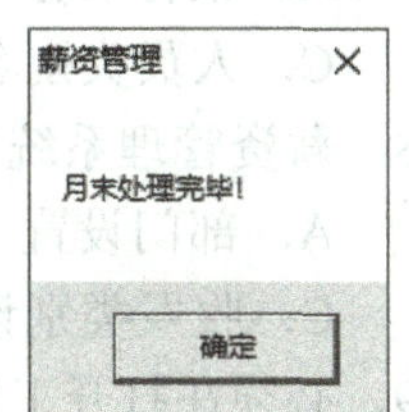

图 3-48 提示月末处理完毕

提示

- ✓ 如果是处理多个工资类别，则应打开工资类别分别进行月末结算。
- ✓ 如果本月工资数据未汇总，系统将不允许进行月末结转。
- ✓ 进行期末处理后，当月数据将不再允许变动。
- ✓ 月末处理功能只有主管人员才能进行。

项目训练

一、不定项选择题

1．下列选项中，说法错误的是（　　）。

A．要建立工资账套，前提是在系统管理中建立本单位的核算账套

B．发放工资的银行可按需要设置多个，银行名称设置是针对所有工资类别

C．员工薪资也是按照人员类别进行管理的

D．工资项目设置是针对所有工资类别的全部工资项目

2．月末处理功能只有（　　）才能执行。

A．主管人员　　B．出纳　　C．会计　　D．以上都可以

3．在薪资管理系统中，进行多工资类别管理时，若新增工资项目，应（　　）工资类别。

A．打开　　B．关闭　　C．删除　　D．创建

4．进行月末处理后，当月数据将（　　）。

A．不能变动　　B．可以变动

C．只有主管可以变动　　D．可以变动，也可以不变动

5．工资类别汇总功能必须在（　　）所有工资类别时才可以使用。

A．打开　　B．关闭　　C．删除　　D．创建

6．系统自动以（　　）作为新建工资类别的启用日期。

A．系统日期　　B．登录日期

C．用户自己录入的日期　　D．工资账套的启用日期

7．在薪资管理系统中，使用后不能修改的是（　　）。

A．银行名称　　B．人员附加信息

C．人员类别名称　　D．工资项目

8．薪资管理系统正常使用之前必须做好的设置是（　　）。

A．部门设置　　B．人员类别设置

C．收发类别设置　　D．项目大类设置

9．必须在打开工资类别的情况下才能进行的是（　　）。

A．增加部门　　B．增加人员档案

C．关闭工资类别　　D．增加人员类别

10．在薪资管理系统中，复制人员信息的前提条件是（　　）。

A．人员编号长度一致　　B．工资项目设置必须一致

C．工资比别必须一致　　D．多工资类别

二、上机操作题

1．引入项目一“项目训练”上机操作题账套。

2．在薪资管理系统中，按下列资料进行操作：

（1）由账套主管“文华”启用薪资管理系统，启用日期为 2020 年 03 月 01 日。

（2）设置银行名称为“工商银行”，账号长度为 11 位，录入时自动带出的账号长度为 8 位。

（3）设置本公司的人员类别为“管理人员”和“生产人员”。

（4）设置工资项目。

工资项目名称	类型	长度	小数	增减项
基本工资	数字	8	2	增项
奖金	数字	8	2	增项
事假扣款	数字	8	2	减项

（5）设置人员档案。

人员编号	姓名	部门	人员类别
101	文华	1　财务部	管理人员
102	孙云	1　财务部	管理人员
201	赵浩	2　办公室	管理人员
301	李明	3　采购部	管理人员
401	王强	4　销售部	管理人员
501	刘华	5　生产车间	生产人员

（6）设置“基本工资”的计算公式，即“基本工资=iff（人员类别=‘管理人员’，7 000，6 000）”。该公式表示人员管理类别中管理人员的基本工资为 7 000.00 元，其他类别人员的基本工资为 6 000.00 元。

（7）录入工资数据。

人员编号	姓名	部门	人员类别	基本工资	奖金	事假扣款
101	文华	1　财务部	管理人员	7 000.00	500.00	
102	孙云	1　财务部	管理人员	7 000.00	500.00	
201	赵浩	2　办公室	管理人员	7 000.00	500.00	
301	李明	3　采购部	管理人员	7 000.00	500.00	50.00
401	王强	4　销售部	管理人员	7 000.00	500.00	60.00
501	刘华	5　生产车间	生产人员	6 000.00	500.00	

（8）2020 年 3 月，按扣除 5 000 元的费用基数后计算个人所得税，计算应缴个人所得税并重新计算工资。

（9）工资分摊类型为“应付职工薪酬”和“工会经费”。“应付职工薪酬”的分摊比例为 100%，按照工资总额的 2%计提工会经费。应付分摊的内容如下表所示。

部门	人员类别	项目	分摊类别	借方科目	贷方科目
财务部	管理人员	应发合计	应付职工薪酬	6602（管理费用）	2211（应付职工薪酬）
			工会经费	6602（管理费用）	2211（应付职工薪酬）
办公室	管理人员	应发合计	应付职工薪酬	6602（管理费用）	2211（应付职工薪酬）
			工会经费	6602（管理费用）	2211（应付职工薪酬）
采购部	管理人员	应发合计	应付职工薪酬	6602（管理费用）	2211（应付职工薪酬）
			工会经费	6602（管理费用）	2211（应付职工薪酬）
销售部	管理人员	应发合计	应付职工薪酬	6602（管理费用）	2211（应付职工薪酬）
			工会经费	6602（管理费用）	2211（应付职工薪酬）
生产车间	生产人员	应发合计	应付职工薪酬	5001（生产成本）	2211（应付职工薪酬）
			工会经费	5001（生产成本）	2211（应付职工薪酬）

（10）分摊 3 月份的工资。

（11）进行 3 月份月末处理（月末处理时不仅仅限于清零处理）。

（12）查询 2020 年 3 月所填制的工资分摊记账凭证。

4

项目四

固定资产管理系统

职业能力目标

知识目标

了解固定资产管理系统的基本功能。
了解固定资产账套的内容和作用。
熟悉固定资产管理系统的业务处理流程。
掌握固定资产管理系统初始设置的主要内容。
掌握固定资产管理系统日常业务处理的主要内容。

能力目标

能进行固定资产卡片的录入。
能对固定资产的增加、减少和变动进行处理。
能熟练进行固定资产计提折旧。
能熟练进行固定资产期末业务处理。

职业目标

能根据企业的需要进行固定资产管理系统的初始化设置。
能使用用友 ERP-U872 进行企业固定资产管理。
能熟练进行企业的固定资产报表输出。

任务一　了解固定资产管理系统

情景引例

金源公司已经完成了账套号为“007 北京金源贸易股份有限公司”的公司账套建立，从 2020 年 7 月 1 日起，启用了固定资产管理系统，财会人员需要了解固定资产管理系统的基本功能、业务处理流程。

知识准备

一、固定资产管理系统概述

1. 固定资产管理系统功能概述

固定资产管理系统对企业的所有固定资产进行全面管理，主要工作包括：企业固定资产日常业务的核算和管理，生成固定资产卡片；按月反映固定资产的增加、减少、原值变化及其他变动，并输出相应的增减变动明细账；按月自动计提折旧，生成折旧分配凭证，同时输出同设备管理相关的报表和账簿。

2. 固定资产管理系统与其他管理系统的主要关系

固定资产管理系统中资产的增加、减少，以及原值和累计折旧的调整、折旧计提都将有关数据通过记账凭证的形式传输到总账管理系统，同时通过对账保持固定资产账目与总账的平衡，并可以修改、删除及查询凭证；为成本核算系统提供折旧有关费用的数据；UFO 财务报表系统也可以通过相应的取数函数从固定资产管理系统中提取分析数据。

3. 固定资产管理系统的业务处理流程

固定资产管理系统的业务处理流程如图 4-1 所示。

二、固定资产管理系统初始设置

固定资产管理系统初始设置是根据用户的具体情况，建立一个适合的固定资产子账套的过程。固定资产管理系统的初始设置包括设置控制参数、基础数据和录入期初固定资产卡片。

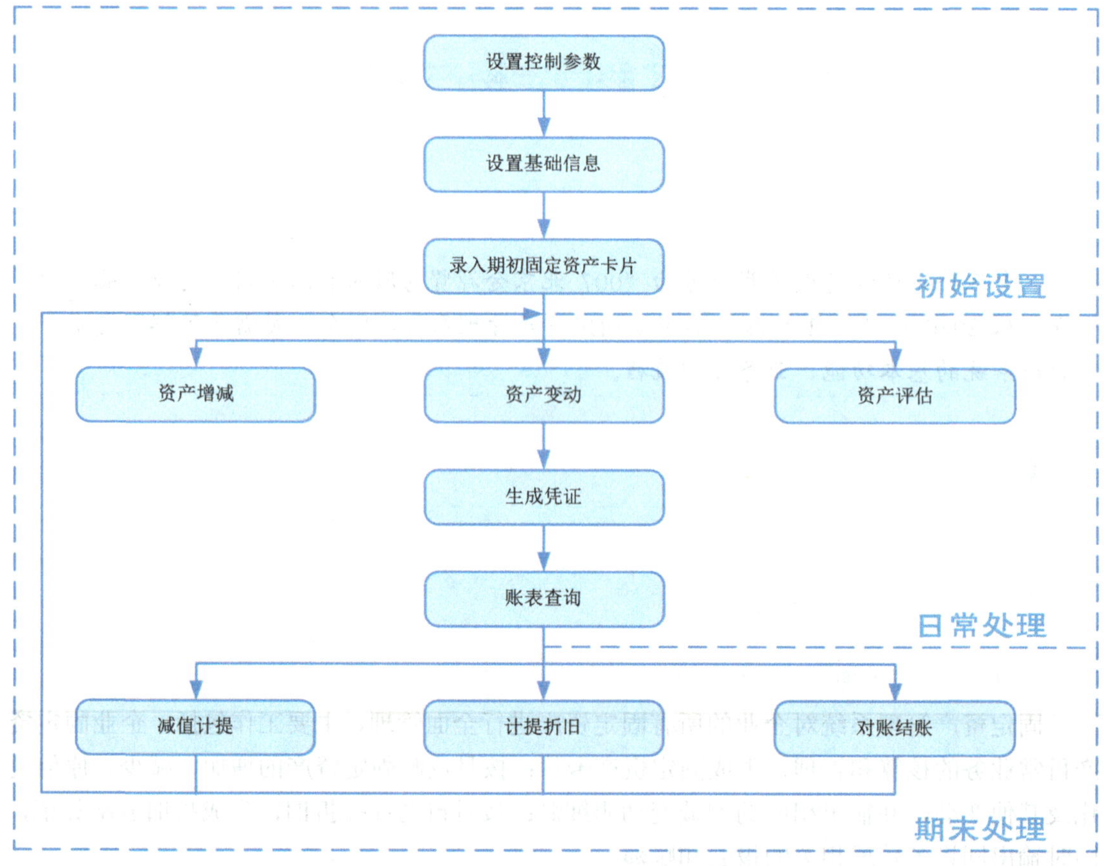

图 4-1　固定资产管理系统的业务处理流程

（一）设置控制参数

控制参数包括约定与说明、启用日期、折旧信息、编码方式及财务接口等。这些参数在初次启用固定资产管理系统时设置，其他参数可以在“选项”中补充。

（二）设置基础数据

1．资产类别设置

固定资产的种类繁多，规格不一，要强化固定资产管理，及时准确做好固定资产核算，必须科学地设置固定资产的分类，为企业核算和统计管理提供依据。

2．部门设置

在部门设置中，可对单位的各部门进行设置，以便确定资产的归属。企业应用平台基础设置中对部门的设置是共享的。

3．部门对应折旧科目设置

部门对应折旧科目设置是指折旧费用的入账科目。资产计提折旧后必须把折旧归入成本费用，依据不同企业的具体情况，可选择按部门归集或按类别归集。部门对应折旧科目设置为每个部门选择一个折旧科目，在录入卡片时，该科目自动添入卡片中，无需逐个录入。

如果对某上级部门设置了对应的折旧科目，则下级部门继承上级部门的设置。

4. 增减方式设置

增减方式包括增加方式和减少方式两类。系统内置的增加方式有直接购入、投资者投入、捐赠、盘盈、在建工程转入和融资租入六种。系统内置的减少方式有出售、盘亏、投资转出、捐赠转出、报废、毁损和融资租出七种。用友软件系统固定资产的增减方式可以设置两级，也可以根据需要自行增加。

5. 折旧方法设置

折旧方法设置是系统自动计算折旧的基础。系统提供了常用的六种折旧方法：不提折旧、工作量法、年数总和法、双倍余额递减法及平均年限法（一和二），并列出了它们的折旧计算公式。这几种方式是系统默认的折旧方法，只能选用，不能修改和删除。若这几种方式不能满足需要，系统也提供了折旧方法的自定义功能。

（三）录入期初固定资产卡片

固定资产卡片是固定资产核算和管理的基础依据。为保持历史资料的连续性，必须将建账日期以前的数据也录入到系统中。原始卡片的录入时间没有限制，任何时候都可以录入。

任务实施

一、任务目标

1. 以账套主管“张新宁（A001）”的身份进行固定资产管理系统参数设置。
2. 以账套主管“张新宁（A001）”的身份进行固定资产原始卡片录入。

二、任务资料

1. 设置参数

控制参数	参数设置
约定与说明	我同意
启用日期	2020.07
折旧信息	• 本账套计提折旧 • 折旧方法：平均年限法（一） • 折旧汇总分配周期：1 个月 • 当（月初已计提月份=可使用月份-1）时，将剩余折旧全部提足

续表

控制参数	参数设置
编码方式	• 资产类别编码方式：2112 • 固定资产编码方式：按“类别编码+部门编码+序号”自动编码，卡片序号长度为3
财务接口	• 与账务系统进行对账 • 对账科目：固定资产对账科目——固定资产（1601） 累计折旧对账科目——累计折旧（1602）
补充参数	• 业务发生后立即制单 • 月末结账前一定要完成制单登账业务 • 固定资产缺省入账科目：1601 • 累计折旧缺省入账科目：1602

2．资产类别

编码	类别名称	净残值率（%）	单位	计提属性	卡片样式
01	交通运输设备	4		正常计提	通用样式
011	经营用设备	4		正常计提	通用样式
012	非经营用设备	4		正常计提	通用样式
02	电子设备及其他通信设备	4		正常计提	通用样式
021	经营用设备	4	台	正常计提	通用样式
022	非经营用设备	4	台	正常计提	通用样式

3．部门对应折旧科目

部　门	对应折旧科目
管理中心、采购部	管理费用/折旧费（660206）
销售部	销售费用（6601）
制造中心	制造费用/折旧费（510102）

4．增减方式的对应入账科目

增减方式目录	名　称	对应入账科目
增加方式	直接购入	工行存款（100201）
减少方式	毁损	固定资产清理（1606）

5. 原始卡片

固定资产名称	类别编号	使用部门	增加方式	使用年限（月）	开始使用日期	原值（元）	累计折旧（元）	对应折旧科目名称
轿车	012	总经理办公室	直接购入	72	2019-06-01	215 470.00	37 254.75	管理费用/折旧费
笔记本电脑	022	总经理办公室	直接购入	72	2019-01-01	28 900.00	5 548.80	管理费用/折旧费
传真机	022	总经理办公室	直接购入	60	2018-12-01	3 510.00	1 825.20	管理费用/折旧费
微机	021	一车间	直接购入	60	2019-01-01	6 490.00	1 246.08	制造费用/折旧费
微机	021	一车间	直接购入	60	2019-01-01	6 490.00	1 246.08	制造费用/折旧费
合计						260 860.00	47 120.91	

注：净残值率均为4%，使用状况均为“在用”，折旧方法均采用平均年限法（一）。

三、任务操作

（一）启用并注册固定资产管理系统

（1）在企业应用平台下“基础设置”选项卡下，执行“基本信息”|“系统启用”命令，系统弹出“系统启用”对话框，选中“FA 固定资产管理”复选框。

固定资产管理系统期初处理

（2）在系统弹出的“日历”对话框中，选择薪资系统的启用时间“2020 年 07 月 01 日”，单击【确定】按钮。

（3）在系统弹出的“确实要启用当前系统吗？”对话框中，单击【是】按钮返回。

（二）初始设置

1. 设置控制参数

❖ 初次启用固定资产管理系统的参数设置

（1）以“张新宁（A001）”身份登录企业应用平台，登录日期为 2020-07-01。

（2）在企业应用平台下“业务工作”选项卡下，执行“财务会计”|“固定资产”命令，系统弹出“这是第一次打开此账套，还未进行过初始化，是否进行初始化？”对话框，如图 4-2 所示。

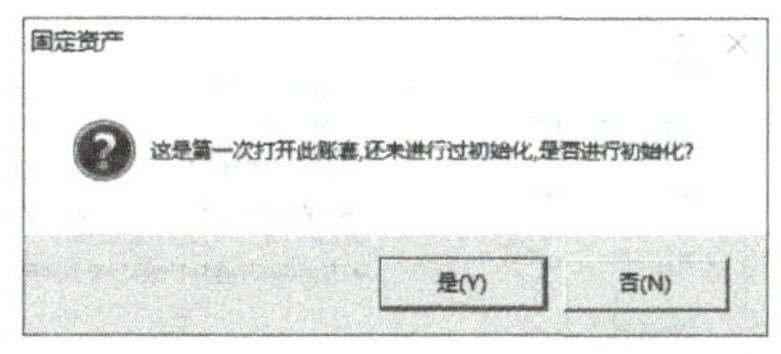

图 4-2 提示

（3）单击【是】按钮，系统弹出“初始化账套向导”对话框，选中“我同意”，如图 4-3 所示。

（4）单击【下一步】按钮，选择启用月份“2020.07”，如图 4-4 所示。

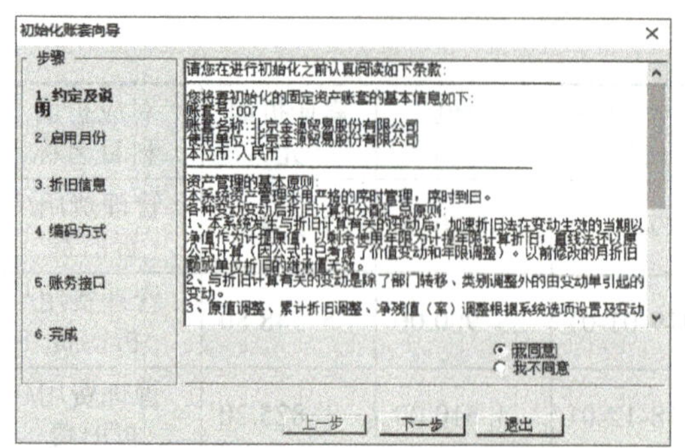

图 4-3　初始化账套向导——同意约定及说明

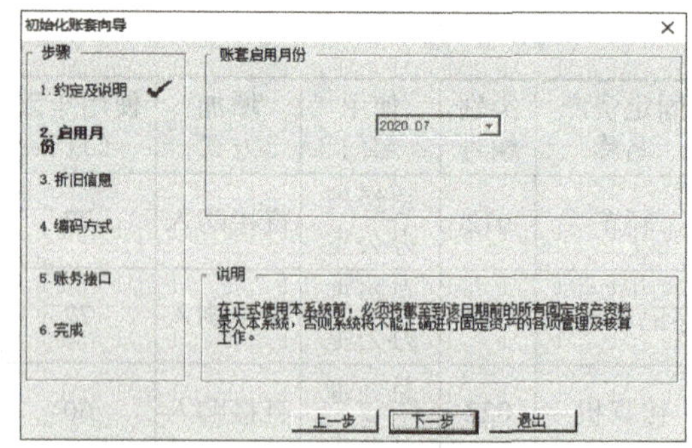

图 4-4　初始化账套向导——启用月份

（5）单击【下一步】按钮，选中“本账套计提折旧”复选框；选择折旧方法为“平均年限法（一）”、折旧汇总分配周期为“1”个月；选中“当（月初已计提月份=可使用月份-1）时将剩余折旧全部提足（工作量法除外）”复选框，如图 4-5 所示。

（6）单击【下一步】按钮，确定资产类别编码长度为“2112”；选择固定资产编码方式为“自动编码”、自动编码方式为“类别编号+部门编号+序号”、序号长度为“3”，如图 4-6 所示。

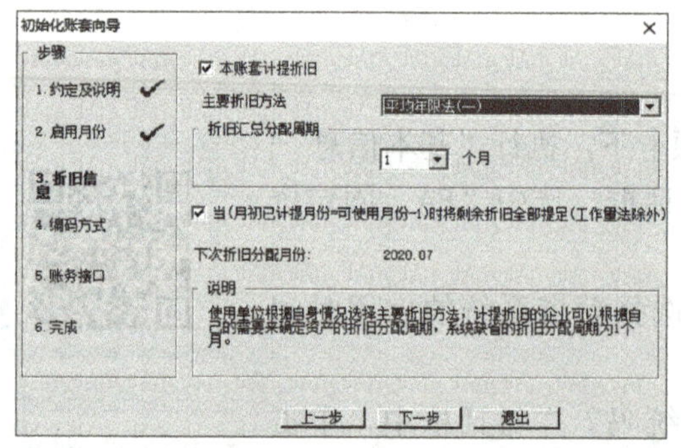

图 4-5　初始化账套向导——折旧信息

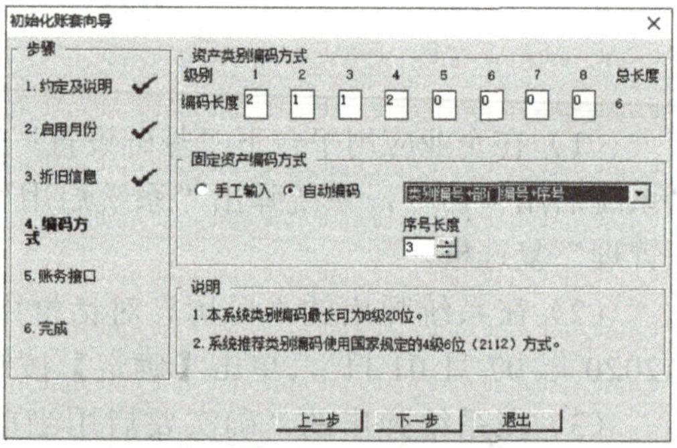

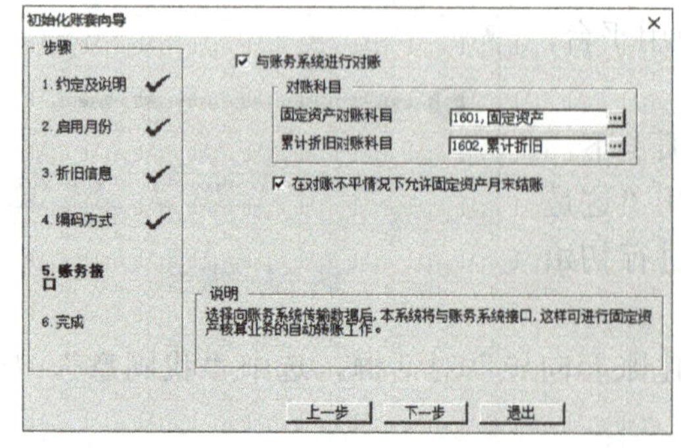

图 4-6　初始化账套向导——编码方式

（7）单击【下一步】按钮，选中“与账务系统进行对账”复选框；选择固定资产对账科目为“1601，固定资产”、累计折旧的对账科目为“1602，累计折旧”，如图 4-7 所示。

（8）单击【下一步】按钮，如图 4-8 所示。

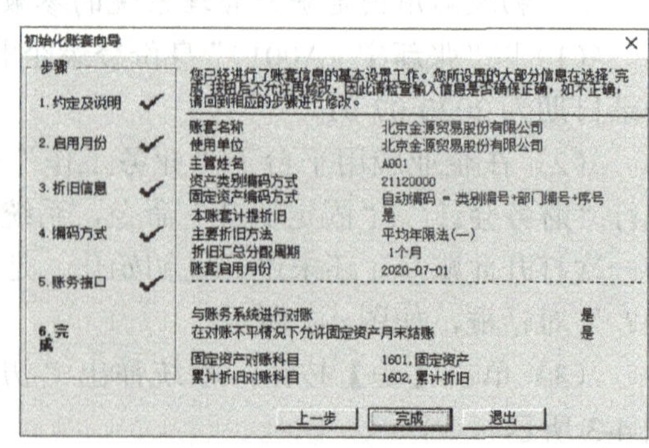

图 4-7　初始化账套向导——财务接口

图 4-8　初始化账套向导——完成

（9）单击【完成】按钮，完成固定资产账套的初始化，系统弹出“已经完成了新账套的所有设置工作，是否确定所设置的信息完全正确并保存对新账套的所有设置？”对话框，如图 4-9 所示。

（10）单击【是】按钮，系统弹出“已成功初始化本固定资产账套！”对话框，如图 4-10 所示，单击【确定】按钮。

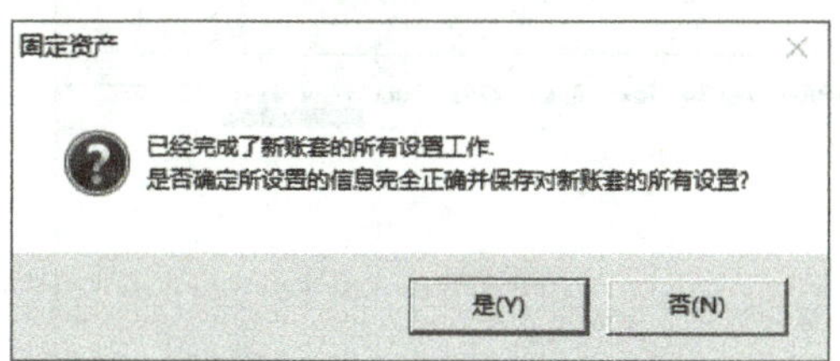

图 4-9　提示完成新账套设置

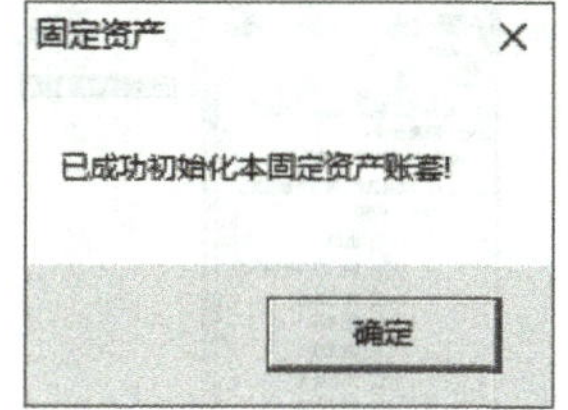

图 4-10　提示已成功进行初始化

- ✓ 初始化设置完成后，有些参数不能修改，因此设置时要慎重。如果发现参数有错，只能通过执行“维护”|“重新初始化账套”命令实现，该操作将清空对该子账套所做的一切工作。
- ✓ 在“初始化账套向导——启用月份”中所列示的启用月份只能查看，不能修改。若需要修改，必须到固定资产管理系统启用设置中进行。启用月份确定后，在此月之前的所有固定资产都将作为期初数据，而系统从启用月份开始计提折旧。

❖　补充参数设置

（1）在企业应用平台下“业务工作”选项卡下，执行“财务会计”|“固定资产”|“设置”|“选项”命令，系统弹出“选项”对话框。

（2）单击“与账务系统接口”，单击【编辑】按钮，选中“业务发生后立即制单”“月末结账前一定要完成制单登账业务”复选框；选择缺省入账科目为“1601，固定资产”“1602，累计折旧”，如图 4-11 所示，单击【确定】按钮。

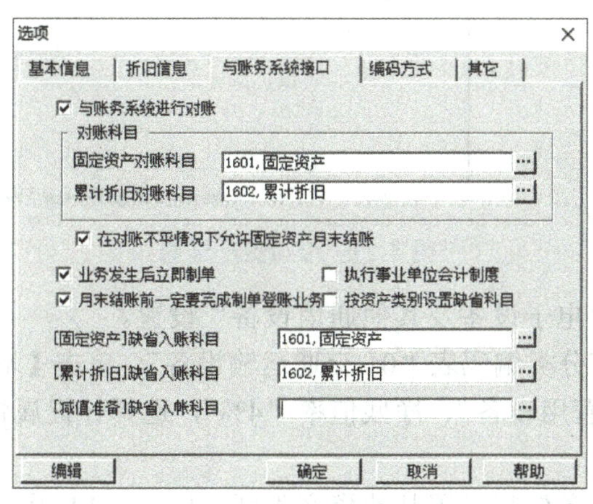

图 4-11　补充参数设置

2. 设置资产类别

（1）在企业应用平台下“业务工作”选项卡下，执行“财务会计”|“固定资产”|“设置”|“资产类别”命令，打开“资产类别”窗口，如图 4-12 所示。

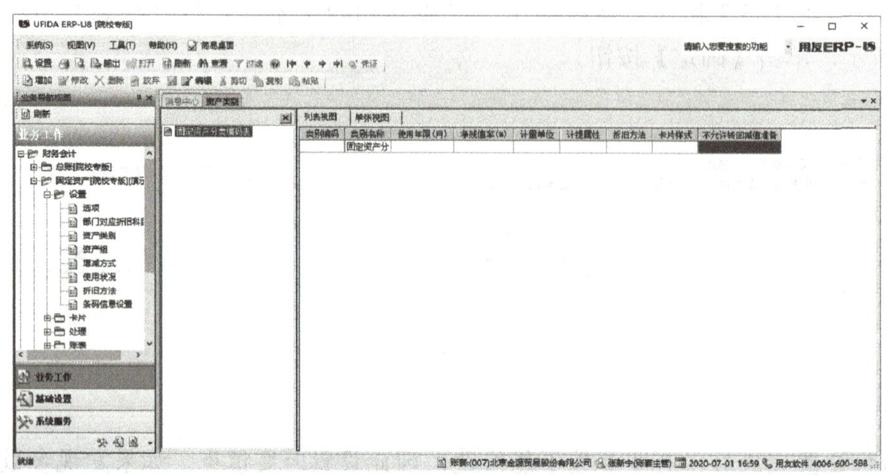

图 4-12　“资产类别”窗口

（2）单击【增加】按钮，录入类别名称“交通运输设备”、净残值率“4%”，选择计提属性为“正常计提”、折旧方法为“平均年限法（一）”、卡片样式为“通用样式”，如图 4-13 所示，单击【保存】按钮。

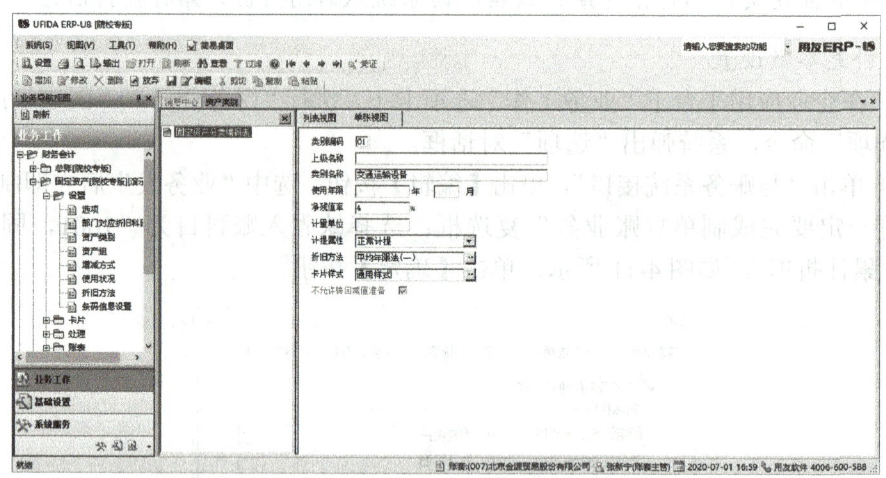

图 4-13　增加资产类别

（3）同理，完成“电子设备及其他通信设备”设置。

（4）选中固定资产分类编码表“01 交通运输设备”，单击【增加】按钮，录入类别编码“1”、类别名称“经营用设备”、净残值率“4%”，选择计提属性为“正常计提”，单击【保存】按钮。

（5）同理，根据任务资料设置其他资产类别，如图 4-14 所示。

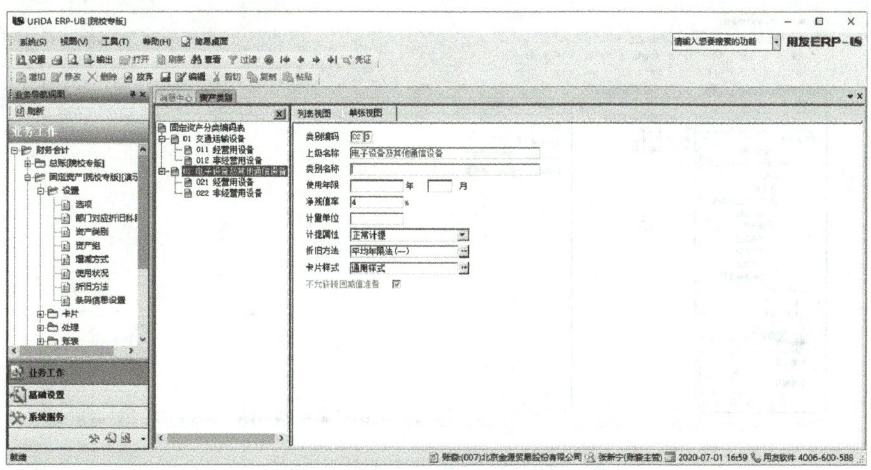

图 4-14 设置资产类别

- ✓ 资产类别编码不能重复，同一级的类别名称不能相同。
- ✓ 类别编码、名称、计提属性、卡片样式不能为空。
- ✓ 已使用过的类别不能设置新下级。

3. 设置部门对应折旧科目

（1）在企业应用平台下“业务工作”选项卡下，执行“财务会计”|“固定资产”|“设置”|“部门对应折旧科目”命令，打开“部门对应折旧科目”窗口，如图 4-15 所示。

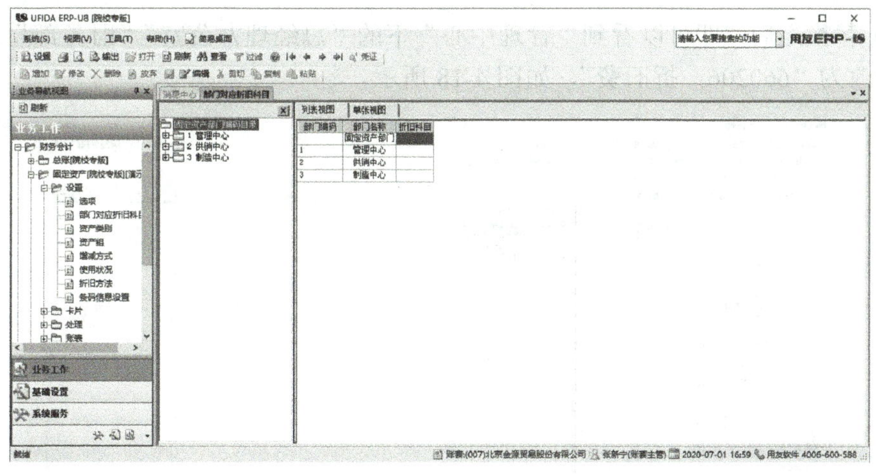

图 4-15 “部门对应折旧科目”窗口

（2）选中部门“管理中心”，单击【修改】按钮，选择折旧科目为“660206（管理费用/折旧费）”，如图 4-16 所示。

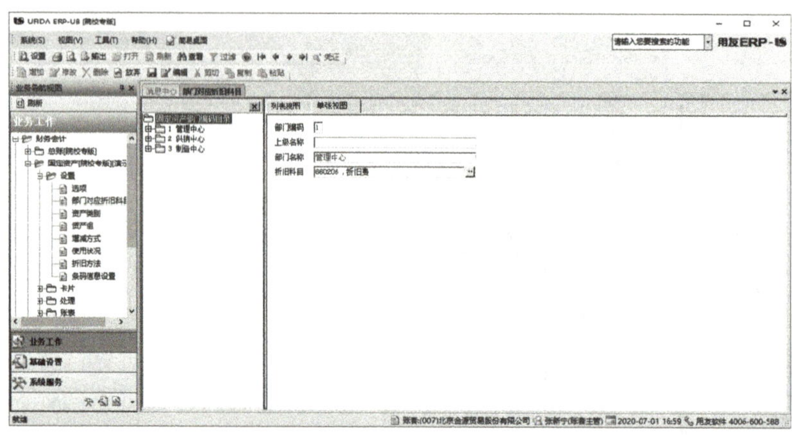

图 4-16　设置管理中心折旧科目

（3）单击【保存】按钮，系统弹出“是否将[管理中心]部门的所有下级部门的折旧科目替换为[折旧费]？如果选择是，请在成功保存后点[刷新]查看。”对话框，如图 4-17 所示，单击【是】按钮。

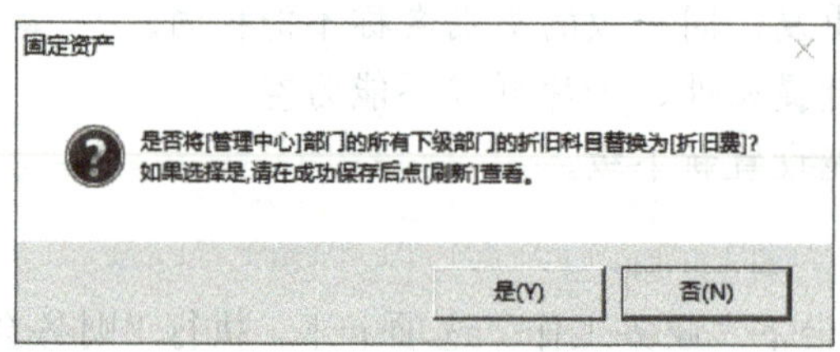

图 4-17　提示科目替换

（4）替换之后，即可以看到“管理中心”下的“总经理办公室”“财务部”对应折旧科目均修改为“660206，折旧费”，如图 4-18 所示。

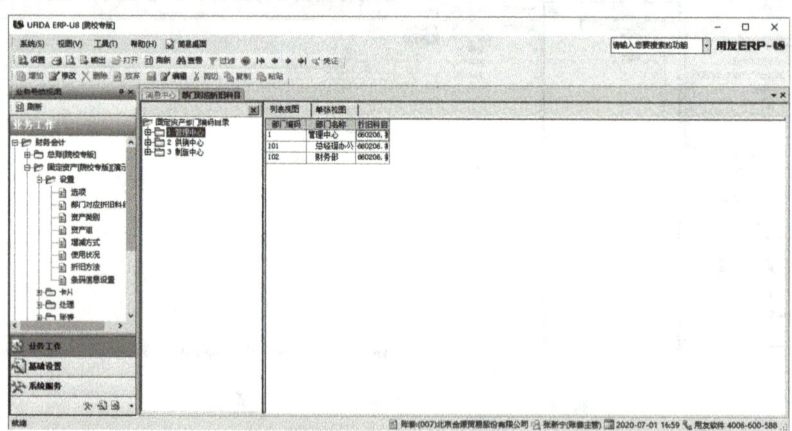

图 4-18　对应科目替换

（5）同理，设置其他部门折旧科目。

4. 设置增减方式的对应科目

（1）在企业应用平台下“业务工作”选项卡下，执行“财务会计”|“固定资产”|“设置”|“增减方式”命令，打开“增减方式”窗口，如图 4-19 所示。

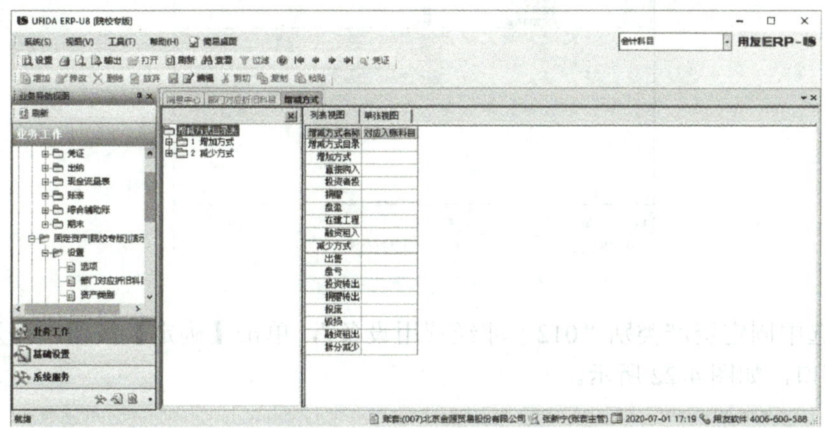

图 4-19 “增减方式”窗口

（2）在左侧列表框中，单击“1 增加方式”，在右侧列表中选中“直接购入”增加方式，单击【修改】按钮。

（3）录入对应入账科目“100201（工行存款）”，如图 4-20 所示，单击【保存】按钮。

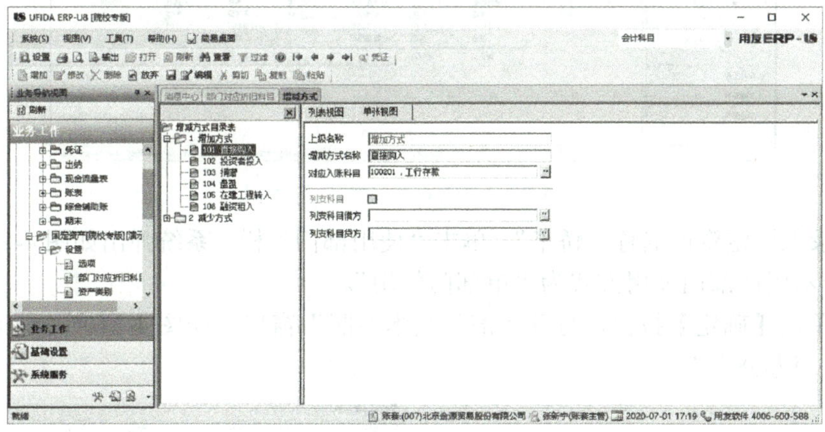

图 4-20 设置增加方式对应科目

（4）同理，录入减少方式“损毁”的对应入账科目“1606（固定资产清理）”。

✓ 当固定资产发生增减变动时，系统生成凭证会默认采用这些科目。

5. 录入原始卡片

（1）在企业应用平台下“业务工作”选项卡下，执行“财务会计”|“固定资产”|“卡片”|“录入原始卡片”命令，打开“固定资产类别档案”窗口，如图 4-21 所示。

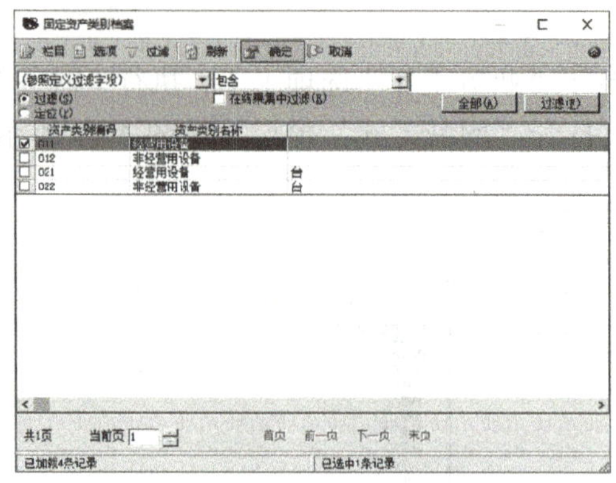

图 4-21 “固定资产类别档案”窗口

（2）选中固定资产类别“012 非经营用设备”，单击【确定】按钮，打开“固定资产卡片”窗口，如图 4-22 所示。

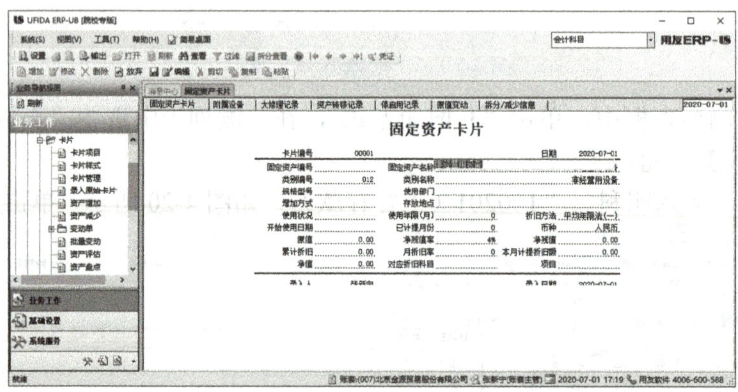

图 4-22 “固定资产卡片”窗口

（3）录入固定资产名称“轿车”，单击“使用部门”栏，系统弹出如图 4-23 所示的对话框，选择本资产部门使用方式为“单部门使用”。

（4）单击【确定】按钮，打开“部门基本参照”窗口，如图 4-24 所示，选择使用部门为“总经理办公室”。

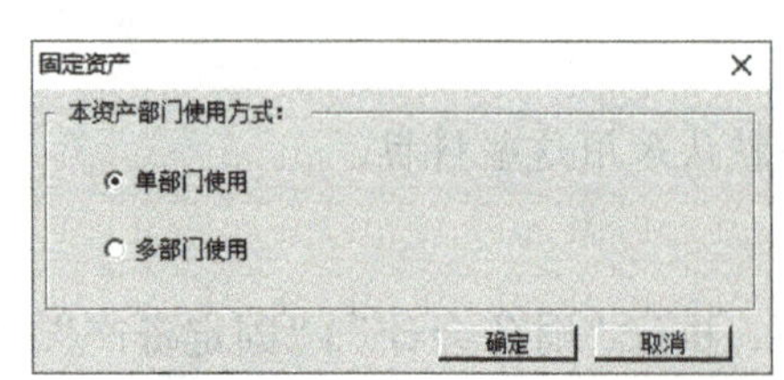

图 4-23 设置固定资产部门使用方式

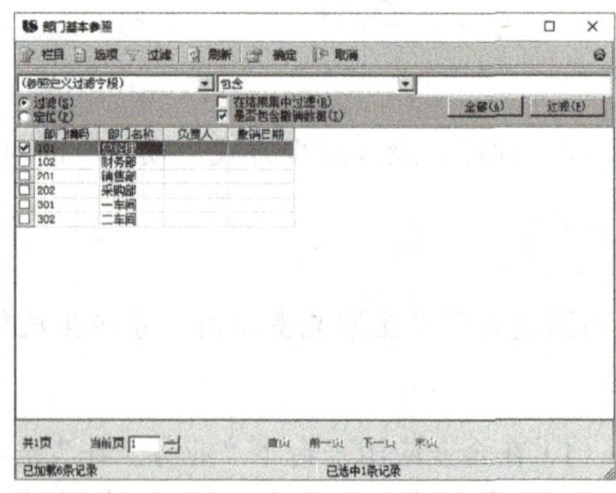

图 4-24 “部门基本参照”窗口

（5）单击“增加方式”栏，选择增加方式为“直接购入”；单击“使用状况”栏，选择使用状况为“在用”；录入开始使用日期“2019-06-01”、原值“215 470.00”、累计折旧“37 254.75”、使用年限“72”，其他信息自动算出，如图 4-25 所示。

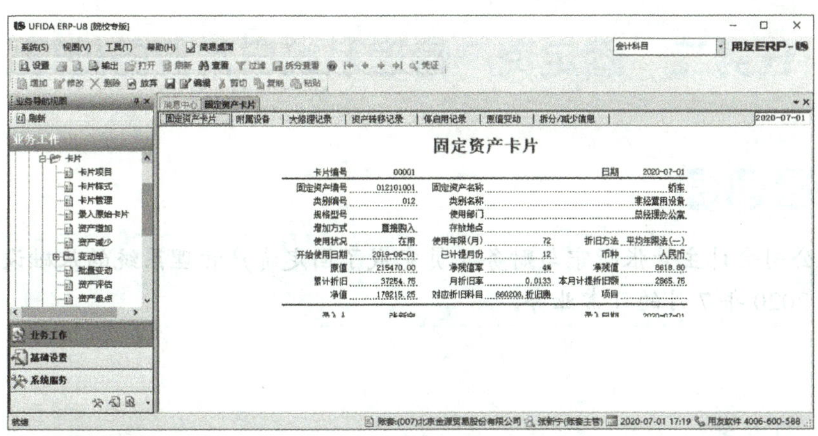

图 4-25　固定资产卡片录入

（6）单击【保存】按钮，系统弹出“数据成功保存！”对话框，如图 4-26 所示，单击【确定】按钮。

（7）同理，录入其他固定资产卡片。

6. 与总账部门对账

在企业应用平台下“业务工作”选项卡下，执行“财务会计”|“固定资产”|“处理”|“对账”命令，系统将固定资产管理系统录入的明细账资料数据汇总并与财务核对，弹出“与账务对账结果”对话框，如图 4-27 所示，单击【确定】按钮返回。

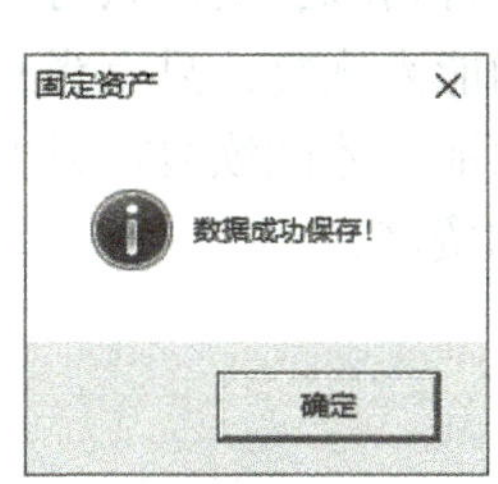

图 4-26　提示

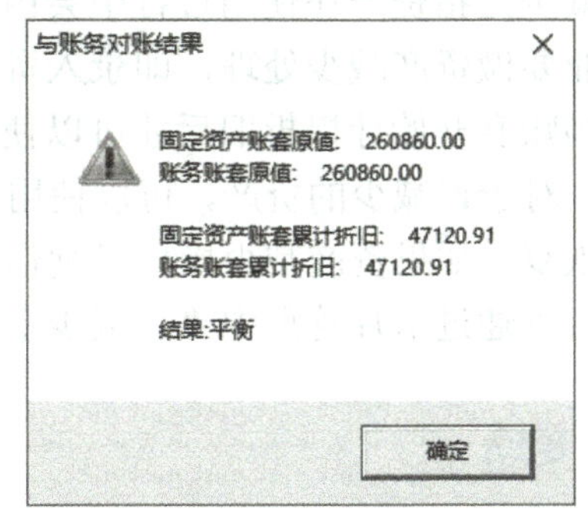

图 4-27　“与账务对账结果”对话框

- ✓ 卡片编号由系统根据初始化时定义的编码方案自动生成，不能修改，如果删除一张卡片且不是最后一张时，系统将保留空号。
- ✓ 已计提月份是系统将根据开始使用日期自动算出的，可以修改，可以将使用期间停用等不计提折旧的月份扣除。

✓ 与计算折旧有关的项目录入后，系统会按照录入的内容自动算出月折旧率、月折旧额，并显示在相应项目内，可与手工计算的值比较，核对是否有错误。

任务二　固定资产管理系统日常业务处理

金源公司会计主管张新宁与财务人员完成了固定资产管理系统的基础设置工作，开始处理 2020 年 7 月的日常业务。

知识准备

固定资产管理系统日常业务处理主要包括资产增减、资产变动、资产评估、生成凭证和账簿管理。

一、资产增减

资产增加是指企业通过购进或其他方式增加资产。资产增加需要录入一张新的固定资产卡片，与固定资产期初录入相对应。

资产减少是指资产在使用过程中会由于各种原因（如毁损、出售、盘亏等）退出企业。此时，企业要做资产减少处理，即录入资产减少卡片并说明减少原因。

只有当账套开始计提折旧后才可以使用资产减少功能，否则减少资产只有通过删除卡片来完成。对于误减少的资产，可以使用系统提供的纠错功能来恢复。只有当月减少的资产才可以恢复。如果资产减少操作已制作凭证，必须删除凭证后才能恢复。只要卡片未被删除，就可以通过卡片管理中“已减少资产”来查看减少的资产。

二、资产变动

资产变动包括原值变动、部门转移、使用情况变动、使用年限调整、折旧方法调整、净残值（率）调整、工作总量调整、累计折旧调整和资产类别调整。这些变动需要留下原始凭证，即变动单。变动单管理可以对系统制作的变动单进行查询、修改、制单、删除等处理。

其他项目的修改，如名称、编号、自定义项目等可直接在卡片上进行。

1. 原值变动

资产在使用过程中，其原值变动有五种情况：根据国家规定对固定资产重新估价；增加补充设备或改良设备；将固定资产的一部分拆除；根据实际价值调整原来的暂估价值；发现原记录固定资产价值有误。原值变动包括原值增加和原值减少两部分。

2. 部门转移

资产在使用过程中，因内部调配而发生的部门变动应及时处理，否则将影响部门的折旧计算。

3. 资产使用状况的调整

资产使用状况分为在用、未使用、不需用、停用和封存五种。资产在使用过程中，其使用状况可能会发生变化，这种变化会影响设备折旧的计算，因此应根据情况及时调整。

4. 资产使用年限的调整

资产在使用过程中，其使用年限可能因资产的重估、大修等原因调整。进行使用年限调整的资产应当在调整的当月就按调整后的使用年限计提折旧。

5. 资产折旧方法的调整

一般来说，资产折旧方法一年之内很少改变，但如有特殊情况需调整改变的可以调整。

三、资产评估

用友 ERP-U872 管理系统提供对固定资产评估作业的管理，主要包括如下内容：

（1）将评估机构的评估数据手工录入或定义公式录入到系统。

（2）根据国家要求手工录入评估结果或根据定义的评估公式生成评估结果。

（3）管理评估单。

系统资产评估功能提供可评估的资产内容包括原值、累计折旧、净值、使用年限、工作总量和净残值等。

四、生成凭证

固定资产管理系统和总账管理系统之间存在着数据的自动传输，这种传输是通过固定资产管理系统生成记账凭证并向总账管理系统传递有关数据来实现的。例如，可生产资产增加、减少，累计折旧调整及折旧分配等记账凭证。制作记账凭证可以采取“立即制单”或“批量制单”方法实现。

五、账簿管理

企业可以通过系统提供的账簿管理功能，及时掌握资产的统计、汇总和其他各方面的信息。账表包括账簿、折旧表、统计表、分析表四类。另外，如果所提供的报表种类不能满足企业需要，系统还提供了自定义报表功能，企业可以根据实际要求进行设置。

1. 账簿

系统自动生成的账簿有（单个）固定资产明细账、（部门、类别）明细账、固定资产登记簿和固定资产总账。这些账簿以不同方式，序时地反映资产变化情况，在查询过程中可联查某时期（部门、类别）明细及相应原始凭证，从而获得所需要的财务信息。

2. 折旧表

系统提供了四种折旧表：（部门）折旧计提汇总表、固定资产折旧计算明细表、固定资产及累计折旧表（一和二）。通过该类表可以了解并掌握本企业所有资产本期、本年乃至某部门计提折旧表及其明细情况。

3. 统计表

统计表是出于管理资产的需要，按管理目的统计的数据。系统提供了七种统计表：固定资产原值一览表、固定资产统计表、评估汇总表、评估变动表、盘盈盘亏报告表、逾龄资产统计表和役龄资产统计表。

4. 分析表

分析表主要通过对固定资产的综合分析，为管理者提供管理和决策依据。系统提供了四种分析表：价值结构分析表、固定资产使用状况分析表、部门构成分析表和类别构成分析表。管理者可以通过这些分析表了解本企业资产计提折旧的程度和剩余价值的大小。

5. 自定义报表

当系统提供的报表不能满足企业要求时，用户也可以自己定义报表。

任务实施

一、任务目标

以账套主管“张新宁（A001）”的身份进行固定资产管理系统日常业务处理。

二、任务资料

2020 年 7 月，金源公司发生如下经济业务：

（1）21 日，财务部购买扫描仪一台，价值 1 500 元，净残值率为 4%，预计使用年限为 5 年（60 个月）。

（2）23 日，对轿车进行资产评估，评估结果为原值 200 000 元，累计折旧 45 000 元。

（3）27 日，总经理办公室的传真机（卡片编号 00003）转移到采购部，变动原因为调拨。

（4）31 日，一车间毁损微机（卡片编号为 00004）一台。

三、任务操作

（一）日常业务处理

以“张新宁（A001）”身份登录企业应用平台，登录日期为 2020-07-31。

1．资产增加

（1）在企业应用平台下“业务工作”选项卡下，执行“财务会计”|“固定资产”|“卡片”|“资产增加”命令，打开“固定资产类别档案”窗口。

（2）选择资产类别为“012　非经营用设备”，如图 4-28 所示，单击【确定】按钮，打开“固定资产卡片”窗口。

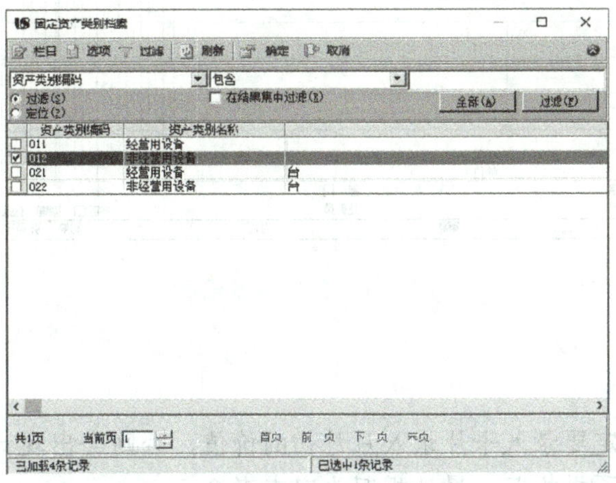

图 4-28　“固定资产类别档案”窗口

（3）在“固定资产卡片”窗口录入固定资产相关信息，录入结果如图 4-29 所示。

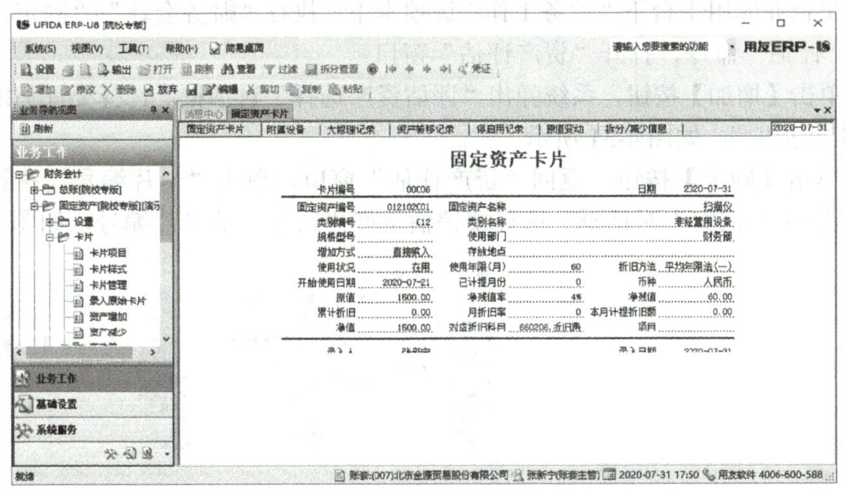

图 4-29　录入固定资产相关信息

（4）单击【保存】按钮，系统弹出“填制凭证”对话框。选择凭证类别为“付款凭证”，修改制单日期（也可以不修改）、附件数，单击【保存】按钮保存记账凭证，如图 4-30 所示。

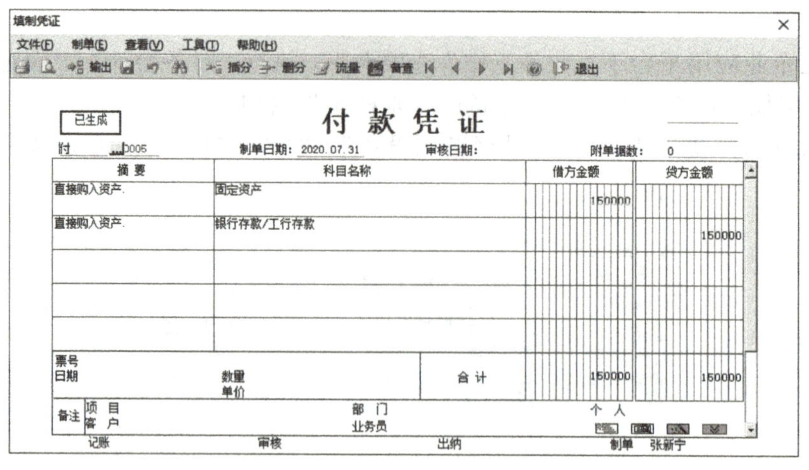

图 4-30 生成付款凭证

✓ 固定资产原值一定要录入卡片录入月月初的价值，否则会出现计算错误。

✓ 新卡片第一个月不提折旧，累计折旧为空或者 0。

✓ 固定资产卡片录入完成后，也可以不立即制单，月末可以批量制单。

2. 资产评估

（1）在企业应用平台下“业务工作”选项卡下，执行“财务会计”|“固定资产”|“卡片”|“资产评估”命令，打开“资产评估”窗口。

（2）单击【增加】按钮，系统弹出“评估资产选择”对话框。选择要评估的项目“原值”和“累计折旧”，如图 4-31 所示。

（3）单击【确定】按钮，返回“资产评估”窗口。单击“卡片编号”参照按钮，打开“固定资产卡片档案”对话框。选择要评估资产“轿车”的卡片编号，如图 4-32 所示。

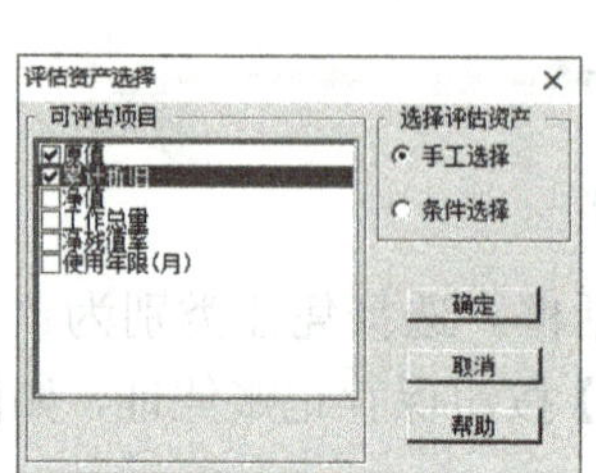

图 4-31 选择评估项目

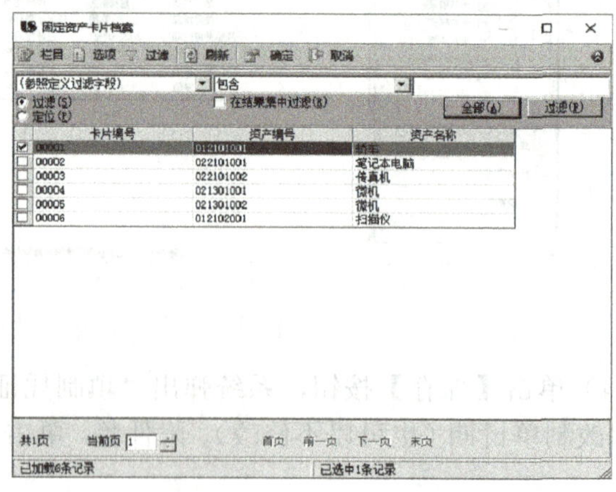

图 4-32 选择要评估资产的卡片编号

（4）单击【确定】按钮，返回“资产评估”窗口。录入评估后原值“200 000.00”、评估后累计折旧“45 000.00”，结果如图 4-33 所示。

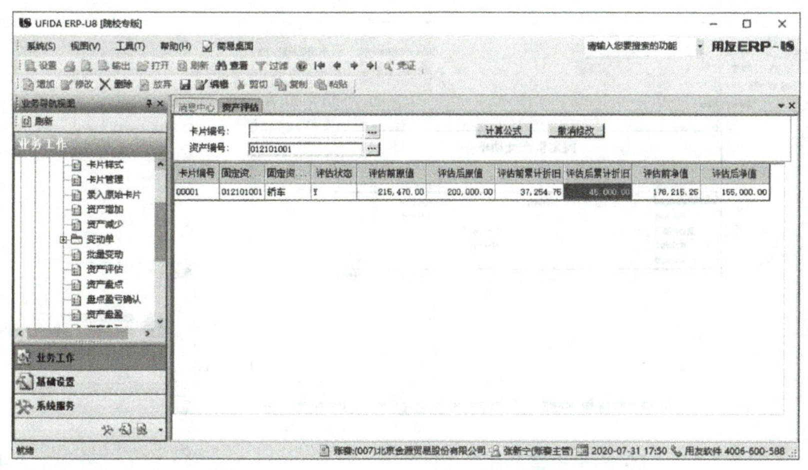

图 4-33　资产评估录入结果

（5）单击【保存】按钮，系统弹出“是否确认要进行资产评估”对话框，如图 4-34 所示。

（6）单击【是】按钮，系统弹出“填制凭证”对话框，选择凭证类别为“转账凭证”、空白科目为“660207（管理费用/其他）”、部门辅助项为“总经理办公室”。单击【保存】按钮，生成如图 4-35 所示的凭证。

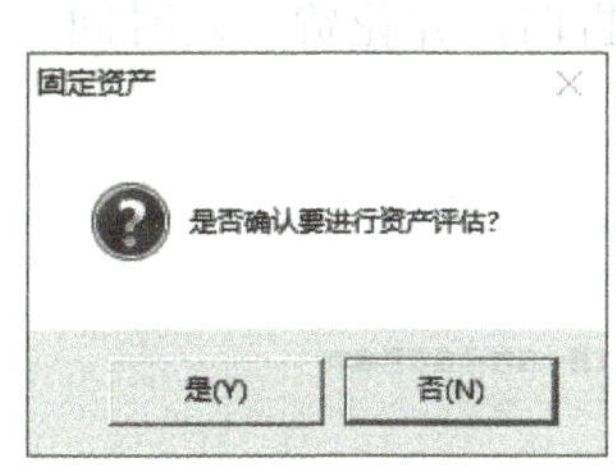

图 4-34　提示

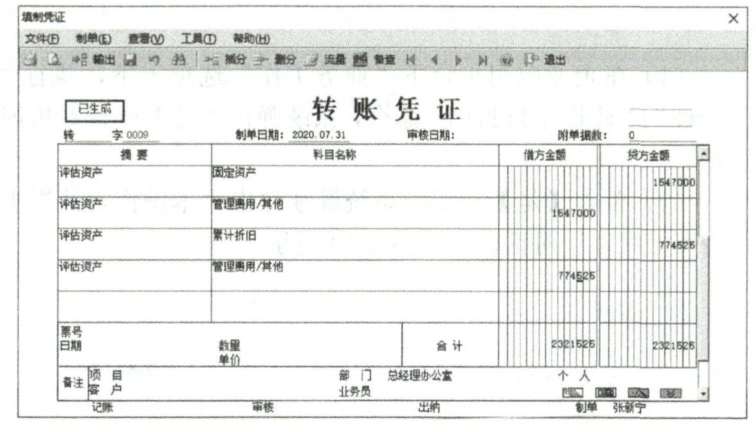

图 4-35　生成评估资产的转账凭证

3. 资产原值变动

（1）在企业应用平台下“业务工作”选项卡下，执行“财务会计”|“固定资产”|“卡片”|“变动单”|“部门转移”命令，打开“固定资产变动单”窗口，如图 4-36 所示。

（2）录入卡片编号“00003”、变动后部门“采购部”、变动原因“调拨”，单击【保存】按钮，系统弹出“数据成功保存！部门已改变，请检查资产对应折旧科目是否正确！”

对话框，如图 4-37 所示。

（3）单击【确定】按钮，返回“固定资产变动单”窗口后退出。

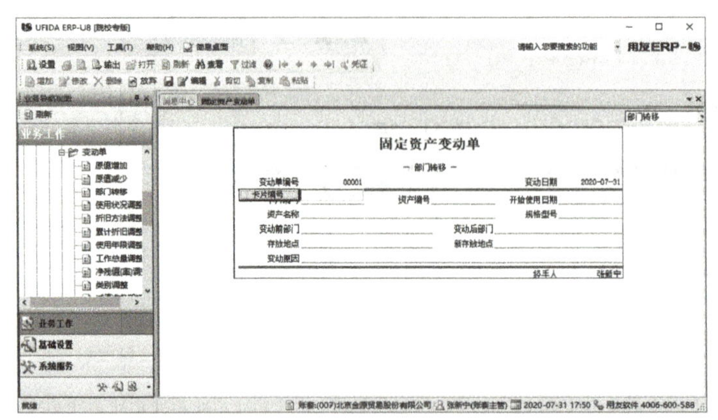

图 4-36　“固定资产变动单”窗口　　图 4-37　提示

✓ 资产变动主要包括原值变动、部门转移、使用状况变动、使用年限调整、折旧方法调整、净残值（率）调整、工作总量调整、累计折旧调整、资产类别调整等。系统对已做出变动的资产，要求录入相应的变动单来记录资产调整结果。

✓ 固定资产变动单不能修改，只有在当月可删除重做，所以请仔细检查后再保存。

4．计提折旧

（1）在企业应用平台下“业务工作”选项卡下，执行“财务会计”|“固定资产”|“处理”|“计提本月折旧”命令，系统弹出“是否要查看折旧清单？”对话框，如图 4-38 所示。

（2）单击【是】按钮，系统继续弹出“本操作将计提本月折旧，并花费一定时间，是否要继续？”对话框，如图 4-39 所示。

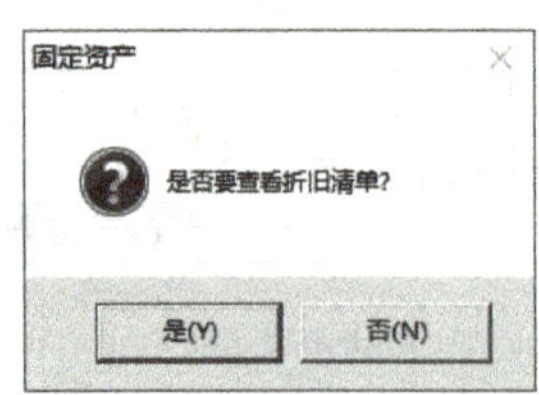

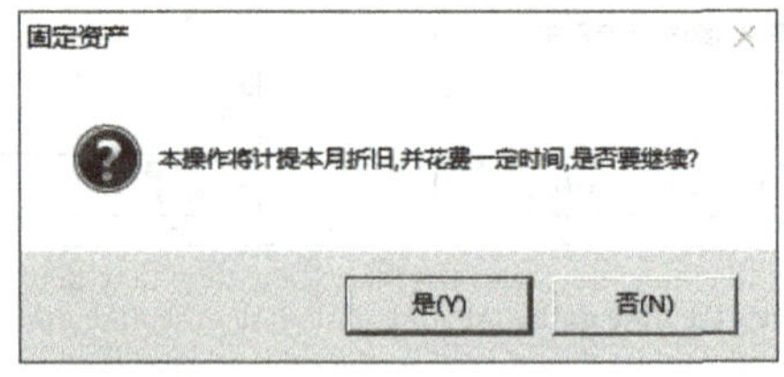

图 4-38　提示是否要查看折旧清单　　图 4-39　提示是否要继续

（3）单击【是】按钮，打开“折旧清单”窗口，如图 4-40 所示。

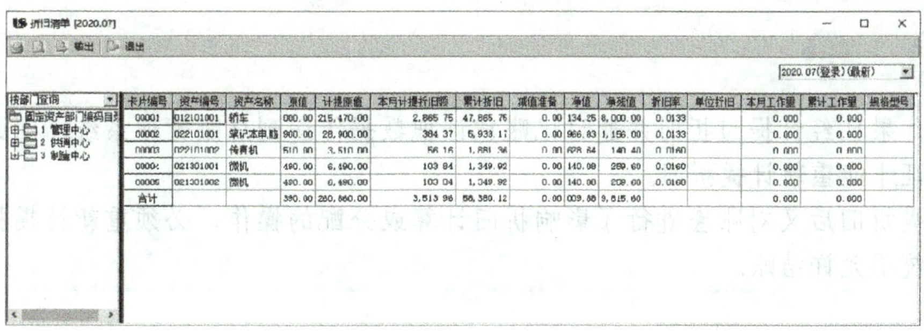

图 4-40 “折旧清单”窗口

（4）单击【退出】按钮，打开“折旧分配表”窗口，如图 4-41 所示。

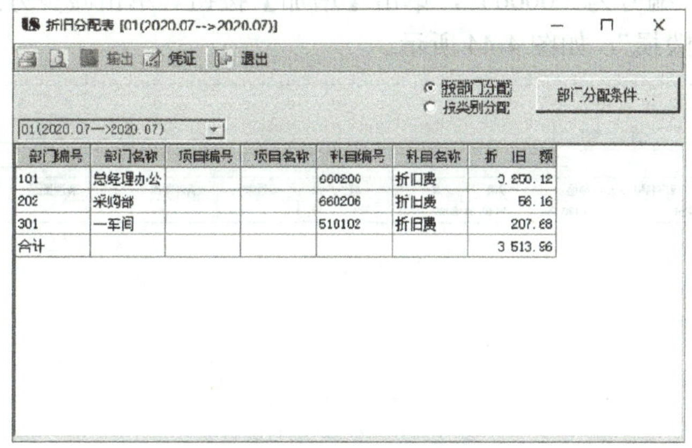

图 4-41 “折旧分配表”窗口

（5）单击【退出】按钮，系统弹出“填制凭证”对话框，选择凭证类别为“转账凭证”，需要时修改其他项目，修改完成后，单击【保存】按钮，如图 4-42 所示。

（6）单击【退出】按钮，系统弹出如图 4-43 所示的提示框，单击【确定】按钮。

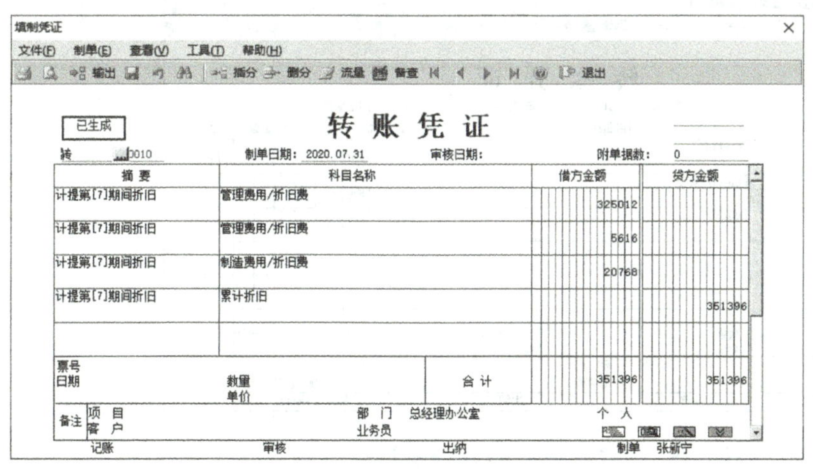

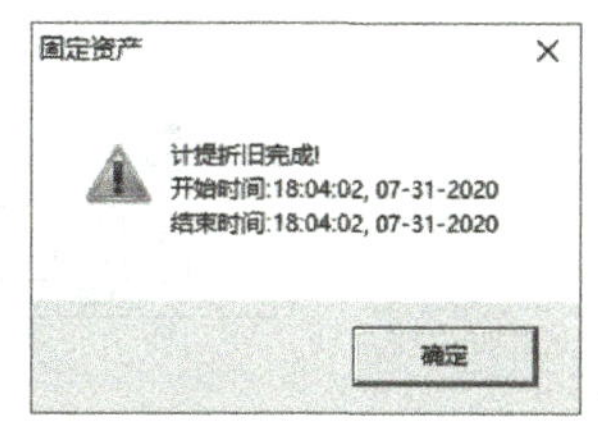

图 4-42 生成计提折旧的转账凭证

图 4-43 提示

- ✓ 当月如果已经计提过折旧并通过记账凭证把数据传递到总账管理系统，则必须删除该凭证才能重新计提折旧。
- ✓ 若计提折旧后又对账套进行了影响折旧计算或分配的操作，必须重新计提折旧，否则系统不允许结账。

5. 资产减少

（1）在企业应用平台下“业务工作”选项卡下，执行“财务会计”|“固定资产”|“卡片”|“资产减少”命令，打开“资产减少”窗口。

（2）选择卡片编号为“00004”，单击【增加】按钮。单击减少方式【参照】按钮，选择减少方式为“毁损”，如图 4-44 所示。

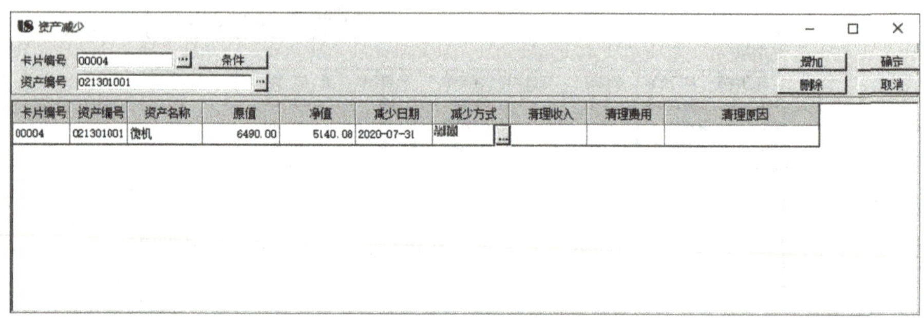

图 4-44 选择减少方式

（3）单击【确定】按钮，系统弹出“填制凭证”对话框。

（4）选择凭证类别为“转账凭证”，需要时修改其他项目，修改完成后，单击【保存】按钮，如图 4-45 所示。

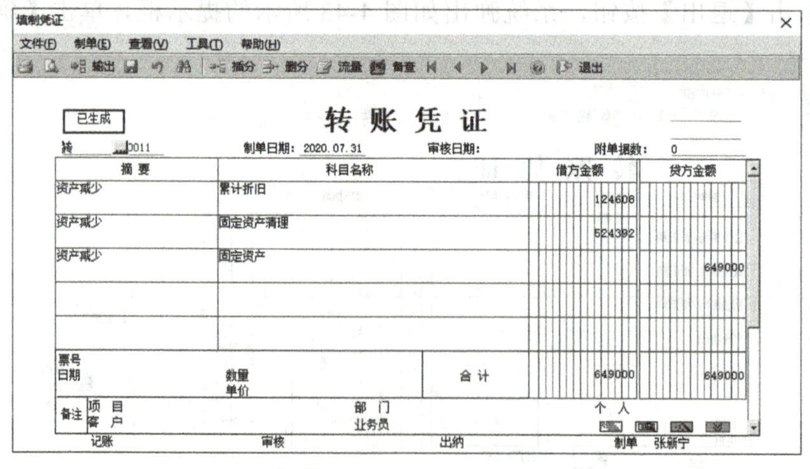

图 4-45 生成资产减少的转账凭证

- ✓ 会计制度规定本月减少的固定资产照提折旧，因此，本账套需要进行计提折旧后，才能减少资产。
- ✓ 如果要减少的资产较少或没有共同点，则通过录入资产编号或卡片号，单击【增加】按钮，将资产添加到资产减少表中。
- ✓ 如果要减少的资产较多并且有共同点，则通过单击【条件】按钮，录入一些查询条件，将符合该条件的资产挑选出来进行批量减少操作。

（二）总账管理系统处理

固定资产管理系统生成的凭证自动传递到总账管理系统。在总账管理系统中，对传递过来的凭证需要进行审核和记账。以出纳“李思雨（A002）”的身份登录总账管理系统，进行出纳签字；以会计“王元庆（A003）”的身份登录总账管理系统，进行审核、记账。

固定资产管理系统日常业务处理

（三）账表管理

以“张新宁（A001）”的身份登录固定资产管理系统。

（1）在企业应用平台下“业务工作”选项卡下，执行“财务会计”|“固定资产”|“账表”|“我的账表”命令，打开“报表”窗口。

（2）单击“折旧表”，选择“（部门）折旧计提汇总表”，单击【打开】按钮，系统弹出“条件—[（部门）折旧计提汇总表]”对话框，如图 4-46 所示。

（3）选择期间为“2020.07”，汇总级次为“1—1”，单击【确定】按钮，结果如图 4-47 所示。

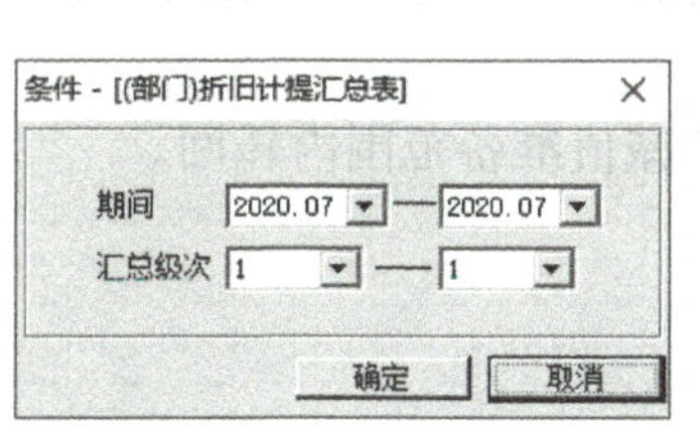

图 4-46 “条件—[（部门）折旧计提汇总表]”对话框

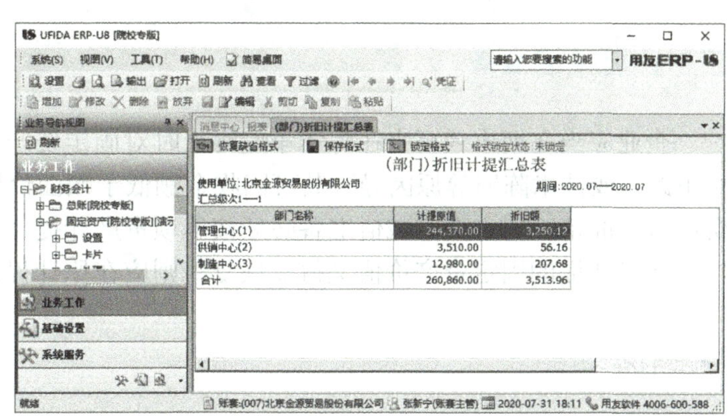

图 4-47 （部门）折旧计提汇总表

任务三 固定资产管理系统期末业务处理

使用用友ERP-U872进行固定资产日常业务处理后，金源公司会计主管张新宁需要对固定资产进行期末处理。

知识准备

一、对账

只有在系统初始化选项中选择“与账务系统对账”，企业才可使用本系统的对账功能。为保证固定资产管理系统的资产价值与总账管理系统中固定资产科目的数值相等，可随时使用对账功能对两个系统进行审查。系统在执行月末结账时会自动对账一次，并给出对账结果。

二、月末结账

固定资产管理系统的期末处理工作主要包括计提减值准备、计提折旧、对账、月末结账等内容。

三、计提减值准备

企业应当在期末或至少在每年年度终止时对固定资产逐项进行检查，如果由于市价持续下跌，或技术陈旧等原因导致其可回收金额低于账面价值的，应当将两者差额作为固定资产减值准备，固定资产减值准备必须按单项资产计提。

如已计提的固定资产价值又得以恢复，则应在原计提的减值准备范围内转回。

四、计提折旧

1. 计提折旧的内容

自动计提折旧是固定资产管理系统的主要功能之一。企业可以根据录入系统的资料，利用系统提供的“折旧计提”功能，对各项资产每期计提一次折旧，并自动生成折旧分配表，然后制作记账凭证，将本期的折旧费用自动登账。

当开始计提折旧时，系统将自动计提所有资产当期折旧额，并将当期的折旧额自动累加到累计折旧项目中。计提工作完成后，需要进行折旧分配，形成折旧费用，系统除了自动生成折旧清单外，同时还生成折旧分配表，从而完成本期折旧费用登账工作。

系统提供的折旧清单显示了所有应计提折旧资产所计提的折旧数据额。

2. 计提折旧的原则

（1）在一个期间内可以多次计提折旧，每次计提折旧后，只是将计提的折旧累加到月初的累积折旧上，不会重复累计。

（2）若上次计提折旧已制单并传递到总账管理系统，则必须删除该凭证才能重新计提折旧。

（3）如果计提折旧后，又对账套进行了影响折旧计算或分配的操作，必须重新计提折旧，否则系统不允许结账。

（4）若自定义的折旧方法中月折旧率或月折旧额出现负数，系统自动终止计提。

（5）资产的使用部门和资产折旧要汇总的部门可能不同，为了加强资产管理，使用部门必须是明细部门，而折旧分配部门不一定要分配到明细部门，不同的单位处理可能不同，因此要在计提折旧后、分配折旧费用时做出选择。

完成了本月全部制单业务后，可以进行月末结账，月末结账每月进行一次，结账后当期数据不能修改。如结账完毕发现有错，可以通过系统提供的“恢复月末结账前状态”功能反结账，再进行相应修改。由于成本系统每月从本系统提取折旧费数据，因此一旦成本系统提取了某期的数据，则该期不能反结账。

任务实施

一、任务目标

以账套主管“张新宁（A001）”的身份进行期末业务处理。

二、任务资料

7 月 31 日，计提本月折旧费用。

三、任务操作

（一）对账

在企业应用平台下“业务工作”选项卡下，执行“财务会计”|“固定资产”|“处理”|“对账”命令，系统弹出“与财务对账结果”对话框，如图 4-48 所示，单击【确定】按钮。

图 4-48 “与账务对账结果”对话框

提 示

✓ 当总账记账完成后，固定资产管理系统才可以进行对账。对账平衡后，开始月末结账。

✓ 如果在初始设置时，选择了“与账务系统对账”功能，对账的操作不限执行时间。

✓ 任何时候都可以进行对账。如果在财务接口中选中“在对账不平情况下允许固定资产月末结账”复选框，则可以直接进行月末结账。

（二）结账

（1）在企业应用平台下“业务工作”选项卡下，执行“财务会计”|“固定资产”|“处理”|“月末结账”命令，系统弹出“月末结账…”对话框，如图 4-49 所示。

（2）单击【开始结账】按钮，系统弹出如图 4-50 所示的对话框。

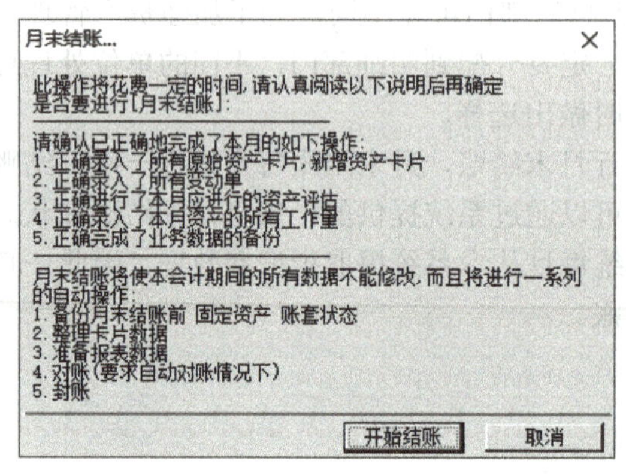

图 4-49 “月末结账…”对话框

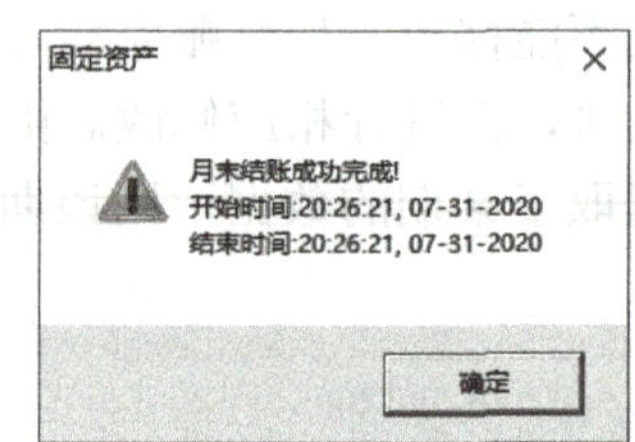

图 4-50 提示

（3）单击【确定】按钮。

✓ 本会计期间做完月末结账工作后，所有数据资料将不再进行修改。

✓ 本会计期间未做完月末结账工作，系统将不允许处理下一个会计期间的数据。

✓ 月末结账前一定要进行数据备份，否则数据一旦丢失，将造成无法挽回的后果。

（三）取消结账

（1）在企业应用平台下“业务工作”选项卡下，执行“财务会计”|“固定资产”|“处理”|“恢复月末结账前状态”命令，系统弹出如图 4-51 所示的对话框。

（2）单击【是】按钮，系统弹出“成功恢复账套月末结账前状态！”对话框，如图 4-52 所示，单击【确定】按钮。

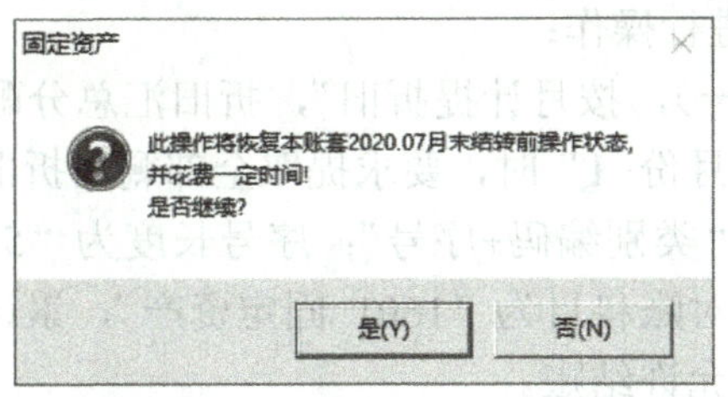

图 4-51　提示是否继续取消结账

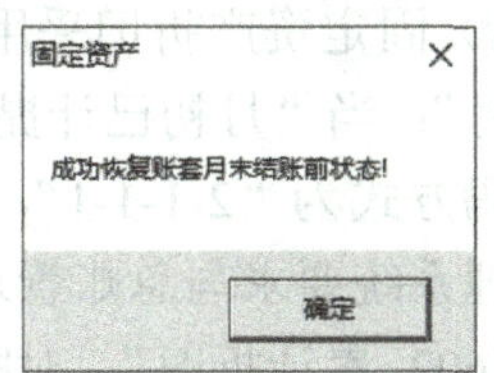

图 4-52　提示成功恢复月末结账前状态

✓ 如果结账后发现结账前操作有误，必须修改结账前的数据，则可以使用“恢复结账前状态”功能，又称反结账，即将数据恢复到月末结账前状态，则结账时所做的所有工作都被无痕迹删除。

项目训练

一、不定项选择题

1．在固定资产卡片录入中，下列（　　）是自动给出的，不能修改。

A．存放地点　　B．录入人

C．固定资产名称　　D．对应折旧科目

2．某企业固定资产管理系统初始化完成后，发现误将本账套计提折旧参数设置为否，则应采用（　　）方法进行更改。

A．用“上一步”到折旧信息中修改

B．重新初始化账套

C．以后在录入固定资产卡片时修改

D．在“设置”“选项”中进行重新设置

3．在定义固定资产类别时，（　　）项目不能为空。

A．计提属性　　B．类别编码

C．计量单位　　D．名称

4．某固定资产原值为 10 万元，累计折旧为 5 万元，在一次资产评估中，要求将原值改为 15 万元，下列计算公式正确的是（　　）。

A．100 000+累计折旧　　B．原值+50 000

C．净值+累计折旧　　D．150 000

二、上机操作题

1．引入项目二“项目训练”上机操作题账套。

2．在固定资产管理系统中，按下列资料进行操作：

（1）固定资产折旧采用“平均年限法（一），按月计提折旧”，折旧汇总分配周期为“一个月”；当“月初已计提折旧月份=可使用月份-1”时，要求提取全部剩余折旧。固定资产编码方式为“2-1-1-1”，采用手工编码按“类别编码+序号”；序号长度为“5”。固定资产管理系统要求与总账管理系统进行对账，对账科目为“1601 固定资产”，累计折旧科目为“1602 累计折旧”，对账不平的情况下不允许结账。

（2）设置对应的折旧科目。

部门名称	折旧科目
财务科	管理费用（660204）
办公室	管理费用（660204）
采购科	管理费用（660204）
销售科	销售费用（6601）
生产车间	生产成本——基本生产成本（500101）

（3）设置固定资产类别。

分类编码	分类名称	使用年限/年	净残值率/%	计提属性	折旧方法	卡片样式
01	房屋建筑物	20	2	正常计提	平均年限法（一）	通用样式
02	生产用机器设备	10	2	正常计提	平均年限法（一）	通用样式
03	办公用设备	5	2	正常计提	平均年限法（一）	通用样式

（4）设置固定资产的增减方式及对应入账科目。

增加方式	对应入账科目	减少方式	对应入账科目
直接购入	银行存款（100201）	出售	固定资产清理（1606）
投资者投入	实收资本（4001）	投资转出	投资转出（1511）
在建工程转入	在建工程	报废	固定资产清理（1606）

（5）设置系统默认的使用方法和折扣方法。

（6）录入固定资产的原始卡片。

① 联想服务器一台，财务部使用，2018 年 3 月 1 日购入，原值 10 000.00 元，已提折旧 2 000.00 元。

② 生产流水线一条，车间用，2017 年 1 月 15 购入，原值 190 000.00 元，已提折旧 12 460.00 元。

③ 1 号楼，办公室，2007 年 3 月 1 日在建工程转入，原值 400 000.00 元，已提折旧 200 000.00 元。

④ 2 号楼，厂房，2007 年 3 月 1 日在建工程转入，原值 300 000.00 元，已提折旧 150 000.00 元。

（7）查询全部固定资产卡片并查询财务部的固定资产情况。

（8）2020 年 3 月 30 日，生产车间购入一台生产用机器，价值为 100 000.00 元，预计使用年限为 5 年，预计净残值率为 2%，采用双倍余额递减法计提折旧。

（9）计提 2020 年 3 月的固定资产折旧。

（10）将 3 月份的新增固定资产进行制单处理。

5

项目五 应收款管理系统

职业能力目标

知识目标

了解应收款管理系统的基本功能。
了解应收款管理系统的内容和作用。
熟悉应收款管理系统参数设置的主要内容。
掌握应收款管理系统录入期初余额的方法。
掌握应收款管理系统处理日常业务的方法。

能力目标

能够进行应收款管理系统的初始化设置。
能够根据经济业务录入、审核应收单据并制单。
能够根据经济业务录入、审核收款单据并制单。
能熟练进行应收款管理系统账簿的查询。
能熟练进行月末结账和取消结账处理。

职业目标

能根据企业的需要进行应收款管理系统的初始化设置。
能根据企业进行的经济业务进行单据的录入、审核和制单。
能熟练进行核销、转账、票据管理、坏账处理等业务。

任务一 了解应收款管理系统

情景引例

金源公司已经完成了账套号为“007 北京金源贸易股份有限公司”的公司账套建立，从 2020 年 7 月 1 日起，启用了应收款管理系统，财会人员需要了解应收款管理系统的基本功能、业务处理流程，并进行初始化设置。

知识准备

一、应收款管理系统概述

应收款管理系统通过发票、其他应收单、收款单等单据的录入，对企业的往来账款进行综合管理，及时、准确地提供客户的往来账款余额资料，提供各种分析报表（如账龄分析表），进行周转分析、欠款分析、坏账分析、回款情况分析等。通过各种分析报表，企业可以合理地进行资金的调配，提高资金的利用效率。

根据对客户往来款项核算和管理的程度不同，系统提供了应收账款核算模型“详细核算”和“简单核算”客户往来款项两种应用方案供企业选择。

应收款管理系统可以与销售管理系统、总账管理系统集成使用。应收款管理系统可接收在销售管理系统中所填制的销售发票，对其进行审核，同时可生成相应凭证，并传递至总账管理系统。

（一）应收款管理系统功能概述

应收款管理系统主要提供了初始化设置、日常处理、单据查询、账表管理、其他处理等功能。

1. 初始化设置

初始化设置是用户结合企业管理要求进行的参数设置，是整个系统运行的基础。系统提供单据类型设置、账龄区间的设置和坏账初始设置，为各种应收收款业务的日常处理及统计分析做准备；提供期初余额的录入，保证数据的完整性与连续性。

2. 日常处理

系统提供应收单据、收款单据的录入、处理、核销、转账、汇兑损益、制单等处理。

3. 单据查询

系统提供单据查询的功能，包括各类单据、详细核销信息、报警信息、凭证等内容的查询。

4. 账表管理

系统提供总账表、余额表、明细账等多种账表查询功能；提供应收账款分析、收款账龄分析、欠款分析等丰富的统计分析功能。

5. 其他处理

系统其他处理提供用户进行远程数据传递的功能；提供用户对核销、转账等处理进行恢复的功能。

6. 月末处理

月末处理包括月末结账和取消结账功能。

（二）应收款管理系统与其他管理系统的主要关系

在“详细核算”应用方案中，应收款管理系统与其他管理系统的主要关系如图 5-1 所示。

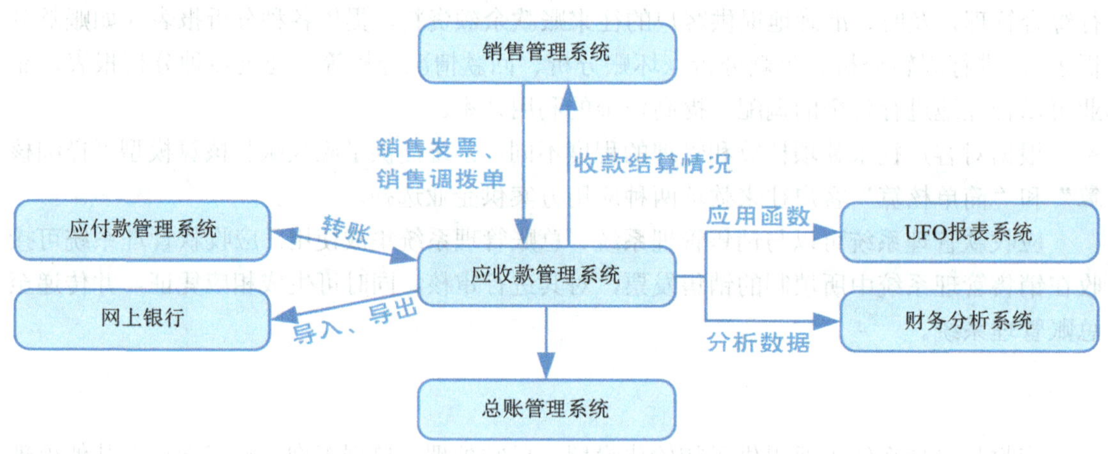

图 5-1 应收款管理系统与其他管理系统的主要关系

（三）应收款管理系统的业务处理流程

应收款管理系统的业务处理流程如图 5-2 所示。

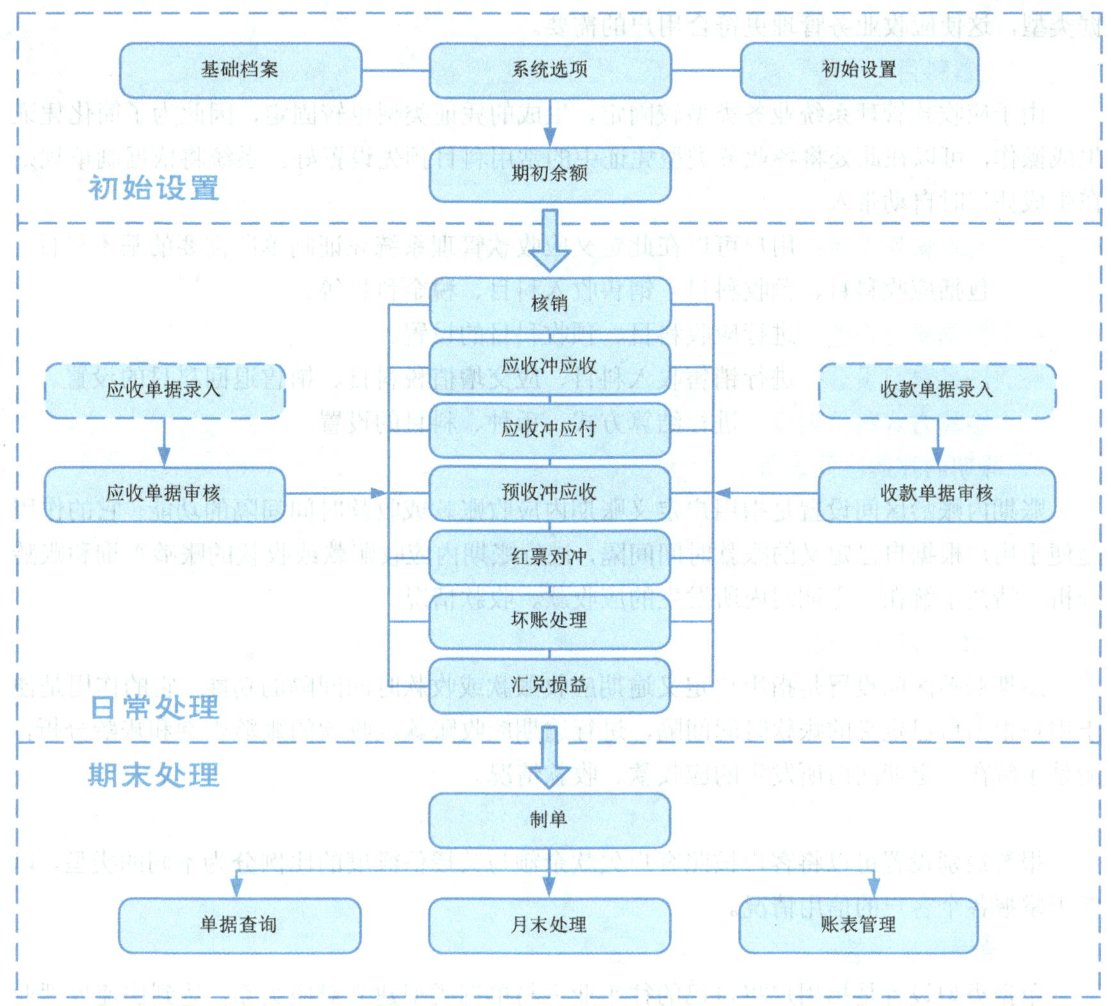

图 5-2 应收款管理系统业务处理流程

二、应收款管理系统的初始化设置

（一）参数设置

系统参数是一个系统的灵魂，它将影响整个账套的使用效果，有些选项在系统使用后不能修改，所以在选择时要慎重。系统选项分为常规选项、凭证选项、核销规则及权限和预警。

（二）初始设置

初始设置的作用是建立应收款管理系统的基础数据，确定使用哪些单据处理应收业务，确定需要进行账龄管理的账龄区间。有了这种功能，用户可以选择使用自己定义的单据类型，这使应收业务管理更符合用户的需要。

1．设置科目

由于应收款管理系统业务类型较固定，生成的凭证类型也较固定，因此为了简化凭证生成操作，可以在此处将各业务类型凭证中的常用科目预先设置好。系统将依据制单规则在生成凭证时自动带入。

- 基本科目设置：用户可以在此定义应收款管理系统凭证制单所需要的基本科目，包括应收科目、预收科目、销售收入科目、税金科目等。
- 控制科目设置：进行应收科目、预收科目的设置。
- 产品科目设置：进行销售收入科目、应交增值税科目、销售退回科目的设置。
- 结算方式科目设置：进行结算方式、币种、科目的设置。

2．账期内账龄区间设置

账期内账龄区间设置是指用户定义账期内应收账款或收款时间间隔的功能。它的作用是便于用户根据自己定义的账款时间间隔，进行账期内应收账款或收款的账龄查询和账龄分析，清楚了解在一定期间内所发生的应收款、收款情况。

3．逾期账龄区间设置

逾期账龄区间设置是指用户定义逾期应收账款或收款时间间隔的功能。它的作用是便于用户根据自己定义的账款时间间隔，进行逾期应收账款或收款的账龄查询和账龄分析，清楚了解在一定期间内所发生的应收款、收款情况。

4．报警级别设置

报警级别设置可以将客户按照客户欠款余额与其授信额度的比例分为不同的类型，以便于掌握各个客户的信用情况。

5．单据类型设置

单据类型设置是指用户将自己的往来业务与单据类型建立对应关系，达到快速处理业务及进行分类汇总、查询、分析的效果。系统提供了发票和应收单两大类型的单据。如果同时使用销售系统，则发票类型单据名称包括销售专用发票、普通发票、销售调拨单和销售日报；如果单独使用应收系统，则单据名称不包括销售调拨单和销售日报。

（三）期初余额

通过期初余额功能，用户可将正式启用账套前的所有应付业务数据录入到系统中，作为期初建账的数据，系统即可对其进行管理。这样既保证了数据的连续性，又保证了数据的完整性。

录入期初余额，包括未结算完的发票和未收单、预收款单据、未结算完的应收票据，以及未结算完毕的合同金额。这些期初数据必须是账套启用会计期间前的数据。

任务实施

一、任务目标

1. 进行应收款管理系统的初始化设置。
2. 录入应收款管理系统的期初余额。

二、任务资料

1. 参数设置

选项卡	参数设置（没有项选择系统默认）
常规	• 单据审核日期依据为“单据日期” • 应付款核算类型为“详细核算” • 坏账处理方式为“应收余额百分比法” • 代垫费用类型为“其他应收单”
凭证	• 受控科目制单依据为“明细到客户” • 非受控科目制单方式为“汇总方式”
权限与预警	• 启用客户权限 • 按信用方式，根据单据提前 10 天自动报警
核销设置	• 应付账款核销方式为“按单据”

2. 存货分类

存货分类编码	存货名称分类
1	原材料
2	辅助材料
3	库存商品
4	应税劳务

3. 计量单位

计量单位组	• 计量单位组编码为“1” • 计量单位组名称为“基本计量单位” • 计量单位组类别为“无换算率”	计量单位	• 1 盒 • 2 千克 • 3 只 • 4 台 • 5 千米

4．存货档案

存货编号	存货名称	所属类别	计量单位	税率/%	存货属性
001	甲材料	1	盒	13	外购，生产耗用
002	乙材料	1	盒	13	外购，生产耗用
003	丙材料	1	千克	13	外购，生产耗用
004	丁材料	2	只	13	外购，生产耗用
005	戊材料	2	只	13	外购，生产耗用
006	A 产品	3	台	13	自制，外销，内销
007	B 产品	3	台	13	自制，外销，内销
008	运输费	4	千米	9	应税劳务

5．基本科目设置

应收科目	1122　应收账款	银行承兑科目	1121　应收票据
销售收入科目	6001　主营业务收入	现金折扣科目	660302　其他费用
销售退回科目	6001　主营业务收入	票据费用科目	660302　其他费用
商业承兑科目	1121　应收票据	收支费用科目	6601　销售费用

6．结算方式科目设置

结算方式	币种	科目	结算方式	币种	科目
现金结算	人民币	1001　库存现金	转账支票	人民币	100201　工行存款
现金支票	人民币	1001　库存现金	其他	人民币	100201　工行存款

7．坏账准备设置

- 提取比例：0.3%
- 坏账准备期初余额：贷方 10 000.00 元
- 坏账准备科目：1231　坏账准备
- 坏账准备对方科目：660204　管理费用/其他费用

8．账龄区间设置

账期内账龄区间设置总天数分别为 10 天、30 天、45 天、60 天。

9．逾期账龄区间设置

逾期账龄区间设置总天数分别为 30 天、60 天、90 天。

10．期初余额

单据名称	方向	开票日期	票号	客户名称	销售部门	科目编码	货物名称	数量	含税单价/元	价税合计/元
销售专用发票	正	2020-05-25	P111	环宇公司	201	1122	A 商品	800	124.50	99 600.00
销售专用发票	正	2020-06-10	Z111	丽友贸易公司	201	1122	B 商品	200	290.00	58 000.00

三、任务操作

（一）启用并注册应收款管理系统

（1）以账套主管“张新宁（A001）”身份进入用友 ERP-U872 企业应用平台，登录日期为 2020-07-01。

应付款管理系统期初处理

（2）在企业应用平台“基础设置”选项卡下，执行“基本信息”|“系统启用”命令，系统弹出“系统启用”对话框，选中“AR 应收款管理”复选框。

（3）在系统弹出的“日历”对话框中，选择薪资系统的启用时间为“2020 年 07 月 01 日”，单击【确定】按钮。

（4）在系统弹出的“确实要启用当前系统吗？”对话框中，单击【是】按钮返回。

✓ 应收款管理系统的启用会计期间必须大于等于账套的启用期间。

✓ 关于应收账款核算模型，在系统启用时或者还没有进行任何业务处理的情况下才允许从简单核算改为详细核算，但从详细核算改为简单核算随时都可以进行。

（二）参数设置

（1）以“张新宁（A001）”身份重新登录企业应用平台，登录日期为 2020-07-01。

（2）在企业应用平台“业务工作”选项卡下，执行“财务会计”|“应收款管理”|“设置”|“选项”命令，系统弹出“账套参数设置”对话框，如图 5-3 所示。

（3）单击【编辑】按钮，系统弹出“选项修改需要重新登陆才能生效”对话框，如图 5-4 所示，单击【确定】按钮。

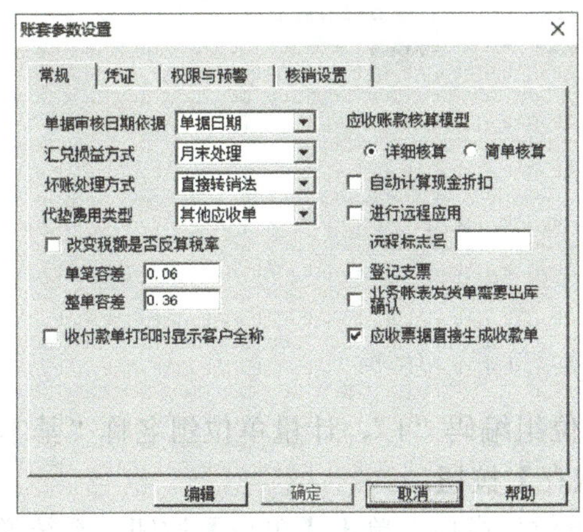

图 5-3 “账套参数设置”对话框

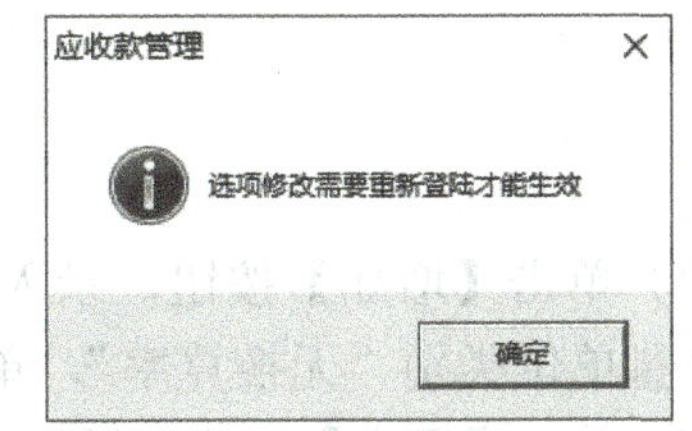

图 5-4 提示需要重新登陆才生效

（4）分别在“常规”“凭证”“权限与预警”“核销设置”选项卡下，根据任务资料对各参数进行设置。设置完成后，单击【确定】按钮。

（三）设置存货

1．设置存货分类

（1）在企业应用平台“基础设置”选项卡下，执行“基础档案”|“存货”|“存货分类”命令，打开“存货分类”窗口。

（2）单击【增加】按钮，录入分类编码、名称等分类信息，如图 5-5 所示。

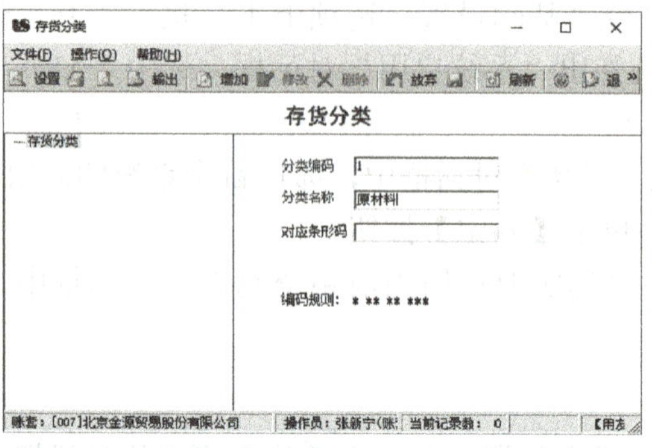

图 5-5 设置存货分类信息

（3）单击【保存】按钮，根据任务资料继续设置其他存货分类。设置完成后，单击【退出】按钮。

2．设置计量单位

（1）在企业应用平台“基础设置”选项卡下，执行“基础档案”|“存货”|“计量单位”命令，打开“计量单位”窗口。

（2）单击【分组】按钮，系统弹出“计量单位组”对话框，如图 5-6 所示。

图 5-6 “计量单位组”对话框

（3）单击【增加】按钮，录入计量单位组编码“1”、计量单位组名称“基本计量单位”，计量单位类别“无换算率”，单击【保存】按钮。

（4）单击【退出】按钮，返回“计量单位”窗口。单击【单位】按钮，系统弹出“计量单位”对话框。

（5）单击【增加】按钮，根据任务资料继续录入计量单位编码、计量单位名称，录入完成后，单击【保存】按钮，如图 5-7 所示。

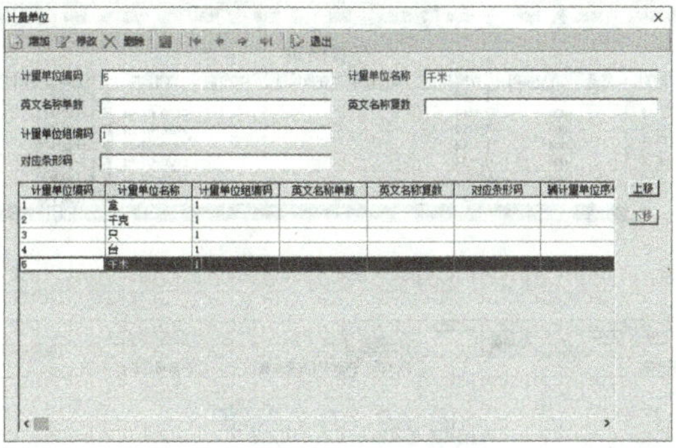

图 5-7 设置计量单位

（6）单击【退出】按钮，返回“计量单位”窗口，再单击【退出】按钮。

- ✓ 在设置存货档案之前必须先到企业应用平台基础档案中设置计量单位，否则，存货档案中没有备选的计量单位，且存货档案不能保存。
- ✓ 在设置计量单位时必须先设置计量单位组再设置各个计量单位组中的计量单位。
- ✓ 计量单位组分为无换算、固定换算和浮动换算三种类型。如果需要换算，一般认为应将小的单位作为主计量单位。
- ✓ 计量单位可以根据需要随时增加。

3. 设置存货档案

（1）在企业应用平台“基础设置”选项卡下，执行“基础档案”|“存货”|“存货档案”命令，打开“存货档案”窗口。

（2）单击【增加】按钮，系统弹出“增加存货档案”对话框，单击【增加】按钮，根据任务资料录入存货档案，录入完成后，单击【保存】按钮，如图 5-8 所示。

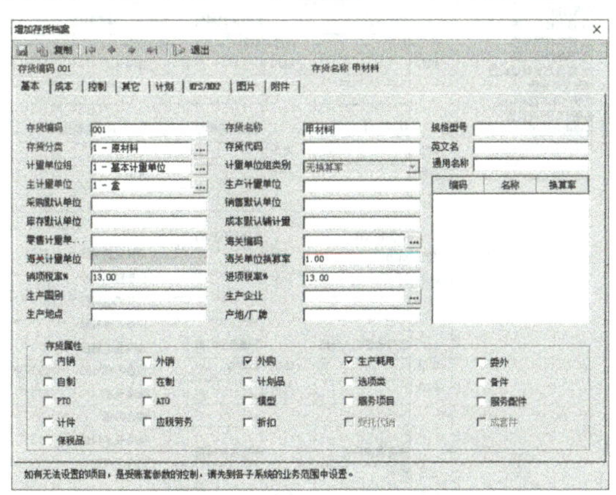

图 5-8 设置存货档案

（3）根据任务资料设置其他存货档案，设置完成后，如图 5-9 所示，单击【退出】按钮。

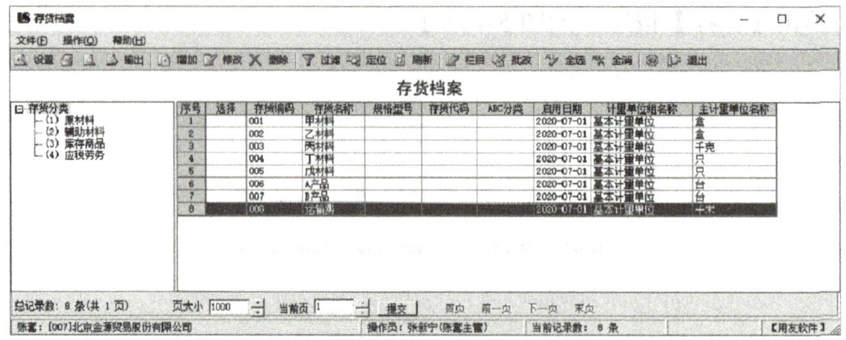

图 5-9 存货档案

✓ 存货档案既可在应收、应付款管理系统中录入，也可以在企业应用平台中录入。如果只启用总账管理系统且并不在应收、应付款管理系统填制发票则不需要设置存货档案。

✓ 存货档案中的存货属性必须选择正确，否则在填制相应单据时就不会列出相应的存货列表。

（四）初始设置

1. 设置科目

（1）在企业应用平台“业务工作”选项卡下，执行“财务会计”|“应收款管理”|“设置”|“初始设置”命令，打开“初始设置”窗口。

（2）单击“基本科目设置”，根据任务资料录入或选择相关基本科目代码，如图 5-10 所示。

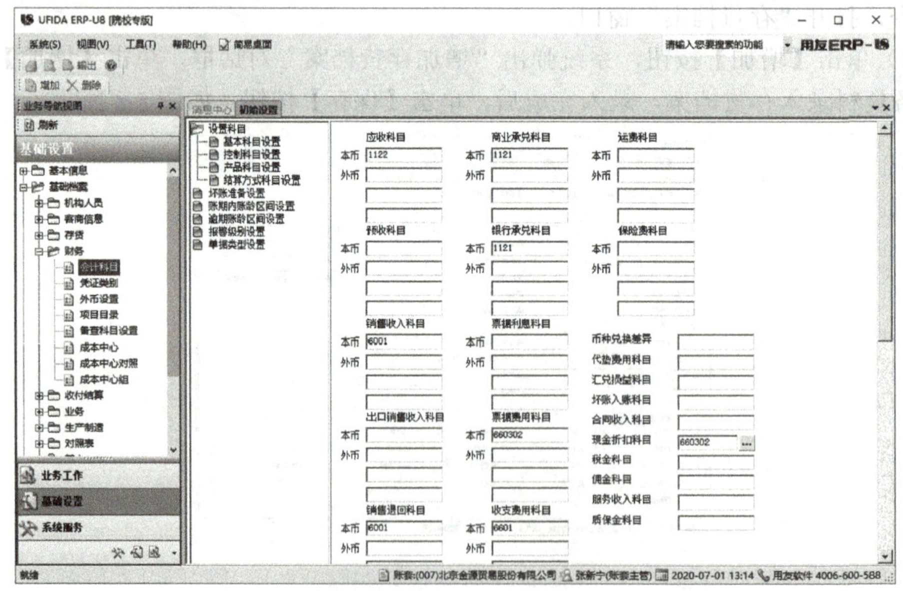

图 5-10 设置基本科目

（3）单击“结算方式科目设置”，选择结算方式、币种及对应的结算科目代码，如图 5-11 所示。

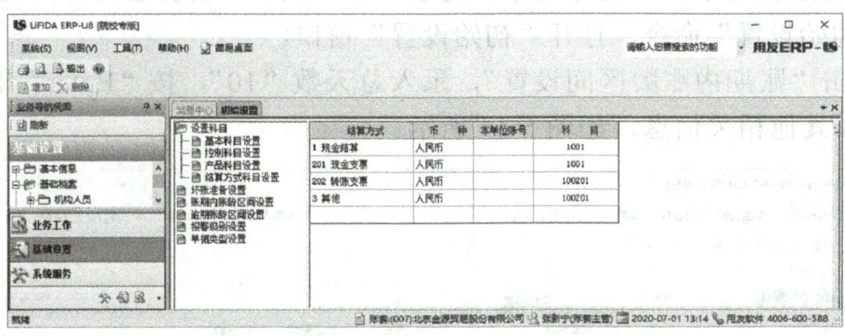

图 5-11　设置结算方式科目

- ✓ 在基本科目设置中所设置的应收科目、预收科目及商业承兑科目、银行承兑科目，应在总账管理系统中设置其辅助核算内容为“客户往来”，并且其受控系统为“应收系统”，否则在应收款管理系统不能被选中。
- ✓ 只有设置基本科目后，在生成凭证时才能直接生成凭证中的会计科目，否则凭证中将没有会计科目，相应的会计科目只能手工录入。
- ✓ 如果应收科目、预收科目按不同的客户或客户分类分别设置，则可在“控制科目设置”中设置，在此可以不设置。
- ✓ 如果针对不同的存货分别设置销售收入核算科目，则在此不用设置，可以在“产品科目设置”中进行设置。

2. 坏账准备设置

（1）在企业应用平台“业务工作”选项卡下，执行“财务会计”|“应收款管理”|“设置”|“初始设置”命令，打开“初始设置”窗口。

（2）单击“坏账准备设置”，根据任务资料录入相关信息，如图 5-12 所示。

（3）单击【确定】按钮，系统弹出“储存完毕”对话框，如图 5-13 所示，单击【确定】按钮。

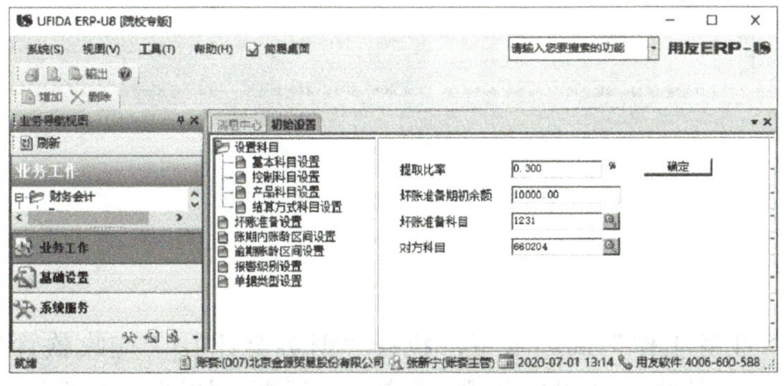

图 5-12　设置坏账准备

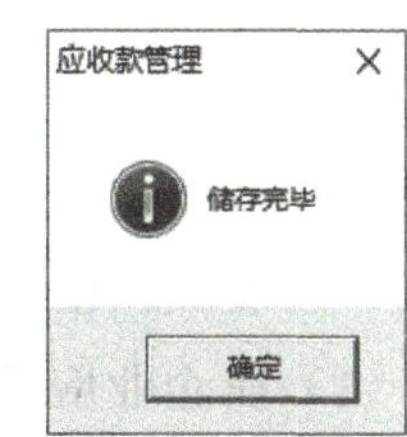

图 5-13　提示

3．账龄区间设置

（1）在企业应用平台“业务工作”选项卡下，执行“财务会计”|“应收款管理”|“设置”|“初始设置”命令，打开“初始设置”窗口。

（2）单击“账期内账龄区间设置”，录入总天数“10”，按“Enter”键，根据任务资料继续录入其他相关信息，如图 5-14 所示。

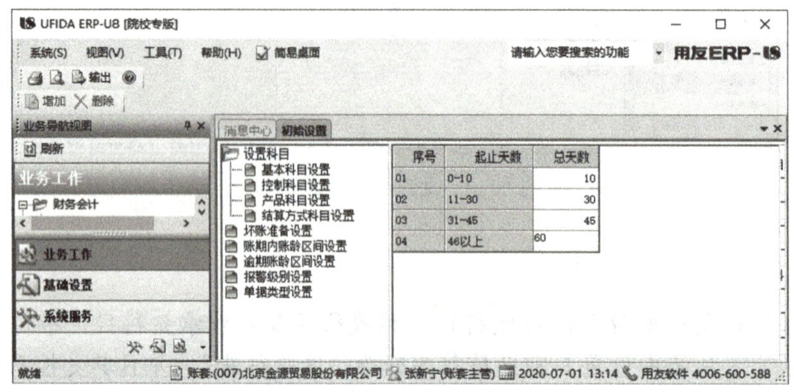

图 5-14　设置账期内账龄区间

4．逾期账龄区间设置

（1）在企业应用平台“业务工作”选项卡下，执行“财务会计”|“应收款管理”|“设置”|“初始设置”命令，打开“初始设置”窗口。

（2）单击“逾期账龄区间设置”，录入总天数“30”，按“Enter”键，根据任务资料继续录入其他相关信息，如图 5-15 所示。

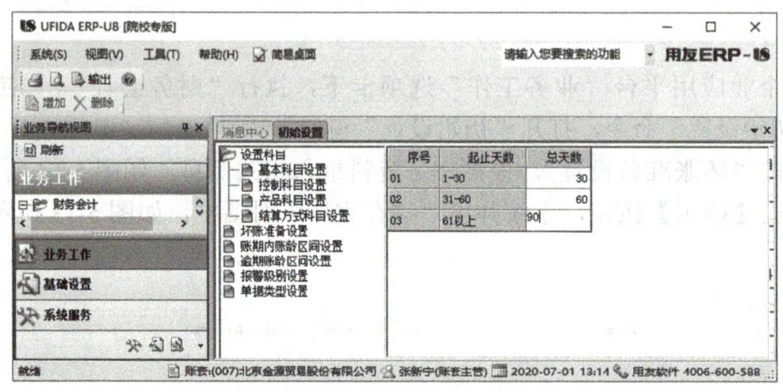

图 5-15　设置逾期账龄区间

（五）期初余额

1．录入期初销售发票

（1）在企业应用平台“业务工作”选项卡下，执行“财务会计”|“应收款管理”|“设置”|“期初余额”命令，系统弹出“期初余额--查询”对话框，如图 5-16 所示。

（2）单击【确定】按钮，打开“期初余额明细表”窗口。

（3）单击【增加】按钮，系统弹出“单据类别”对话框，选择单据名称为“销售发票”、单据类型为“销售专用发票”、方向为“正向”，如图 5-17 所示。

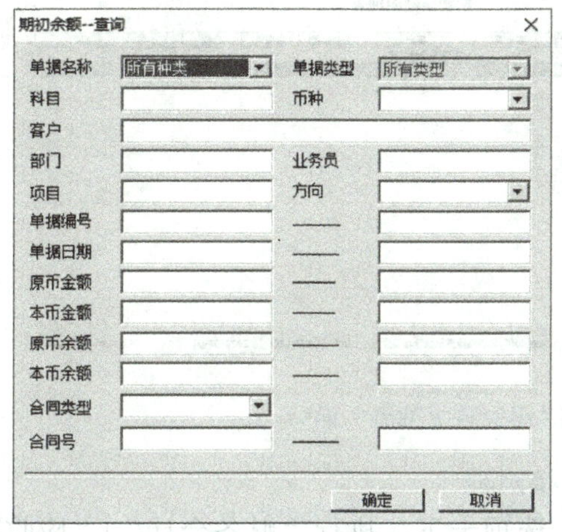

图 5-16 “期初余额--查询”窗口

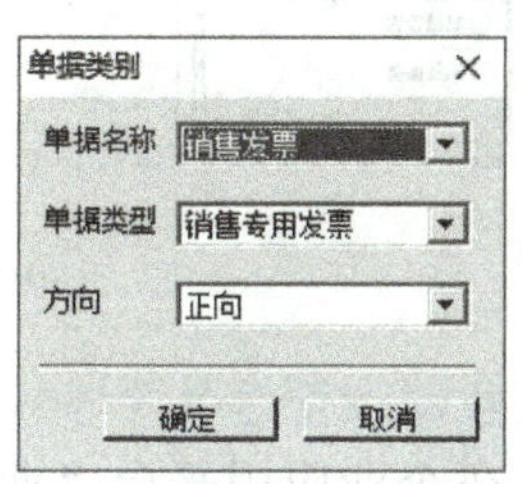

图 5-17 设置单据类别

（4）单击【确定】按钮，打开“期初票据”窗口。单击【增加】按钮，根据任务资料录入票据具体内容，录入完成后，如图 5-18 所示，单击【保存】按钮。

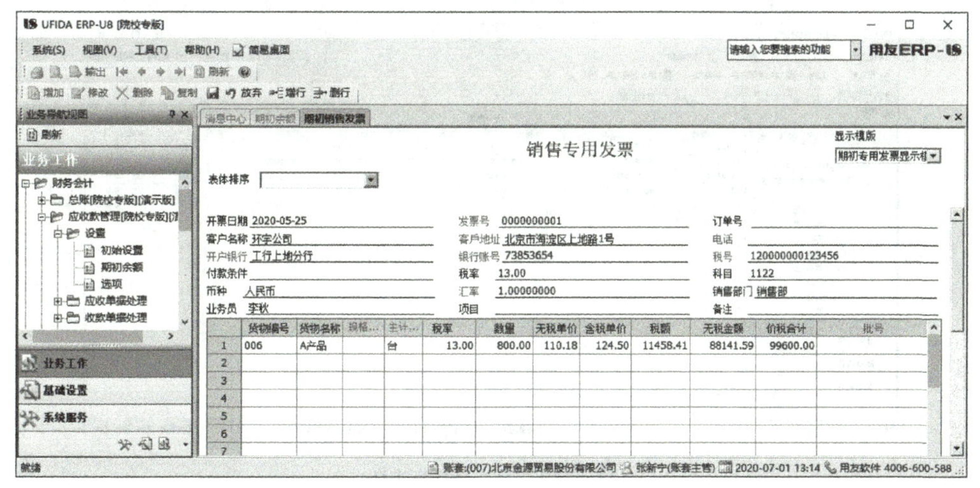

图 5-18 录入票据内容

（5）单击【增加】按钮，根据任务资料录入下一张凭证。录入完成后，单击【退出】按钮，返回“期初余额明细表”窗口，如图 5-19 所示。

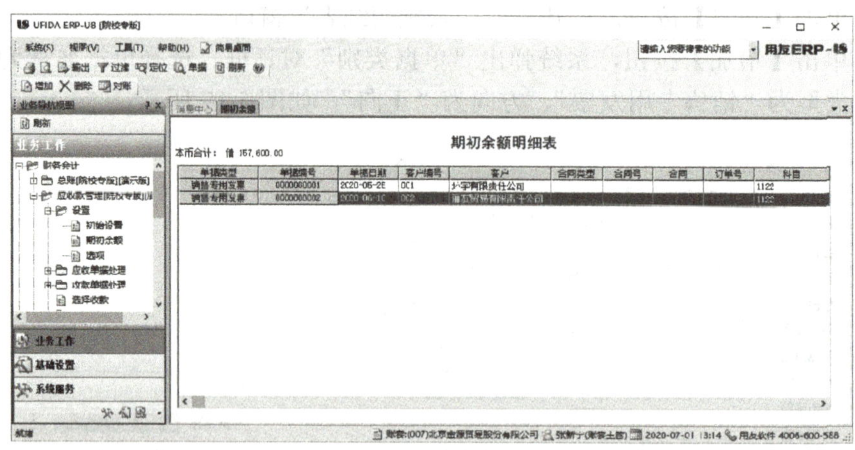

图 5-19 “期初余额明细表”窗口

2．应收账款管理系统与总账管理系统对账

（1）在企业应用平台“业务工作”选项卡下，执行“财务会计”|“应收款管理”|“设置”|“期初余额”命令，系统弹出“期初余额--查询”对话框，单击【确定】按钮，打开“期初余额明细表”窗口。

（2）单击【对账】按钮，打开“期初对账”窗口，查看应收款管理系统与总账管理系统的期初余额是否平衡，如图 5-20 所示。

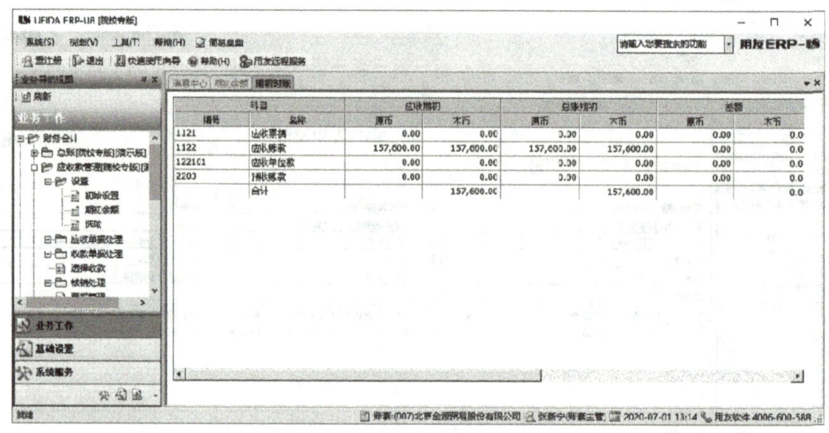

图 5-20 期初余额对账

- ✓ 当完成全部应收款期初余额录入后，应通过对账功能将应收款管理系统期初余额与总账管理系统期初余额进行核对。
- ✓ 当保存了期初余额结果，或在第二年使用需要调整期初余额时可以进行修改。当第一个会计期已结账后，期初余额只能查询不能再修改。

✓ 期初余额所录入的票据保存后自动审核。

✓ 应收款管理系统与总账管理系统对账，必须要在总账管理系统与应收款管理系统同时启用后才可以进行。

任务二 应收款管理系统日常业务处理

情景引例

金源公司会计主管张新宁与财务人员完成了应收款管理系统的初始化设置，开始处理2020年7月的日常业务。

知识准备

日常处理是应收款管理系统的重要组成部分，是经常性的应收业务处理工作。日常业务主要包括完成企业日常的应收/收款业务录入、应收/收款业务核销、应收并账、汇兑损益及坏账的处理，及时记录应收、收款业务的发生，为查询和分析往来业务提供完整、正确的资料，加强企业对往来款项的监督管理，提高工作效率。

一、单据处理

1. 应收单据处理

应收单据处理是指用户进行单据录入和单据管理的工作。通过单据录入，单据管理可记录各种应收业务单据的内容，查阅各种应收业务单据，完成应收业务管理的日常工作。根据业务模型不同，单据录入的类型也不同。

2. 收款单据处理

收款单据处理主要是对结算单据进行管理，包括收款单、付款单（即红字收款单）的录入、审核。应收款管理系统的收款单用来记录企业所收到的客户款项，款项性质包括应收款、预收款、其他费用等。其中，应收款、预收款性质的收款单将与发票、应收单、付款单进行核销勾对。应收款管理系统的付款单用来记录发生销售退货时企业开具的退付给客户的款项。该付款单可与应收、预收性质的收款单、红字应收单、红字发票进行核销。

3. 核销处理

核销处理是指用户日常进行的收款核销应收款的工作。单据核销的作用是解决收回客商款项核销该客商应收款的处理，建立收款与应收款的核销记录，监督应收款及时核销，加强往来款项的管理。系统提供手工核销和自动核销两种核销方式。

二、票据处理

票据处理主要是对商业承兑汇票和银行承兑汇票进行日常的业务处理，所有涉及票据的收入、结算、贴现、背书、转出、计息等处理都应该在票据管理中进行。票据处理通常包括票据的增加、删除、贴现、背书、结算、传出等操作。

三、转账处理

1. 应收冲应收

应收冲应收是指将一家客户的应收款转到另一家客户中。通过应收冲应收功能将应收账款在客商之间进行转入、转出，实现应收业务的调整，解决应收款业务在不同客商间入错户或合并户问题。

2. 预收冲应收

预收冲应收用来处理客户的预收款和该客户应收欠款的转账核销业务。

3. 应收冲应付

应收冲应付是指用某客户的应收账款，冲抵某供应商的应付款项。系统通过应收冲应付功能将应收款业务在客户和供应商之间进行转账，实现应收业务的调整，解决应收债权与应付债务的冲抵。

4. 红票对冲

红票对冲可实现某客户的红字应收单与其蓝字应收单、收款单与付款单中间进行冲抵的操作。系统提供系统自动冲销和手工冲销两种冲销方式。

四、坏账处理

坏账处理是指系统提供的计提应收坏账准备处理、坏账发生后的处理、坏账收回后的处理等功能。坏账处理的作用是指系统自动计提应收款的坏账准备，当坏账发生时，即可进行坏账核销；当被核销坏账又被收回时，即可进行相应处理。

1. 计提坏账准备

企业应于期末分析各项应收款项的可收回性，并预计可能产生的坏账损失。对预计可能发生的坏账损失，计提坏账准备，企业计提坏账准备的方法由企业自行确定。系统提供坏账处理的方式包括应收余额百分比法、销售余额百分比法、账龄分析法和直接转销法。

2. 坏账发生

坏账发生是指系统提供用户确定某些应收款为坏账的工作。通过本功能用户即可选定发生坏账的应收业务单据，确定一定期间内应收款发生的坏账，便于及时用坏账准备进行冲销，避免应收款长期呆滞的现象。

3. 坏账收回

坏账收回是指系统提供的对应收款已确定为坏账后又被收回的业务处理功能。通过本功能可以对一定期间发生的应收坏账收回业务进行处理，反映应收账款的真实情况，便于企业对应收款的管理。

4．坏账查询

坏账查询是指系统提供的对系统内进行坏账处理过程和处理结果的查询功能。通过坏账查询功能查询一定期间内发生的应收坏账业务处理情况及处理结果，加强对坏账的监督。

任务实施

一、任务目标

1．完成应收单据的录入、修改、删除、审核。
2．完成收款单据的录入、修改、审核。
3．进行票据管理的操作。
4．进行转账处理。
5．进行坏账处理。

二、任务资料

1．单据处理

（1）业务 1.1：2020 年 7 月 5 日，向环宇公司销售 A 产品 200 台，无税单价为 125.00 元，增值税税率为 13%，销售专用发票号码为 12340001。

（2）业务 1.2：2020 年 7 月 9 日，向三泉公司销售 A 产品 50 台，无税单价为 180.00 元，增值税税率为 13%，销售专用发票号码为 12340002。

（3）业务 1.3：2020 年 7 月 12 日，向丽友贸易公司销售 A 产品 100 台，无税单价为 180.00 元，增值税税率为 13%，销售专用发票号码为 12340003。以转账支票代垫运费 1 200.00 元。

（4）业务 1.4：2020 年 7 月 13 日，向环宇公司销售 B 产品 100 台，无税单价为 290.00 元，增值税税率为 13%，销售专用发票号码为 12340004。以现金代垫运费 1 000.00 元。

（5）业务 1.5：2020 年 7 月 15 日，发现 2020 年 7 月 12 日填制的向丽友贸易公司销售 A 产品的“12340003”号销售专用发票中的无税单价应为 150.00 元。

（6）业务 1.6：2020 年 7 月 16 日，发现 2020 年 7 月 5 日，向环宇公司销售 A 产品的“12340001”号销售专用发票填制错误，应删除。

（7）业务 1.7：2020 年 7 月 18 日，收到银行通知，收到环宇公司以现金支票方式支付原欠款项 99 600.00 元。

（8）业务 1.8：2020 年 7 月 20 日，收到三泉公司以转账支票支付的货款 10 170.00 元。

2. 票据处理

（1）新增“4　商业汇票”“401　商业承兑汇票”“402　银行承兑汇票”结算方式。

（2）2020 年 7 月 2 日，收到三泉公司签发并承兑的商业承兑汇票一张（票号 345678），面值为 6 780.00 元，到期日为 2020 年 9 月 2 日。

（3）2020 年 7 月 3 日，收到丽友贸易公司签发并承兑的商业承兑汇票一张（票号 367809），面值为 6 780.00 元，到期日为 2020 年 7 月 23 日。

（4）2020 年 7 月 28 日，将 2020 年 7 月 2 日收到的三泉公司签发并承兑的商业承兑汇票（票号 345678）到银行贴现，贴现率为 6%。

（5）2020 年 7 月 30 日，将 2020 年 7 月 3 日收到的丽友贸易有限公司签发并承兑的商业承兑汇票（票号 367809）结算。

3. 转账处理

2020 年 7 月 31 日，经三方同意将 2020 年 7 月 13 日形成的应向环宇公司收取的货税款及代垫费用款 33 770.00 元转为向丽友贸易公司的应收账款。

4. 坏账处理

（1）2020 年 7 月 24 日，将 2020 年 7 月 12 日形成的应向丽友贸易公司收取的应收账款 18 150.00 元（其中货款 16 950.00 元，代垫运费 1 200.00 元）转为坏账。

（2）2020 年 7 月 31 日，收到银行通知（转账支票），收回已作为坏账处理的应向丽友贸易公司收取的应收账款 15 000.00 元。

5. 收发类别和销售类型

收发类别	• 1 销售出库 • 2 销售退货 • 3 盘亏出库 • 4 调拨出库 • 5 其他出库	销售类型	• 01 批发销售 • 02 销售退回 • 03 门市零售

三、任务操作

（一）单据处理

1. 填制销售专用发票

❖ 业务 1.1

（1）在企业应用平台“业务工作”选项卡下，执行“财务会计”|“应收款管理”|“应收单据处理”|“应收单据录入”命令，系统弹出“单据类别”对话框。

（2）单击【确认】按钮，打开“销售专用发票”窗口。

（3）单击【增加】按钮，修改开票日期为“2020-07-05”，录入发票号“12340001”、客户简称“01”或单击【参照】按钮选择“环宇公司”、存货编码“006”或单击【参照】按钮选择“A 产品”、数量“200”、无税单价“125.00”。

（4）单击【销售类型】参照按钮，打开“销售类型基本参照”窗口，单击【编辑】

按钮，打开“销售类型”窗口。

（5）单击【增加】按钮，录入销售类型编码“01”、销售类型名称“批发销售”，单击【出库类别】参照按钮，打开“收发类别档案基本参照”窗口。

（6）单击【编辑】按钮，打开“收发类别”窗口，单击【增加】按钮，根据任务资料录入收发类别，如图 5-21 所示。

（7）单击【退出】按钮，返回“收发类别档案基本参照”窗口，选择“销售出库”，单击【确定】按钮，返回“销售类型”窗口。

（8）单击【保存】按钮，根据任务资料录入其他销售类型，如图 5-22 所示。

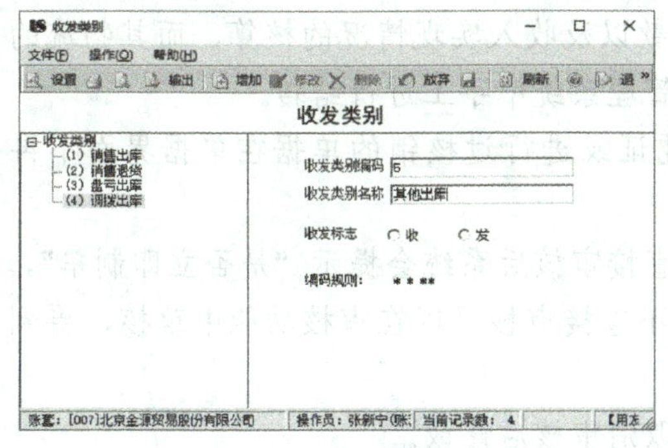

图 5-21　设置收发类别

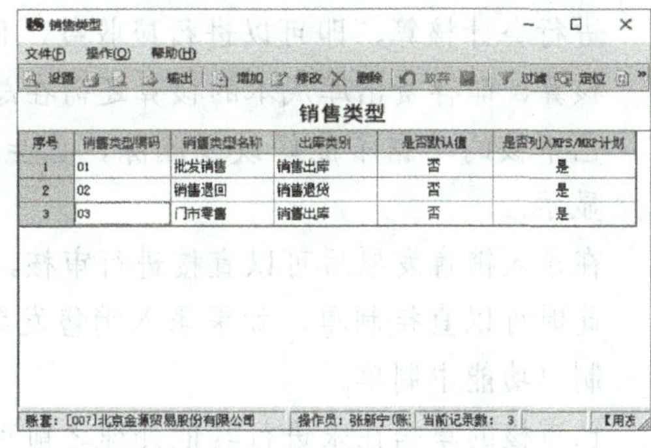

图 5-22　录入销售类型

（9）单击【退出】按钮，返回“销售类型基本参照”窗口，选择“批发销售”，单击【确定】按钮。

（10）填制完成的销售专用发票如图 5-23 所示。

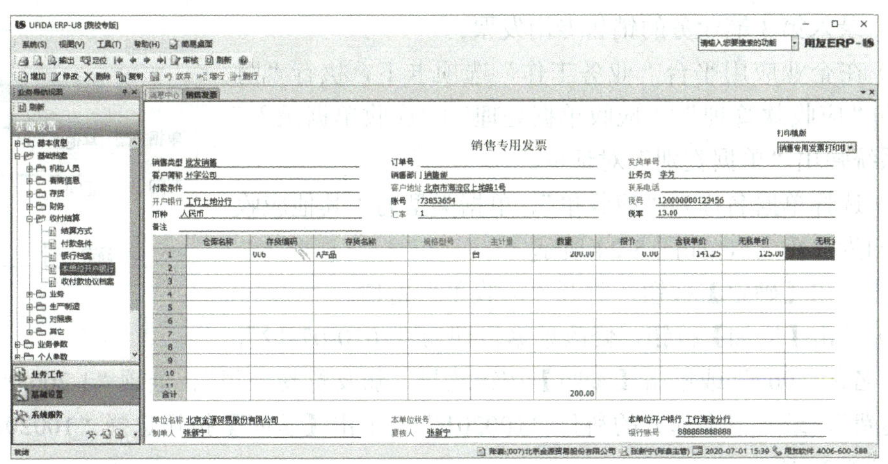

图 5-23　销售专用发票

❖　业务 1.2

按照相同的方法继续录入第 2 笔业务的销售专用发票。

提 示

- ✓ 销售发票和应收单是应收款管理系统日常核算的单据。如果应收款管理系统与销售管理系统集成使用，销售发票和代垫费用在销售管理系统中录入，在应收系统中可以对这些单据进行查询、核销、制单等操作，此时应收款管理系统需要录入的只限于应收单。
- ✓ 如果没有使用销售管理系统，则所有发票和应收单均需在应收款管理系统中录入。
- ✓ 在不启用供应链管理系统的情况下，在应收款管理系统中只能对销售业务的资金流进行会计核算，即可以进行应收款、已收款以及收入实现情况的核算，而其物流的核算，即存货出库成本的核算还需在总账管理系统中手工进行结转。
- ✓ 已审核的单据不能修改或删除，已生成凭证或进行过核销的单据在单据界面不再显示。
- ✓ 在录入销售发票后可以直接进行审核，在直接审核后系统会提示“是否立即制单”，此时可以直接制单。如果录入销售发票后不直接审核可以在审核功能中审核，再到制单功能中制单。
- ✓ 已审核的单据在未进行其他处理之前可以取消审核后修改。
- ✓ 应在“基础设置”|“单据设置”|“单据编号设置”中，将详细信息设置为“手动改动，重号时自动重取”。

2．填制业务应收单

❖ 业务 1.3

（1）录入第 3 笔业务的销售专用发票。

（2）在企业应用平台“业务工作”选项卡下，执行“财务会计”|“应收款管理”|“应收单据处理”|“应收单据录入”命令，系统弹出“单据类别”对话框。

（3）选择单据名称为“应收单”、单据类型为“其他应收单”、方向为“正向”，如图 5-24 所示。

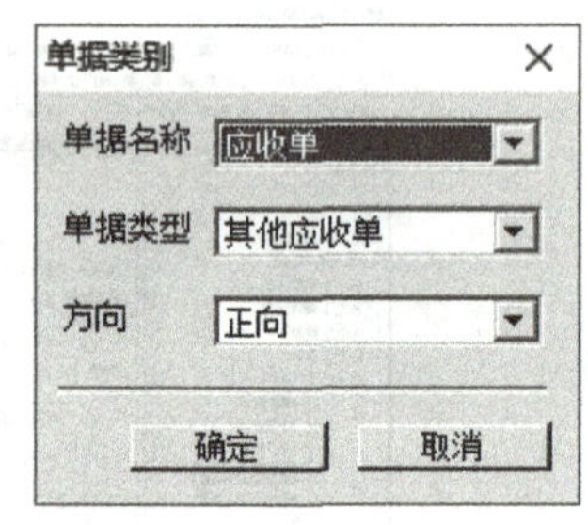

图 5-24　单据类别

（4）单击【确定】按钮，打开“应收单”窗口。

（5）单击【增加】按钮，修改单据日期为“2020-07-12”，录入客户名称“002”或单击【参照】按钮选择“丽友贸易公司”、金额“1 200.00”、摘要“代垫运费”，录入下半部分的科目“100201”或单击【参照】按钮选择“100201 工行存款”，如图 5-25 所示。

（6）单击【保存】按钮，单击【退出】按钮退出。

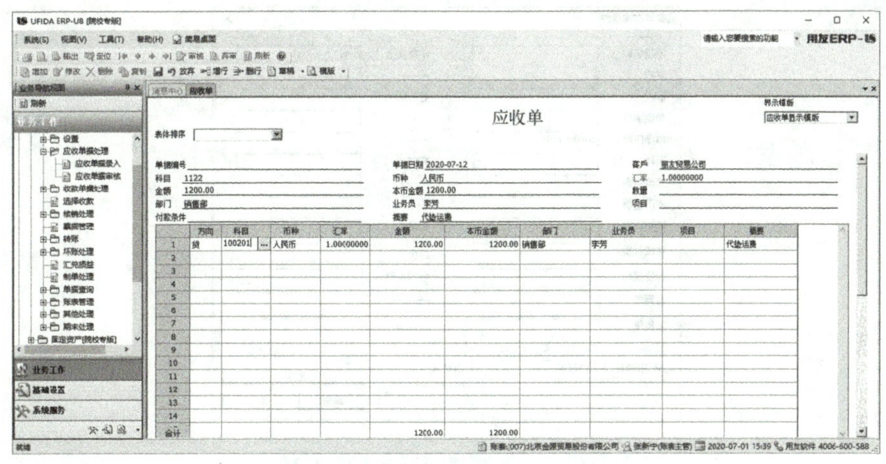

图 5-25 录入应收单相关数据

❖ 业务 1.4

按照相同的方法录入第 4 笔业务的销售专用发票及其他应收单。

3. 修改销售专用发票

❖ 业务 1.5

（1）在企业应用平台“业务工作”选项卡下，执行“财务会计”|“应收款管理”|“应收单据处理”|“应收单据录入”命令，系统弹出“单据类别”对话框。

（2）单击【确定】按钮，打开“销售专用发票”窗口。

（3）单击【上张】按钮，找到“12340003”号销售专用发票。

（4）单击【修改】按钮，将无税单价修改为“150.00”。

（5）单击【保存】按钮退出。

4. 删除销售专用发票

❖ 业务 1.6

（1）在企业应用平台“业务工作”选项卡下，执行“财务会计”|“应收款管理”|“应收单据处理”|“应收单据录入”命令，系统弹出“单据类别”对话框。

（2）单击【确定】按钮，打开“销售专用发票”窗口。

（3）单击【上张】按钮，找到“12340001”号销售专用发票。

（4）单击【删除】按钮，系统弹出“单据删除后不能恢复，是否继续？”对话框，如图 5-26 所示，单击【是】按钮退出。

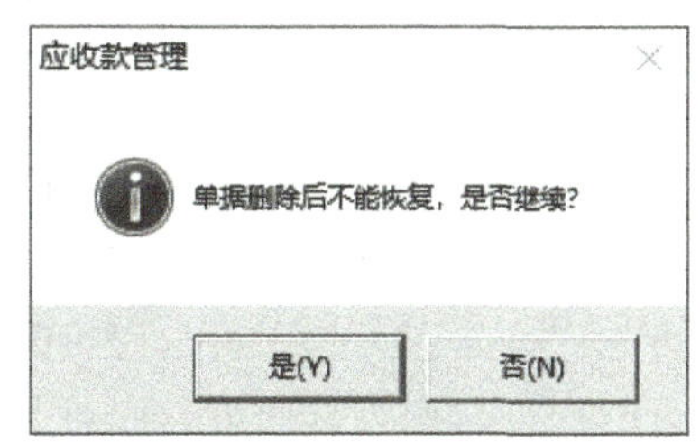

图 5-26 提示删除后不能恢复

5. 审核应收单据

（1）在企业应用平台“业务工作”选项卡下，执行“财务会计”|“应收款管理”|“应收单据处理”|“应收单据审核”命令，系统弹出“应收单过滤条件”对话框，如图 5-27 所示。

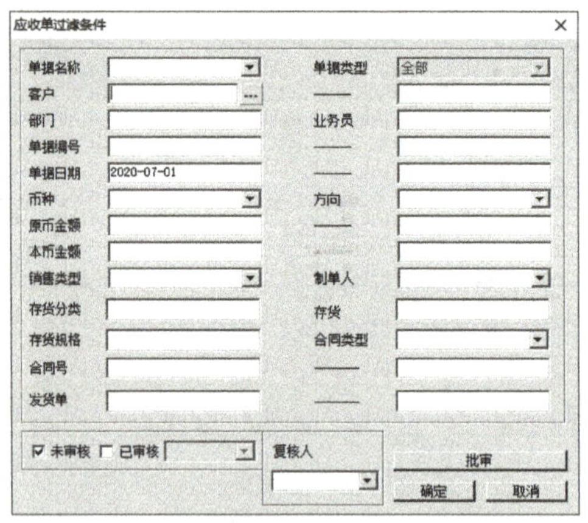

图 5-27 “应收单过滤条件”对话框

（2）单击【确定】按钮，打开“应收单据列表”窗口，单击【全选】按钮，如图 5-28 所示。

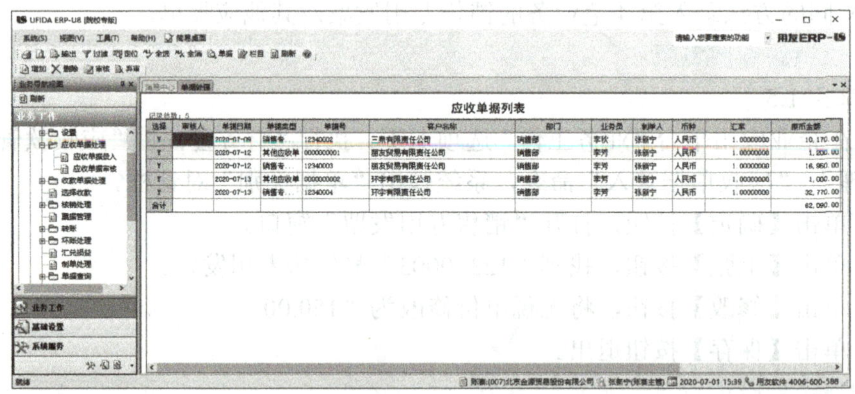

图 5-28 全选应收单据列表

（3）单击【审核】按钮，系统弹出如图 5-29 所示的对话框，单击【确认】按钮。

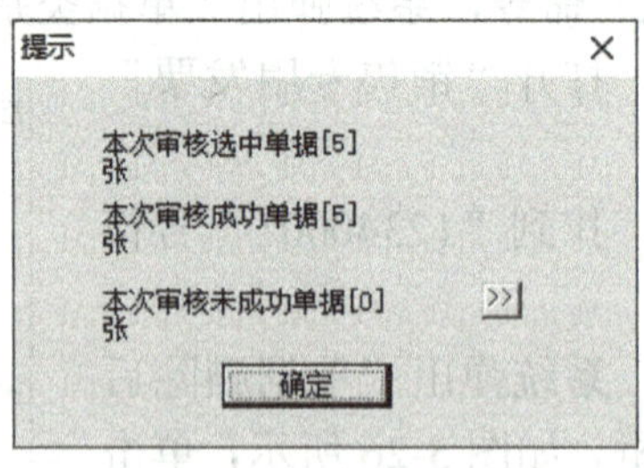

图 5-29 审核提示

6．制单

（1）在企业应用平台“业务工作”选项卡下，执行“财务会计”|“应收款管理”|“制单处理”命令，系统弹出“制单查询”对话框，选择“发票制单”和“应收单制单”，如

图 5-30 所示。

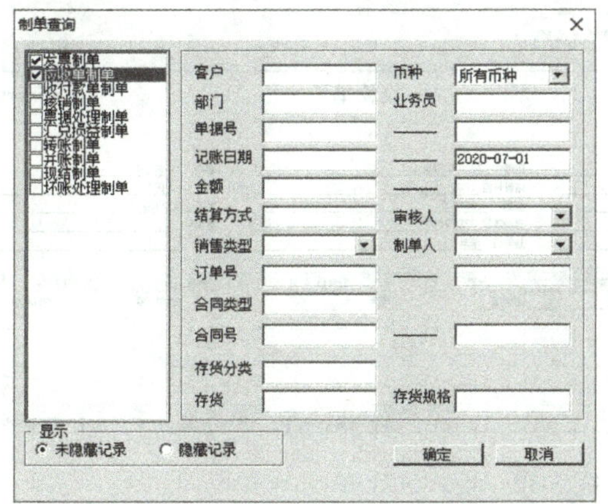

图 5-30　选择制单

单据处理

（2）单击【确定】按钮，打开“制单”窗口。

（3）单击【全选】按钮，单击凭证类别栏下三角按钮，选择“转账凭证”。

（4）单击【制单】按钮，生成第一张转账凭证，单击【保存】按钮，如图 5-31 所示。

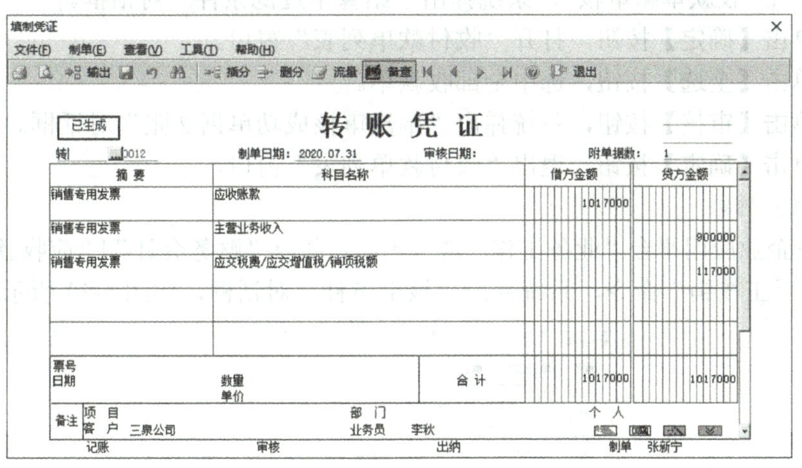

转账凭证

转 0012　制单日期：2020.07.31　审核日期：　附单据数：1

摘要	科目名称	借方金额	贷方金额
销售专用发票	应收账款	1017000	
销售专用发票	主营业务收入		900000
销售专用发票	应交税费/应交增值税/销项税额		117000
票号 日期	数量 单价 合计	1017000	1017000

备注　项目　部门　个人
客户　三泉公司　业务员　李秋

记账　审核　出纳　制单　张新宁

图 5-31　转账凭证

（5）单击【下张】按钮，再单击【保存】按钮，直至保存所有转账凭证，单击【退出】按钮退出。

7. 填写收款单

❖　业务 1.7

（1）在企业应用平台“业务工作”选项卡下，执行“财务会计”|“应收款管理”|“收款单据处理”|“收款单据录入”命令，打开“收款单”窗口。

（2）单击【增加】按钮，根据任务资料录入收款单，如图 5-32 所示。

（3）单击【保存】按钮。

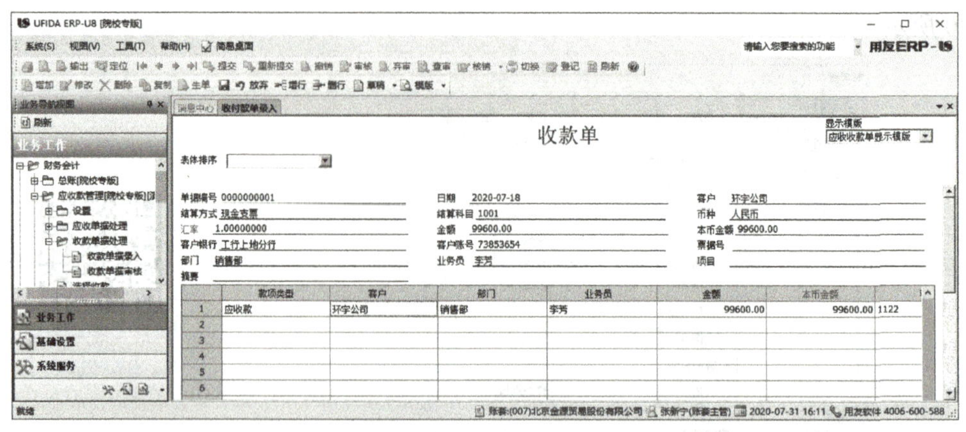

图 5-32　录入收款单

❖　业务 1.8

按照相同的方法录入第 2 张收款单。

8. 审核收款单

（1）在企业应用平台“业务工作”选项卡下，执行“财务会计”|“应收款管理”|“收款单据处理”|“收款单据审核”，系统弹出“结算单过滤条件”对话框。

（2）单击【确定】按钮，打开“收付款单列表”窗口。

（3）单击【全选】按钮，选中全部收款单。

（4）单击【审核】按钮，系统弹出“本次审核成功单据 2 张”对话框。

（5）单击【确定】按钮，退出“收付款单列表”窗口。

9. 核销收款单

（1）在企业应用平台“业务工作”选项卡下，执行“财务会计”|“应收款管理”|“核销处理”|“手工核销”命令，系统弹出“核销条件”对话框，如图 5-33 所示。

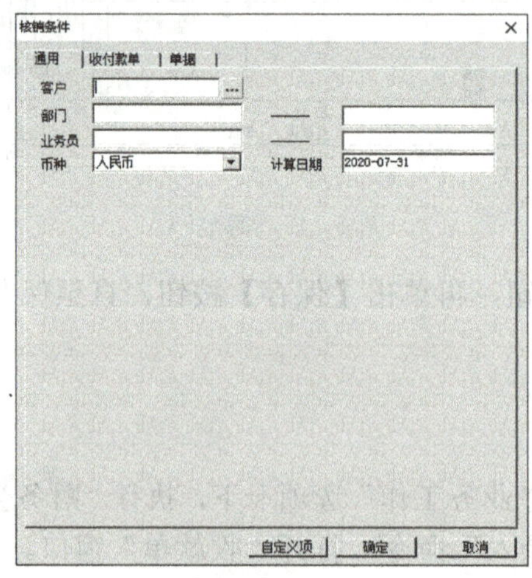

图 5-33　“核销条件”对话框

（2）录入客户“001”，单击【确定】按钮，打开“单据核销”窗口。

（3）在下方双击要核销的单据，如图 5-34 所示，单击【保存】按钮，系统自动核销后退出。

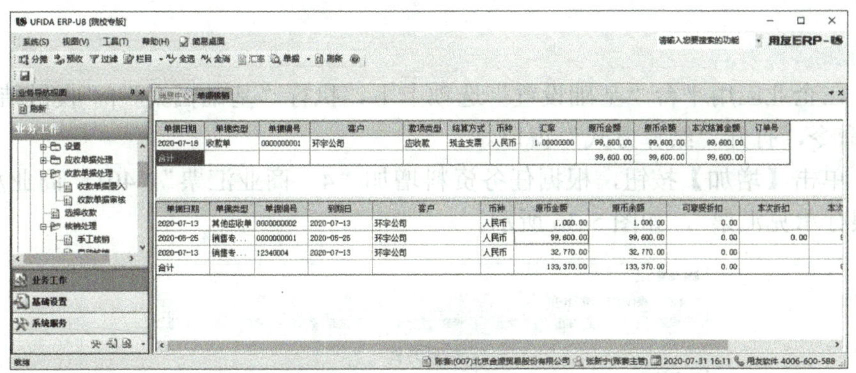

图 5-34　单据核销

（4）按照同样的方法核销三泉公司的转账支票。

✓ 手工核销时一次只能显示一个客户的单据记录，且收付款单列表根据表体记录明细显示。当收付款单有代付处理时，只显示当前所选客户的记录。若需要对代付款进行处理，则需要在过滤条件中录入该代付单位，进行核销。一次只能对一种收付款单类型进行核销，即手工核销的情况下需要将收款单和付款单分开核销。

10. 制单

（1）在企业应用平台“业务工作”选项卡下，执行“财务会计”|“应收款管理”|“制单处理”命令，系统弹出“制单查询”对话框。

（2）选择“收付款单制单”，单击【确定】按钮，打开“收付款单制单”窗口，单击【全选】按钮，选中 2 张收款单。

（3）单击【制单】按钮，生成记账凭证，单击【保存】按钮，如图 5-35 所示。

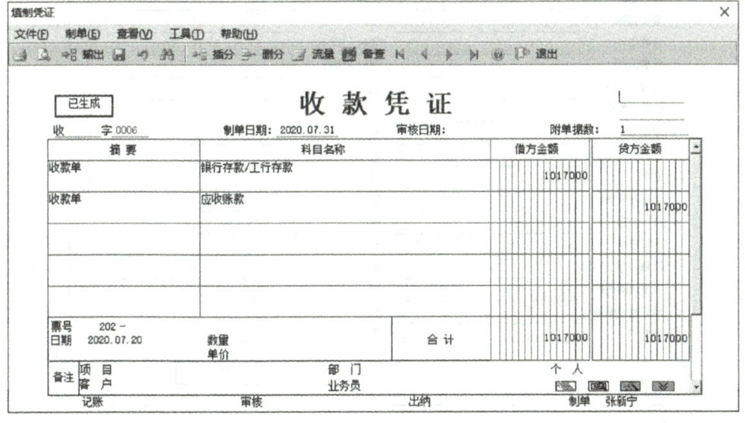

图 5-35　支付货款的收款凭证

（4）单击【下张凭证】按钮，保存后退出。

（二）票据处理

1. 增加结算方式

（1）在企业应用平台“基础设置”选项卡下，执行“基础档案”|“收付结算”|“结算方式”命令，打开“结算方式”窗口。

（2）单击【增加】按钮，根据任务资料增加“4　商业汇票”“401　商业承兑汇票”“402　银行承兑汇票”，如图 5-36 所示。

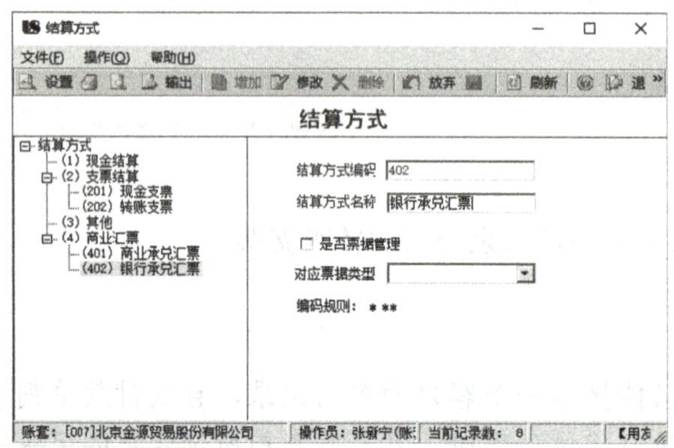

图 5-36　增加结算方式

（3）单击【退出】按钮退出。

2. 填制商业承兑汇票

（1）在企业应用平台“业务工作”选项卡下，执行“财务会计”|“应收款管理”|“票据管理”命令，系统弹出“过滤条件选择”对话框，如图 5-37 所示。

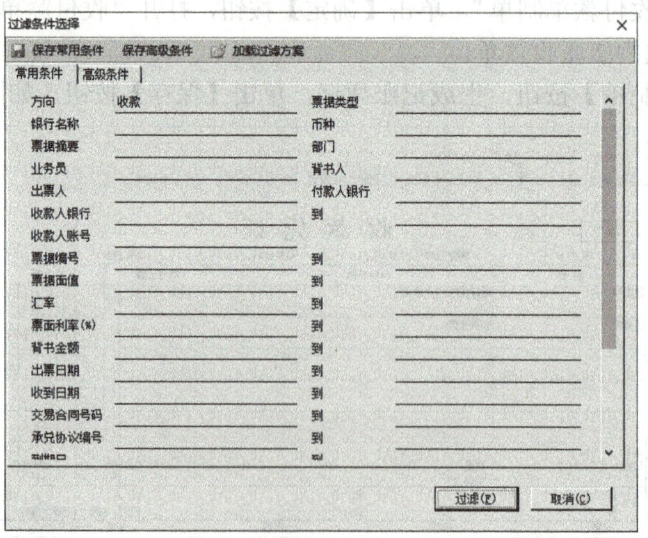

图 5-37　“过滤条件选择”对话框

（2）单击【过滤】按钮，打开“票据管理”窗口。

（3）单击【增加】按钮，打开“票据”窗口。

（4）根据任务资料录入商业汇票，如图 5-38 所示。

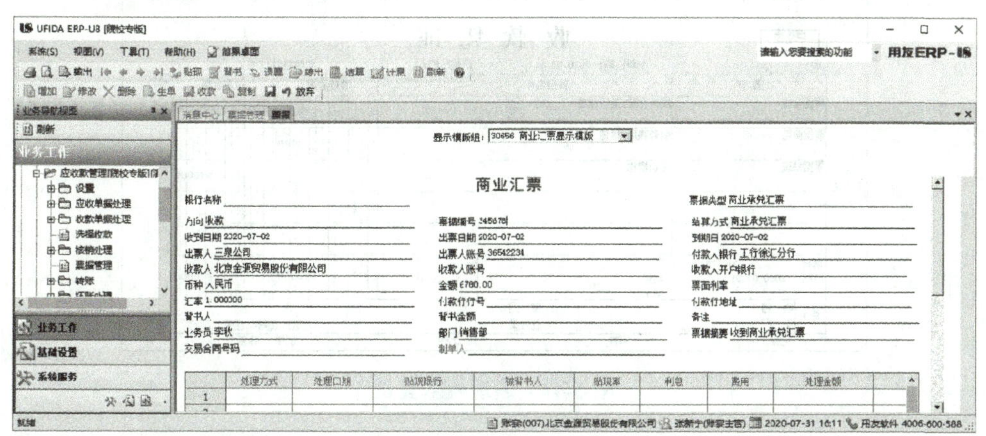

图 5-38　录入商业汇票

（5）单击【保存】按钮，返回“票据管理”窗口。按照同样的方法继续录入第二张商业承兑汇票。

3．商业承兑汇票贴现

（1）在企业应用平台“业务工作”选项卡下，执行“财务会计”|“应收款管理”|“票据管理”命令，系统弹出“过滤条件选择”对话框。

（2）单击【过滤】按钮，打开“票据管理”窗口，单击选中 2020 年 7 月 2 日填制的商业承兑汇票。

（3）单击【贴现】按钮，系统弹出“票据贴现”对话框，录入贴现率“6”、结算科目“100201”，如图 5-39 所示。

（4）单击【确认】按钮，系统弹出“是否立即制单”对话框，如图 5-40 所示。

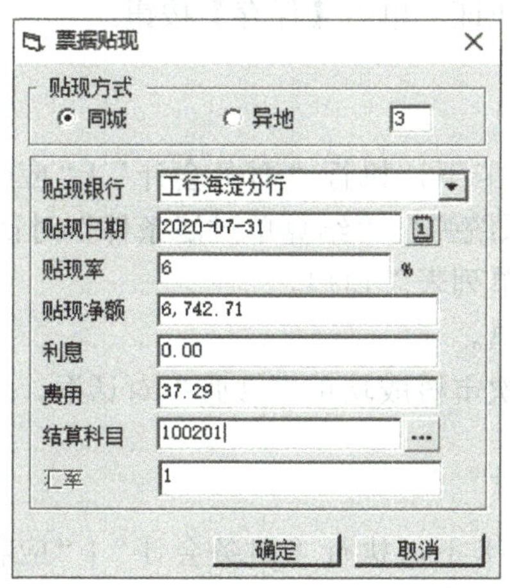

图 5-39　设置票据贴现

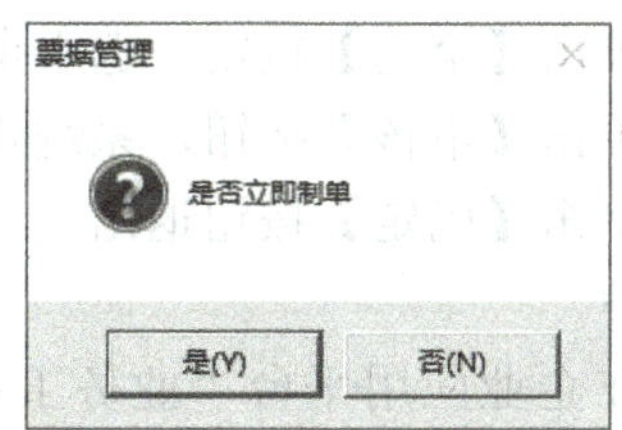

图 5-40　提示是否立即制单

（5）单击【是】按钮，生成贴现收款凭证，单击【保存】按钮，如图 5-41 所示。

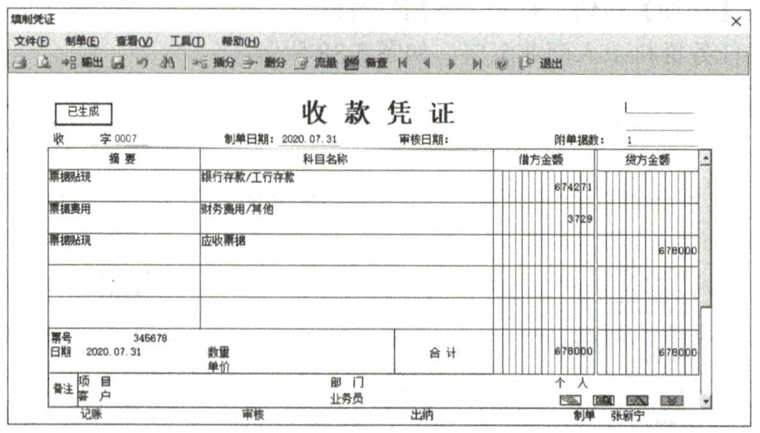

图 5-41　贴现收款凭证

（6）单击【退出】按钮退出。

4．商业承兑汇票结算

（1）在企业应用平台“业务工作”选项卡下，执行“财务会计”|“应收款管理”|“票据管理”命令，系统弹出“过滤条件选择”对话框。

（2）单击【过滤】按钮，打开“票据管理”窗口，单击选中 2020 年 7 月 3 日填制的商业承兑汇票。

（3）单击【结算】按钮，系统弹出“票据结算”对话框，修改结算日期为“2020-07-30”，录入结算科目“100201”，如图 5-42 所示。

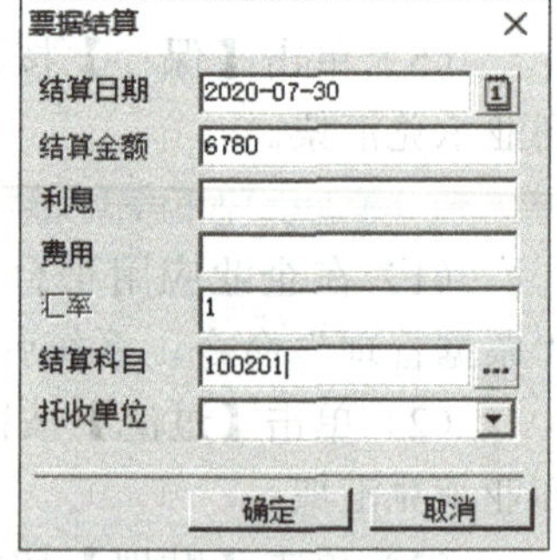

图 5-42　设置票据结算

（4）单击【确定】按钮，系统弹出“是否立即制单”对话框。

（5）单击【是】按钮，生成结算的记账凭证，单击【保存】按钮。

（6）单击【退出】按钮退出。

5．审核收款单

（1）在企业应用平台“业务工作”选项卡下，执行“财务会计”|“应收款管理”|“收款单据处理”|“收款单据审核”命令，系统弹出“结算单过滤条件”对话框。

（2）单击【确定】按钮，打开“收付款单列表”窗口。

（3）单击【全选】按钮，选中全部收款单。

（4）单击【审核】按钮，系统弹出“本次审核成功单据 2 张”对话框。

（5）单击【确定】按钮退出。

6．制单

（1）在企业应用平台“业务工作”选项卡下，执行“财务会计”|“应收款管理”|“制单处理”命令，系统弹出“制单查询”对话框。

（2）选择“收付款单制单”，单击【确定】按钮，打开“收付款单制单”窗口。

（3）单击【全选】按钮，选中 2 张收款单。

（4）单击【制单】按钮，生成记账凭证，单击【保存】按钮。

（5）单击【下张凭证】按钮，保存后退出。

（三）转账处理

1．将应收账款冲抵应收账款

（1）在企业应用平台“业务工作”选项卡下，执行“财务会计”|“应收款管理”|“转账”|“应收冲应收”命令，系统弹出“应收冲应收”对话框。

（2）录入转出户“001”或单击【参照】按钮选择“环宇公司”、转入户“002”或单击【参照】按钮选择“丽友贸易公司”。

（3）单击【过滤】按钮，录入第一行并账金额“32 770”、第二行并账金额“1 000”，如图 5-43 所示。

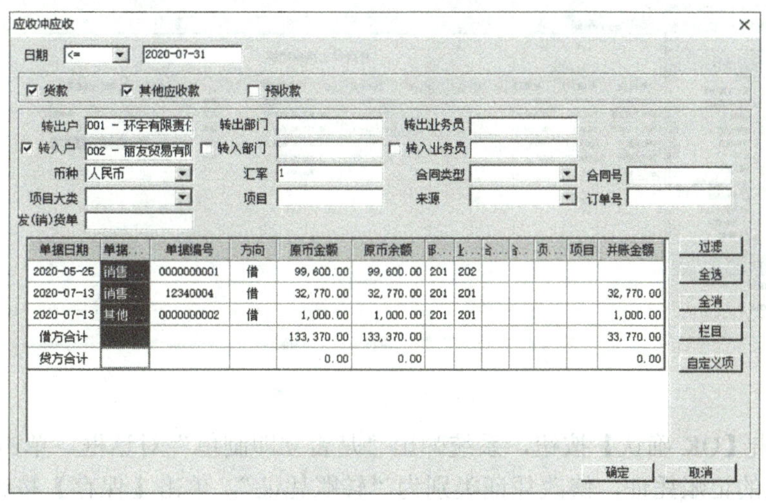

图 5-43　录入并账金额

（4）单击【确定】按钮，系统弹出“是否立即制单”对话框框，单击【否】按钮，单击【取消】按钮退出。

2．制单

（1）在企业应用平台“业务工作”选项卡下，执行“财务会计”|“应收款管理”|“制单处理”命令，系统弹出“制单查询”对话框。

（2）选择“并账制单”，单击【确定】按钮，打开“并账制单”窗口。

（3）选中记录后，单击【制单】按钮，生成记账凭证，修改凭证类别为“转账凭证”，单击【保存】按钮，保存后退出。

（四）坏账处理

1. 发生坏账

（1）在企业应用平台“业务工作”选项卡下，执行“财务会计”|“应收款管理”|“坏账处理”|“坏账发生”命令，系统弹出“坏账发生”对话框。

（2）将日期修改为“2020-07-12”，录入客户“002”或单击【参照】按钮选择“丽友贸易公司”，如图 5-44 所示。

（3）单击【确定】按钮，打开“坏账发生单据明细”窗口。

（4）录入本次发生坏账金额第三行“16 950”、第四行录入“1 200”，如图 5-45 所示。

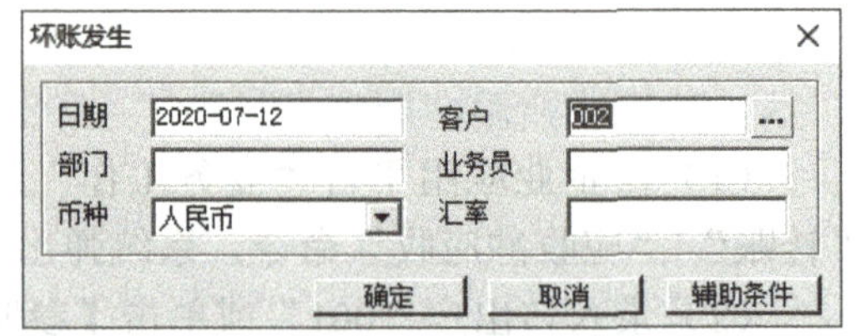

图 5-44 设置坏账发生参数

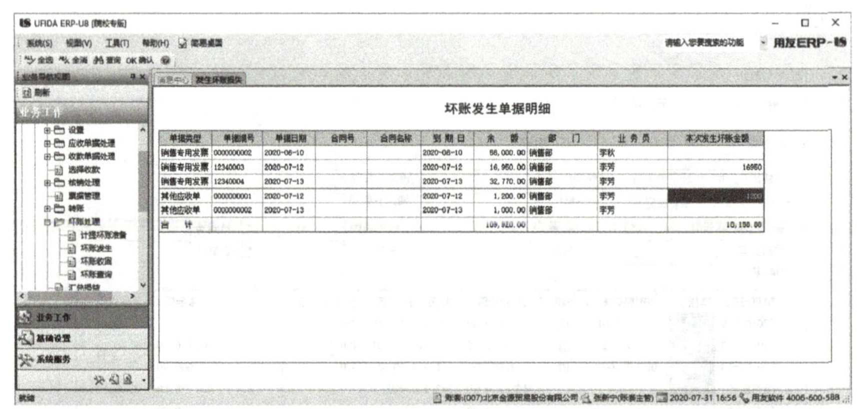

图 5-45 录入发生坏账金额

（5）单击【OK 确认】按钮，系统弹出“是否立即制单”对话框，单击【是】按钮，生成发生坏账的记账凭证，修改凭证类别为“转账凭证”，单击【保存】按钮，如图 5-46 所示。

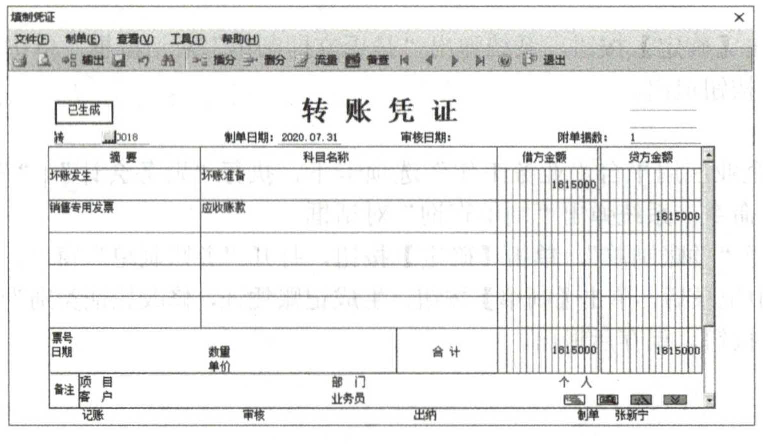

图 5-46 转账凭证

（6）单击【退出】按钮退出。

✓ 本次坏账发生金额只能小于等于单据余额。

2. 填制收款单

（1）在企业应用平台“业务工作”选项卡下，执行“财务会计”|“应收款管理”|“收款单据处理”|“收款单据录入”，打开“收款单”窗口。

（2）单击【增加】按钮。录入客户“002”，选择结算方式为“转账支票”，录入金额“15 000.00”、摘要“已做坏账处理的应收账款又收回”。

（3）单击【保存】按钮退出。

3. 坏账收回

（1）在企业应用平台“业务工作”选项卡下，执行“财务会计”|“应收款管理”|“坏账处理”|“坏账收回”命令，系统弹出“坏账收回”对话框。

票据处理、转账处理和坏账处理

（2）录入客户“002”或单击【参照】按钮选择“丽友贸易公司”，单击结算单号栏【参照】按钮选择“0000000005”结算单，如图 5-47 所示。

（3）单击【确定】按钮，系统弹出“是否立即制单”对话框，单击【是】按钮，生成一张收款凭证，单击【保存】按钮，如图 5-48 所示。

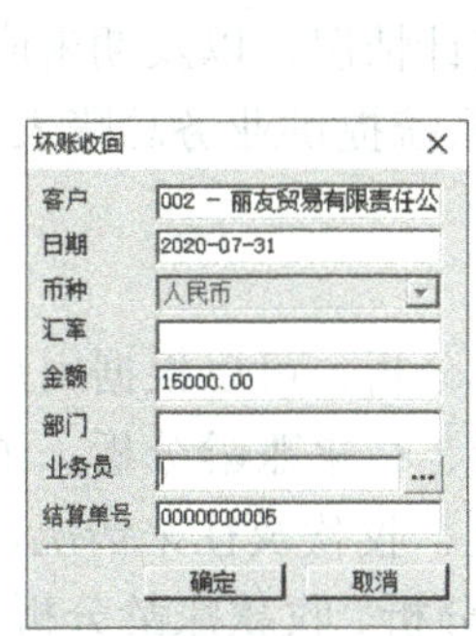

图 5-47　坏账收回设置

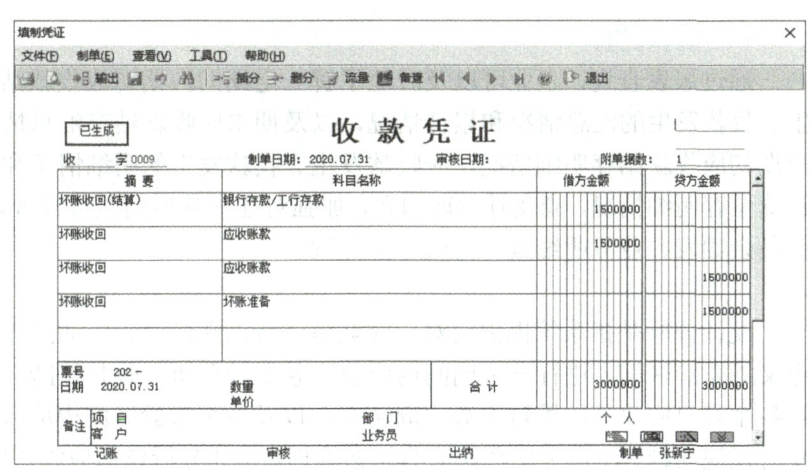

图 5-48　收款凭证

（4）单击【退出】按钮退出。

任务三　应收款管理系统期末业务处理

金源公司使用用友 ERP-U872 应收款管理系统进行业务处理，月末，会计主管张新宁需要查询所有客户的欠款情况与办理月末结账工作。

知识准备

一、单据查询

系统提供对应收单、结算单、凭证等的查询，进行各类单据、详细核销信息、报警信息、凭证等内容的查询。在查询列表中，系统提供自定义显示栏目、排序等功能，用户可以通过单据列表操作来制作符合自身要求的单据的列表。用户在单据查询时，若启用客户、部门数据权限控制，则用户在查询单据时只能查询有权限的单据。

二、账表管理

1. 业务账查询

通过账表查询，企业可以及时地了解一定期间内期初应收款结存汇总情况，应收款发生、收款发生的汇总情况和累计情况，以及期末应收款结存汇总情况；还可以了解各个客户期初应收款结存明细情况，应收款发生、收款发生的明细情况和累计情况，以及期末应收款结存明细情况，能及时发现问题，加强对往来款项的监督管理。系统提供业务总账表、业务余额表、业务明细账、对账单的查询。

2. 统计分析

统计分析是指系统提供的对应收业务进行的账龄分析。通过统计分析，可以根据用户定义的账龄区间，进行一定期间内应收账款账龄分析、收款账龄分析、往来账龄分析，了解各个客户应收款的周转天数、周转率，以及各个账龄区间内应收款、收款及往来情况，及时发现问题，加强对往来款项的动态管理。统计分析包括应收账龄分析、收款账龄分析、欠款分析、收款预测。

3. 科目表查询

科目表查询包括科目明细账、科目余额表的查询。

三、期末处理

期末处理是指用户进行的期末结账工作。如果当月业务已全部处理完毕，就需要执行月末结账功能，只有月末结账后，才可以开始下月工作。期末处理包括月末结账和取消结账处理。

任务实施

一、任务目标

1. 查询本公司所有客户的欠款情况。
2. 办理月末结账工作。

二、任务操作

1. 查询欠款情况

（1）在企业应用平台“业务工作”选项卡下，执行“财务会计”|“应收款管理”|“账表管理”|“统计分析”|“欠款分析”命令，系统弹出“欠款分析”对话框，如图 5-49 所示。

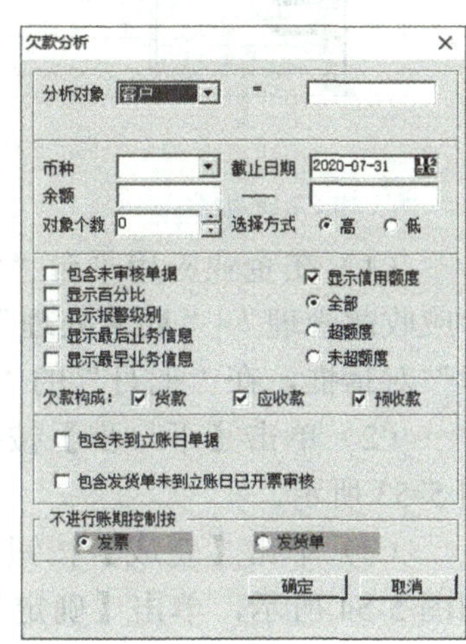

图 5-49 “欠款分析”对话框

（2）单击【确定】按钮，打开“欠款分析”窗口，显示客户的欠款分析报表，如图 5-50 所示。

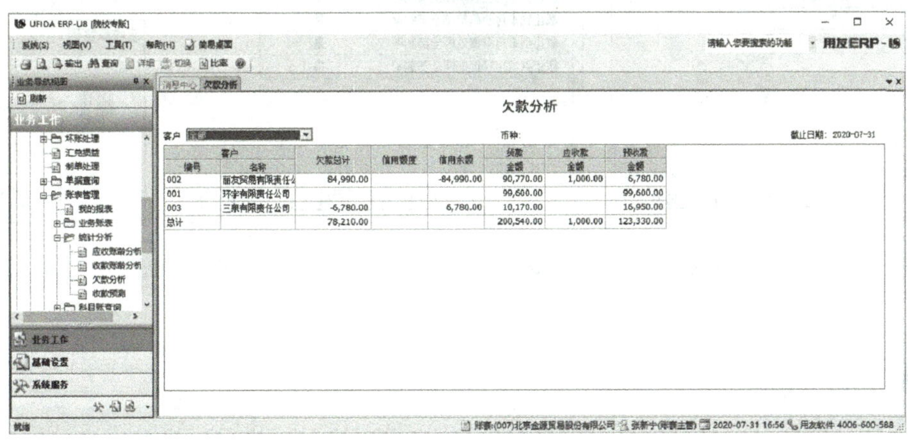

图 5-50 客户欠款分析报表

（3）单击【比率】按钮，显示客户欠款及比例分析情况，如图 5-51 所示。

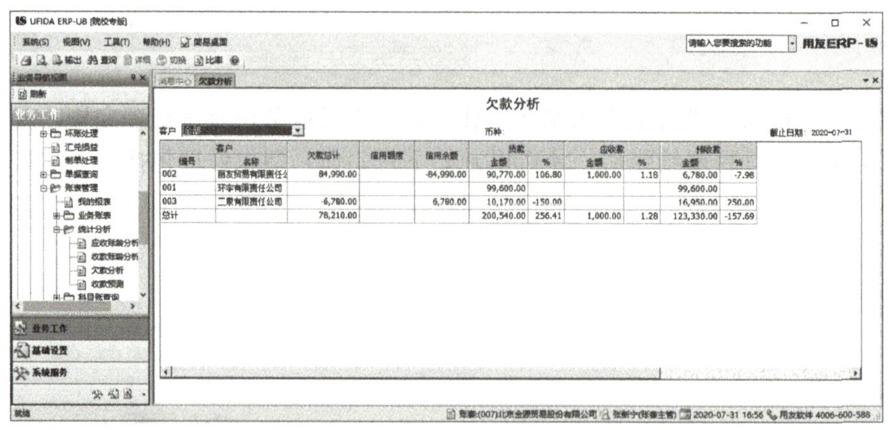

图 5-51　欠款分析（客户欠款及比例分析情况）

2．进行月末结账

（1）在企业应用平台“业务工作”选项卡下，执行“财务会计”|“应收款管理”|“期末处理”|“月末结账”命令，系统弹出“月末处理”对话框，在“七月”的“结账标志”栏双击鼠标，如图 5-52 所示。

（2）单击【下一步】按钮，系统显示各种处理类型均已完成，如图 5-53 所示。

（3）单击【完成】按钮，系统弹出“7 月份结账成功”对话框，如图 5-54 所示，单击【确定】按钮。

应收款管理系统期末处理

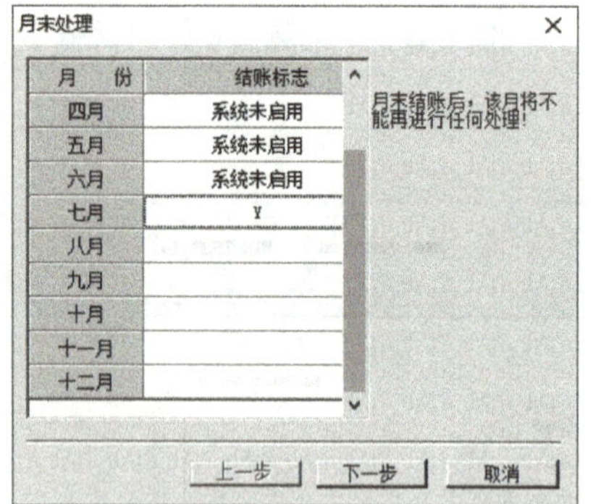

图 5-52　进行月末处理

月末处理

处理类型	处理情况
截止到本月应收单据全部记账	是
截止到本月收款单据全部记账	是
截止到本月应收单据全部制单	是
截止到本月收款单据全部制单	是
截止到本月票据处理全部制单	是
截止到本月其他处理全部制单	是

上一步　完成　取消

图 5-53　“月末处理”提示窗口

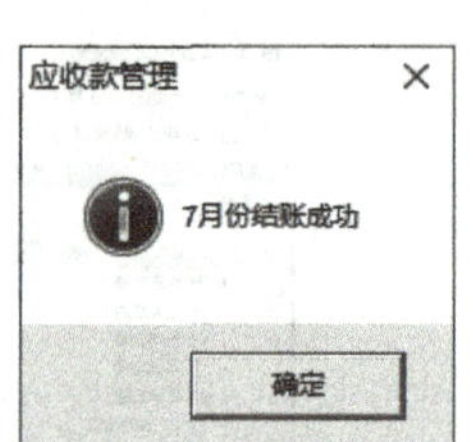

图 5-54　提示结账成功

项目训练

一、不定项选择题

1．在应收款管理系统中，可以将“应收款核算模型”设置为（　　）。

A．月末处理　　B．按单据　　C．按客户　　D．详细核算

2．在应收款管理系统中，期初数据的准备应不包括（　　）。

A．设置结算方式　　B．设置供应商档案

C．设置客户档案　　D．设置存货档案

3．在应收款管理系统的应收冲应付的转账处理功能中，如果录入转出户及转入户的条件应单击（　　）按钮。

A．全选　　B．过滤　　C．转出户　　D．转入户

4．在应收款管理系统中，下列关于“收款单”的说法中，正确的是（　　）。

A．从销售系统中传入的单据不允许删除

B．单据的名称和类型不能修改

C．已审核的单据不能修改

D．以上说法都正确

5．在应收款管理系统的坏账处理功能中，下列说法错误的是（　　）。

A．坏账收回时填制的收款单不需要审核

B．坏账收回制单不受系统选项中“方向相反分类是否合并”选项控制

C．如果使用应收余额百分比法，一年只能计提一次坏账准备

D．本次坏账发生金额只能等于单据余额

6．在应收款管理系统中，执行操作后就不能修改坏账准备数据，只允许查询的不包括（　　）。

A．录入期初余额　　B．坏账计提

C．坏账发生　　D．坏账收回

7．在应收款管理系统中，票据执行转出后，系统自动生成一张已审核的（　　）。

A．应收单　　B．付款单　　C．收款单　　D．应付单

8．在应收款管理系统中，系统提供的核销方式不包括（　　）。

A．多张核销　　B．自动核销　　C．单张核销　　D．手工核销

二、上机操作题

1．引入项目二“项目训练”上机操作题。

2．应收款管理系统初始设置。

（1）设置应收款管理系统业务参数。

常规参数	• 单据审核日期依据为“单据日期” • 坏账处理方式为“应收余额百分比” • 代垫运费类型为“其他应收单” • 应收账款核算类型为“详细核算” • 其他采用系统默认设置
凭证参数	采用系统默认设置
权限与预警参数	采用系统默认设置
核销设置	应收账款核销方式为“按单据”，其他采用系统默认设置

（2）设置会计科目。

<table>
<tr><td rowspan="4">基本科目设置</td><td colspan="3">应收科目：1122；预收科目：2203；税金科目：22210105；销售收入科目：600101；销售退回科目：600101；银行承兑科目：1121；商业承兑科目：1121；现金折扣科目：6603；票据利息科目：6603；票据费用科目：6603；收支费用科目：6603</td></tr>
</table>

基本科目设置	应收科目：1122；预收科目：2203；税金科目：22210105；销售收入科目：600101；销售退回科目：600101；银行承兑科目：1121；商业承兑科目：1121；现金折扣科目：6603；票据利息科目：6603；票据费用科目：6603；收支费用科目：6603		
产品科目设置	存货名称	销售收入科目	销售退回科目
	甲产品	600101	600101
	乙产品	600102	600102
结算方式科目设置	现金结算方式：1001；现金支票、转账支票：100201		

（3）设置坏账准备。坏账准备提取比例为0.5%，坏账准备期初余额为920元，坏账准备科目为1231（坏账准备），对方科目为6701（资产减值损失）。

（4）设置单据编号及格式。允许手工修改销售专用发票、销售普通发票的单据编号，且重号时自动重取；删除销售专用发票、销售普通发票的销售类型项目。

（5）录入应收款管理系统的期初余额并与总账对账。

账户	期初余额（元）	备　注
应收票据	565 000.00	2019年12月20日，向鑫科公司销售甲产品4 000件，无税单价为125.00元，价税合计565 000.00元，销售专用发票号为878899。商业承兑汇票票号54312，签发日期为2019年12月20日，收到日期为2019年12月20日，到期日为2014年2月20日
应收账款	180 800.00	2019年12月10日，向福耀公司销售甲产品800件，无税单价为125.00元，价税合计113 000.00元，销售专用发票号为876677； 2019年12月12日，向华盛公司销售乙产品600件，无税单价为100.00元，价税合计67 800.00元，销售专用发票号为876644

3．应收款管理系统日常业务处理。

（1）3月1日，收到福耀公司交来购买商品款项113 000.00元（结算方式：其他），款项已经存入工商银行。

（2）3月1日，核销福耀公司应收账款。

（3）3月5日，向福耀公司销售甲产品300件，单位售价为156.00元，价税合计52 884.00元（价款46 800.00元，税款6 084.00元），款项尚未收到。

（4）3月6日，将应收鑫科公司的商业汇票贴现，金额为565 000.00元，贴现率为8%。

（5）3月11日，向华盛公司销售乙产品120件，单位售价为100.00元，每件商品的实际成本为67.00元；销售合同上规定现金折扣条件为“2/10，1/20，*n*/30”，商品已经发出。假定计算现金折扣时不考虑增值税（增加付款条件“2/10，1/20，*n*/30”）。

（6）3月20日，华盛公司支付11日购买乙产品货款，款项已经存入工商银行（结算方式：其他）。

（7）3月20日，核销华盛公司应收账款。

（8）3月22日，向华盛公司销售甲产品1 000件，单位售价为150.00元，价税合计 169 500.00 元（价款 150 000 元，税款 19 500 元），收到 3 个月到期的商业承兑汇票（票号为 25665）一张。

（9）3 月 26 日，向鑫科公司销售甲产品 600 件，单位售价为 159.00 元，价税合计 107 802.00 元（价款 95 400.00 元，税款 12 402.00 元），收到银行汇票一张，已经送存工商银行。

（10）3 月 29 日，向福耀公司销售 A 材料 100 千克，开出的增值税专用发票上注明的售价为 7 600.00 元，增值税额为 988.00 元，款项已经收妥并存入工商银行，该批材料的实际成本为 6 780.00 元（结算方式：其他）。

4．应收款管理系统期末业务处理。

（1）批量制单。

（2）月末结账。

项目六
应付款管理系统

6

职业能力目标

知识目标

了解应付款管理系统的基本功能。
了解应付款管理系统的内容和作用。
熟悉应付款管理系统参数设置的主要内容。
掌握应付款管理系统期初余额录入的方法。
掌握应付款管理系统处理日常业务的方法。

能力目标

能够进行应付款管理系统的初始化设置。
能够根据经济业务录入、审核应付单据并制单。
能够根据经济业务录入、审核付款单据并制单。
能熟练进行应付款管理系统账簿的查询。
能熟练进行月末结账和取消结账处理。

职业目标

能根据企业的需要进行应付款管理系统的初始化设置。
能根据企业进行的经济业务进行单据的录入、审核和制单。
能熟练进行核销、转账、票据管理、坏账处理等业务。

任务一 了解应付款管理系统

情景引例

金源公司已经完成了账套号为“007 北京金源贸易股份有限公司”的公司账套建立，从 2020 年 7 月 1 日起，启用了应付款管理系统，财会人员需要了解应付款管理系统的基本功能、业务处理流程，并能够进行应付款管理系统的初始化设置。

知识准备

一、应付款管理系统概述

应付款管理系统通过发票、其他应付单、付款单等单据的录入，对企业的往来账款进行综合管理，能及时、准确地提供供应商的往来账款余额资料，提供各种分析报表，帮助企业合理地进行资金的调配，提高资金的利用效率。

根据对供应商往来款项核算和管理的程度不同，系统提供了应付款详细核算和简单核算两种应用方案。应付款详细核算即应付账款在应付款管理系统进行核算，包括记录应付账款的形成及偿还的全过程；简单核算即应付账款在总账管理系统进行核算制单，在应付款管理系统进行查询。

应付款管理系统可以与采购管理系统、总账管理系统集成使用。应付款管理系统可接收在采购管理系统中所填制的采购发票，对其进行审核，同时生成相应凭证，并传递至总账管理系统。

（一）应付款管理系统功能概述

应付款管理系统主要提供了初始化设置、日常处理、单据查询、账表管理、其他处理等功能。

1．初始化设置

系统初始化设置提供系统参数的定义，用户结合企业管理要求进行参数设置，是整个系统运行的基础；提供单据类型设置、账龄区间的设置，为各种应付付款业务的日常处理及统计分析做准备；提供期初余额的录入，保证数据的完整性与连续性。

2. 日常处理

系统提供应付单据、付款单据的录入、审核、核销、转账、汇兑损益、制单等处理。

3. 单据查询

系统提供单据查询的功能，包括各类单据、详细核销信息、报警信息、凭证等。

4. 账表管理

系统提供总账、余额表、明细账等多种账表查询功能；提供应付账龄分析、付款账龄分析、欠款分析等丰富的统计分析功能。

5. 其他处理

系统其他处理提供用户进行远程数据传递的功能；提供用户对核销、转账等处理进行恢复的功能。

6. 月末处理

月末处理包括月末结账和取消结账功能。

（二）应付款管理系统与其他管理系统的主要关系

在“详细核算”应用方案中，应付款管理系统与其他管理系统的主要关系如图 6-1 所示。

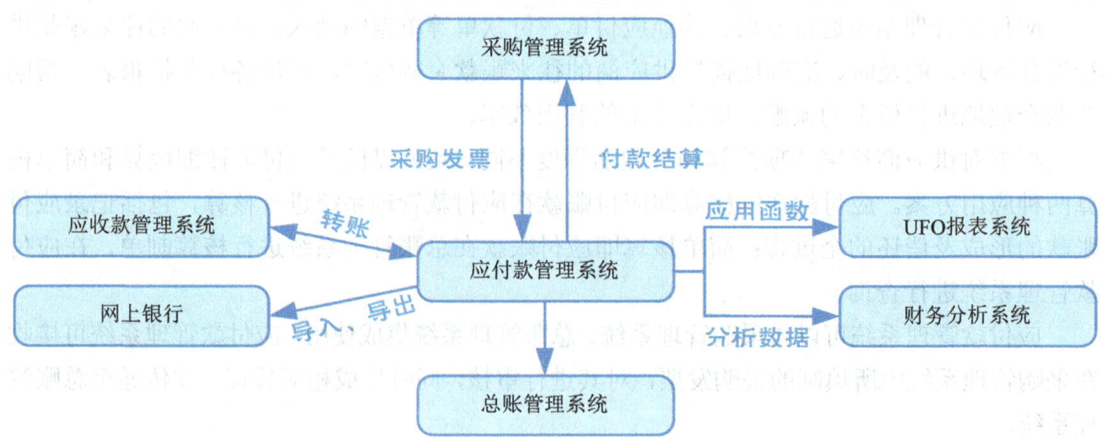

图 6-1 应付款管理系统与其他管理系统的主要关系

（三）应付款管理系统的业务处理流程

应付款管理系统的业务处理流程如图 6-2 所示。

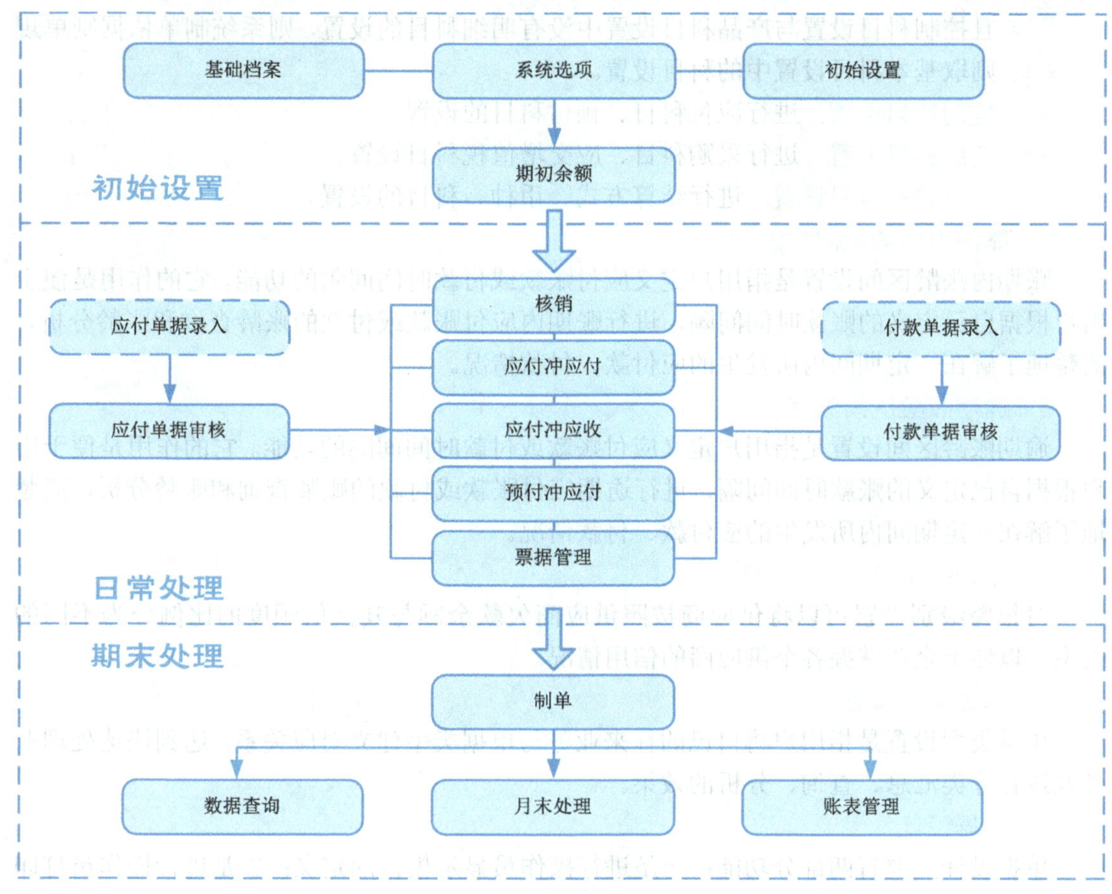

图 6-2 应付款管理系统的业务处理流程

二、应付款管理系统的初始化设置

（一）参数设置

系统参数是一个系统的灵魂，它将影响整个账套的使用效果，有些选项在系统使用后就不能修改，所以在选择时要慎重选择。系统选项分为常规选项、凭证选项、核销规则及权限和预警。

（二）初始设置

1. 设置科目

由于应付款管理系统业务类型较固定，生成的凭证类型也较固定，因此为了简化凭证生成操作，可以在此处将各业务类型凭证中的常用科目预先设置好。

- 基本科目设置：用户可以在此定义应付款管理系统凭证制单所需要的基本科目，包括应付科目、预付科目、采购科目、税金科目等。若用户未在单据中指定科目，且控制科目设置与产品科目设置中没有明细科目的设置，则系统制单依据制单规则取基本科目设置中的科目设置。

- 控制科目设置：进行应付科目、预付科目的设置。
- 产品科目设置：进行采购科目、应交增值税科目设置。
- 结算方式科目设置：进行结算方式、币种、科目的设置。

2. 账期内账龄区间设置

账期内账龄区间设置是指用户定义应付账款或付款时间间隔的功能。它的作用是便于用户根据自己定义的账款时间间隔，进行账期内应付账款或付款的账龄查询和账龄分析，清楚地了解在一定期间内所发生的应付款、付款情况。

3. 逾期账龄区间设置

逾期账龄区间设置是指用户定义应付账款或付款时间间隔的功能。它的作用是便于用户根据自己定义的账款时间间隔，进行逾期应付账款或付款的账龄查询和账龄分析，清楚地了解在一定期间内所发生的应付款、付款情况。

4. 报警级别设置

对报警级别设置可以将供应商按照供应商欠款余额与其授信额度的比例分为不同的类型，以便于企业掌握各个供应商的信用情况。

5. 单据类型设置

单据类型设置是指用户将自己的往来业务与单据类型建立对应关系，达到快速处理业务及进行分类汇总、查询、分析的效果。

6. 单据设计

单据设计主要有两部分功能：一是进行操作员显示模板的定义；二是进行操作员打印模板表头、表体项目的定义。

（三）期初余额

通过期初余额功能，用户可将正式启用账套前的所有应付业务数据录入到系统中，作为期初建账的数据，系统即可对其进行管理，这样既保证了数据的连续性，又保证了数据的完整性。

当初次使用本系统时，要将上期未处理完全的单据都录入到本系统，以便于以后的处理。当进入第二年度处理时，系统自动将上年度未处理完全的单据转为下一年度的期初余额。在下一年度的第一个会计期间里，可以进行期初余额的调整。

任务实施

一、任务目标

1. 进行应付款管理系统的初始化设置。
2. 录入应付款管理系统的期初余额。

二、任务资料

1. 参数设置

选项卡	参数设置（没有项选择系统默认）
常规	• 单据审核日期依据为“业务日期” • 应付款核算类型为“详细核算”
凭证	• 受控科目制单依据为“明细到供应商” • 非受控科目制单方式为“汇总方式”
权限及预警	• 启用供应商权限 • 按信用方式，根据单据提前 10 天自动报警
核销设置	• 应付账款核销方式为“按单据”

2. 基本科目设置

应付科目	2202 应付账款	现金折扣科目	660301 利息支出
采购科目	140301 生产用原材料	票据费用科目	660301 利息支出
商业承兑科目	2201 应付票据	票据利息科目	660301 利息支出
银行承兑科目	2201 应付票据	收支费用科目	6601 销售费用

3. 结算方式科目设置

现金结算方式科目	1001 库存现金	其他	100201 工行存款
现金支票结算方式科目	100201 工行存款	商业承兑汇票结算方式科目	100201 工行存款
转账支票结算方式科目	100201 工行存款	银行承兑汇票结算方式科目	100201 工行存款

4. 逾期账龄区间设置

逾期账龄区间设置总天数分别为 30 天、60 天、90 天。

5. 报警级别

A 级时的总比率为 10%，B 级时的总比率为 20%，C 级时的总比率为 30%，D 级时的总比率为 40%，E 级时的总比率为 50%，F 级时的总比率为 50%以上。

6. 期初余额

单据名称	方向	开票日期	票号	供应商名称	采购部门	科目编码	货物名称	数量	原币单价/元	价税合计/元
采购专用发票	正	2020-04-20	C000	鑫源公司	202	2202	甲材料	500	490.00	276 850.00

三、任务操作

（一）启用并注册应付款管理系统

（1）以账套主管“张新宁（A001）”身份进入用友 ERP-U872 企业应用平台，登录日期为 2020.07.01。

（2）在企业应用平台“基础设置”选项卡下，执行“基本信息”|“系统启用”命令，系统弹出“系统启用”对话框，选中“AP　应收款管理”复选框。

（3）在系统弹出的“日历”对话框中，选择薪资系统的启用时间为“2020 年 07 月 01 日”，单击【确定】按钮。

（4）在系统弹出的“确实要启用当前系统吗？”对话框中，单击【是】按钮返回。

（二）参数设置

（1）以账套主管“张新宁（A001）”身份重新进入用友 ERP-U872 企业应用平台。

（2）在企业应用平台“业务工作”选项卡中，执行“财务会计”|“应付款管理”|“设置”|“选项”命令，系统弹出“账套参数设置”对话框，如图 6-3 所示。

（3）单击【编辑】按钮，系统弹出“选项修改需要重新登陆才能生效”对话框，如图 6-4 所示，单击【确定】按钮。

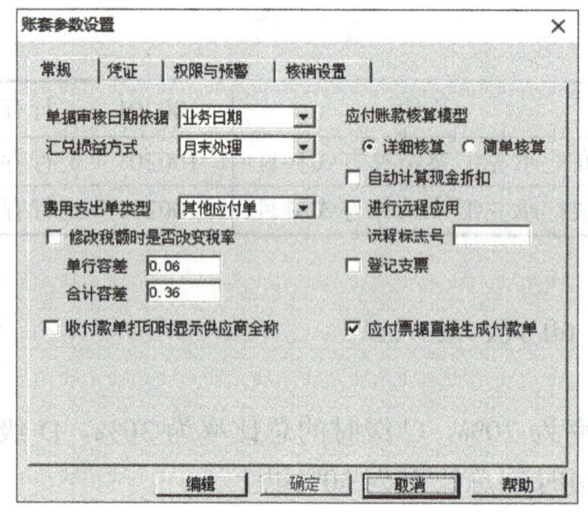

图 6-3　“账套参数设置”对话框

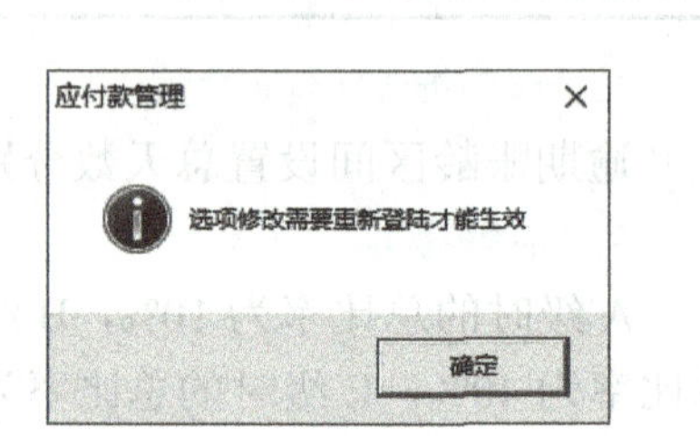

图 6-4　提示需要重新登陆才生效

（4）分别在“常规”“凭证”“权限与预警”“核销设置”选项卡下，根据任务资料进行设置。

（5）设置完成后，单击【确定】按钮。

（二）设置会计科目

1. 设置基本科目

（1）在企业应用平台“业务工作”选项卡中，执行“财务会计”|“应付款管理”|“设置”|“初始设置”命令，打开“初始设置”窗口。

（2）单击“基本科目设置”，根据任务资料录入相关科目，如图 6-5 所示。

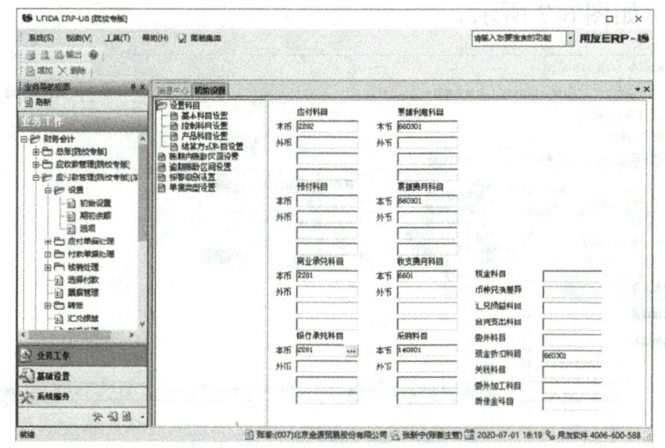

图 6-5 基本科目设置

2．结算方式科目设置

（1）在企业应用平台“业务工作”选项卡下，执行“财务会计”|“应付款管理”|“设置”|“初始设置”命令，打开“初始设置”窗口。

（2）单击“结算方式科目设置”，根据任务资料选择相关结算方式、币种和对应的结算科目代码，如图 6-6 所示。

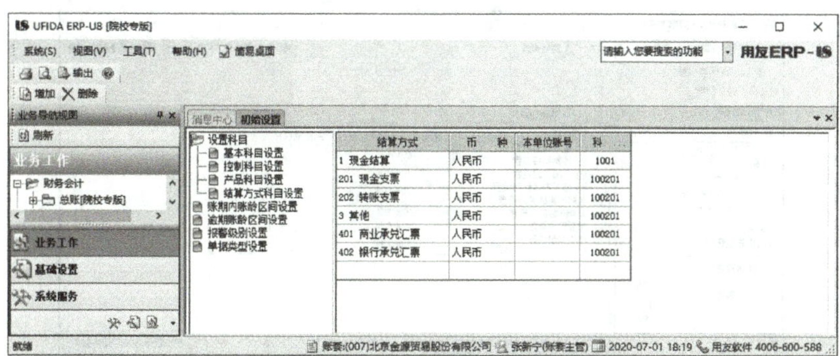

图 6-6 结算方式科目设置

✓ 科目所核算的币种必须与所录入的币种一致。
✓ 基本科目必须是最末级科目。
✓ 结算科目不能带有客户往来和供应商往来辅助核算。

（三）设置逾期账龄区间

（1）在企业应用平台“业务工作”选项卡下，执行“财务会计”|“应付款管理”|“设置”|“初始设置”命令，打开“初始设置”窗口。

（2）单击“逾期账龄区间设置”，录入总天数“30”，按“Enter”键，根据任务资料继续录入其他天数，如图 6-7 所示。

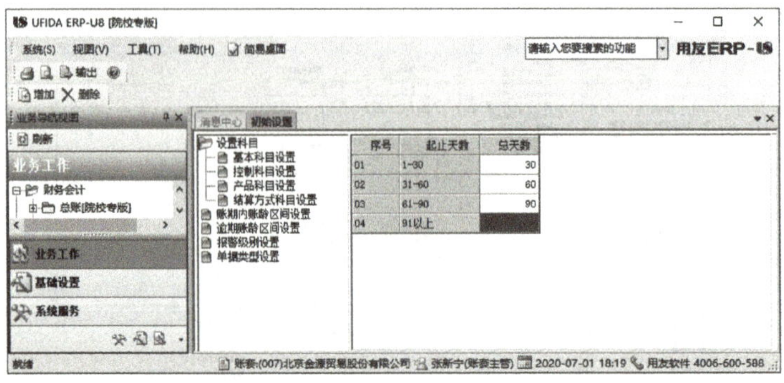

图 6-7 逾期账龄区间设置

（四）设置报警级别

（1）在企业应用平台“业务工作”选项卡下，执行“财务会计”|“应付款管理”|“设置”|“初始设置”命令，打开“初始设置”窗口。

（2）单击“报警级别设置”，录入总比率“10”、级别名称“A”，按“Enter”键，根据任务资料继续录入其他内容，如图 6-8 所示。

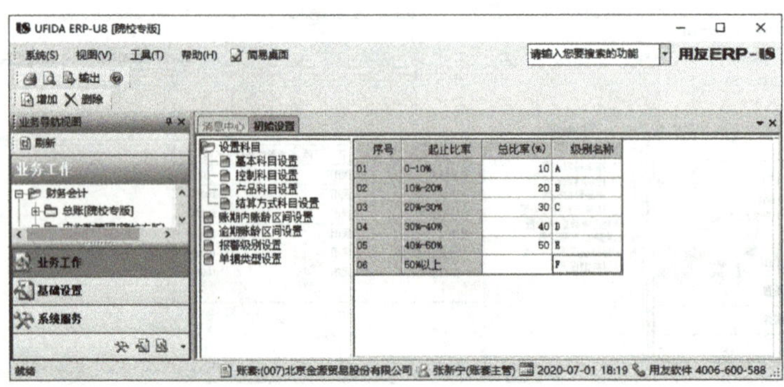

图 6-8 设置报警级别

（五）设置单据编号

（1）在企业应用平台“基础设置”选项卡下，执行|“单据设置”|“单据编号设置”命令，系统弹出“单据编号设置”对话框。

（2）执行“单据类型”|“采购管理”|“采购专用发票”命令，系统弹出“单据编号设置一[采购专业发票*]”对话框。

（3）单击【修改】按钮，选中“手工改动，重号时自动重取”复选框，如图 6-9 所示。

（4）单击【保存】按钮，保存完成后单击【退出】按钮。

（5）同理设置应付款管理系统中的“其他应付单”和“付款单”。

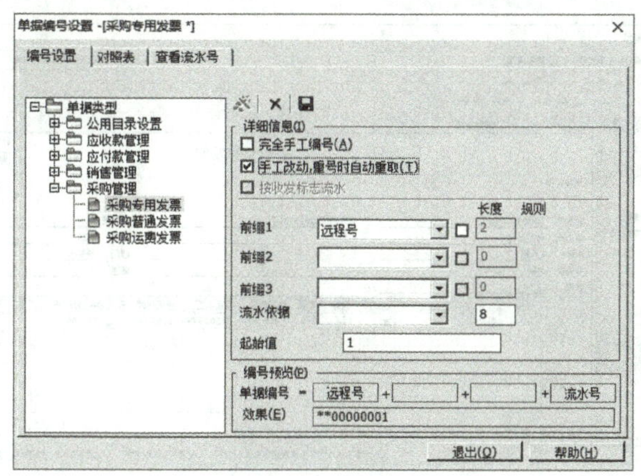

图 6-9　设置单据编号

（六）期初余额

1. 录入期初采购专用发票

（1）在企业应用平台“业务工作”选项卡下，执行“财务会计”|“应付款管理”|“设置”|“期初余额”命令，系统弹出“期初余额--查询”对话框，如图 6-10 所示。

（2）单击【确定】按钮，系统弹出“期初余额明细表”对话框。

（3）单击【增加】按钮，系统弹出“单据类别”对话框。选择单据名称为“采购发票”、单据类型为“采购专用发票”、方向为“正向”，如图 6-11 所示。

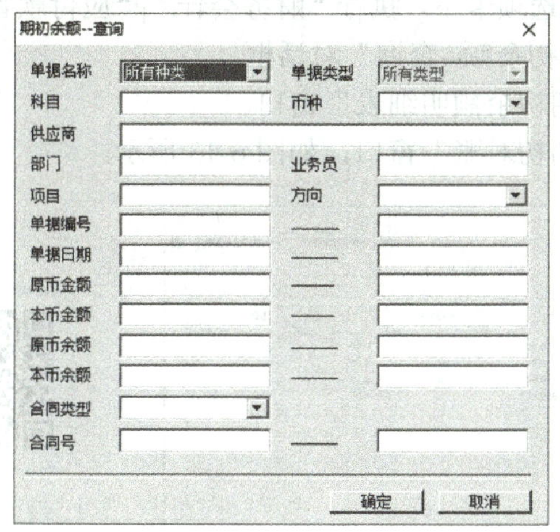

图 6-10　“期初余额--查询”对话框

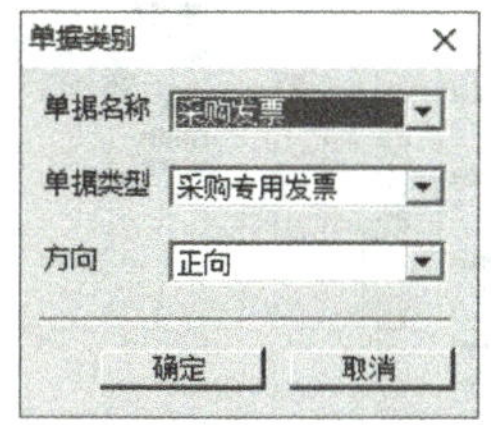

图 6-11　设置单据类别

（4）单击【确定】按钮，打开“采购发票”窗口。

（5）单击【增加】按钮，修改日期为“2020-04-20”，选择供应商为“鑫源公司”，系统自动带出供应商信息。录入税率“13”、科目“2202”，选择部门“202　采购部”。录入货物编号“001”、数量“500”、原币单价“490.00”，如图 6-12 所示。

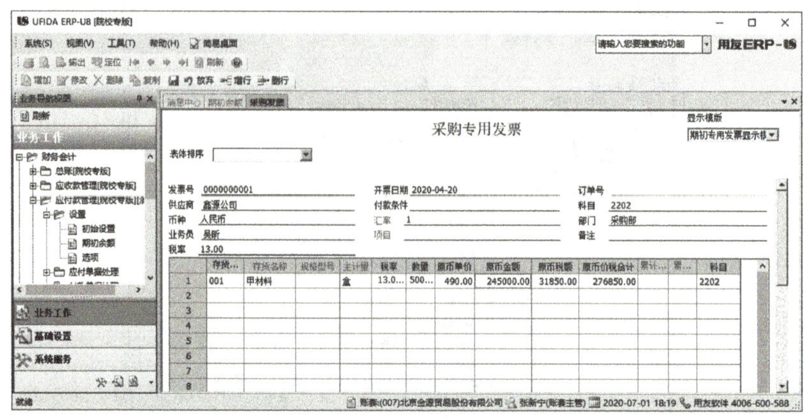

图 6-12 录入采购专用发票

（6）单击【保存】按钮，保存发票。

提 示

✓ 单据日期必须小于该账套启用期间（第一年使用）或者该年度会计期初（以后年度使用）。

✓ 单据中的科目栏目，用于录入该笔业务的入账科目，该科目可以为空。

2．应付款管理系统与总账管理系统对账

（1）在企业应用平台“业务工作”选项卡下，执行“财务会计”|“应付款管理”|“设置”|“期初余额”命令，系统弹出“期初余额--查询”对话框。

（2）单击【确定】按钮，打开“期初余额明细表”窗口。

（3）单击【对账】按钮，打开“期初对账”窗口，如图 6-13 所示。

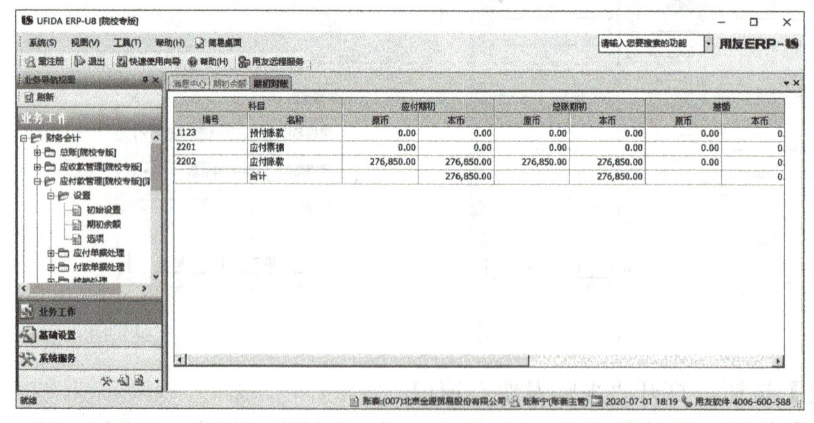

图 6-13 “期初对账”窗口

应付款管理系统期初处理

（4）单击【退出】按钮，完成期初对账。

任务二 应付款管理系统日常业务处理

情景引例

金源公司会计主管张新宁与财务人员完成了应付款管理系统的基础设置工作，开始处理2020年7月的日常业务。

知识准备

日常处理是应付款管理系统的重要组成部分，是经常性的应付业务处理工作。日常业务主要完成企业日常的应付/付款业务录入、应付/付款业务核销、应付并账、汇兑损益等的处理，及时记录应付、付款业务的发生，为查询和分析往来业务提供完整、正确的资料，加强企业对往来款项的监督管理，提高工作效率。

一、单据处理

（一）应付单据处理

应付单据处理主要是对应付单据（采购发票、应付单）进行管理，包括应付单据的录入和审核。

1. 应付单据录入

单据录入是系统处理的起点。在此，可以录入采购业务中的各类发票，以及采购业务之外的应付单。如果同时使用应付款管理系统和采购管理系统，则发票由采购管理系统录入，在应付款管理系统中可以对这些单据进行审核、弃审、查询、核销、制单等操作。此时，在应付款管理系统中需要录入的单据仅限于应付单。如果没有使用采购管理系统，则各类发票和应付单均应在应付款管理系统录入。

2. 应付单据审核

系统提供用户手工审核、自动批审核的功能。在“应付单据审核”窗口中，显示的单据可包括所有已审核、未审核的应付单据，包括从采购管理系统传入的单据。已经进行了后续处理如核销、制单、转账等处理的单据在“应付单据审核”中不能显示。对这些单据的查询，可在“单据查询”中进行。批审中也可以进行新增单据、单据修改、批量删除等操作。

（二）付款单据处理

付款单据处理主要是对收付款单据（付款单、收款单即红字付款单）进行管理，包括付款单、收款单的录入和审核。

1. 付款单据录入

系统的付款单用来记录企业所支付的款项，当支付每一笔款项时，应知道该款项是结算供应商货款，还是提前支付供应商的预付款，抑或是支付供应商其他费用。系统用款项类型来区别不同的用途。在录入付款单时，需要指定其款项用途。如果对于同一张付款单，包含不同用途的款项，则应在表体记录中分行显示。对于不同用途的款项，系统提供的后续业务处理方式不同。对于冲销应付款，以及形成预付款的款项，需要进行付款结算，即将付款单与其对应的采购发票或应付单进行核销勾对，进行冲销企业债务的操作。

2. 付款单据审核

系统主要完成付/收款单的自动审核、批量审核功能。只有审核后的单据才允许进行核销、制单等处理。在“付款单据审核”界面中显示的单据包括全部已审核、未审核的付款单据。余额为零的单据在“付款单据审核”中不能显示。对这些单据的查询，可在“单据查询”中进行。在付款单据审核列表界面，用户也可在此进行付款单和收款单的增加、修改、删除等操作。

（三）核销处理

核销处理是指用户日常进行的付款核销应付款的工作。单据核销的作用是处理付款核销应付款，建立付款与应付款的核销记录，监督应付款及时核销，加强往来款项的管理。

在核销处理界面，进行收付款单的批量核销。系统提供两种批量核销方式，即手工核销与自动核销。在批量核销处，显示的应付单据与付款单据都必须是已审核单据，且只能进行同币种的批量核销，而币种的核销处理在“付款单据录入”中进行处理。批量核销完成后，若用户在系统选项中选择了核销制单，则可到“制单处理”界面进行核销制单。付款单与蓝字采购发票、蓝字应付单、收款单核销；收款单与红字采购发票、红字应付单，付款单核销。

二、票据处理

票据处理主要是对商业承兑汇票和银行承兑汇票进行日常的业务处理，所有涉及票据的结算、转出、计息等处理都应该在票据处理中进行。票据处理主要包括增加票据、票据计息、票据转出和票据结算等操作。

三、转账处理

1. 应付冲应付

应付冲应付是指将一家供应商的应付款转到另一家供应商中。通过应付冲应付功能将应付账款在供应商之间进行转入、转出，实现应付业务的调整，解决应付款业务在不同供应商间入错户或合并户问题。

2. 预付冲应付

企业可通过预付冲应付处理企业的预付款和应付款间的转账核销业务。

3. 应付冲应收

应付冲应付是指用某客户的应付账款，冲抵某供应商的应收款项。系统通过应付冲应付功能将应付款业务在客户和供应商之间进行转账，实现应付业务的调整，进行应收债权与应付债务的冲抵。

4. 红票对冲

红票对冲可实现某客户的红字应付单与其蓝字应付单、收款单与付款单之间进行冲抵的操作。系统提供两种处理方式：系统自动冲销和手工冲销。

- 自动对冲：可同时对多个供应商依据红冲规则进行红票对冲，提高红票对冲的效率。自动红票对冲提供进度条，并提交自动红冲报告，用户可了解自动红冲的完成情况及失败原因。
- 手工对冲：一个供应商进行红票对冲，可自行选择红票对冲的单据，提高红票对冲的灵活性。手工红票对冲时采用红、蓝上下两个列表形式提供，红票记录全部采用红色显示，蓝票记录全部用黑色显示。

四、制单处理

应付款管理系统根据采购发票、应付单等原始单据生成相应的记账凭证，并将凭证传递到总账管理系统。系统提供两种制单方式：一种是立即制单，即单据填写并审核后，系统提示“是否立即制单”；另一种是批量制单。

任务实施

一、任务目标

1. 进行应付单据录入并制单。
2. 进行付款单据录入、审核并制单。
3. 进行票据管理。

二、任务资料

1. 单据处理

（1）业务 1.1：2020 年 7 月 15 日，从鑫源公司采购甲材料 10 盒，原币单价为 1 200.00 元，增值税税率为 13%（采购专用发票号码：668800）。

（2）业务 1.2：2020 年 7 月 15 日，从四海公司采购乙材料 20 盒，原币单价为 110.00 元，增值税税率为 13%（采购专用发票号码：8908）。

（3）业务 1.3：2020 年 7 月 16 日，从德源公司采购丙材料 50 千克，原币单价为

990.00 元，增值税税率为 13%（采购专用发票号码：3451），运费 1 200.00 元。

（4）业务 1.4：2020 年 7 月 16 日，向鑫源公司采购丁材料 20 只，原币单价为 980.00 元，增值税税率为 13%（采购专用发票号码：2302）。

（5）业务 1.5：2020 年 7 月 18 日，发现 2020 年 7 月 15 日所填制的从鑫源公司采购甲材料的“668800”号采购专用发票中的无税单价应为 1 120.00 元。

（6）业务 1.6：2020 年 7 月 18 日，发现 2020 年 7 月 16 日，向鑫源采购丁材料的“2302”号采购专用发票填制错误应删除。

（7）业务 1.7：2020 年 7 月 22 日，以转账支票支付向鑫源公司购买甲材料 10 盒的货税款 12 656.00 元。

（8）业务 1.8：2020 年 7 月 22 日，以转账支票支付向德源公司购买丙材料 50 千克的货税款 55 935.00 元。

（9）业务 1.9：2020 年 7 月 22 日，以转账支票支付向四海公司购买乙材料的货税款 2 468.00 元。

2. 票据处理

（1）2020 年 7 月 2 日，向德源公司签发并承兑的商业承兑汇票一张（NO.56121），面值为 60 000.00 元，到期日为 2020 年 12 月 2 日。

（2）2020 年 7 月 3 日，向四海公司签发并承兑的商业承兑汇票一张（NO.56234），面值为 22 600.00 元，到期日为 2020 年 7 月 23 日。

（3）2020 年 7 月 23 日，将 2020 年 7 月 3 日向四海公司签发并承兑的商业承兑汇票（NO.56234）结算。

3. 转账处理

2020 年 7 月 31 日，经三方同意将 2020 年 4 月 20 日形成的应向鑫源公司支付的货税款 276 850.00 元转为向德源公司的应付账款。

4. 收发类别和采购类型

收发类别	• 6 采购入库 • 7 采购退货	采购类型	• 01 厂商采购 • 02 代理商进货 • 03 采购退回

三、任务操作

（一）单据处理

1. 填制采购专用发票

❖ 业务 1.1

单据处理

（1）在企业应用平台“业务工作”选项卡下，执行“财务会计”|“应付款管理”|“应付单据处理”|“应付单据录入”命令，系统弹出“单据类别”对话框，如图 6-14 所示。

（2）单击【确定】按钮，打开“专用发票”窗口。

（3）单击【增加】按钮，修改开票日期为“2020-07-15”，录入发票号“668800”、供应商简称“001”或单击【参照】按钮选择“鑫源公司”、存货编码“001”或单击【参照】按钮选择“甲材料”、数量“10”、原币单价“1 200.00”。

（4）单击【采购类型】参照按钮，打开“参照”窗口，单击【编辑】按钮，打开“采购类型”窗口。

（5）单击【增加】按钮，录入采购类型编码“01”、采购类型名称“厂商采购”，单击【入库类别参照】按钮，打开“收发类别档案基本参照”窗口。

（6）单击【编辑】按钮，打开“收发类别”窗口，单击【增加】按钮，根据任务资料录入收发类别，如图 6-15 所示。

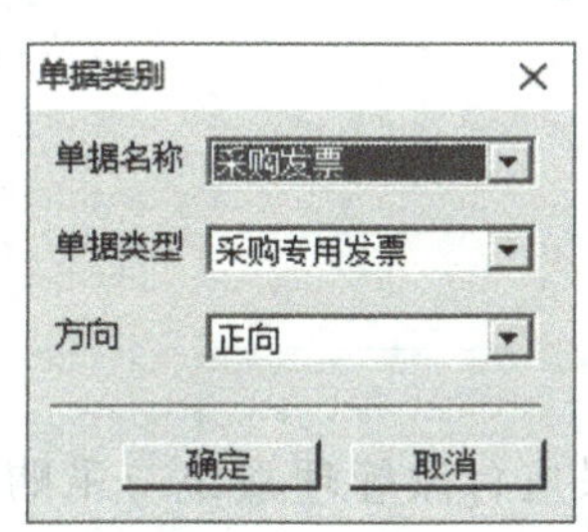

图 6-14　“单据类别”对话框

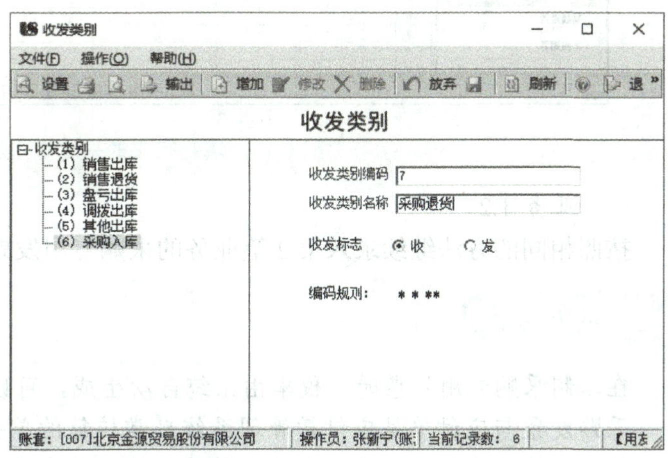

图 6-15　设置收发类别

（7）单击【退出】按钮，返回“收发类别档案基本参照”窗口，选择“采购入库”，单击【确定】按钮，返回“采购类型”窗口。

（8）单击【保存】按钮，根据任务资料录入其他采购类型，如图 6-16 所示。

（9）单击【退出】按钮，返回“采购类型基本参照”窗口，选择“厂商采购”。

（10）单击【保存】按钮，填制完成的采购专用发票如图 6-17 所示。

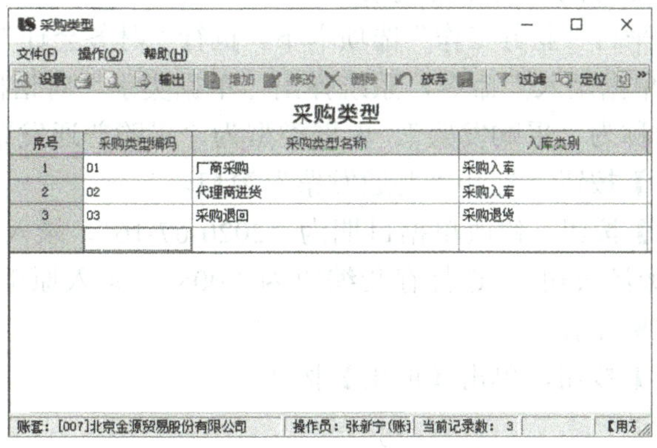

采购类型

序号	采购类型编码	采购类型名称	入库类别
1	01	厂商采购	采购入库
2	02	代理商进货	采购入库
3	03	采购退回	采购退货

图 6-16　录入其他采购类型

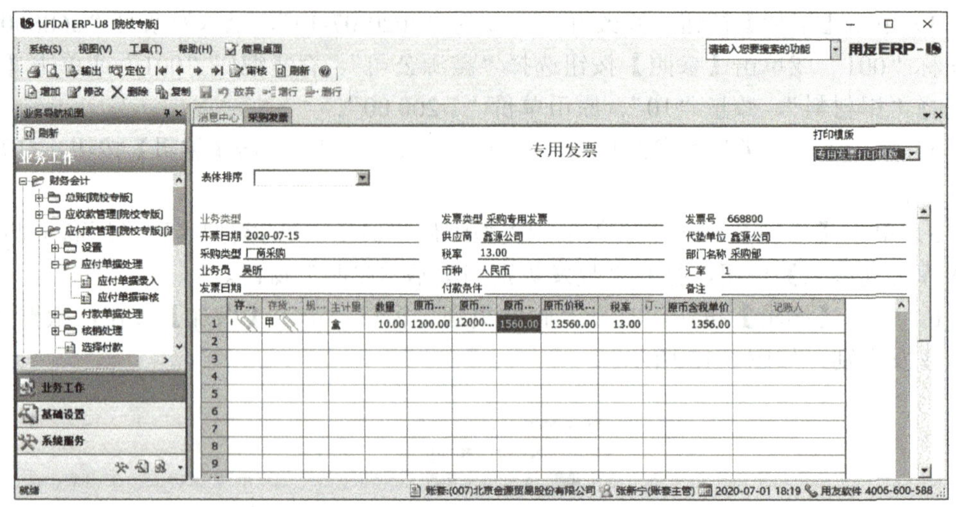

图 6-17 填制完成的采购专用发票

❖ 业务 1.2

按照相同的方法继续录入第 2 笔业务的采购专用发票。

✓ 在填制采购专用发票时，税率由系统自动生成，可以修改。

✓ 采购发票与应付单是应付款管理系统日常核算的单据。如果应付款管理系统与采购管理系统集成使用，采购发票在采购管理系统中录入，在应付款管理系统中可以对这些单据进行查询、核销、制单等操作，此时应付款管理系统需要录入的只限于应付单。

✓ 如果没有使用采购管理系统，则所有发票和应付单均需在应付款管理系统中录入。

2. 填制采购普通发票

❖ 业务 1.3

（1）录入第 3 笔业务的采购专用发票。

（2）在企业应用平台“业务工作”选项卡下，执行“财务会计”|“应付款管理”|“应付单据处理”|“应付单据录入”命令，系统弹出“单据类别”对话框。

（3）选择单据名称为“采购发票”、单据类型为“采购普通发票”、方向为“正”。

（4）单击【确定】按钮，打开“普通发票”窗口。

（5）单击【增加】按钮，修改单据日期为“2020-07-16”，录入供应商“003”或单击【参照】按钮选择“德源公司”。选择存货编码为“008”，录入原币金额“1 200.00”、原币税额“9”，如图 6-18 所示。

（6）单击【保存】按钮，单击【退出】按钮。

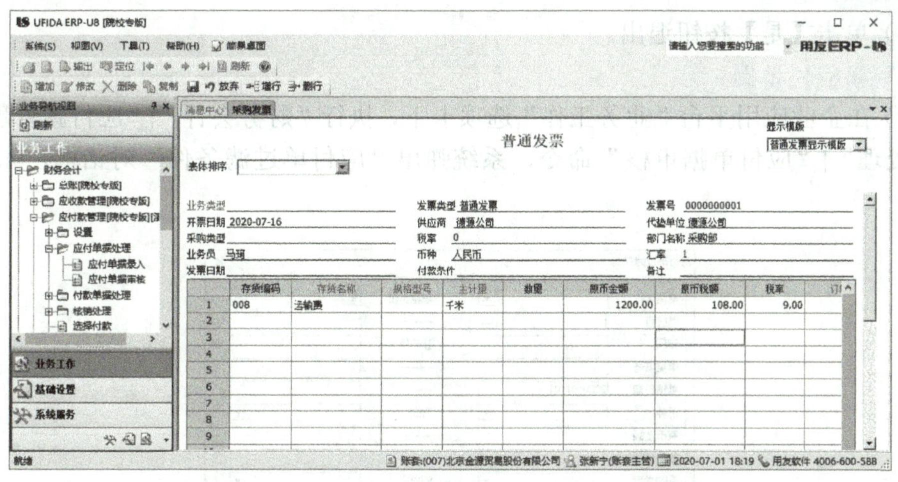

图 6-18　普通发票录入

❖　业务 1.4

按照相同的方法继续录入第 4 笔业务的采购专用发票。

3．修改采购专用发票

❖　业务 1.5

（1）在企业应用平台“业务工作”选项卡下，执行“财务会计”|“应付款管理”|“应付单据处理”|“应付单据录入”命令，系统弹出“单据类别”对话框。

（2）单击【确定】按钮，打开“专用发票”窗口。

（3）单击【上张】按钮，找到“668800”号销售专用发票。

（4）单击【修改】按钮，将无税单价修改为“1 120.00”。

（5）单击【保存】按钮退出。

4．删除采购专用发票

❖　业务 1.6

（1）在企业应用平台“业务工作”选项卡下，执行“财务会计”|“应付款管理”|“应付单据处理”|“应付单据录入”命令，系统弹出“单据类别”对话框。

（2）单击【确定】按钮，打开“采购专用发票”窗口。

（3）单击【上张】按钮，找到“2302”号采购专用发票。

（4）单击【删除】按钮，系统弹出“单据删除后不能恢复，是否继续？”对话框，如图 6-19 所示。

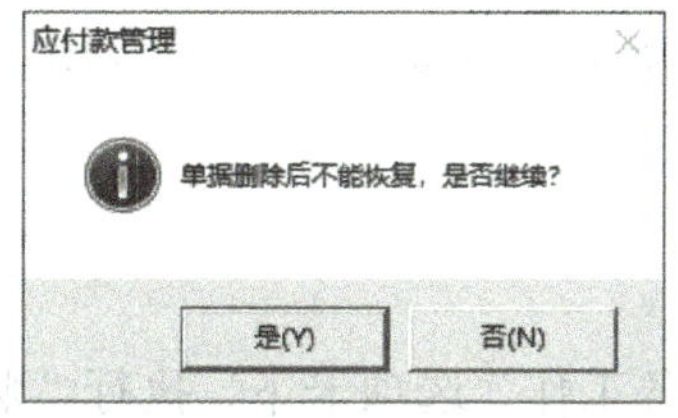

图 6-19　提示单据删除后不能恢复

（5）单击【是】按钮退出。

5. 审核应付单据

（1）在企业应用平台“业务工作”选项卡下，执行“财务会计”|“应付款管理”|“应付单据处理”|“应付单据审核”命令，系统弹出“应付单过滤条件”对话框，如图 6-20 所示。

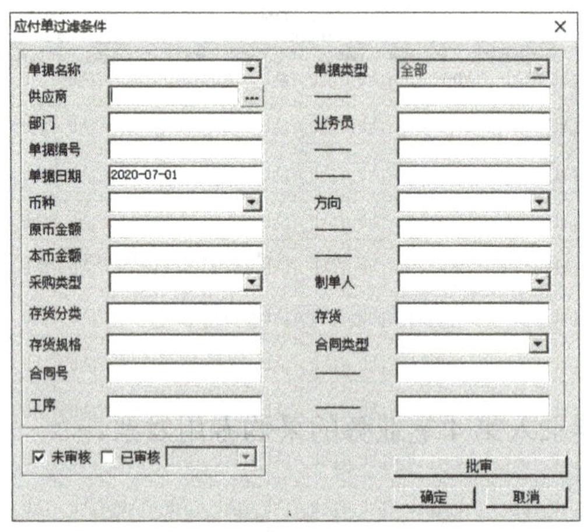

图 6-20 “应付单过滤条件”对话框

（2）单击【确定】按钮，打开“应付单据列表”窗口，单击【全选】按钮，如图 6-21 所示。

（3）单击【审核】按钮，系统弹出如图 6-22 所示的对话框。

（4）单击【确认】按钮，再单击【退出】按钮退出。

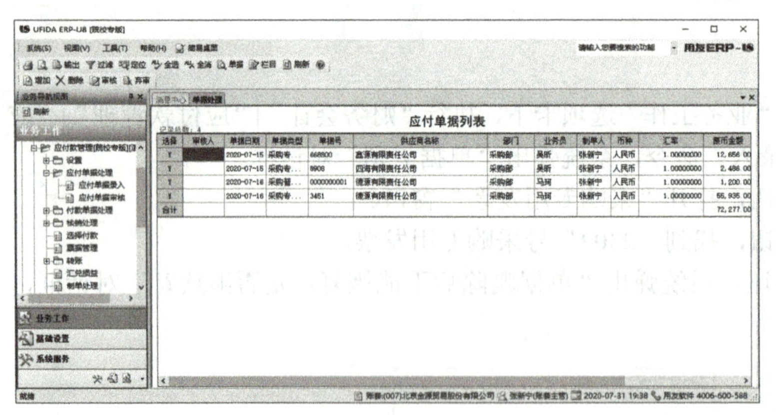

图 6-21 全选应付单据列表

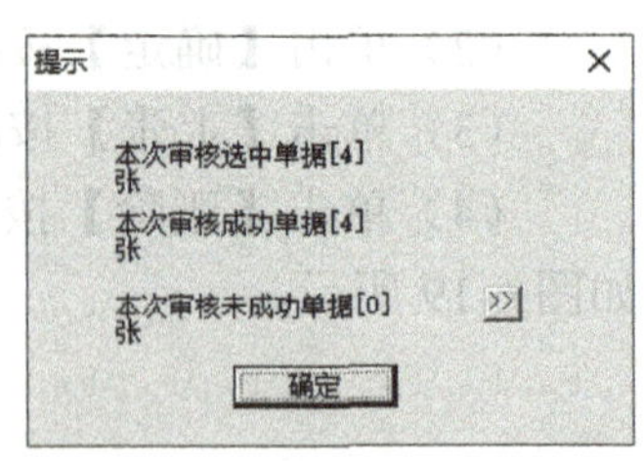

图 6-22 提示全部审核

6. 制单

（1）在企业应用平台“业务工作”选项卡下，执行“财务会计”|“应付款管理”|“制单处理”命令，系统弹出“制单查询”对话框，选择“发票制单”，如图 6-23 所示。

（2）单击【确定】按钮，打开“采购发票制单”窗口。

（3）单击【全选】按钮，再单击凭证类别栏下三角按钮，选择“转账凭证”，如图 6-24 所示。

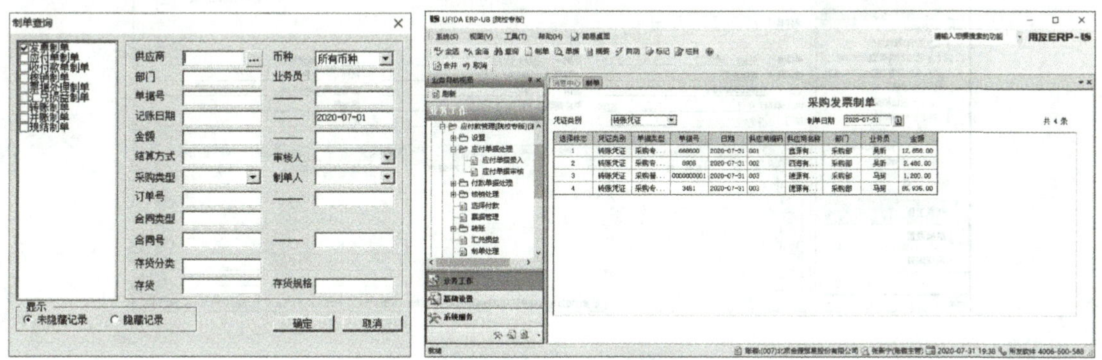

图 6-23　选择发票制单　　　　图 6-24　采购发票制单

（4）单击【制单】按钮，生成第一张转账凭证，补充完整凭证，单击【保存】按钮，如图 6-25 所示。

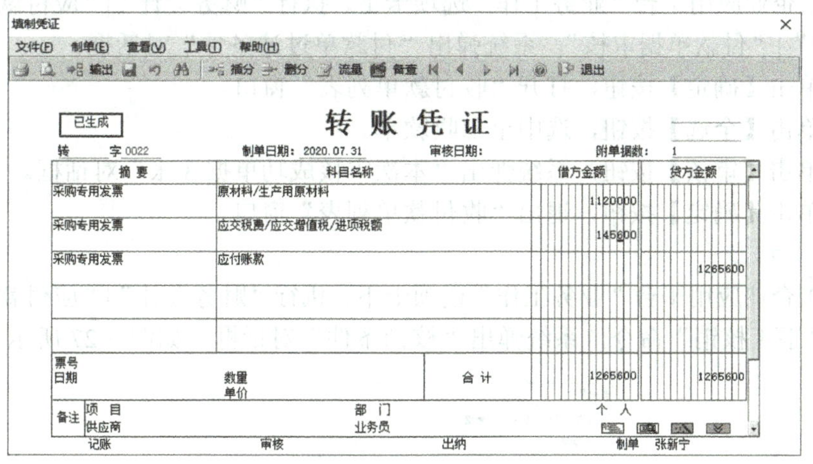

图 6-25　转账凭证（采购专用发票）

（5）单击【下张凭证】按钮，保存后退出。

7. 填写付款单

❖　业务 1.7

（1）在企业应用平台“业务工作”选项卡下，执行“财务会计”|“应付款管理”|“付款单据处理”|“付款单据录入”命令，打开“付款单”窗口。

（2）单击【增加】按钮，根据任务资料录入付款单，如图 6-26 所示。

（3）单击【保存】按钮。

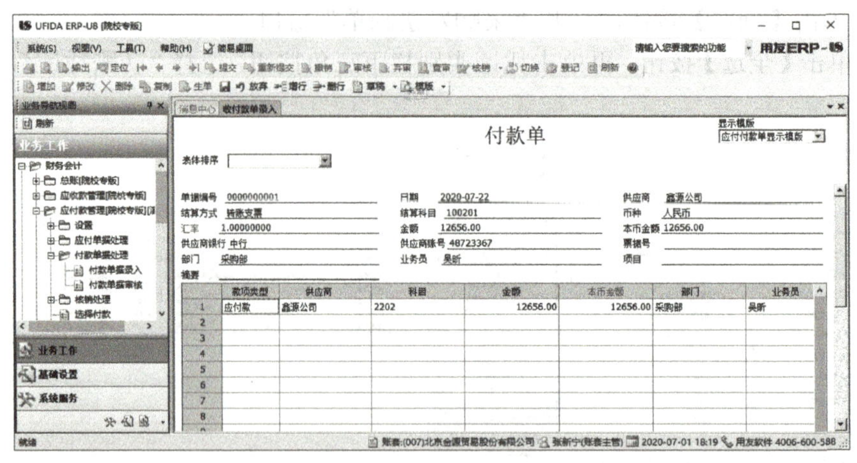

图 6-26　录入付款单

❖　业务 1.8、业务 1.9

按照相同的方法录入第 2 张和第 3 张付款单。

8. 审核付款单

（1）在企业应用平台“业务工作”选项卡下，执行“财务会计”|“应付款管理”|“付款单据处理”|“付款单据审核”，系统弹出“付款单过滤条件”对话框。

（2）单击【确定】按钮，打开“收付款单列表”窗口。

（3）单击【全选】按钮，选中全部收款单。

（4）单击【审核】按钮，系统弹出“本次审核成功单据 3 张”对话框。

（5）单击【确定】按钮，退出“收付款单列表”窗口。

9. 核销付款单

（1）在企业应用平台“业务工作”选项卡下，执行“财务会计”|“应付款管理”|“核销处理”|“手工核销”命令，系统弹出“核销条件”对话框，如图 6-27 所示。

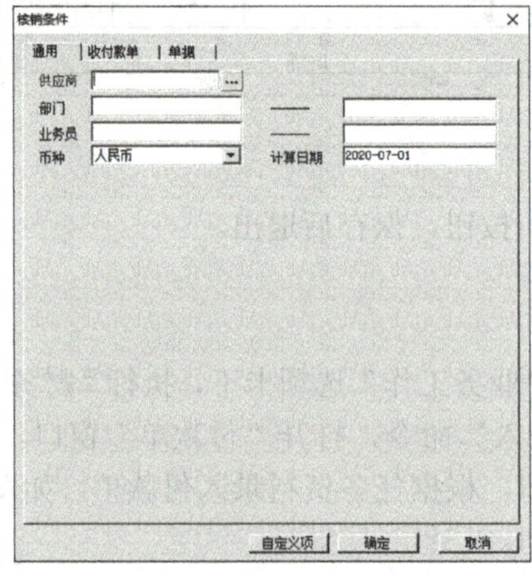

图 6-27　“核销条件”对话框

（2）录入客户“001”，单击【确定】按钮，打开“单据核销”窗口。

（3）在下方双击要核销的单据，如图 6-28 所示，单击【保存】按钮，系统自动核销后退出。

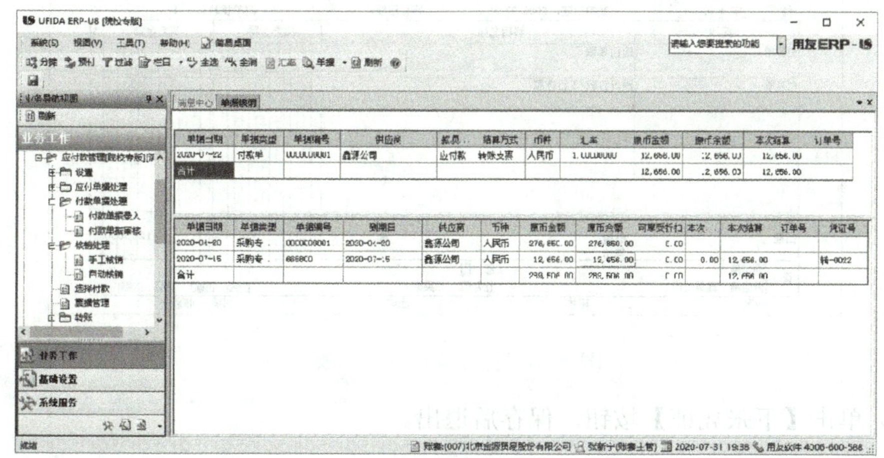

图 6-28 单据核销

（4）按照相同的方法进行核销其他供应商的转账支票。

10. 制单

（1）在企业应用平台“业务工作”选项卡下，执行“财务会计”|“应付款管理”|“制单处理”命令，系统弹出“制单查询”对话框。

（2）选择“收付款单制单”，单击【确定】按钮，打开“应付制单”窗口，单击【全选】按钮，选中 3 张收款单，如图 6-29 所示。

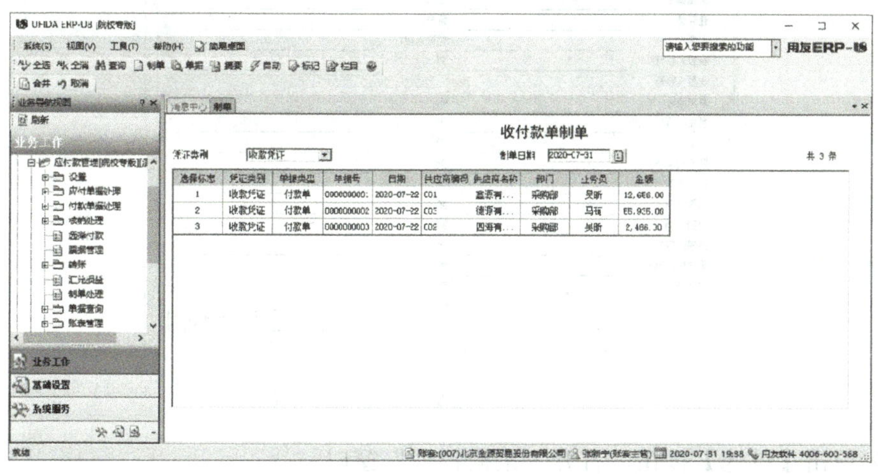

图 6-29 选中要制单的收款单

（3）单击【制单】按钮，生成记账凭证，修改凭证后，单击【保存】按钮，如图 6-30 所示。

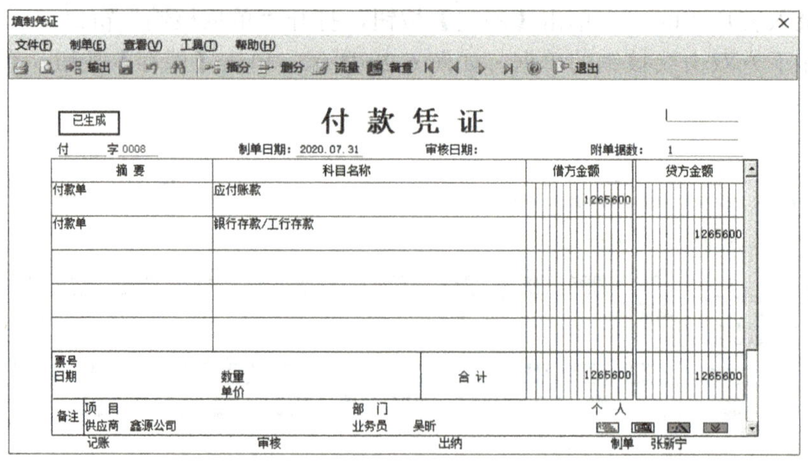

图 6-30　付款凭证（材料费）

（4）单击【下张凭证】按钮，保存后退出。

（二）票据处理

1. 填制商业承兑汇票

（1）在企业应用平台“业务工作”选项卡下，执行“财务会计”|“应付款管理”|“票据管理”命令，系统弹出“过滤条件选择”对话框，如图 6-31 所示。

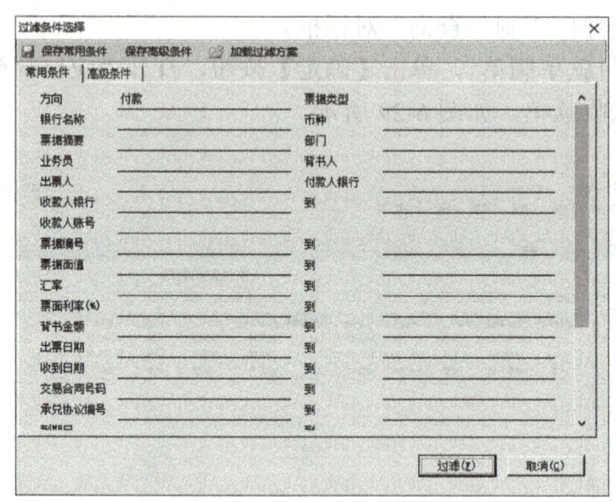

图 6-31　“过滤条件选择”对话框

（2）单击【过滤】按钮，打开“票据管理”窗口。

（3）单击【增加】按钮，打开“票据”窗口。

（4）根据任务资料录入商业汇票，如图 6-32 所示。

（5）单击【保存】按钮，保存商业汇票。

（6）单击【增加】按钮，根据任务资料继续录入第 2 张商业承兑汇票。

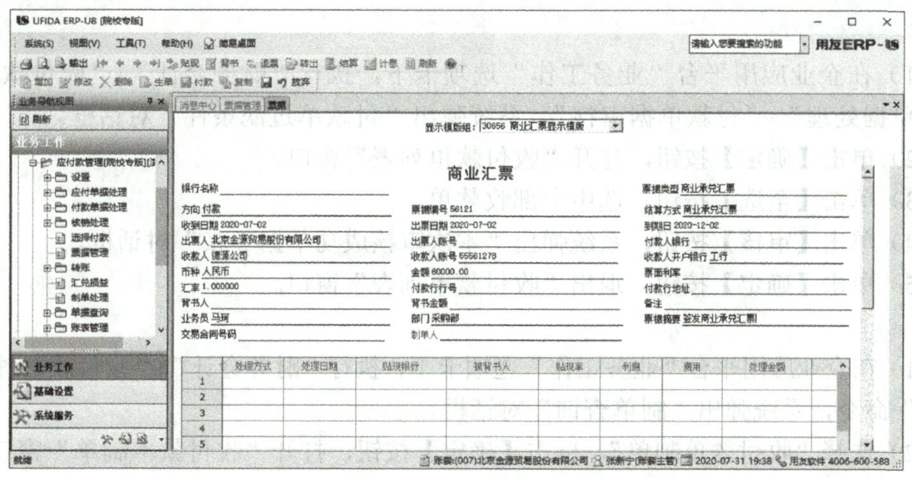

图 6-32　录入商业汇票

2. 商业承兑汇票结算

（1）在企业应用平台“业务工作”选项卡下，执行“财务会计”|“应付款管理”|“票据管理”命令，系统弹出“过滤条件选择”对话框。

（2）单击【过滤】按钮，系统弹出“票据管理”对话框，单击选中 2020 年 7 月 3 日填制的商业承兑汇票。

（3）单击【结算】按钮，系统弹出“票据结算”对话框，修改结算日期为“2020-07-23”，录入结算金额“22 600”、结算科目“100201”，如图 6-33 所示。

（4）单击【确定】按钮，系统弹出“是否立即制单”对话框。

（5）单击【是】按钮，生成结算的记账凭证，修改凭证后，单击【保存】按钮，如图 6-34 所示。

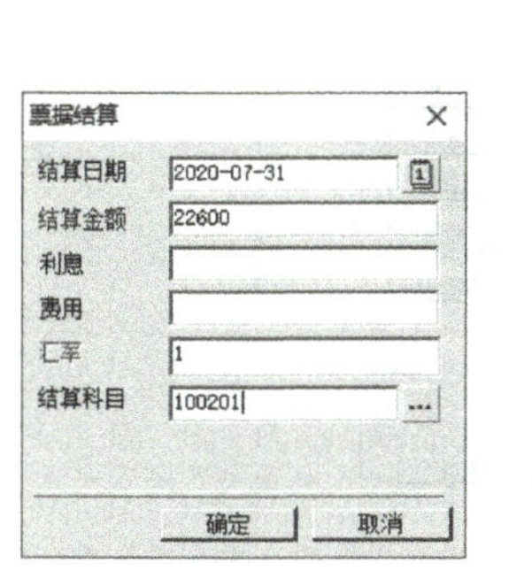

图 6-33　设置票据结算

填制凭证

文件(F)　制单(E)　查看(V)　工具(T)　帮助(H)

已生成

付 款 凭 证

付 0011　制单日期：2020.07.31　审核日期：　附单据数：1

摘要	科目名称	借方金额	贷方金额
票据结算	应付票据	2260000	
票据结算	银行存款/工行存款		2260000
票号 56243 日期 2020.07.31	数量 单价	合计 2260000	2260000

备注　项目　部门　个人　供应商 四海公司　业务员 吴昕

记账　审核　出纳　制单 张新宇

图 6-34　付款凭证（票据结算）

（6）单击【退出】按钮退出。

3．审核付款单

（1）在企业应用平台“业务工作”选项卡下，执行“财务会计”|“应付款管理”|“付款单据处理”|“付款单据审核”，系统弹出“付款单过滤条件”对话框。

（2）单击【确定】按钮，打开“收付款单列表”窗口。

（3）单击【全选】按钮，选中全部收款单。

（4）单击【审核】按钮，系统弹出“本次审核成功单据 2 张”对话框。

（5）单击【确定】按钮，退出“收付款单列表”窗口。

4．制单

（1）在企业应用平台“业务工作”选项卡下，执行“财务会计”|“应付款管理”|“制单处理”命令，系统弹出“制单查询”对话框。

（2）选择“收付款单制单”，单击【确定】按钮，打开“收付款单制单”窗口。

（3）单击【全选】按钮，选中 2 张收款单。

（4）单击【制单】按钮，生成记账凭证，单击【保存】按钮。

（5）单击【下张凭证】按钮，保存后退出。

（三）转账处理

1．将应付账款冲抵应付账款

（1）在企业应用平台“业务工作”选项卡下，执行“财务会计”|“应付款管理”|“转账”|“应付冲应付”命令，系统弹出“应付冲应付”对话框。

（2）录入转出户“001”或单击【参照】按钮选择“鑫源公司”、转入户“003”或单击【参照】按钮选择“德源公司”。

（3）单击【过滤】按钮，录入第一行并账金额“276 850”，如图 6-35 所示。

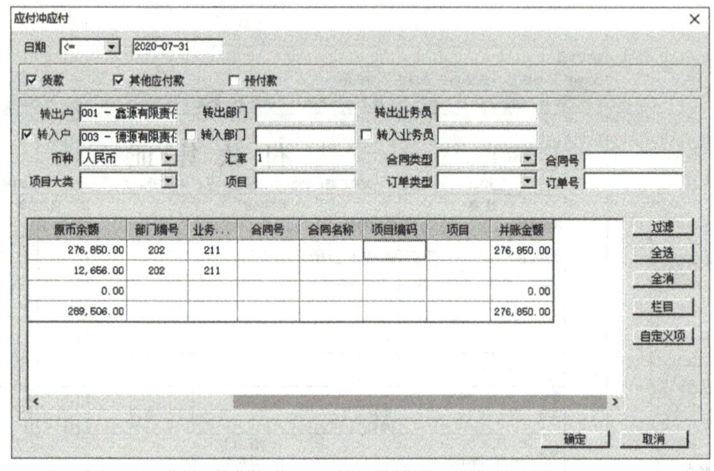

图 6-35　录入并账金额

（4）单击【确定】按钮，系统弹出“是否立即制单”对话框，单击【否】按钮，单击【取消】按钮退出。

2. 制单

（1）在企业应用平台“业务工作”选项卡下，执行“财务会计”|“应付款管理”|“制单处理”命令，系统弹出“制单查询”对话框。

（2）选择“并账制单”，单击【确定】按钮，打开“并账制单”窗口，如图 6-36 所示。

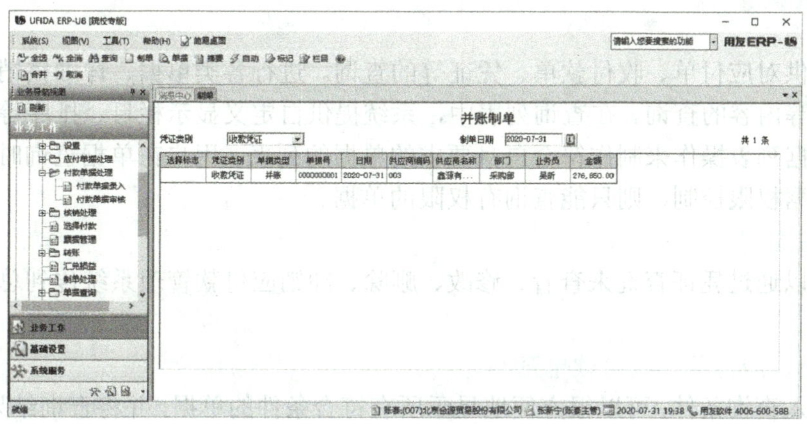

图 6-36 “并账制单”窗口

（3）选中记录后，单击【制单】按钮，生成记账凭证，修改凭证类别为“转账凭证”，单击【保存】按钮，如图 6-37 所示。

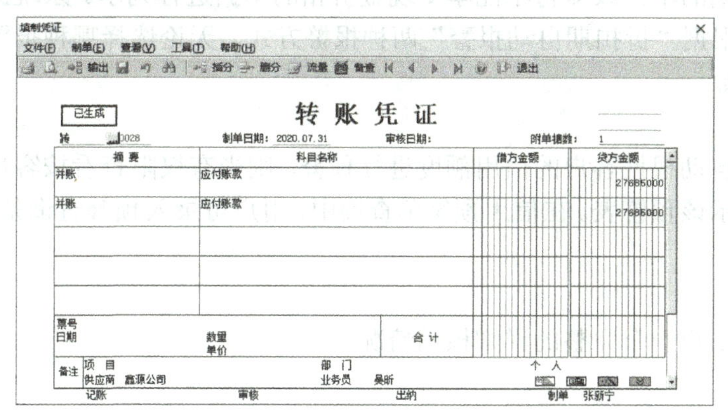

图 6-37 转账凭证（并账）

票据处理和转账处理

任务三 应付款管理系统期末业务处理

情景引例

使用用友 ERP-U872 进行日常业务处理后，月末，财会人员需要进行单据查询、账表管理和期末处理工作。

知识准备

一、单据查询

系统提供对应付单、收付款单、凭证等的查询。进行各类单据、详细核销信息、报警信息、凭证等内容的查询。在查询列表中，系统提供自定义显示栏目、排序等功能，用户可以通过单据列表操作来制作符合自身要求的单据的列表。用户在单据查询时，若启用客户、部门数据权限控制，则只能查询有权限的单据。

1. 凭证查询

企业可以通过凭证查询来查看、修改、删除、冲销应付款管理系统传到总账管理系统中的凭证。

2. 发票、应付单、收付款单查询

通过录入查询条件，可以很方便地显示所有符合条件的单据，并将查询结果列表显示；并且可以调出原始单据卡片，查看当前单据的详细结算情况；可以设置当前查询列表的显示栏目、栏目顺序、栏目名称、排序方式，且可以保存当前设置的内容。

3. 单据报警查询

单据报警查询是对快到期的单据或即将不能享受现金折扣的单据进行列示。系统提供根据“信用期自动报警”和根据“折扣期自动报警”两种报警方式。无论选择哪种报警方式都需要设置报警的提前天数。

4. 信用报警查询

在系统选项中若设置了自动根据客户的信用额度进行预警，则当有权限查看按客户预警查询的用户登录时系统显示该预警表。在信用预警单查询中，用户可录入预警查询条件，任意进行信用报警查询。

5. 应付核销明细表

应付核销明细表提供给用户一个完整的详细核销情况。

二、账表管理

（一）业务账表查询

通过业务账表查询，可以及时地了解一定期间内期初应付款结存汇总情况，应付款发生、付款发生的汇总情况，累计情况及期末应付款结存汇总情况，从而及时发现问题，加强对往来款项的监督管理。业务账表包括业务总账、业务余额表、业务明细账、对账单。

1. 业务总账查询

可通过本功能查看供应商、供应商分类、地区分类、部门、业务员、供应商总公司、主管业务员、主管部门、存货、存货分类在一定月份期间所发生的应付、付款以及余额情况。

2. 业务余额表查询

可通过本功能查看供应商、供应商分类、供应商总公司、地区分类、部门、主管部门、业务员、主管业务员、存货、存货分类在一定期间所发生的应付、付款及余额情况。

3. 业务明细账查询

可以在此查看供应商、供应商分类、供应商总公司、地区分类、部门、主管部门、业务员、主管业务员、存货分类、存货在一定期间内发生的应付及付款的明细情况。

4. 对账单查询

通过本功能，可以获得一定期间内各供应商、供应商分类、供应商总公司、部门、主管部门、业务员、主管业务员的对账单。

5. 与总账对账

系统提供应付款管理系统生成的业务账与总账管理系统中的科目账核对的功能，检查两个系统中的往来账是否相等，若不相等，则可查看造成不等的原因。

（二）统计分析

通过统计分析，可以按用户定义的账龄区间，进行一定期间内应付款账龄分析、付款账龄分析、往来账龄分析，了解各个应付款周转天数、周转率，了解各个账龄区间内应付款、付款及往来情况，能及时发现问题，加强对往来款项动态的监督管理。

1. 应付账龄分析

可以通过本功能分析供应商、存货、业务员、部门或单据的应付款余额的账龄区间分布。同时，可以设置不同的账龄区间进行分析。本功能既可以进行应付款的账龄分析，也可以进行预付款的账龄分析。

2. 付款账龄分析

可以在此分析供应商、产品、单据的付款账龄。

3. 欠款分析

可以在此分析截至某一日期，供应商、部门或业务员的欠款金额，以及欠款组成情况。

4. 付款预测

可以在此预测将来的某一段日期范围内，供应商、部门或业务员等对象的付款情况，并能提供比较全面的预测对象、显示格式。

（三）科目表查询

科目表查询包括科目明细账、科目余额表的查询。

1. 科目明细账查询

此功能用于查询供应商往来科目下各个往来供应商的往来明细账，包括科目明细表、供应商明细账、三栏式明细账、多栏式明细账、供应商分类明细账、业务员明细账、部门明细账、项目明细账、地区分类明细账九种查询方式。

2. 科目余额表查询

此功能用于查询应付受控科目各个供应商的期初余额、本期借方发生额合计、本期贷方发生额合计、期末余额。它包括科目余额表、供应商余额表、三栏式余额表、业务员余额表、供应商分类余额表、部门余额表、项目余额表、地区分类余额表八种查询方式。

三、期末处理

期末处理是指用户进行的期末结账工作。如果当月业务已全部处理完毕，就需要执行月末结账功能，只有月末结账后，才可以开始下月工作。它包括“月末结账”和“取消结账”处理。

任务实施

一、任务目标

1. 进行单据查询操作。
2. 进行账表管理。
3. 办理月末结账。

二、任务操作

（一）单据查询

1. 记账凭证查询

（1）在企业应用平台“业务工作”选项卡下，执行“财务会计”|“应付款管理”|“单据查询”|“凭证查询”命令，系统弹出“凭证查询条件”对话框。

（2）选择查询条件，单击【确认】按钮，打开“凭证查询”窗口，如图 6-38 所示。

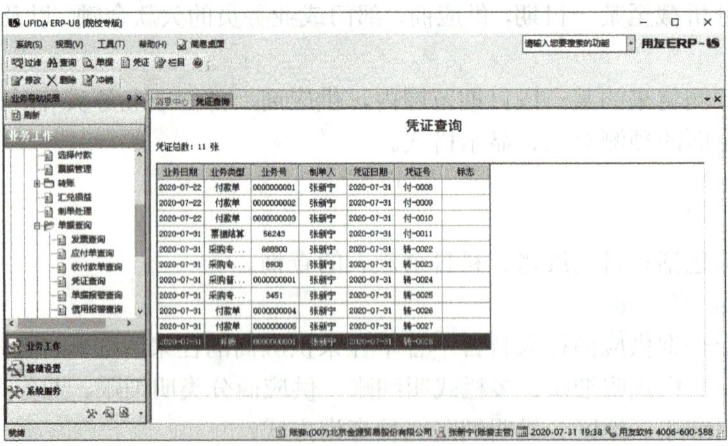

图 6-38 “凭证查询”窗口

（3）单击【退出】按钮退出。

✓ 在“凭证查询”功能中，可以查看、修改、删除或冲销由应付款管理系统生成并传递到总账管理系统中的记账凭证。

✓ 如果凭证已经在总账管理系统中记账，又需要对形成凭证的原始单据进行修改，则可以通过冲销方式冲销凭证，然后对原始单据进行其他操作后再重新生成凭证。

✓ 一张凭证被删除后，它所对应的原始单据及相应的操作内容可以重新制单。

✓ 只有未在总账管理系统中审核的凭证才能删除。如果已经在总账管理系统中进行了出纳签字，应取消出纳签字后再进行删除操作。

2．查询 7 月份填制的所有采购专用发票

（1）在企业应用平台“业务工作”选项卡下，执行“财务会计”|“应付款管理”|“单据查询”|“发票查询”命令，打开“发票查询”窗口。

（2）单击发票类型栏下三角按钮，选择“01　采购专用发票”。

（3）单击【确定】按钮，打开“发票查询”窗口，如图 6-39 所示。

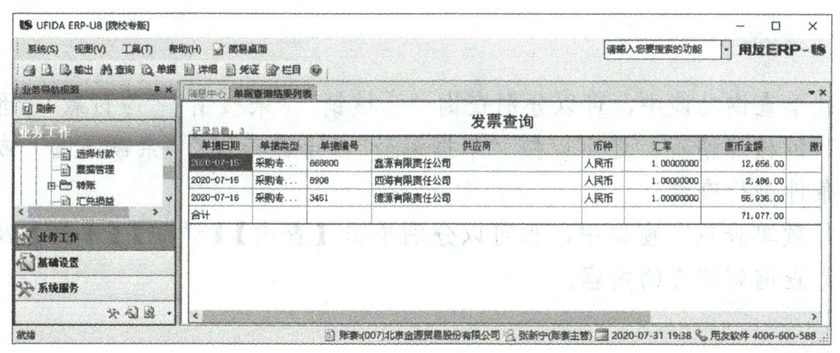

图 6-39　“发票查询”窗口

（4）单击【退出】按钮退出。

✓ 在发票查询功能中可以分别查询“已审核”“未审核”“已核销”及“未核销”的发票。还可以按“发票号”“单据日期”“金额范围”或“余额范围”等条件进行查询。

✓ 在“发票查询”窗口中，单击【查询】按钮，可以重新录入查询条件；单击【单据】按钮，可以调出原始单据卡片；单击【详细】按钮，可以查看当前单据的详细结算情况；单击【凭证】按钮，可以查询单据所对应的凭证；单击【栏目】按钮，可以设置当前查询列表的显示栏目、栏目顺序、栏目名称、排序方式，可以保存设置内容。

3．查询 7 月份所有的收付款单

（1）在企业应用平台“业务工作”选项卡下，执行“财务会计”|“应付款管理”|“单

据查询”|“收付款单查询”命令，打开“收付款单查询”窗口。

（2）单击【确定】按钮，打开“收付款单查询”窗口。

（3）单击【确定】按钮，打开单据查询结果列表，如图6-40所示。

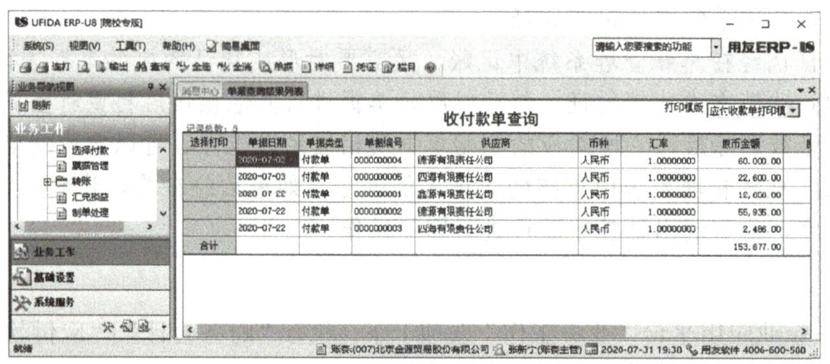

图6-40　收付款单查询结果列表

（4）单击【退出】按钮退出。

✓ 在收付款单查询功能中，可以分别查询“已核销”“未核销”“应付款”“预付款”及“费用”的核算情况，还可以按“单据编号”“金额范围”“余额范围”或“单据日期”等条件进行查询。

✓ 在“收付款单查询”窗口中，也可以分别单击【查询】【详细】【单据】及【凭证】等按钮，查询到相应的内容。

（二）账表管理

1．应付账龄分析

（1）在企业应用平台“业务工作”选项卡下，执行“财务会计”|“应付款管理”|“账表管理”|“统计分析”|“付款账龄分析”命令，系统弹出“付款账龄分析”对话框，如图6-41所示。

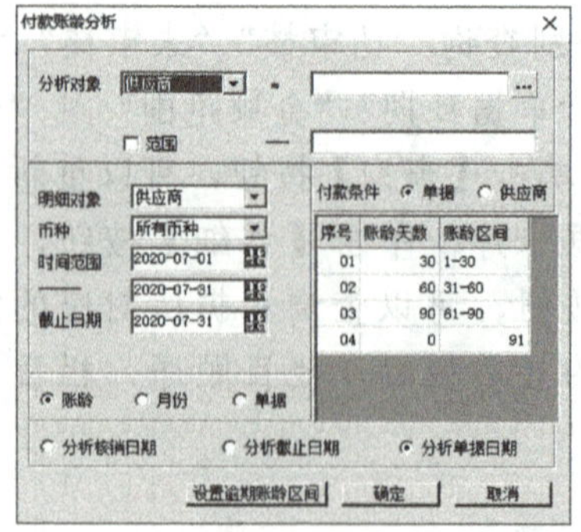

图6-41　“付款账龄分析”对话框

（2）单击【确定】按钮，打开“付款账龄分析”窗口，如图 6-42 所示。

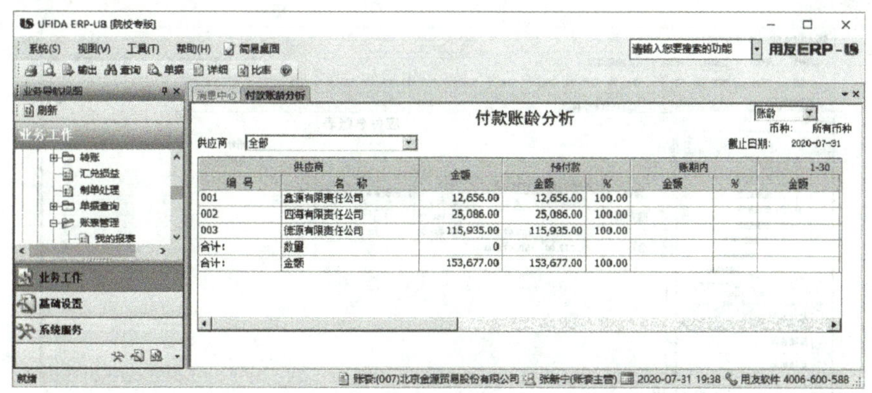

图 6-42　“付款账龄分析”窗口

（3）单击【退出】按钮退出。

✓ 在“统计分析”功能中，可以按定义的账龄区间，进行一定期间内应付款账龄分析、付款账龄分析、往来账龄分析，了解向各个供应商付款的周转天数、周转率，了解各个账龄区间内应付款、付款及往来情况，能及时发现问题，加强对往来款项动态的监督管理。

2. 查询业务总账

（1）在企业应用平台“业务工作”选项卡下，执行“财务会计”|“应付款管理”|“账表管理”|“业务账表”|“业务总账”命令，系统弹出“过滤条件选择-应付总账表”对话框，如图 6-43 所示。

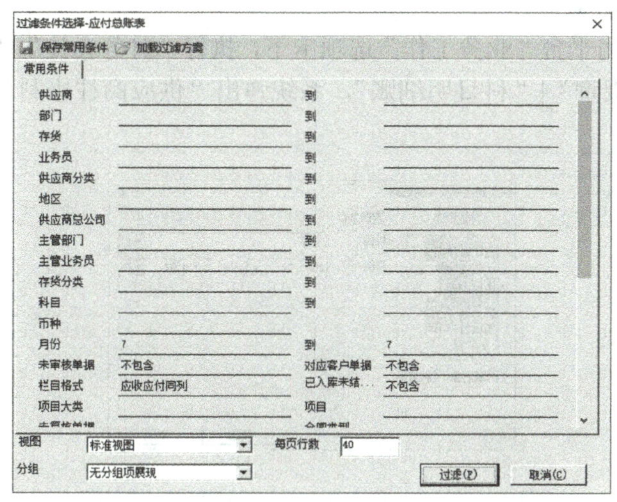

图 6-43　“过滤条件选择-应付总账表”对话框

（2）单击【过滤】按钮，打开“应付总账表”窗口，如图 6-44 所示。

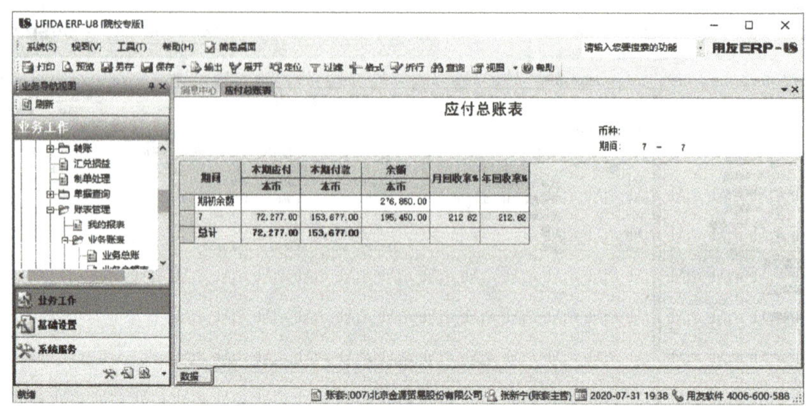

图 6-44　“应付总账表”窗口

（3）单击【退出】按钮退出。

✓ 通过业务账表查询，可以及时地了解一定期间内期初应付款结存汇总情况，应付款发生、付款发生的汇总情况，累计情况及期末应付款结存汇总情况；还可以了解各个供应商期初应付款结存明细情况，应付款发生、付款发生的明细情况，累计情况及期末应付款结存明细情况，及时发现问题，加强对往来款项的监督管理。

✓ 业务总账查询是对一定期间内应付款汇总情况的查询。在业务总账查询的应付总账表中不仅可以查询本期应付款，还可以查询本期支付的应付款及应付款的“余额”情况。

3．查询科目明细账

（1）在企业应用平台“业务工作”选项卡下，执行“财务会计”|“应付款管理”|“账表管理”|“科目账查询”|“科目明细账”，系统弹出“供应商往来科目明细账”对话框，如图 6-45 所示。

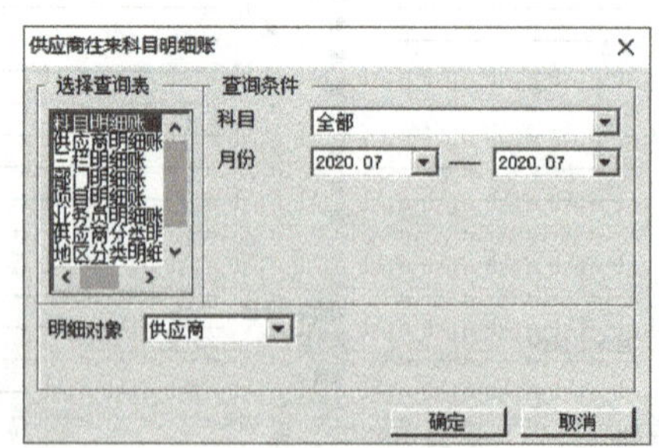

图 6-45　“供应商往来科目明细账”对话框

（2）单击【确定】按钮，打开“科目明细账”窗口，如图 6-46 所示。

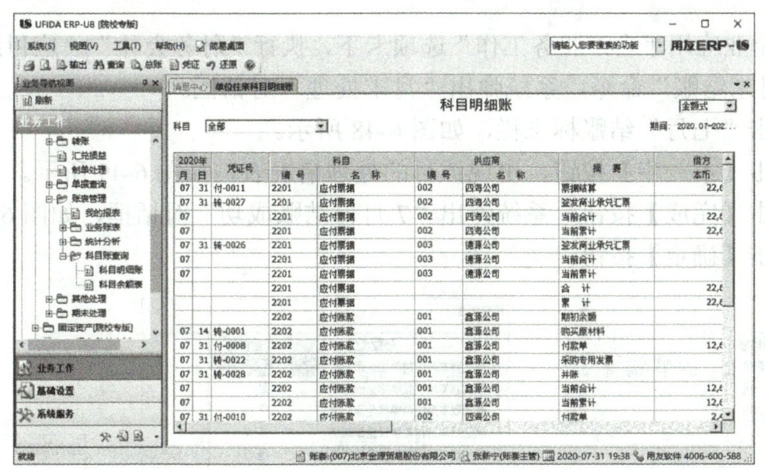

图 6-46　“科目明细账”窗口

（3）单击【退出】按钮退出。

✓ 科目账查询包括科目明细账和科目余额表。

✓ 科目明细账查询可以查询供应商往来科目下往来供应商的往来明细账，细分为科目明细账、供应商明细账、三栏明细账、部门明细账、项目明细账、业务员明细账等。

✓ 科目余额表查询可以查询应付受控科目各个供应商的期初余额、本期借方发生额合计、本期贷方发生额合计、期末余额，细分为科目余额表、供应商余额表、三栏余额表、部门余额表、项目余额表、业务员余额表、供应商分类余额表及地区分类余额表。

4．取消转账操作

（1）在企业应用平台“业务工作”选项卡下，执行“财务会计”|“应付款管理”|“其他处理”|“取消操作”命令，系统弹出“取消操作条件”对话框，选择取消操作条件，如图 6-47 所示。

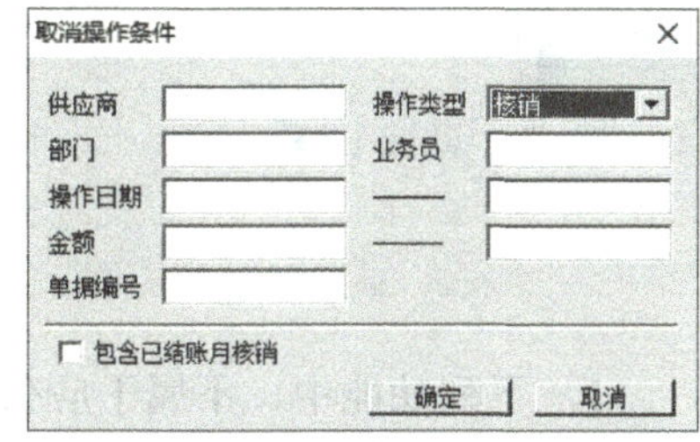

图 6-47　选择取消操作条件

（2）单击【确认】按钮，打开“取消操作”窗口。

（3）双击“选择标志”栏，单击【确认】按钮。

（4）单击【退出】按钮退出。

✓ 取消操作必须在未进行后序操作的情况下进行，如果已经进行了后序操作则应在恢复后序操作后再取消操作。

（三）期末处理

（1）在企业应用平台“业务工作”选项卡下，执行“财务会计”|“应付款管理”|“期末处理”|“月末结账”命令，系统弹出“月末处理”对话框。

（2）双击“七月”结账标志栏，如图 6-48 所示。

（3）单击【下一步】按钮，出现该目的处理情况表，如图 6-49 所示。

（4）单击【完成】按钮，系统弹出“7 月份结账成功”对话框，如图 6-50 所示。

（5）单击【确定】按钮。

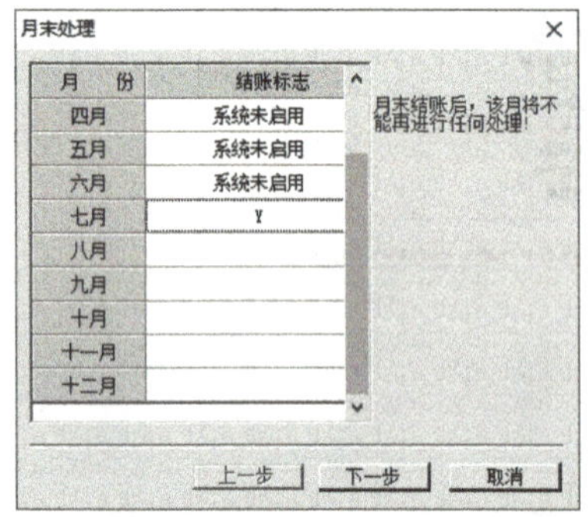

图 6-48 设置月末处理

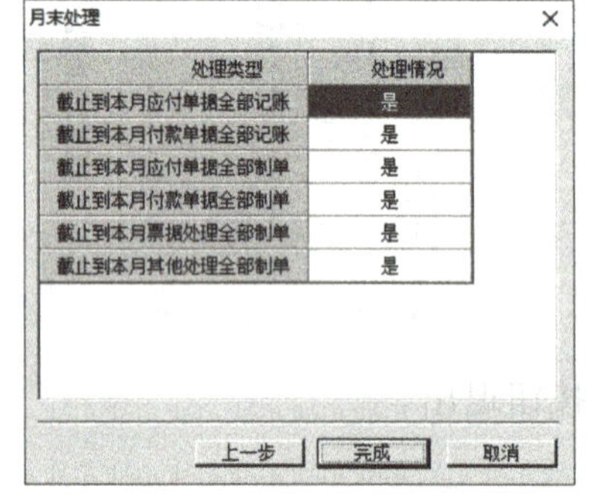

图 6-49 月末处理——处理情况表

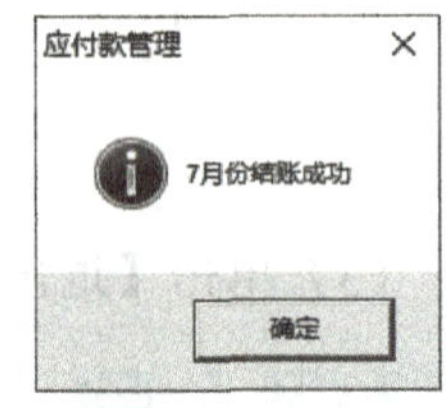

图 6-50 提示结账成功

- ✓ 如果当月业务已经全部处理完毕，应进行月末结账。只有当月结账后，才能开始下月的工作。
- ✓ 进行月末处理时，一次只能选择一个月进行结账。若前一个月未结账，则本月不能结账。
- ✓ 在执行了月末结账后，该月将不能再进行任何处理。

项目训练

一、不定项选择题

1．下列功能中，不属于应付款管理系统的是（　　）。

A．入库处理　　B．单据处理

C．转账处理　　D．统计分析

2．应付款管理系统处理的票据中不包含（　　）。

A．采购发票与应付单　　B．付款单和退货单

C．付款票据　　D．应付票据

3. 在应付款管理系统采用“简单核算”应用方案下，以下功能中应付款管理系统具有的是（ ）。

A. 审核采购专用发票　　B. 查询往来明细账
C. 填制采购普通发票　　D. 填制采购专用发票

4. 在应付款管理系统的票据管理功能中，只要进行了（ ）操作，便不能再进行其他与票据相关的处理。

A. 票据计息后　　B. 票据修改后
C. 票据结算后　　D. 票据到期后

5. 在应付款管理系统中，取消操作的类型应不包括（ ）。

A. 取消转账　　B. 取消并账
C. 取消核销　　D. 取消记账

6. 在应付款管理系统中，业务账表应不包括（ ）。

A. 凭证汇总表　　B. 业务总账
C. 业务余额表　　D. 业务明细账

7. 在应付款管理系统中，关于制单日期，以下说法错误的是（ ）。

A. 制单日期系统默认为单据日期
B. 制单日期应大于等于所选单据的最大日期
C. 制单日期应小于等于当前系统日期
D. 制单日期系统默认为当前业务日期

二、上机操作题

1. 引入项目二“项目训练”上机操作题账套。
2. 应付款管理系统初始设置。

（1）设置应付款管理系统业务参数。

常规参数	采用系统默认设置
凭证参数	采用系统默认设置
权限与预警参数	启用供应商权限，其他采用系统默认设置
核销设置	采用系统默认设置

（2）设置会计科目。

<table>
<tr><td>基本科目设置</td><td colspan="3">应收科目：2202；预付科目：1123；税金科目：22210101；采购科目：140101；银行承兑科目：2201；商业承兑科目：2201；现金折扣科目：6603；票据利息科目：6603；票据费用科目：6603；收支费用科目：6603</td></tr>
<tr><td rowspan="3">产品控制科目设置</td><td>存货名称</td><td>采购科目</td><td>产品采购税金科目</td></tr>
<tr><td>A 材料</td><td>140101</td><td>22210101</td></tr>
<tr><td>B 材料</td><td>140102</td><td>22210101</td></tr>
<tr><td>结算方式科目设置</td><td colspan="3">现金结算方式：1001；现金支票、转账支票：100201</td></tr>
</table>

（3）设置单据编号。允许手工修改采购专用发票、采购普通发票、采购运费发票的单据编号，且重号时自动重取。

（4）录入应付款管理系统的期初余额并与总账对账。

账户	期初余额（元）	备　注
应付账款	79 326.00	2019 年 12 月 15 日，从华城公司购入 A 材料 1 000 千克，无税单价为 70.20 元，价税合计 79 326.00 元，采购专用发票号为 798643

3．应付款管理系统日常业务处理。

（1）3 月 1 日，向华城公司购入 A 材料 100 千克，无税单价为 80.00 元，运杂费为 280.00 元。价款及税款签发 3 个月到期的商业承兑汇票（票号 46463）支付。材料未到。

（2）3 月 5 日，向恒鑫公司采购 B 材料 100 千克，无税单价为 40.00 元，运杂费为 460.00 元，增值税税率为 13%，原材料已验收入库，开出转账支票（#1012）以工行存款支付款项。

（3）3 月 9 日，开出转账支票（#1013）以工行存款支付前欠华城公司贷款 79 326.00 元。

（4）3 月 9 日，核销前欠华城公司贷款 79 326.00 元和 9 320.00 元。

（5）3 月 19 日，根据购货合同，开出转账支票（#1014）以工行存款 10 000.00 元预付埃泰克公司购料款。

（6）3 月 22 日，收到发来的材料，专用发票载明 B 材料 300 千克，单价为 40.00 元，增值税为 1 560.00 元，余款开出转账支票（#1015）支付。材料已验收入库。

（7）3 月 22 日，埃泰克公司预付款 10 000.00 元冲应付款 10 000.00 元。

（8）3 月 22 日，核销埃泰克公司应付款 4 040.00 元。

4．应付款管理系统期末业务处理

（1）批量制单。

（2）月末结账。

项目七

UFO 报表系统

7

职业能力目标

知识目标

了解报表系统的基本功能。
熟悉报表系统的业务处理流程。
掌握报表系统基础设置的内容。
掌握报表系统格式设计和公式设置的方法。

能力目标

能熟练进行报表格式设计。
能熟练进行报表数据处理。

职业目标

能编制会计报表。
能根据企业的需要自定义会计报表。
能熟练使用模板生成相关会计报表。

任务一 了解 UFO 报表系统

情景引例

金源公司财务主管张新宁已经完成了 2020 年 7 月份的日常业务处理和期末业务处理，根据相关财务制度规定，月末需要编制该月的资产负债表和利润表。在开始编制报表之前，张新宁需要对 UFO 报表系统进行了解。

知识准备

用友 ERP-U872 中的 UFO 报表系统是报表事务处理的工具，具有方便的自定义报表功能、数据处理功能，并且内置多个行业的常用会计报表；能够对报表进行审核、汇总、生成各种分析图，并按照预定格式输出各种会计报表。该系统可以与其他管理系统集成使用，也可以独立运行，用于处理日常办公事务。

一、UFO 报表系统功能概述

1. 文件管理功能

UFO 报表系统提供了各类文件管理功能，除了能完成一般的文件管理外，它还能将数据文件转换为不同的文件格式，如文本文件、MDB 文件、XLS 文件等。此外，通过 UFO 财务报表系统提供的“导入”和“导出”功能，可以实现和其他流行财务软件之间的数据交换。

2. 格式设计功能

UFO 报表系统提供的格式设计功能，可以设计报表尺寸、组合单元、画表格线、调整行高列宽、设置字体和颜色、设置显示比例等。同时，UFO 财务报表系统还内置了 11 种套用格式和 19 个行业的标准财务报表模板，方便用户制作标准报表。对于用户单位内部常用的管理报表，UFO 财务报表系统还提供了自定义模板功能。

3. 公式设计功能

UFO 报表系统提供了绝对单元公式和相对单元公式，可以方便、迅速地定义计算公式、审核公式、舍位平衡公式。此外，UFO 财务报表系统还提供了种类丰富的函数，在系统向导的引导下能直接从用友账务及其他管理系统中提取数据，生成财务报表。

4. 数据处理功能

UFO 报表系统的数据处理功能可以管理大量数据不同的表页，并在每张表页之间建立有机联系。此外，UFO 报表系统还提供了表页的排序、查询、审核、舍位平衡和汇总功能。

5. 图表功能

UFO 报表系统可以方便地对数据进行图形组织和分析，制作包括直方图、立体图、圆饼图、折线图等多种分析图表，同时可以编辑图表的位置、大小、标题、字体、颜色和打印输出。

6. 打印功能

UFO 报表系统提供“打印预览”的功能，可以随时观看报表或图形的打印效果。报表打印时，可以打印格式或数据、设置表头和表尾，还可以在 0.3～3 倍之间缩放打印，以及横向或纵向打印等。

7. 二次开发功能

UFO 报表系统提供了批命令和自定义菜单，利用该功能可以开发出适合本企业的专用系统。

二、UFO 报表系统与其他管理系统的主要关系

UFO 报表系统主要是从其他管理系统中提取编制报表所需的数据。总账、薪资、固定资产、财务分析、采购、库存、存货核算、销售管理系统等均可向 UFO 报表系统传递数据，以生成财务部门所需的各种会计报表。

三、UFO 报表系统的业务处理流程

UFO 报表系统的业务流程如图 7-1 所示。

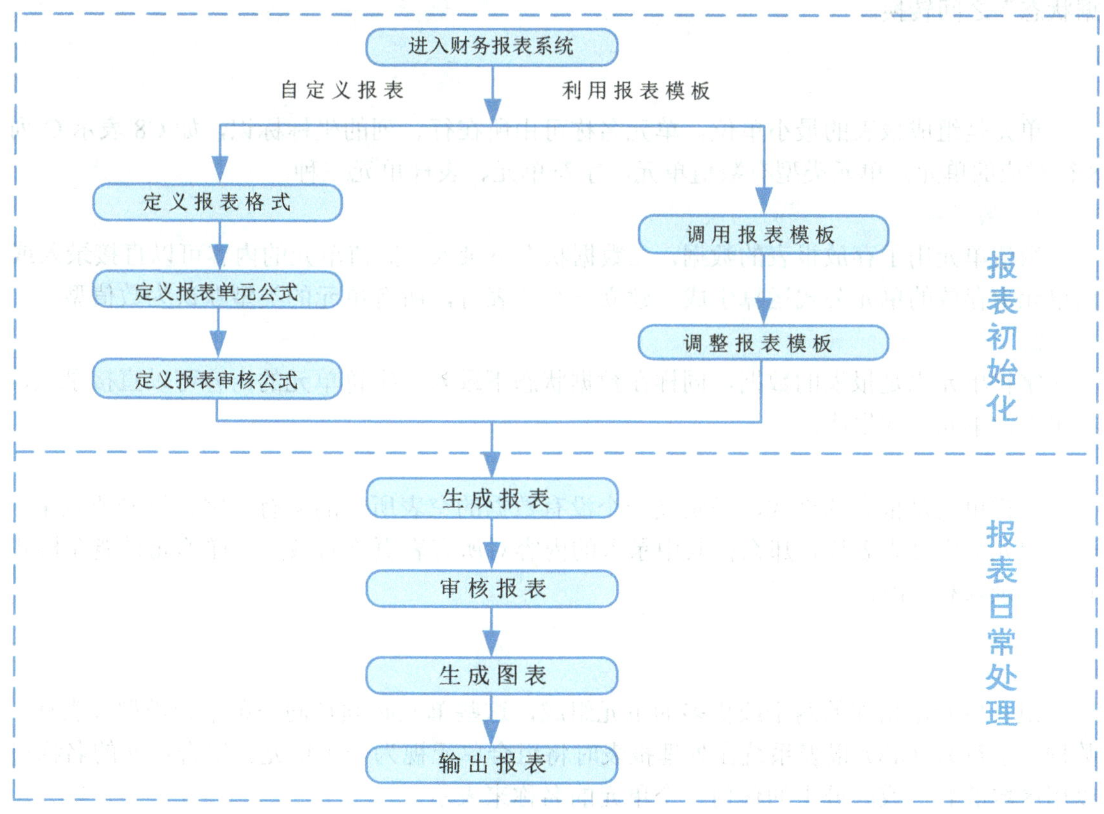

图 7-1 UFO 报表系统的业务处理流程

四、UFO 报表系统的基本概念

（一）格式状态和数据状态

UFO 报表系统将报表制作分为两大部分来处理，即报表格式及公式设计与报表数据处理。这两部分的工作是在不同状态下进行的。

1. 格式状态

在报表格式状态可进行有关格式设计的操作，如标尺寸、行高、列宽、单元属性、单元风格、组合单元、关键字；定义报表的单元公式（计算公式）、审核公式及舍位平衡公式。在格式状态下所看到的均是报表的格式，有关报表的数据全部隐藏。在格式状态下所做的操作对本报表所有的表页都发生作用，但不能进行数据的录入、计算等操作。

2. 数据状态

在报表数据状态下管理报表的数据，如数据录入、增加或删除表页、审核、舍位平衡、制作图形、汇总、合并报表等。在数据状态下不能修改报表的格式，所显示的是报表的全部内容，包括格式和数据。

报表工作区的左下角有一个【格式/数据】按钮，单击此按钮可以在“格式状态”和“数据状态”之间转换。

（二）单元

单元是组成报表的最小单位。单元名称可由所在行、列的坐标标识，如 C8 表示 C 列 8 行对应的单元。单元类型有数值单元、字符单元、表样单元三种。

1. 数值单元

数值单元用于存放报表的数据，在数据状态下录入，数值单元的内容可以直接录入或由单元中存放的单元公式运算生成。建立一个新表时，所有单元的类型默认为数值型。

2. 字符单元

字符单元也是报表的数据，同样在数据状态下录入。字符单元的内容可以直接录入，也可以由单元公式生成。

3. 表样单元

表样单元是报表的格式，是定义一个没有数据的空表所需的所有文字、符号或数字。一旦单元被定义为表样，那么在其中录入的内容对所有表页都有效。表样单元只能在格式状态下录入和修改。

（三）组合单元

组合单元由相邻的两个或更多的单元组成，这些单元必须是同一种单元类型（表样、数据、字符），UFO 报表系统在处理报表时将组合单元视为一个单元。组合单元的名称可以用区域的名称或区域中的任何一个单元的名称来表示。

（四）区域

区域由一张表页上的相邻单元组成，自起点单元至终点单元是一个完整的长方形矩阵。在 UFO 报表系统中，区域是二维的，最大的区域是整个表页，最小的区域是一个单元。在描述一个区域时，起点单元与终点单元用“:”连接，如 A6 到 C10 的长方形区域表示为 A6:C10。

（五）表页

一个 UFO 报表最多可容纳 99 999 张表页，一个报表中的所有表页具有相同的格式，但其中的数据不同。表页在报表中的序号在表页的下方，以标签的形式出现，成为“页标”。页标用“第 1 页”～“第 99 999 页”表示，如果当前表的第 2 页，表示为@2。

（六）二维表和三维表

确定某一数据位置的要素称为“维”。在一张有方格的纸上填写一个数，这个数的位置可通过行（横轴）和列（纵轴）来描述，那么这个表就是二维表。如果将多个相同的二维表叠在一起，并从多个二维表中找到一个数据，则需要增加一个要素，即表页号（Z 轴），这一叠表称为一个三维表。

如果将多个不同的三维表放在一起，要从多个三维表中找到一个数据，又需增加一个要素，即表名。三维表的表间操作即为“四维运算”。因此，在 UFO 报表系统中要确定一个数据的所有要素为<表名><列><行><表页>，如利润表第 2 页的 C5 单元，表示为“利润表”→C5@2。

（七）固定区和可变区

固定区是指组成一个区域的行数和列数是固定的数目。可变区是指组成一个区域的行数或列数是不固定的数字。可变区的最大行数和最大列数是在格式设计中设定的。在一个报表中只能设置一个可变区，有可变区的表称为可变表；没有可变区的报表称为固定表。

（八）关键字

关键字是一种特殊的单元，可以唯一标识一个表页，用在大量表页中快速选择表页。例如，一个资产负债表的表文件可以放一年 12 个月的资产负债表（甚至多年的多张表），若要对某一张表页的数据进行定位，就要设置一些定位标志，在 UFO 报表系统中称为关键字。

UFO 报表系统共提供了六种关键字，分别是“单位名称”“单位编号”“年”“季”“月”“日”，它还可自定义关键字。

关键字的显示位置在格式状态下设置，关键字的值则在数据状态下录入，每个报表可以定义多个关键字。

任务二　创建报表格式

金源公司会计主管张新宁与财务人员了解了 UFO 报表系统的基础知识，开始处理报表业务。

知识准备

一、报表格式定义

报表的格式设计在格式状态下进行，格式对整个报表都有效。格式定义包括以下操作：

（1）设置表尺寸：定义报表的大小，即设定报表的行数和列数。

（2）定义组合单元：即把几个单元作为一个单元使用。

（3）画表格线。

（4）录入报表中项目：包括表头、表体和表尾（关键字值除外）。在格式状态下定义的单元内容自动默认为表样型，定义为表样型的单元在数据状态下不允许修改和删除。

（5）定义行高和列宽。

（6）设置单元风格：设置单元的字型、字体、字号、颜色、图案和折行显示等。

（7）设置单元属性：把需要录入数字的单元定为数值单元；把需要录入字符的单元定为字符单元。

（8）确定关键字在表页上的位置，如单位名称、年、月、日等。

二、报表模板

通过报表格式定义和公式定义可以设置个性化的自定义报表。同时，UFO 报表系统还为用户提供了 16 个行业的各种标准财务报表格式。

利用报表模板可以迅速建立一张符合需要的财务报表。另外，对于一些本企业常用报表模板中没有提供的报表，在自定义完这些报表的格式和公式后，可以将其定义为报表模板，以后可以直接调用。

任务实施

一、任务目标

1. 启用 UFO 报表系统。
2. 完成报表格式定义。

二、任务资料

货币资金表

编制单位： 年 月 日 单位：元

项目	行次	期初数	期末数
库存现金	1		
银行存款	2		
合计	3		

制表人：

❖ 说明

表头：标题“货币资金表”设置为黑体、14 号、居中；“年”“月”“日”“单位”设置为宋体、10 号。

表体：表体中文字设置为宋体、12 号、居中。

表尾：“制表人”设置为宋体、10 号、居左。

三、任务操作

（一）启用 UFO 报表系统

（1）以“张新宁（A001）”的身份进入企业应用平台，在业务工作选项卡下，执行“财务报表”|“UFO 报表”命令，打开“UFO”报表窗口。系统弹出“日记月累”对话框，单击【关闭】按钮。

（2）执行“文件”|“新建”命令，建立一张空报表，报表名默认为“report1”，如图 7-2 所示。

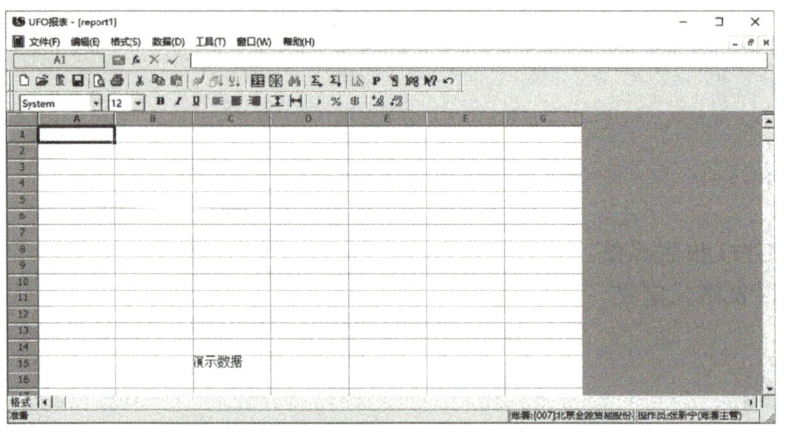

图 7-2 建立名为“report1”的空账表

（二）创建报表格式

1. 报表定义

查看空白报表底部左下角的【格式/数据】按钮，使当前状态为格式状态。

2. 报表格式定义

❖ 设置报表尺寸

（1）执行“格式”|“表尺寸”命令，系统弹出“表尺寸”对话框。

（2）录入行数“7”、列数“4”，如图 7-3 所示，单击【确认】按钮。

❖ 定义组合单元

（1）选择需合并的单元区域 A1:D1，执行“格式”|“组合单元”命令，系统弹出“组合单元”对话框，如图 7-4 所示。

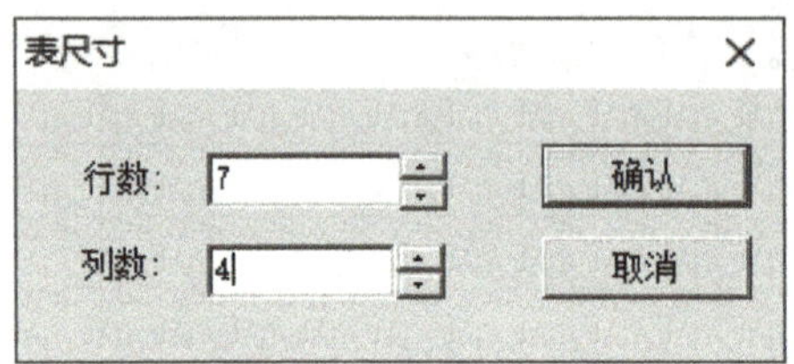

图 7-3 设置报表尺寸

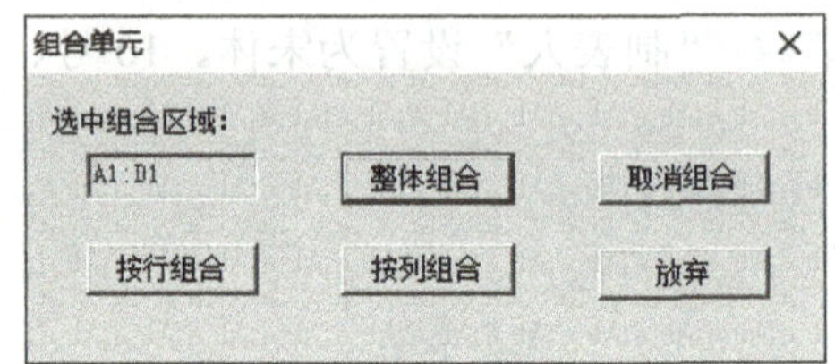

图 7-4 “组合单元”对话框

（2）选择组合方式“整体组合”或“按行组合”，该单元即合并成一个单元格。

（3）同理，定义 A2:B2 单元和 B7:D7 单元为组合单元。

❖ 画表格线

（1）选中报表需要画线的单元区域 A3:D6，执行“格式”|“区域画线”命令，系统弹出“区域画线”对话框，如图 7-5 所示。

（2）选择【网线】单选按钮，单击【确认】按钮，将所选区域画上表格线。

❖ 录入报表项目

选中需要录入内容的单元或组合单元，根据任务资料在该单元或组合单元中录入相关内容，结果如图 7-6 所示。

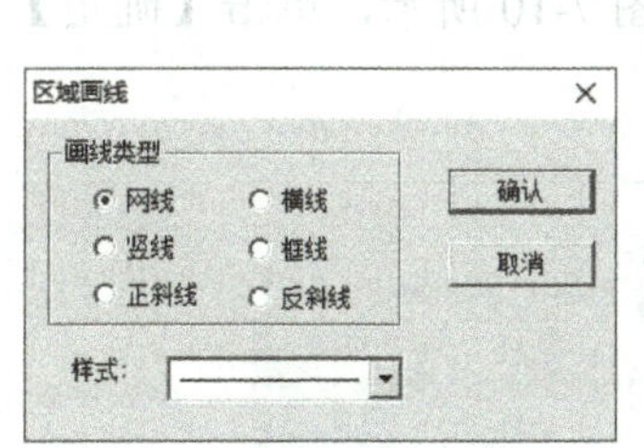

图 7-5 “区域画线”对话框

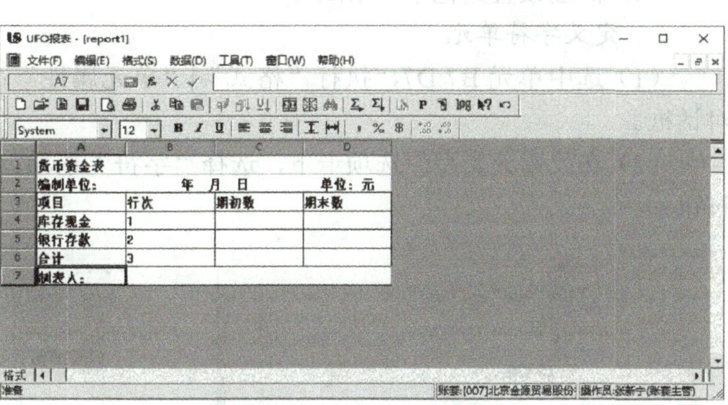

图 7-6 录入报表项目

✓ 报表项目是指报表的文字内容，主要包括表头内容、表体项目、表尾项目等，但不包括关键字。

✓ 日期一般不作为文字内容录入，而需要将其设置为关键字。

❖ 定义报表行高和列宽

（1）选中需要调整的单元格所在行 A1，执行“格式”|“行高”命令，系统弹出“行高”对话框，如图 7-7 所示。

（2）录入行高“7”，单击【确认】按钮。

（3）选中需要调整的单元格所在列，执行“格式”|“列宽”命令，可设置该列的宽度，如图 7-8 所示。A，C，D 列为“40”，B 列为“10”。

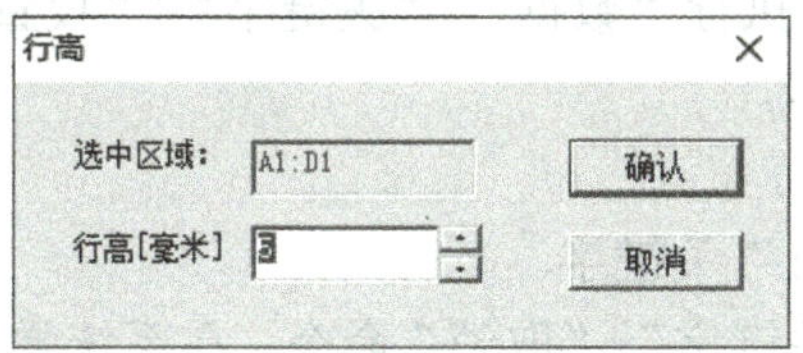

图 7-7 “行高”对话框

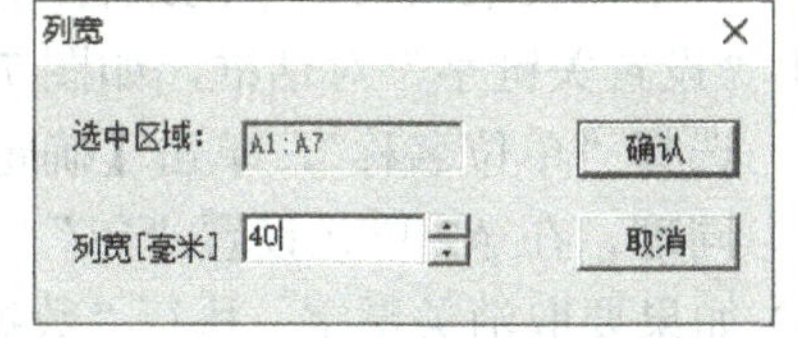

图 7-8 设置列宽

✓ 行高、列宽的单位为毫米。

❖ 设置单元格属性

（1）选中标题所在组合单元 A1，执行“格式”|“单元属性”命令，系统弹出“单元格属性”对话框，如图 7-9 所示。

（2）在“字体图案”选项卡下，设置字体为“黑体”、字号为“14”。

（3）在“对齐”选项卡下，设置对齐方式为“居中”，单击【确定】按钮。

（4）同理设置其他单元格属性。

❖ 定义字符单元

（1）选中单元 B7:D7，执行“格式”|“单元属性”命令，系统弹出“单元格属性”对话框。

（2）在“单元类型”选项卡下，选择“字符”选项，如图 7-10 所示，单击【确定】按钮。

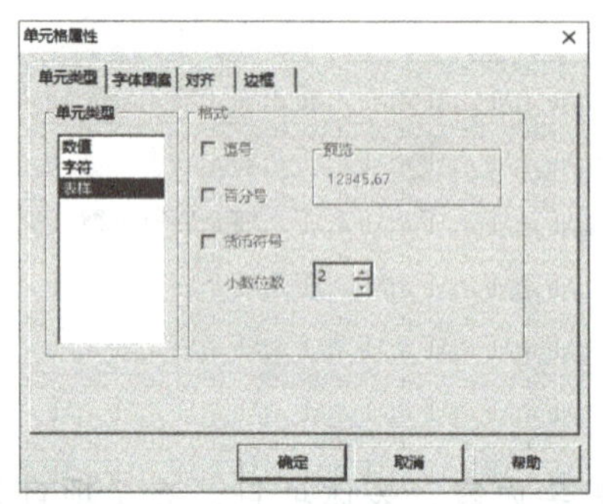

图 7-9 “单元格属性”对话框

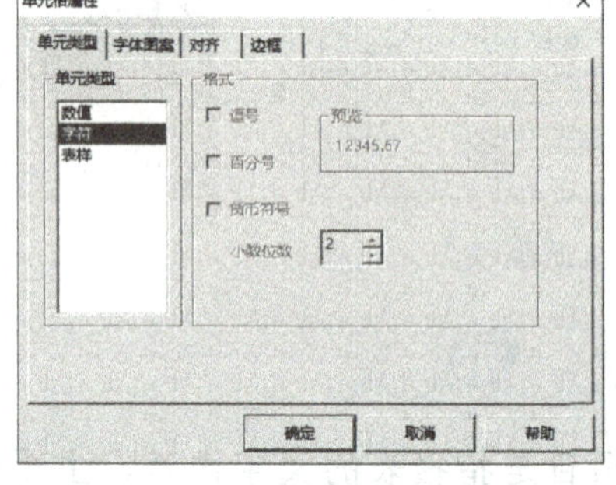

图 7-10 单元格属性——单元类型

✓ 格式状态下录入内容的单元均默认为表格单元，未录入数据的单元均默认为数值单元。若希望在数据状态下录入字符，应将其定义为字符单元。

✓ 字符单元和数值单元录入后只对本表有效，表样单元录入后对所有表页有效。

❖ 设置关键字

（1）选中需要录入关键字的组合单元 A2，执行“数据”|“关键字”|“设置”命令，系统弹出“设置关键字”对话框，如图 7-11 所示。

（2）选择“单位名称”，单击【确定】按钮。

（3）同理，在 A2 单元设置“年”“月”“日”关键字。

（4）如果要取消关键字，执行“数据”|“关键字”|“取消”命令，在系统弹出的“取消关键字”对话框中选择要取消的关键字，如图 7-12 所示。

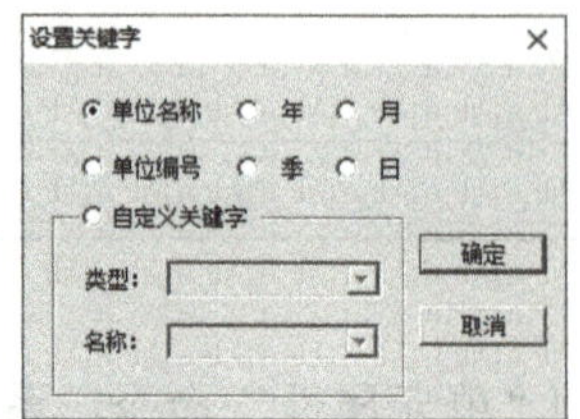

图 7-11 “设置关键字”对话框

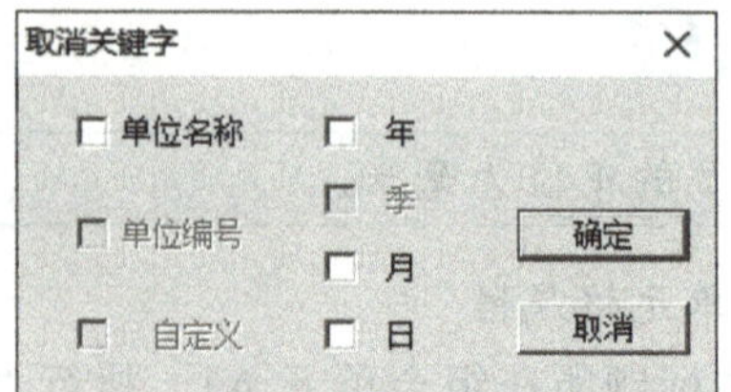

图 7-12 选择要取消关键字

✓ 单元其他内容未修改字体颜色前，均以黑色显示，但关键字是以红色显示，并且关键字名称前或后都有一串或长或短的红色小叉，这些红色小叉在切换到数据状态下则没有显示，他们代表了该关键字内容的长度限制及关键字内容的显示位置。

✓ 每个报表可以同时定义多个关键字。

❖ 调整关键字位置

（1）执行“数据”|“关键字”|“偏移”命令，系统弹出“定义关键字偏移”对话框。

（2）在需要调整位置的关键字后面录入偏移量，年“-100”，月“-70”，日“-40”，如图 7-13 所示。

（3）单击【确定】按钮，如图 7-14 所示。

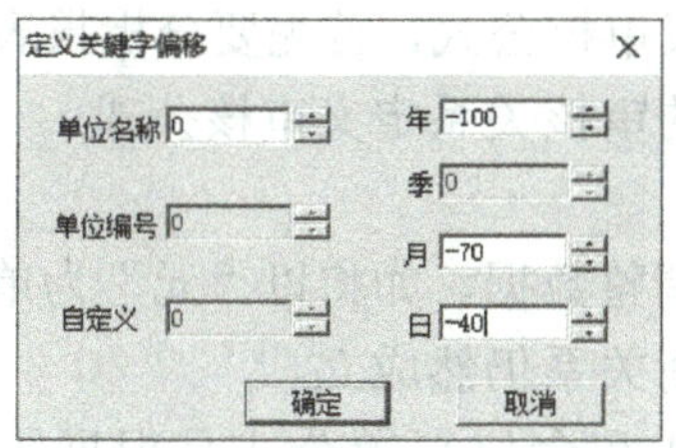

图 7-13 录入偏移量

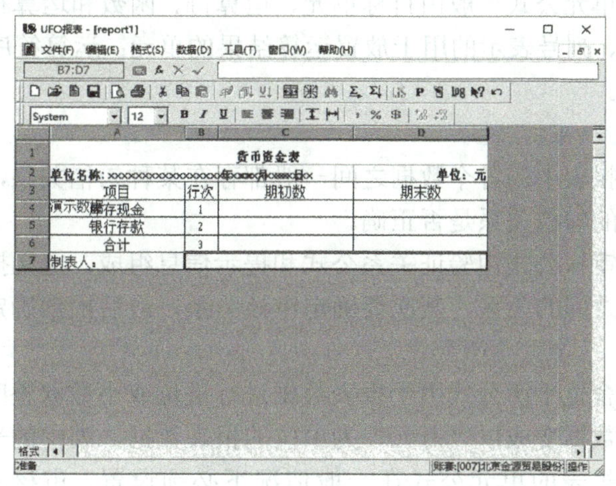

图 7-14 关键字偏移结果

✓ 关键字的位置可以用偏移量来表示，负数值表示向左偏移，正数值表示向右移。在调整时，可以通过录入正或负的数值来调整。关键字偏移量单位为像素。

任务三 定义报表公式

金源公司会计主管张新宇与财务人员完成了报表的基础设置工作，开始定义报表公式。

知识准备

报表公式是指报表或报表数据单元的计算规则，主要包括单元公式、审核公式等。

一、报表公式

1．单元公式

单元公式是指为报表数据单元进行赋值的公式。单元公式的作用是定义报表数据之间运算关系，从账簿、凭证、本表或其他报表等处调用、运算所需要的数据，并将其填入到相应的报表单元中。

单元公式一般由目标单元、运算符、函数和运算符序列组成。其中，目标单元是指用行号、列号表示的用于放置运算结果的单元；运算符序列是指采集数据并进行运算处理的次序。

2．审核公式

报表中的各个数据之间一般都存在某种勾稽关系，审核公式即用于审核报表内或报表之间的勾稽关系是否正确。

审核公式由验证关系公式和提示信息组成。定义报表审核公式，首先要分析报表中各单元之间的关系，其次要确定审核关系，最后根据确定的审核关系定义审核公式。

3．舍位平衡公式

舍位平衡公式用于报表数据进行进位或小数取整时调整数据，如将以“元”为单位的报表数据变成以“万元”为单位的报表数据，表中的平衡关系仍然成立。

报表的单元公式在一般情况下必须设置，审核公式和舍位平衡公式是根据需要设置的。

二、财务报表数据

企业常用的财务报表数据一般来自总账管理系统或报表系统本身。取自报表的数据又可以分为从本报表取数和从其他报表的表页取数。

（一）自总账取数的公式

自总账取数的公式又称账务取数函数。账务取数函数是会计报表数据的主要来源，实现了报表系统和总账等其他管理系统之间的数据传递，实现了账表一体化。

账务取数函数使用频繁，但表达复杂，公式中往往需要使用多种取数函数，每个函数中还要说明如科目编码、会计期间、发生额或余额、方向及账套号等参数。

1．账务取数函数的基本公式

账务取数函数的基本公式为函数名（“科目编码”，会计期间，“方向”，“账套号”，“会计年度”，“编码 1”，“编码 2”）。

- 科目编码是会计科目的代码，也可以是科目名称，必须用双引号括起来。
- 会计期间可以是“年”“季”“月”等变量，也可以是表示年、季、月的具体数字。
- 方向即“借”或“贷”，可以省略。
- 账套号为数字，缺省时默认为第一套账。
- 会计年度即数据取数的年度，可以省略。
- 编码 1、编码 2 与科目编码的辅助账类有关，可以是科目的辅助账，如职员编码、项目编码等，如无辅助核算则省略。

2. 账务取数函数

账务取数函数如表 7-1 所示。

表 7-1 账务取数函数表

总账函数	金　额	数量式	外币式
期初额函数	QC( )	SQC( )	WQC( )
期末额函数	QM( )	SQM( )	WQM( )
发生额函数	FS( )	SFS( )	WFS( )
累计发生额函数	LFS( )	SLFS( )	WLFS( )
条件发生额函数	TFS( )	STFS( )	WTFS( )
对方科目发生额函数	DFS( )	SDFS( )	WDFS( )
净额函数	JE( )	SJE( )	WJE( )
汇率函数	HL( )		

（二）报表取数的公式

会计报表的数据来源除了账务取数外，还有一部分数据来自报表中。报表取数公式主要包括本表页内部统计公式、本表其他页取数公式和报表之间取数公式。

1. 本表页内部统计公式

本表页内部统计公式用于在本表页内的指定区域内做出诸如求和、求平均值、求最大值等统计结果的计算，主要实现表页中相关数据的计算、统计功能。自本表页取数的函数主要如表 7-2 所示。

表 7-2 自本表页取数函数表

数据合计	PTOTAL( )
平均值	PAVG( )
最大值	PMAX( )
最小值	PMIN( )

本表页内部统计公式在应用时，要按所要求的统计量选择公式并指明统计区域，如PTOTAL(B3:B8)表示求区域B3～B8的总和。

2. 本表其他页取数公式

对于取自本表其他表页的数据可以利用某个关键字作为表页定位的依据，或者直接以页标号作为定位依据，指定取某张表页的数据。

可以使用SELECT( )函数从本表其他表页取数。例如，C1单元取自于上个月的C2单元的数据可以表示为C1=SELECT(C2，月@=月+1)；C1单元取自于第2张表页的C2单元的数据可以表示为C1=C2@2。

3. 报表之间取数公式

报表之间取数公式即他表取数公式，用于从另一报表期间某页中的某个或某些单元中采集数据。在进行报表间的取数时，不仅要考虑数据取自哪一张表的哪一单元，还要考虑数据来源于哪一页。

对于取自其他报表的数据可以用“报表[.REP]→单元”格式指定要取数的某张报表的单元。

任务实施

一、任务目标

完成报表公式定义。

二、任务资料

报表公式如下：

（1）现金期初数：C4=QC(“1001”,月)

（2）现金期末数：D4=QM(“1001”,月)

（3）银行存款期初数：C5=QC(“1002”,月)

（4）银行存款期末数：D5=QM(“1002”,月)

（5）期初数合计：C6=C4+C5

（6）期末数合计：D6=D4+D5

三、任务操作

（一）定义单元公式

1. 直接录入公式

（1）选中需要定义公式的单元C4，即“库存现金”的期初数。

（2）执行“数据”|“编辑公式”|“单元公式”命令，系统弹出“定义公式”对话框，

如图 7-15 所示。

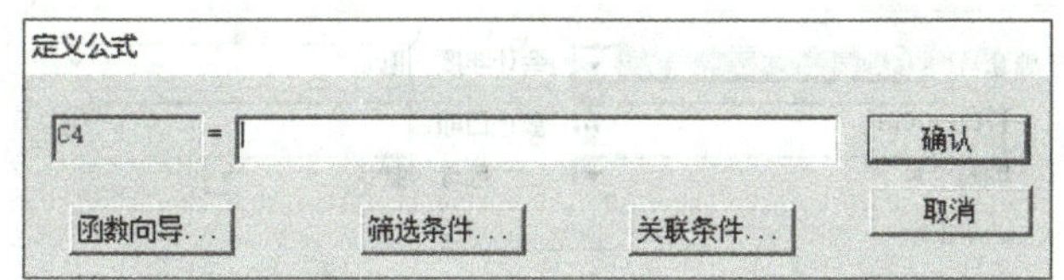

图 7-15 “定义公式”对话框

（3）在“定义公式”对话框中，直接录入总账期初函数公式：QC(“1001”,月)，单击【确认】按钮。

✓ 单元公式中涉及的符号均为英文半角字符。

✓ 单击 按钮或双击某公式单元或按“=”键，系统都可以弹出“定义公式”对话框。

2. 引导录入公式

（1）选中被定义公式的单元 D4，即“库存现金”期末数。

（2）单击【 】按钮，系统弹出“定义公式”对话框。

（3）单击【函数向导】按钮，系统弹出“函数向导”对话框。在“函数分类”列表框中选择“用友账务函数”，在右侧的“函数名”列表框中选择“期末（QM）”，如图 7-16 所示。

（4）单击【下一步】按钮，系统弹出“用友账务函数”对话框，如图 7-17 所示。

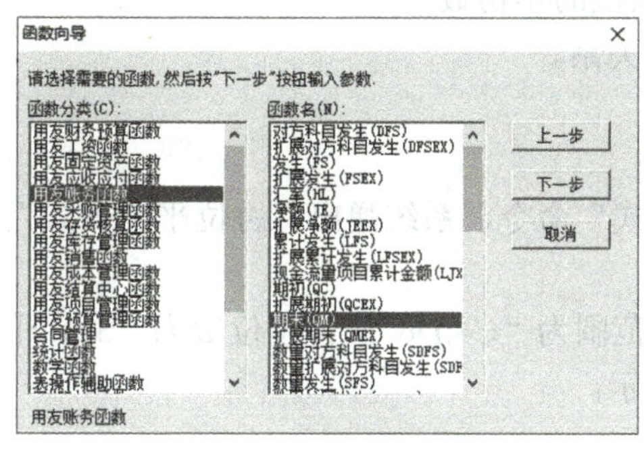

图 7-16 选择函数名

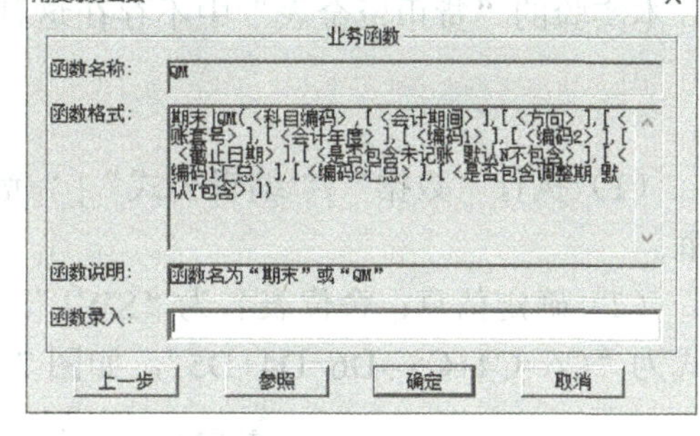

图 7-17 “用友账务函数”对话框

（5）单击【参照】按钮，系统弹出“账务函数”对话框，如图 7-18 所示。

（6）选择科目“1001”，其余各项均采用系统默认值，单击【确定】按钮，返回“用友账务函数”对话框。

（7）单击【确定】按钮，返回“定义公式”对话框，单击【确认】按钮。

（8）根据任务资料录入其他单元公式。

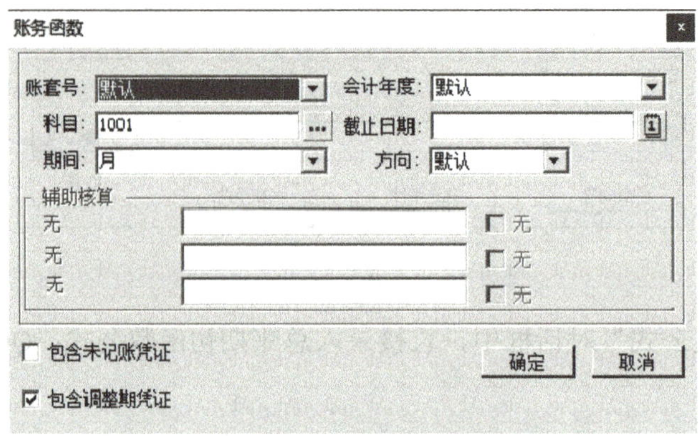

图 7-18 “账务函数”对话框

✓ 如果未进行账套初始设置，那么账套号和会计年度需要直接录入。

（二）定义审核公式

审核公式用于审核报表内或报表之间勾稽关系是否正确。例如，“资产负债表”中的“资产总计的年初数=负债及所有者权益的年初数”，执行“数据”|“编辑公式”|“审核公式”命令，在“审核公式”对话框中的“审核关系”列表框中录入：

C20=F20

MESS“资产总计的年初数<>负债及所有者权益的年初数”

本实验的“货币资金表”中不存在这种勾稽关系。

（三）定义舍位平衡公式

（1）执行“数据”|“编辑公式”|“舍位公式”命令，系统弹出“舍位平衡公式”对话框。

（2）确定信息：舍位表名为“SW1”，舍位范围为“C4:D6”，舍位位数为“3”，平衡公式为“C6=C4+C5 , D6=D4+D5”，如图 7-19 所示。

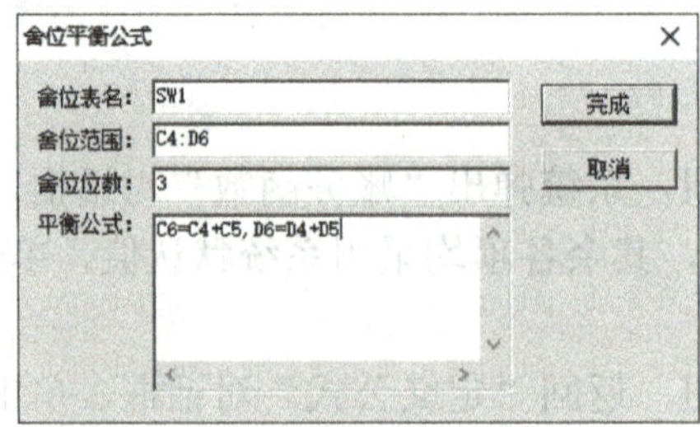

图 7-19 定义舍位平衡公式

（3）单击【完成】按钮完成公式定义。

✓ 舍位平衡公式是指用来调整报表数据进位后的小数位平衡关系的公式。每个公式一行，各公式之间用逗号“,（半角）”隔开，最后一条公式不用写逗号，否则公式无法执行。

✓ 等号左边只能为一个单元（不带页号和表名）。

✓ 舍位公式中只能使用“+”“-”符号，不能使用其他运算符及函数。

（四）保存报表格式

（1）执行“文件”|“保存”命令。如果是第一次保存，系统弹出“另存为”对话框。

（2）选择保存文件夹的目录，录入报表文件名“货币资金表”，选择保存类型为“*.rep”，单击【另存为】按钮。

✓ 报表公式设置完以后要及时将这张报表格式保存下来，以便以后随时调用。

✓ 如果没有保存就退出，系统会弹出“是否保存报表？”对话框，防止错误操作。

✓ .rep 为用友报表文件专用扩展名。

任务四 生成报表

金源公司会计主管张新宁与财务人员完成了定义报表公式工作，开始生成报表。

知识准备

一、报表数据处理

报表的数据包括报表单元的数值和字符，以及游离于单元之外的关键字。数值单元只能生成数字，而字符单元既能生成数字又能生成字符。数值单元和字符单元可以由公式生成，也可以由键盘录入，关键字则必须由键盘录入。

报表数据处理主要包括生成报表数据、审核报表数据、舍位平衡操作等工作。数据处理工作必须在数据状态下进行。处理时计算机会根据已定义的单元公式、审核公式和舍位平衡公式自动进行取数、审核及舍位等操作。

报表数据处理一般是针对某一特定表页进行的，因此在数据处理时还涉及表页的操作，如增加、删除、插入、追加表页等。

二、表页管理及报表输出

报表的输出包括报表的屏幕输出和打印输出，输出时可以针对报表格式输出，也可以针对某一特定表页输出。输出报表格式必须在格式状态下操作，而输出表页必须在数据状态下操作。输出表页时，格式和报表数据一起输出。

输出表页数据时会涉及表页的相关操作，如表页排序、查找、透视等。屏幕输出时可以对报表的显示风格、显示比例加以设置。打印报表之前可以在预览窗口预览，打印时还可以进行页面设置和打印设置等操作。

三、图表功能

报表数据生成之后，为了对报表数据进行直观的分析和了解，方便对数据进行对比、趋势和结构分析，可以利用图形对数据进行直观显示。UFO 报表系统图表格式提供了直方图、圆饼图、折线图和面积图四大类共十种格式的图表。图表是利用报表文件中的数据生成的，图表与报表数据存在着密切的联系：报表数据发生变化时，图表也随之变化；报表数据删除后，图表也随之消失。

任务实施

一、任务目标

1．进行报表输出。

2．能够利用报表模板生成报表。

二、任务操作

（一）报表数据处理

1．打开报表

（1）启用 UFO 报表系统，执行“文件”|“打开”命令。

（2）选择存放报表格式的文件夹中的“货币资金表.rep”，单击【打开】按钮。

（3）单击空白报表底部左下角的【格式/数据】按钮，使当前状态为“数据”状态。

✓ 报表数据处理必须在数据状态下进行。

2．增加表页

（1）执行“编辑”|“追加”|“表页”命令，系统弹出“追加表页”对话框。

（2）录入需要增加的表页数“2”，如图 7-20 所示，单击【确认】按钮。

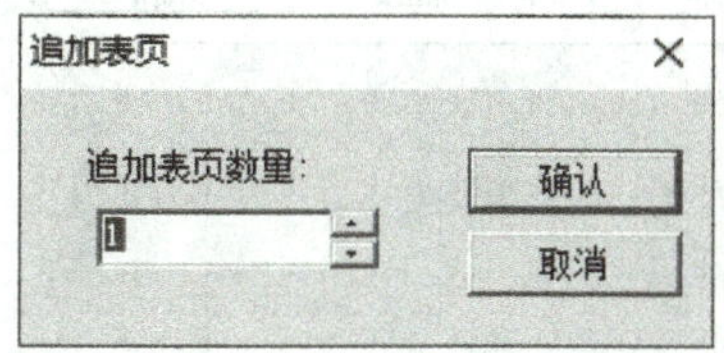

图 7-20 录入追加的表页数量

✓ 增加表页是在最后一张表页后追加多张空表页，插入表页是在当前表页后面插入一张空表页。

✓ 一张报表最多只能管理 99 999 张表页，演示版软件系统最多只能管理 4 张表页。

3．录入关键字值

（1）执行“数据”|“关键字”|“录入”命令，系统弹出“录入关键字”对话框。

（2）录入单位名称“金源公司”、年“2020”、月“7”、日“31”，如图 7-21 所示。

（3）单击【确认】按钮，系统弹出“是否重算第 1 页?”对话框，如图 7-22 所示。

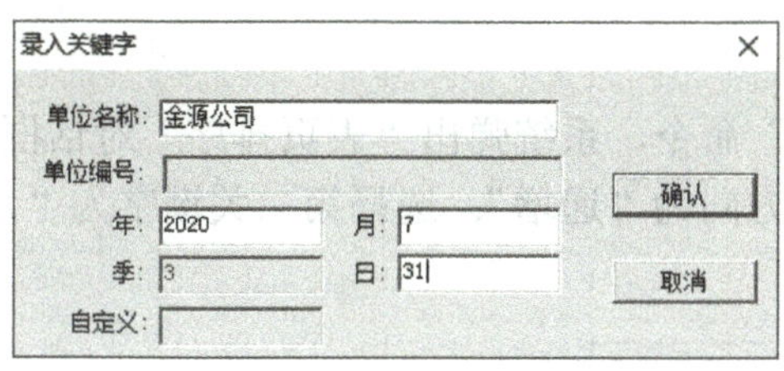

图 7-21 录入关键字

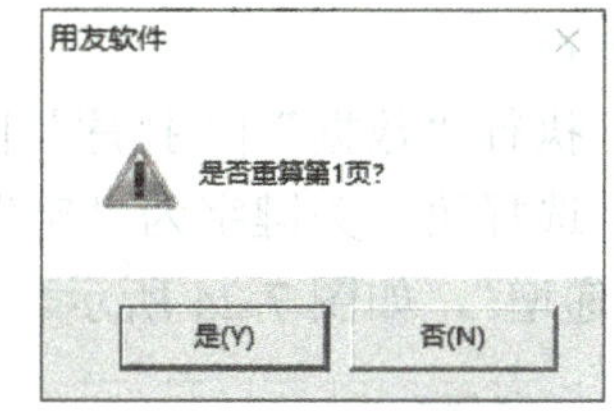

图 7-22 提示是否重算第 1 页

（4）单击【是】按钮，系统会自动根据单元公式计算 1 月份数据；单击【否】按钮，系统不计算 1 月份数据，以后可利用“表页重算”功能生成 1 月份数据。

✓ 每一张表页均对应不同的关键字值，输出时随同单元一起显示。

✓ 日期关键字可以确认报表数据取数的时间范围，即确定时间生成的具体日期。

4．生成报表

（1）执行“数据”|“表页重算”命令，系统弹出“是否重算第 1 页?”对话框。

（2）单击【是】按钮，系统会自动在初始的账套和会计年度范围内根据单元公式计算生成数据，如图 7-23 所示。

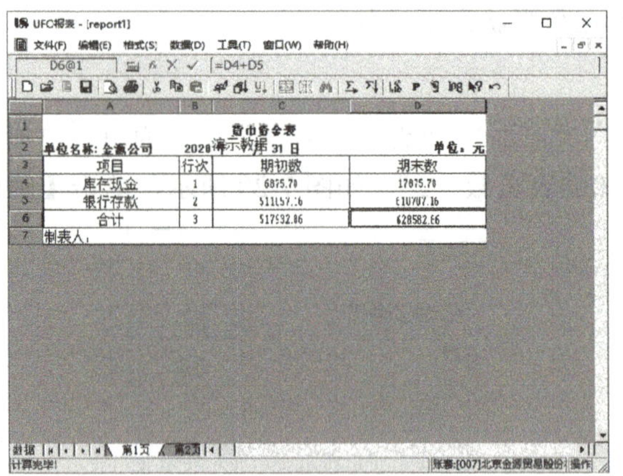

图 7-23　生成货币资金表

5. 报表舍位操作

执行“数据”|“舍位平衡”命令，系统会自动根据前面定义的舍位公式进行舍位操作，并将舍位后的报表保存在 SW1.rep 文件中。

✓ 舍位操作后，将 SW1.rep 文件打开查阅一下。如果舍位公式有误，系统状态栏会提示“无效命令或错误参数!”信息。

（二）表页管理及报表输出

1. 表页排序

（1）执行“数据”|“排序”|“表页”命令，系统弹出“表页排序”对话框。

（2）选择第一关键字为“年”、排序方向为“递增”；选择第二关键字为“月”、排序方向为“递增”，如图 7-24 所示。

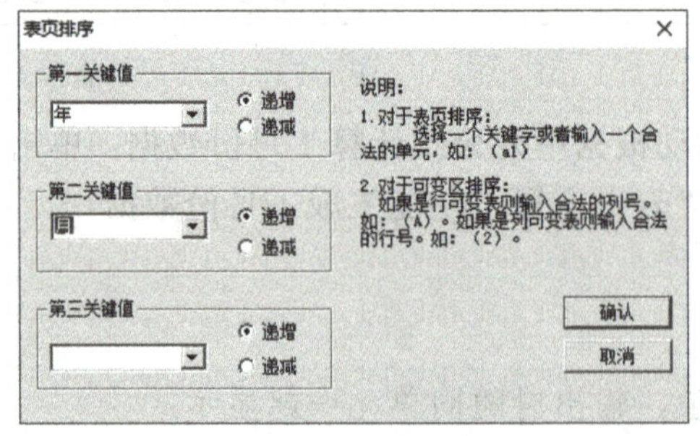

图 7-24　设置表页排序参数

自定义报表

（3）单击【确认】按钮，系统将自动把表页按年份递增顺序重新排列，如果年份相同则按月份递增顺序排序。

2. 表页查找

（1）执行“编辑”|“查找”命令，系统弹出“查找”对话框。

（2）确定查找内容“表页”，确定查找条件“月=7”，如图 7-25 所示。

（3）单击【查找】按钮，查找到符合条件的表页作为当前表页。

3. 追加图表显示区域

（1）在格式状态下，执行“编辑”|“追加”|“行”命令，系统弹出“追加行”对话框。

（2）录入追加行数“10”，如图 7-26 所示，单击【确认】按钮。

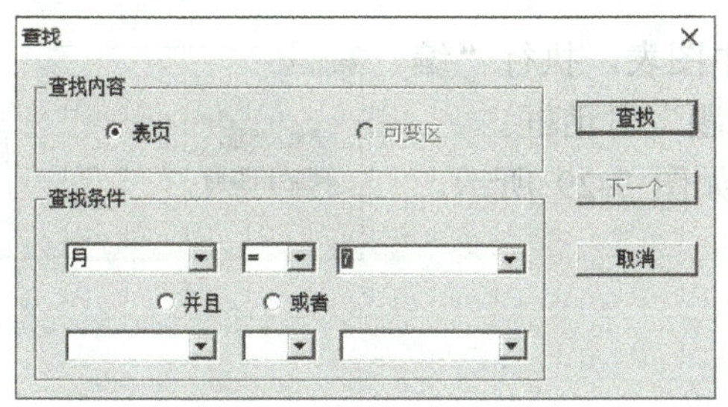

图 7-25 设置查找条件

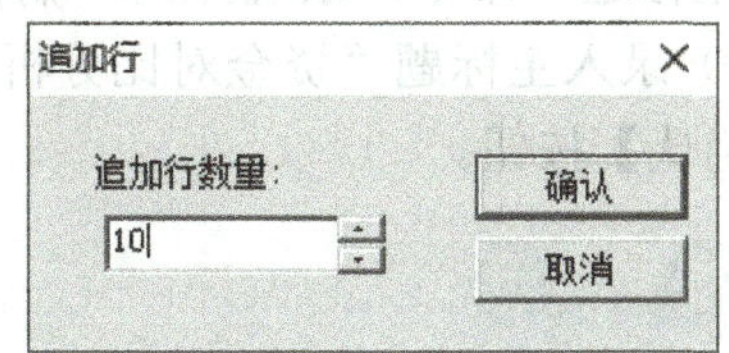

图 7-26 录入追加行数

✓ 追加行或列须在格式状态下进行。

4. 插入图表对象

（1）在数据状态下选取数据区域 A3:D5。执行“工具”|“插入图表对象”命令，系统弹出“区域作图”对话框。

（2）选择数据组为“行”、数据范围为“当前表页”；录入图表名称“资金分析图”、图表标题“资金对比”、X 轴标题“期间”、Y 轴标题“金额”；选择图表格式为“成组直方图”，如图 7-27 所示。

（3）单击【确认】按钮。将图表中的对象调整到合适的位置，如图 7-28 所示。

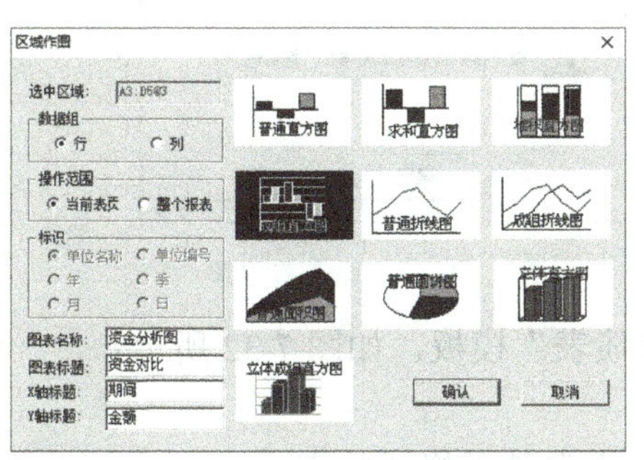

图 7-27 设置区域作图参数

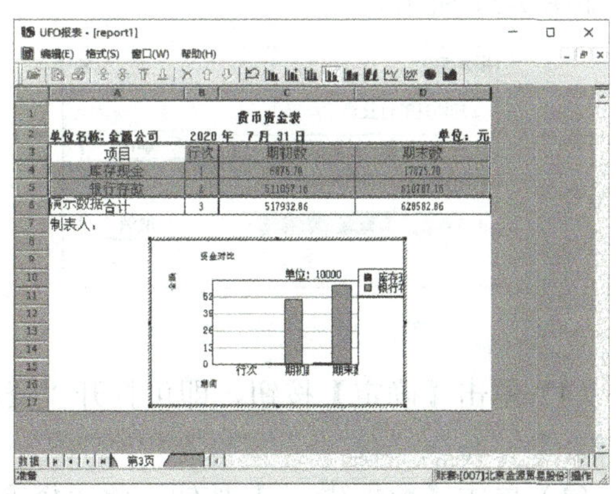

图 7-28 货币资金表

✓ 插入的图表对象实际上也属于报表的数据，因此有关图表对象的操作必须在数据状态下进行。

✓ 选择图表对象显示区域时，区域不能少于2行×2列，否则会提示错误。本例中，因为数据区域选择不太合适，所以制作的“资金分析图”并不完美。

5．编辑图表主标题

（1）双击图表对象的任意位置，选中图表，执行“编辑”|“主标题”命令，系统弹出“编辑标题”对话框。

（2）录入主标题“资金对比分析”，如图7-29所示，单击【确认】按钮。

图7-29　录入标题

✓ 应将生成图表的报表保存到原位置。

✓ 在调用报表模板生成货币资金表之前，应将货币资金表关闭。

✓ 单击选中主标题“资金对比分析”，执行“编辑”|“标题字体”命令，可以编辑图表主标题字体。

（三）调用报表模板生成资产负债表

1．调用资产负债表模板

（1）新建报表时可以调用报表模板，或新建空白报表后，执行“格式”|“报表模板”命令，系统弹出“报表模板”对话框。

（2）选择所在的行业为“2007年新会计制度科目”，财务报表为“资产负债表”，如图7-30所示。

（3）单击【确认】按钮，系统弹出“模板格式将覆盖本表格式！是否继续？”对话框，如图7-31所示。

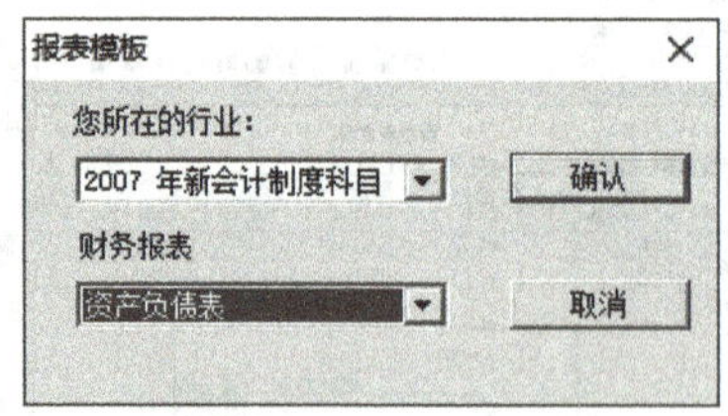

图7-30　设置报表模板

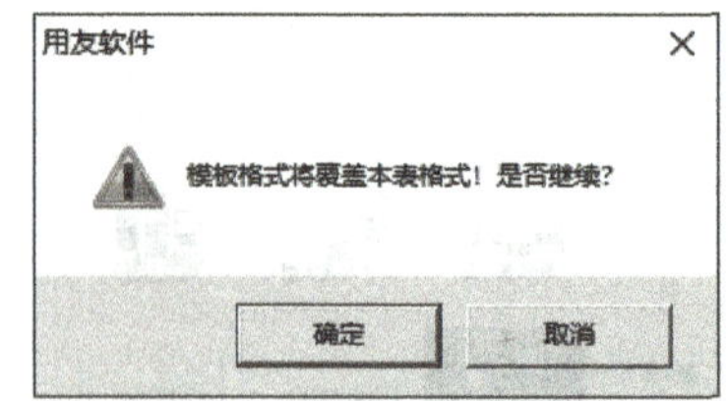

图7-31　提示覆盖报表

（4）单击【确定】按钮，即可打开“资产负债表”模板，如图7-32所示。

2．调整报表模板

（1）单击【数据/格式】按钮，将“资产负债表”处于格式状态。

（2）根据本单位的实际情况，调整报表格式，修改报表公式，保存调整后的报表模板。

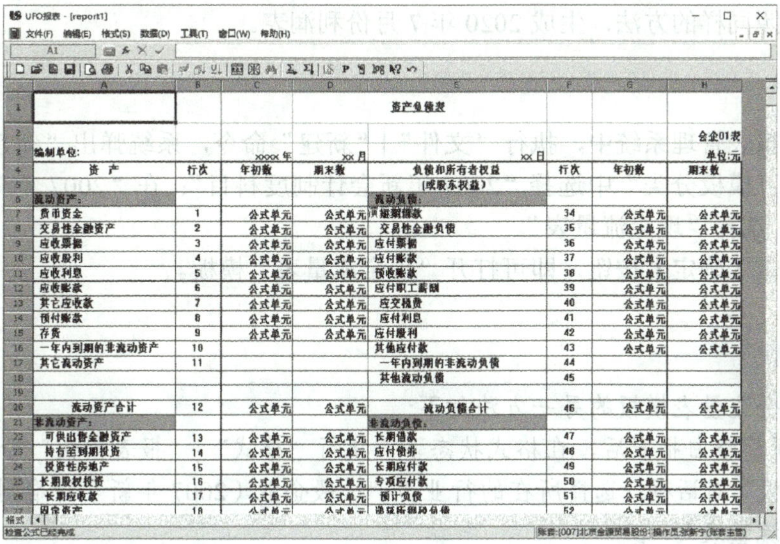

UFO报表 - [report1]

	资产负债表						
							会企01表
编制单位:		xxxx 年	xx 月		xx 日		单位:元
资 产	行次	年初数	期末数	负债和所有者权益（或股东权益）	行次	年初数	期末数
流动资产:				流动负债:			
货币资金	1	公式单元	公式单元	短期借款	34	公式单元	公式单元
交易性金融资产	2	公式单元	公式单元	交易性金融负债	35	公式单元	公式单元
应收票据	3	公式单元	公式单元	应付票据	36	公式单元	公式单元
应收股利	4	公式单元	公式单元	应付账款	37	公式单元	公式单元
应收利息	5	公式单元	公式单元	预收账款	38	公式单元	公式单元
应收账款	6	公式单元	公式单元	应付职工薪酬	39	公式单元	公式单元
其它应收款	7	公式单元	公式单元	应交税费	40	公式单元	公式单元
预付账款	8	公式单元	公式单元	应付利息	41	公式单元	公式单元
存货	9	公式单元	公式单元	应付股利	42	公式单元	公式单元
一年内到期的非流动资产	10			其他应付款	43	公式单元	公式单元
其它流动资产	11			一年内到期的非流动负债	44		
				其他流动负债	45		
流动资产合计	12	公式单元	公式单元	流动负债合计	46	公式单元	公式单元
非流动资产:				非流动负债:			
可供出售金融资产	13	公式单元	公式单元	长期借款	47	公式单元	公式单元
持有至到期投资	14	公式单元	公式单元	应付债券	48	公式单元	公式单元
投资性房地产	15	公式单元	公式单元	长期应付款	49	公式单元	公式单元
长期股权投资	16	公式单元	公式单元	专项应付款	50	公式单元	公式单元
长期应收款	17	公式单元	公式单元	预计负债	51	公式单元	公式单元
固定资产	18	公式单元	公式单元	递延所得税负债	52	公式单元	公式单元

格式　检查公式已经完成　账套:[007]北京金源贸易股份 操作员:张新宁(账套主管)

图 7-32 “资产负债表”模板

3．生成资产负债表数据

（1）在数据状态下，执行“数据”|“关键字”|“录入”命令，系统弹出“录入关键字”对话框。

（2）录入单位名“金源公司”、年“2020”、月“07”、日“31”。

（3）单击【确认】按钮，系统弹出“是否重算第 1 页？”对话框。

（4）单击【是】按钮，系统会自动根据单元公式计算 2020 年 1 月份数据；单击【否】按钮，系统不计算 7 月份数据，以后可利用“表页重算”功能生成 1 月份数据。

（5）单击【保存】按钮，将生成的报表数据保存，如图 7-33 所示。

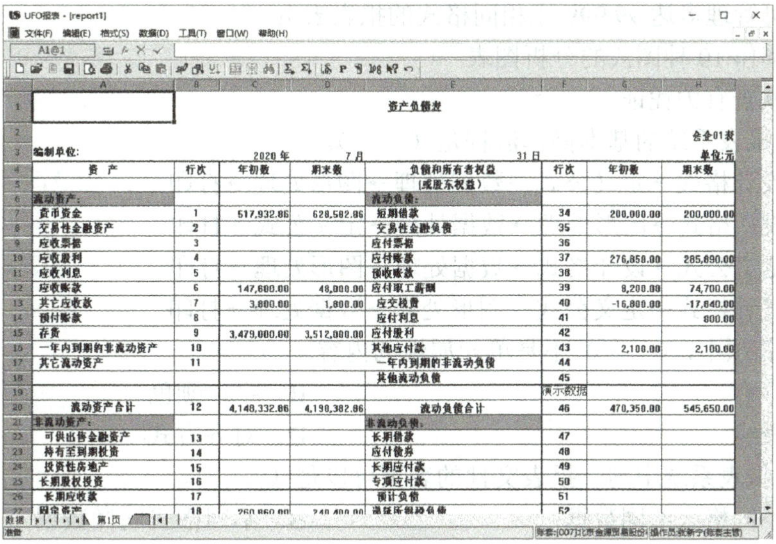

UFO报表 - [report1]

	资产负债表						
							会企01表
编制单位:		2020 年	7 月		31 日		单位:元
资 产	行次	年初数	期末数	负债和所有者权益（或股东权益）	行次	年初数	期末数
流动资产:				流动负债:			
货币资金	1	517,932.86	628,582.86	短期借款	34	200,000.00	200,000.00
交易性金融资产	2			交易性金融负债	35		
应收票据	3			应付票据	36		
应收股利	4			应付账款	37	276,858.00	285,890.00
应收利息	5			预收账款	38		
应收账款	6	147,600.00	48,000.00	应付职工薪酬	39	8,200.00	74,700.00
其它应收款	7	3,800.00	1,800.00	应交税费	40	-16,800.00	-17,840.00
预付账款	8			应付利息	41		800.00
存货	9	3,479,000.00	3,512,000.00	应付股利	42		
一年内到期的非流动资产	10			其他应付款	43	2,100.00	2,100.00
其它流动资产	11			一年内到期的非流动负债	44		
				其他流动负债	45		
					演示数据		
流动资产合计	12	4,148,332.86	4,190,382.86	流动负债合计	46	470,350.00	545,650.00
非流动资产:				非流动负债:			
可供出售金融资产	13			长期借款	47		
持有至到期投资	14			应付债券	48		
投资性房地产	15			长期应付款	49		
长期股权投资	16			专项应付款	50		
长期应收款	17			预计负债	51		
固定资产	18	260,860.00	240,400.00	递延所得税负债	52		

数据　第1页　准备　账套:[007]北京金源贸易股份 操作员:张新宁(账套主管)

图 7-33 资产负债表

（6）按照同样的方法，生成2020年7月份利润表。

（四）调用报表模板生成现金流量表主表

（1）在报表管理系统中，执行“文件”|“新建”命令，系统弹出“新建”对话框。

（2）在“模板分类”中选择“2007年新会计制度科目”；在“2007年新会计制度科目模板”中，选择“现金流量表”。

（3）单击【确定】按钮，即可打开“现金流量表”模板。

调用现金流量表模板的另一方法如下：

（1）新建空白报表后，在格式状态下，执行“格式”|“报表模板”命令，系统弹出“报表模板”对话框。选择所在的行业为“一般企业（2007年新会计准则）”，财务报表为“现金流量表”。

（2）单击【确认】按钮，弹出“模板格式将覆盖本表格式！是否继续？”对话框。

（3）单击【确定】按钮，即可打开“现金流量表”模板。

项目训练

一、不定项选择题

1．下列各项中，不属于UFO报表系统功能的是（　　）。

A．导入标准财务数据

B．可管理多达99 999张相同格式的报表表页

C．制作10种图式的分析图表

D．联查有关凭证

2．UFO报表系统的基本操作流程是（　　）。

A．设计格式→定义公式→数据处理→图形处理→打印

B．设计格式→图形处理→数据处理→定义公式→打印

C．定义公式→设计格式→数据处理→图形处理→打印

D．设计格式→定义公式→图形处理→数据处理→打印

3．下列各项中，（　　）不是单元属性的内容。

A．行高　　B．字体颜色

C．表线　　D．对齐方式

4．UFO报表系统中同一报表文件的表页可以是（　　）。

A．不同格式不同数据　　B．不同格式同样数据

C．相同格式不同数据　　D．相同格式相同数据

5. 如果要取得总账管理系统的指定科目的本期数量发生额，需要选择（ ）函数。

A. FS( )　　B. SFS( )　　C. WFS( )　　D. SJE( )

6. 下列公式中，（ ）是正确的他表取数公式。

A. C3:D10= ‘资产负债表’ →C3:D10@1

B. C3:D10=资产负债表→C3:D10@1

C. C3:D10= “资产负债表.rep→C3:D10@1”

D. C3:D10= ‘资产负债表.rep→C3:D10@1’

7. 下列公式中，正确格式的审核公式为（ ）。

A. C43=G43 MESS ‘期初资产总计与负债及权益总计不等！’

B. C43=G43 MESS 期初资产总计与负债及权益总计不等！

C. C43=G43 MESS [期初资产总计与负债及权益总计不等！]

D. C43=G43 MESS “期初资产总计与负债及权益总计不等！”

8. 如果总核算账套的科目为新会计制度，且账套性质为工业企业，用 UFO 报表模板生成财务报表时，应选择的模板是（ ）。

A. 工业企业下的报表　　B. 外商投资企业下的报表

C. 新会计制度科目行业下的报表　　D. 对外合作行业的报表

9. 在 UFO 报表系统中欲查找某一时间的损益表数据，需要在（ ）下进行查询。

A. 格式状态　　B. 打印输出

C. 导出文件　　D. 数据状态

10. 制作报表图形时，至少要选择（ ）的数据区。

A. 1 行×1 列　　B. 2 行×1 列

C. 3 行×1 列　　D. 2 行×2 列

11. 下列关于 UFO 报表系统的操作规定中，说法正确的是（ ）。

A. 对于报表尺寸、颜色等的设定，将作用于指定表页

B. 对于报表尺寸、颜色等的设定，将不影响表页

C. 对于报表尺寸、颜色等的设定，将作用于第一表页

D. 对于报表尺寸、颜色等的设定，将作用于所有表页

二、上机操作题

1. 新建报表，根据下表格式定义报表格式。

费用统计表

资产	年初数	期末数	权益	年初数	期末数
资金货币					
应收账款			股本		
存货			未分配利润		
合计			合计		

制表人：

表头：标题“费用统计表”设置为黑体、14号、居中。

表体：表体中文字设置为楷体、12号、居中。

表尾：“制表人”设置为宋体、10号、居左。

2．定义各项目的单元取数公式。

3．编制产生业务当月的报表数据。

4．将报表文件名设为“新华1”。

项目八 供应链管理系统

8

职业能力目标

知识目标

了解供应链管理系统的基本功能。

熟悉供应链管理系统的业务处理流程。

了解供应链管理系统初始设置的内容和方法。

掌握供应链管理系统采购、销售业务处理的内容和基本方法。

掌握供应链管理系统月末处理的主要内容。

能力目标

能进行供应链管理系统各管理系统的初始设置。

能对采购管理系统各功能进行操作。

能对销售管理系统各功能进行操作。

能对库存管理系统各功能进行操作。

能够正确进行供应链管理系统的月末处理。

职业目标

能根据企业的需要进行供应链管理系统的初始化设置。

能进行企业采购业务、销售业务及存货成本的核算。

任务一　了解供应链管理系统

金源公司已经完成了账套号为“007 北京金源贸易股份有限公司”的公司账套建立，从 2020 年 8 月 1 日起，启用了供应链管理系统，财会人员需要了解供应链管理系统的基本功能、业务处理流程。

知识准备

一、供应链管理系统概述

用友 ERP-U872 中的供应链管理系统，是以企业购、销、存业务环节中的各项活动为对象，记录各项业务的发生，并有效跟踪其发展过程，为财务核算、业务分析和管理决策提供依据。

供应链管理系统主要对采购、销售、库存和存货等各个方面进行管理，其主要任务包括管理采购订单、采购入库单和采购发票，管理销售订单、销售发货单和销售发票，管理各种存货的入库和出库业务，核算应收、应付账款，核算物资采购、销售收入和税金，核算存货入库成本、出库成本和结余成本。

供应链管理系统包括采购管理系统、销售管理系统、库存管理系统和存货核算系统四个紧密相连、协同工作的子系统，各个子系统之间的关系如图 8-1 所示。

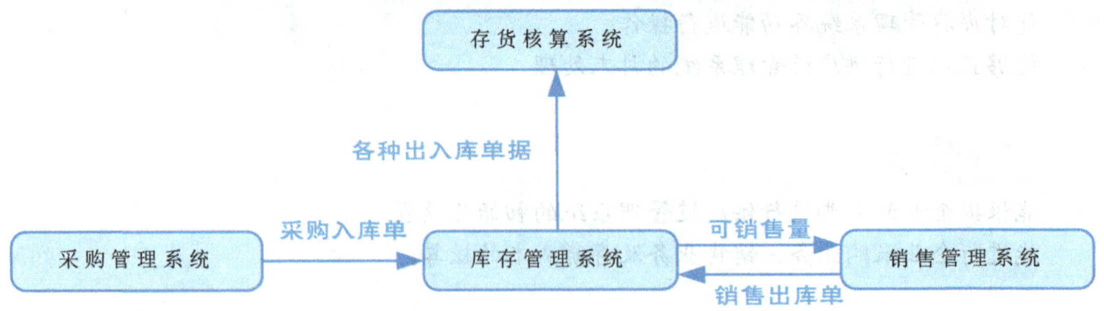

图 8-1　供应链管理系统子系统之间关系

（一）供应链管理系统功能概述

供应链业务核算是企业经营管理的重要环节，一般来讲，供应链管理系统应具备以下功能。

1. 物资采购核算

物资采购核算是指根据企业业务经营与财务管理方面的要求，处理有关物资采购方面的经济业务，主要包括请购、定购、到货、入库、采购发票、采购结算等全过程的管理，可以处理普通采购业务、受托代销业务等业务类型。企业可根据实际业务情况，对采购业务处理流程进行可选配置，并登记各种核算账簿，以及进行采购业务分析。

2. 产品销售核算

产品销售核算是指按照国家有关规定，处理有关产品销售方面的经济业务，包括销售报价处理、销售订货、销售开票、销售调拨、销售退货、发货折扣、委托代销、零售业务等，并根据审核后的发票或发货单自动生成销售出库单，处理随同货物销售所发生的各种代垫费用，以及在货物销售过程中发生的各种销售支出；对产品的销售业务进行核算统计，同时，进行各种销售业务分析。

3. 库存商品的管理和核算

按照国家有关规定，处理有关库存商品管理方面的经济业务主要包括审核各种入库单据、管理出入库数量，同时处理库存商品调拨业务、盘点业务、组装拆卸业务等；另外，还包括库存商品的控制（保质期管理、代销商品管理、不合格品管理、现存量管理、安全库存管理等），同时进行入库流水账、库存台账等库存账簿管理和统计分析，存货出入库成本的核算、出入库成本的调整，存货跌价准备的处理等。

（二）供应链管理系统的业务处理流程

供应链管理系统主要通过采购管理、销售管理、库存管理和核算管理四个紧密相连、协同工作的子系统来实现管理的。其中，各个子系统可以单独使用，也可以与相关系统联合使用。

一般情况下，供应链管理业务处理流程如图 8-2 所示。

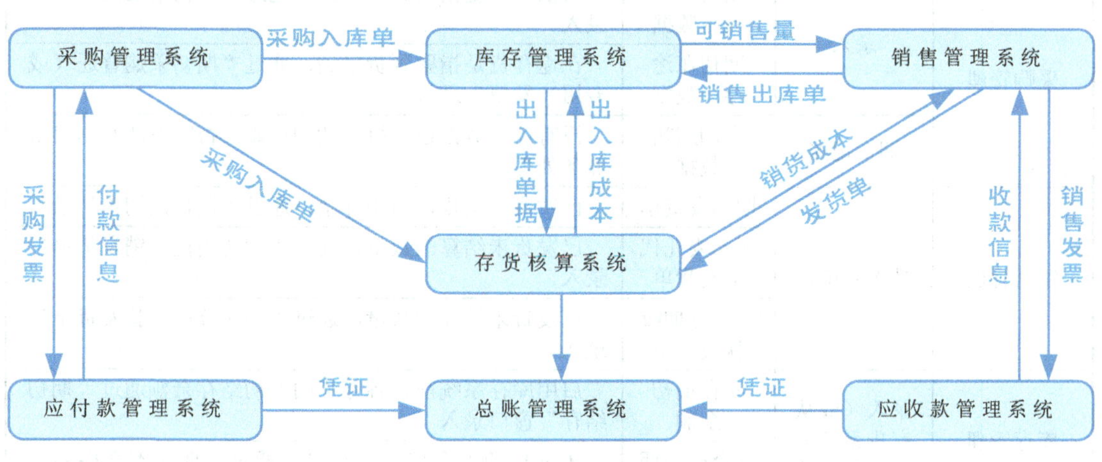

图 8-2 供应链管理业务处理流程

二、供应链管理系统的初始设置

供应链管理系统初始设置的主要内容包括供应链管理系统建账、基础信息设置及期初余额录入等工作。

（一）供应链管理系统建账

本教材系统采用的顺序为总账、应收、应付，然后再实施供应链管理系统的电算化，系统建账已经在总账管理系统中实现，因此这里只需要启用供应链相关子系统并设置系统选项即可。

（二）基础信息设置

使用供应链管理系统之前，应做好手工基础数据的准备工作，如对存货合理分类，准备存货的详细档案，进行库存数据的整理及与账面数据的核对等。供应链管理系统需要增设的基础档案信息一般包括存货分类、计量单位、仓库档案、货位档案、收发类别、采购类型、销售类型等。

（三）期初余额录入

在供应链管理系统中，期初余额录入是一项非常关键的环节，它一般包括录入期初数据、执行期初记账或审核等步骤。

1．期初数据录入

期初数据录入的内容和顺序如表 8-1 所示。

表 8-1　期初数据录入的内容和顺序

系统名称	操作	内容	说　明
采购管理	录入	期初暂估入库数据	暂估入库是指货到票未到，通过“期初采购入库单”录入
		期初在途存货数据	在途存货是指票到货未到，通过“期初采购普通（或专用）发票”录入
	期初记账	采购期初数据	没有期初数据也要执行期初记账，否则不能开始日常业务处理
销售管理	录入并审核	期初发货单	已发货、出货，但未开票，通过“发货期初单”录入
		期初委托代销发货单	已发货未结算的数量，通过“期初委托代销发货单”录入
		期初分期收款发货单	已发货未结算的数量，通过“期初分期收款发货单”录入
库存管理	录入（或从存货系统取数）并审核	库存期初余额	启用库存系统前，各存货的期初结存余额通过“期初结存”窗口录入
		不合格品期初余额	未处理的不合格品结存量，通过“期初不合格品”录入

续表

系统名称	操作	内容	说 明
存货核算	录入（或从库存系统取数）并审核	存货期初余额	启用存货核算系统前，各存货的期初结存余额通过“期初余额”窗口录入
		期初分期收款发出商品余额	已发货未结算的数量，通过“期初分期收款发出商品”录入

2. 期初记账

期初记账是指将有关期初数据记入相应的账表中，它标志着供应链管理系统各个子系统的初始化工作全部结束，相关的参数和期初数据不能修改和删除。若供应链管理系统各个子系统集成使用，则期初记账应当遵循一定的顺序，即采购管理系统必须先记账，库存管理系统和存货管理系统的期初记账顺序无特别的要求。

系统启用次序

如果在同一月份启用所有的子系统，建议采用以下的启用次序：

（1）先启用采购管理系统和销售管理系统，然后启用库存管理系统和存货核算系统。

（2）启用供应链管理系统和总账管理系统后，再启用应收款管理系统、应付款管理系统。

（3）启用总账管理系统后，就可以启用薪资管理系统、固定资产管理系统，且不分顺序。

（4）最后启用成本核算系统。

月末结账次序

如果所有的子系统均已启用，月末结账时，应遵循以下顺序：

（1）薪资管理系统、固定资产管理系统、采购管理系统、销售管理系统先进行月末结账，且不分先后顺序。

（2）然后是库存管理系统、存货核算系统和应收款管理系统、应付款管理系统。

（3）除总账管理系统外的各个子系统均月末结账后，成本核算系统才能进行月末结账。

（4）各个子系统均月末结账后，总账管理系统才能结账。取消结账按相反顺序进行。

任务二　采购管理系统

知识准备

一、采购管理系统概述

采购管理系统是用友 ERP-U872 供应链管理系统的重要组成部分，采购管理系统对企业采购业务的全部流程进行管理，包括请购、采购订货、采购到货、采购入库、采购发票、采购结算的完整采购流程，企业可根据自身实际情况进行灵活设置。

采购管理系统既可以单独使用，又可以与用友 ERP-U872 其他管理系统集成使用，完整、全面地完成业务和财务流程处理。

（一）采购管理系统功能概述

1．设置

采购管理系统录入期初单据并进行期初记账，设置采购管理系统的系统选项。

2．供应商管理

用户可以对供应商资质、供应商供货的准入进行管理，也可以对供应商存货对照表、供应商存货价格表进行设置，并可按照供应商进行相关业务的查询和分析。

3．业务

采购管理系统进行采购业务的日常操作，包括请购、采购订货、采购到货、采购入库、采购发票、采购结算等业务，企业可以根据业务需要选用不同的业务单据、定义不同的业务流程，月末进行采购管理的结账操作。

（二）采购管理系统与其他管理系统的主要关系

采购管理系统中填制的采购入库单，在库存管理系统中进行审核确认，并在存货核算系统中进行记账。采购管理系统没有结算的入库单，在存货核算系统中做暂估入账处理；本系统填制的采购发票，在采购结算处理后，自动向供应商往来中记载应付账款信息。

（三）采购管理系统的业务处理流程

采购管理系统能为企业的日常采购业务提供从编制计划、询价、供应商管理、采购订货、入库、采购发票及付款的全过程管理。企业也可以根据自身的实际情况，灵活配置系统。

二、采购管理系统日常业务处理

采购管理系统的日常业务包括请购、采购订货、采购到货、采购入库、采购发票、采购结算等。

1. 请购

请购是指企业内部向采购部门提出采购申请或采购部门汇总企业内部采购需求提出采购清单。请购是采购业务处理的起点，用于描述和生成采购的需求，如采购什么货物、采购多少、何时使用、谁用等内容；同时，也可为采购订单提供建议内容，如建议供应商、建议订货日期等。

请购单可以手工增加，也可以根据销售订单、出口订单、标准 BOM 进行齐套生单。请购单可以修改、删除、审核、弃审、关闭、打开、锁定、解锁，录入时支持行复制。

2. 采购订货

采购订货是指企业根据采购需求，与供货单位之间签订采购合同、购销协议。采购订单是企业与供应商之间签订的采购合同、购销协议等，主要内容包括采购什么货物、采购多少、由谁供货、什么时间到货、到货地点、运输方式、价格、运费等。它可以是企业采购合同中关于货物的明细内容，也可以是一种订货的口头协议。

通过采购订单的管理，可以帮助企业对采购业务进行事前预测、事中控制与监督。

采购订单可以手工录入，也可以参照请购单、销售订单、采购计划、采购合同生成。采购订单可以修改、删除、审核、弃审、变更、关闭、打开、锁定、解锁。采购订单是可选单据，但必有订单时，订单必有。采购订单可以只录入数量，不录入单价、金额。

3. 采购到货

采购到货是采购订货和采购入库的中间环节，一般由采购业务员根据供货方通知或送货单填写，确认对方所送货物、数量、价格等信息，以入库通知单的形式传递到仓库作为保管员收货的依据。

4. 采购入库

采购入库是通过采购到货、质量检验环节，对合格到货的存货进行入库验收。若本月存货已经入库，但采购发票尚未收到，可以对货物进行暂估入库；待发票到达后，再根据该入库单与发票进行采购结算处理。

库存管理系统未启用前，可在采购管理系统录入入库单据；库存管理系统启用后，必须在库存管理系统录入入库单据，在采购管理系统可以查询入库单据，也可以根据入库单据生成发票。

5. 采购发票

采购发票是供应商开出销售货物的发票，用户根据采购发票确认采购成本，进行记账和付款核销。

采购发票是供应商开出的销售货物的凭证，系统根据采购发票确认采购成本，并据以登记应付账款。企业在收到供货单位的发票后，如果没有收到供货单位的货物，可以对发票压单处理，待货物到达后，再录入系统做报账结算处理；也可以先将发票录入系统，以便实时统计在途货物。

采购发票按业务性质分为蓝字发票、红字发票；按发票类型分为增值税专用发票、普通发票、其他收据等。

6．采购结算

采购结算，又称采购报账，是指采购核算人员根据采购入库单、采购发票核算采购入库成本。采购结算的结果是采购结算单，它是记载采购入库单与采购发票对应关系的结算对照表。

采购结算从操作处理上分为自动结算和手工结算两种方式；另外，运费发票可以单独进行费用折扣结算。

三、采购管理系统期末处理

采购管理系统的期末处理主要包括采购账表的查询和分析、供应商往来账表查询和月末结账。

（一）采购账表查询

通过对明细表、统计表、余额表及采购分析表的对比分析，可以实现对采购管理的事中控制和事后分析功能；综合利用采购管理系统提供的各种账表和查询功能，可以全面提升企业的采购管理水平。

1．采购明细

采购明细是指将采购业务中的采购发票、采购入库单及采购结算单据，由用户任选查询条件，逐笔进行显示。采购明细主要有采购明细表、入库明细表、结算明细表、货到票未到明细表、票到货未到明细表、费用明细表、增值税抵扣明细表等。

2．采购统计

采购统计是指将采购业务中的采购发票、采购入库单及采购结算数据，由用户任选查询条件，逐笔进行显示。采购统计表格主要有采购统计表、入库统计表、结算统计表、货到票未到统计表、票到货未到统计表、综合统计表等。

（二）月末结账

月末结账是指逐月将每月的单据数据封存，并将当月的采购数据记入有关账表中。采购管理系统月末结账可以连续将多月的数据进行结账，但不允许跨月结账。月末结账后，该月的凭证将不能修改和删除。

任务三 销售管理系统

知识准备

一、销售管理系统概述

销售是企业经营成果的实现过程，是企业经营活动的中心，使企业资金实现周转并创造利润，是企业生存与发展的动力所在。

（一）销售管理系统功能概述

销售管理系统以发票、费用单、其他应收单等原始单据为依据，记录销售业务及其他业务所形成的往来款项，处理应收款项的收回、坏账、转账等情况，同时提供票据处理功能。系统根据对客户往来款项核算和管理的程度不同，提供了两种应用方案。

1. 在应收款管理系统核算客户往来款项

如果企业的应收款核算管理内容比较复杂，需要追踪每一笔业务的应收款、收款等情况，或者需要将应收款核算到产品级，那么可以选择该方案。该方案下，所有的客户往来凭证全部由销售管理系统生成，其他管理系统不再生成这类凭证。

2. 在总账管理系统核算客户往来款项

如果企业的应收款业务比较简单，或者现销业务很多，则可以选择在总账管理系统通过辅助核算完成客户往来核算。若同时使用销售管理系统，可接收销售管理系统的发票，并对其进行制单处理。

客户往来业务在总账管理系统生成凭证后，可以在往来管理系统进行查询。

（二）销售管理系统与其他管理系统的主要关系

销售管理子系统的发货单、销售发票新增后冲减库存管理系统的货物现存量；经审核后自动生成销售出库单传递给库存管理系统；库存管理系统为销售管理系统提供各可用于销售的存货的现存量；销售管理系统的发货单、销售发票经审核后自动生成销售出库单，销售出库单或销售发票传给存货核算系统；存货核算系统将计算出来的存货的销售成本传递给销售管理系统。

二、销售管理系统日常业务处理

销售管理系统的日常业务处理主要包括单据处理、票据管理、制单处理、查询统计等操作。

（一）单据处理

销售发票与应收单据是应收账款日常核算的原始单据。销售发票是指销售业务中的各类普通发票和专用发票。应收单是指销售业务外的应收单据，如代垫运费等。

1. 单据结算

单据结算的功能包括录入收款单、付款单，对发票及应收单据进行核销，形成预收款并核销预收款，处理代付款。

- ✓ 收款单是收到款项后录入的单据，款项包括收到货款、预付款、代付款。
- ✓ 付款单是因销售退回而填制的付款单据。
- ✓ 核销就是确定收/付款单与原始的发票、应收单之间的对应关系的操作，即需要指明每一次收款是收的哪几笔销售业务的款项。

2. 转账处理

在日常业务处理中，经常会发生以下几种转账处理情况：

- 预收冲应收：某客户有预收款时，可用该客户的一笔预收款冲一笔应收款。
- 应收冲应付：若某客户既是销售客户又是供应商，则可能发生应收款冲应付款的情况。
- 红字单据冲蓝字单据：当发生退货时，用红字发票对冲蓝字发票。
- 应收冲应收：当一个客户为另一个客户代付款时，发生应收冲应收情况。

（二）票据管理

企业一般情况下都有与销售有关的应收票据。用友 ERP-U872 系统提供了强大的票据管理功能，可以对银行承兑汇票和商业承兑汇票进行管理，记录票据详细信息、票据处理情况，包括票据贴现、背书、计息、结算和转出等情况。

（三）制单处理

销售管理系统提供了客户往来制单处理。制单处理分为立即制单和批量制单。立即制单是在单据处理、转账处理、票据处理及坏账处理等功能操作中即时生成凭证；批量制单是所有业务完成后，使用制单功能进行批量处理制单。

（四）查询统计

销售管理系统的查询统计功能主要有销售单据查询、销售明细账（表）查询、销售统计表查询和客户往来账表查询。

三、销售管理系统期末处理

销售管理系统的期末处理工作主要包括汇兑损益和月末结账。

1. 汇兑损益处理

如果客户往来有外币核算，且在总账管理系统中“账簿选项”选取客户往来由“应收系统”核算，则在此计算外币单据的汇兑损益并对其进行相应的处理。

2. 月末结账

如果确认本月的各项处理已经结束，可以选择执行月末结账功能。结账后本月不能再进行单据、票据、转账等业务的增加、删除、修改、审核等处理。如果用户觉得某月的月末结账存在错误，可以取消月末结账，但取消结账操作只有在该月总账未结账时才能进行。

如果结账期间是本年度最后一个期间，则本年度进行的所有核销、坏账、转账等处理必须制单，否则不能向下一个年度结转，而且对于本年度外币余额为0的单据必须将本币余额结转为0，即必须执行汇兑损益。

- ✓ 如果上月没有结账，则本月不能结账。
- ✓ 本月的单据在结账前应该全部审核。
- ✓ 若本月的结算单还有未核销的，不能结账。

任务四　库存管理系统

知识准备

一、库存管理系统概述

库存管理系统的主要任务是通过对企业存货进行管理，正确计算存货购入成本，促使企业努力降低存货成本；反映和监督存货的收发、领退和保管情况；反映和监督存货资金的占用情况，促使企业提高资金的使用效果。

1. 库存管理系统功能概述

库存管理系统的主要功能是有效管理库存商品，对存货进行入库及出库管理，并进行有效的库存控制，实时地进行库存账表查询及统计分析，能够满足采购入库、销售入库、产成品入库、材料出库等其他出入库业务需求，并且提供仓库货位管理、批次管理、保质期管理、不合格产品管理、现存量管理、条形码管理等业务的全面功能应用。

2. 库存管理系统与其他管理系统的主要关系

库存管理系统是财务管理软件的组成部分之一，也是其基础部分，该系统与采购管理系统、销售管理系统、存货核算系统等有紧密的联系，可以协同工作。它对采购管理系统提供的采购入库单进行审核确认；对销售管理系统根据发货单、发票生成的销售出库单进行审核确认；为存货核算系统提供各种出入库单据；为销售管理系统提供存货的详细存储信息，可提供各仓库、各存货、各批次的结存情况。

二、库存管理系统日常业务处理

（一）入库业务

仓库收到采购、生产完成等验收入库的货物，由仓库保管员验收货物的数量、质量、规格型号，确认验收无误后入库，并登记库存台账，这个过程叫入库。入库是仓库对所收到的货物的确认，反映为库存的现存量增加。

1. 采购入库单

对于工业企业，采购入库单一般是指采购原材料验收入库时所填制的入库单据；对于商业企业，一般是指商品进货入库时填制的入库单。无论是工业企业还是商业企业，采购入库单是企业入库单据的主要部分，因此在库存管理系统中，采购入库单也是日常业务的主要原始单据之一。

2. 产成品入库单

产成品入库单一般是指工业企业产成品验收入库时所填制的入库单据。产成品入库单是工业企业入库单据的主要部分，只有工业企业才有产成品入库单，商业企业没有此单据。

进行产成品入库单录入时可以只录入产成品入库时的数量而不录入金额，如果与存货核算系统集成使用，产品的金额需要经过成本计算得出，在得知产品总成本的基础上可以使用“产成品成本分配”的功能自动计算和分配产品成本。

产成品入库单应在库存管理系统中填制并审核，然后传递到存货核算系统进行成本计算及单据记账等处理。

（二）出库业务

仓库由于销售和生产领料等业务，由仓库保管员检验发货的数量、质量、规格型号，确认无误后办理出库手续，并登记库存台账，这个过程叫出库。出库是仓库发出的货物的确认，反映为库存的现存量减少。

出库主要包括销售出库、生产领料出库及其他出库。出库时必须有相应的出库单据，出库单可以手工增加，也可以自动生产。

1. 销售出库单

对于工业企业，销售出库单一般是指产成品销售出库时所填制的出库单据；对于商业企业，一般是指商品销售（包括受托代销商品）出库时填制的出库单。无论是工业企业还是商业企业，销售出库单都是企业出库单据的主要部分，因此在库存管理系统中，销售出库单也是进行日常业务处理和记账的主要原始单据之一。

如果库存管理系统和销售管理系统集成使用，销售出库单是销售管理系统根据销售发货单（包括委托代销发货单）或发票生成的；如果库存管理系统没有和销售管理子系统集成使用，销售出库单就需由库存管理员在此录入。

销售出库单应在销售管理系统中填制销售发货单并在库存管理系统中进行审核，然后还要传递到存货核算系统进行单据记账等处理。

2. 材料出库单

材料出库单是工业企业领用材料时所填制的出库单据。材料出库单是工业企业出库单据的主要部分，因此在库存管理系统中，它也是进行日常业务处理和记账的主要原始单据之一。只有工业企业才有材料出库单，商业企业没有此单据。

三、库存管理系统期末处理

库存管理系统的期末处理业务主要包括账表查询分析和月末结账。

（一）账表查询分析

日常核算的结果必须通过查询才能得出存货管理的有效信息。存货的查询和分析是存货管理的重要内容，管理人员需要通过查询和分析功能，及时了解每笔存货的收发存情况及存货的相关业务指标，同时为加强存货管理、提高存货周转率、降低库存资金占用水平、提高企业的经济效益提供依据。

1. 出入库流水账

出入库流水账可以查询任意时间段或任意情况下的存货出入库情况。

2. 库存台账

库存台账用于查询各仓库、各存货、各月份的收发存明细情况。库存台账是按存货（或存货+自由项）设置账页的，即一个存货一个账页。

3. 收发存汇总表

收发存汇总表反映各仓库、各存货、各种收发类别的收入、发出及结存情况。收发存汇总表是按仓库进行分页查询的，一页显示一个仓库的收发存汇总表。所有仓库的收发存汇总表通过汇总功能查询。收发存汇总表输出的内容包括仓库、存货、自由项、期初结存数量（件数），各种入库类别的入库数量（件数），各种出库类别的出库数量（件数），期末结存数量（件数）。

（二）月末结账

月末结账只能每月进行一次，结账后，本月不能再填制单据。

- ✓ 如果库存管理系统和采购管理系统及销售管理系统集成使用，必须在采购管理系统和销售管理系统结账后，库存管理系统才能进行结账。
- ✓ 若某月结错账，可单击【取消结账】按钮取消结账状态，之后进行该月业务处理，最后再结账。
- ✓ 如果库存管理系统和存货核算系统集成使用，必须在存货核算系统当月月末结账或取消结账后，库存管理系统才能取消结账。

任务五　存货核算系统

知识准备

一、存货核算系统概述

存货是指企业在生产经营过程中为销售或耗用而储存的各种资产，包括商品、产成品、半成品、在产品，以及各种材料、燃料、包装物、低值易耗品等。

存货的核算是企业会计核算的一项重要内容。进行存货核算，应正确计算存货购入成本，促使企业努力降低存货成本；反映和监督存货的收发、领退和保管情况；反映和监督存货资金的占用情况，促使企业提高资金的使用效果。

1. 存货核算系统功能概述

存货核算系统是从资金角度管理存货的出入库业务，核算企业的入库成本、出库成本及结余成本。它反映和监督存货的收发、领退和保管情况；反映和监督存货资金的占用情况。

2. 存货核算系统的业务处理流程

存货核算系统的工作流程主要包括初始设置、日常业务处理、凭证处理、期末处理和账表分析几个方面。

3. 存货核算系统和其他管理系统的主要关系

存货核算系统是连接总账管理系统和供应链管理系统的枢纽，与企业的采购业务、销售业务、总账管理系统均有着直接而又密切的关系。存货核算系统接受供应链管理系统传递过来的单据，并进行记账处理，核算各种存货成本，并生成凭证传递给总账管理系统。

二、存货核算系统日常业务处理

存货核算系统的日常业务主要包括相关单据的记账、暂估成本处理、单据制单等工作。存货核算系统能够处理采购入库单、产成品入库单、其他入库单、销售出库单、材料出库单、其他出库单、入库调整单、出库调整单等业务单据。

（一）产成品成本分配

产成品成本分配用于对已入库未记明细账的产成品进行成本分配；可随时对产成品入库单提供批量分配成本，也可从成本核算系统取得成本，填入入库单。成本分配时，先求出平均单价，再将详细信息中此存货的每笔记录的数量乘以此单价，算出每笔记录的金额，填到对应的产成品入库单中。

（二）单据记账

单据记账对于存货核算系统来说意义重大，是系统计算、记录、确认出入库单据成本的关键。一方面，通过单据记账系统将用户所录入的出入库单据登记在存货明细账、差异明细账/差价明细账、受托代销商品明细账、受托代销商品差价账上；另一方面，单据记账和存货的计价关系密切，用先进先出、后进先出、移动平均、个别计价这四种方式计价的存货在单据记账时进行出库成本核算。前面所录入的出入库单记账时取该出入库单上记载的成本进行成本核算。如果单据上无成本资料，则依据初始设置的计价方式自动取价，核算出入库成本。因此，单据记账是存货核算管理系统进行存货成本核算的重要步骤。存货记账后，就可以更新存货收发存的数量和金额。

单据记账包括正常单据记账和特殊单据记账。特殊单据记账主要是针对调拨业务，其他业务一般通过正常单据记账功能来执行记账。

1. 正常单据记账

单据记账、入库成本也根据前面设置的入库单成本选择方法进行核算。系统根据前面设置的核算方式，选择按仓库或部门所设置的存货计价方法进行出库成本核算。

2. 特殊单据记账

特殊单据记账主要是针对调拨业务而言。存货核算系统与库存管理系统集成使用时，在库存管理系统中填制调拨单，调拨单审核后，系统会生成相应的其他入库单和出库单，存货核算系统需要对调拨单进行特殊记账。

应该注意，如果调拨单在特殊单据记账功能中已经记账，则由其生成的其他出入库单不允许再进行正常单据记账。

3. 恢复单据记账

单据记账后可以恢复记账，恢复记账用于将用户已登记明细账的单据恢复到未记账状态。

（三）平均单价计算

用先进先出、后进先出、移动平均、个别计价这四种方式计价的存货在单据记账时就可以进行出库成本核算，记账后能随时了解到存货的出库成本；而全月一次平均法往往只能在月底适用，当全部存货业务结束后才能得出全月的平均成本，在平时是无法得知货物的确切平均成本的。

三、存货核算系统期末处理

当日常业务全部完成后，应计算按全月平均方式核算的存货的全月平均单价及本月出库成本，计算按计划价/售价方式核算的存货的差异率/差价率及本月的分摊差异/差价，并对已完成日常业务的仓库/部门做处理标志。存货核算子系统的这些操作就称为“月末处理”。

当所选仓库/部门为计划价/售价核算时，系统自动计算此仓库/部门中各存货的差异率/差价率，并形成差异/差价结转单，此单据不可修改。

当所选仓库/部门为全月平均方式核算时，系统自动计算此仓库/部门中各存货的全月平均单价，并计算本会计月的出库成本（不包括已填写成本的出库），生成期末成本处理表，可对此表进行打印。如果出库成本不符合要求，可取消期末处理，在对出库成本进行调整后再进行处理。如果执行完期末处理，系统将对明细账回填出库成本。

当所选仓库/部门为上述两种核算方式以外的其他计价方式时，系统将自动标识此仓库/部门的期末处理标志。

期末成本计算每月只能执行一次，因此要特别小心，一定要仔细检查是否已把全部日常业务做完了。如果是在结账日之前执行，则当月的出入库单将不能在本会计期间录入。

由于本系统可以处理压单不记账的情况，因此进行期末处理之前，应仔细检查是否本月业务还有未记账的单据；应做完本会计月的全部日常业务之后，再做期末处理工作。

对于本月的单据，如果用户不想记账，可以放在下个会计月进行记账，算下个会计月的单据。

本月已进行期末处理的仓库/部门不能再进行期末处理。

本章综合训练

（一）供应链管理系统初始设置

1. 设置系统参数

（1）设置采购管理系统参数

- 普通业务必有订单。
- 专用发票默认税率为 13%。
- 其他设置由系统默认。

（2）设置销售管理系统参数

- 销售生成出库单。
- 普通销售必有订单。
- 新增发货单参照订单生成。
- 新增退货单、新增发票参照发货单生成。
- 其他设置由系统默认。

（3）设置库存管理系统参数

- 采购入库审核时改现存量。
- 销售出库审核时改现存量。
- 产成品入库审核时改现存量。
- 材料出库审核时改现存量。
- 其他入库审核时改现存量。

- 不允许超可用量出库。
- 自动带出单价的单据包括全部出库单。
- 出入库检查可用量。
- 其他设置由系统默认。

（4）设置存货核算系统参数

- 核算方式：按仓库核算。
- 暂估方式：单到回冲。
- 销售成本核算方式：按销售出库单。
- 零成本出库按参考成本价核算。
- 结算单价与暂估单价不一致需要调整出库成本。
- 其他设置由系统默认。

2. 期初数据录入

（1）采购管理系统期初数据录入

期初暂估入库单录入如下：

2019 年 12 月 8 日，A 材料 100 千克，单价为 80.00 元，购自华城公司。

2019 年 12 月 19 日，B 材料 950 千克，单价为 45.00 元，购自恒鑫公司。

（2）销售管理系统期初数据录入

期初发货单如下：

2019 年 12 月 8 日，销售给鑫科公司甲产品 500 件，无税单价为 180.00 元。

2019 年 12 月 18 日，销售给华盛公司乙产品 100 件，无税单价为 120.00 元。

（3）库存管理系统期初录入

库存管理系统期初数据的录入方法有两种：一是在库存管理系统直接录入；二是从存货核算系统取数。

仓库名称	存货编码和名称	数量	单价/元	金额/元
原材料仓库	001　A 材料	8 000	70.20	561 600.00
原材料仓库	002　B 材料	1 000	46.80	46 800.00
产成品仓库	003　甲产品	7 500	100.00	750 000.00
产成品	004　乙产品	500	67.00	33 500.00

（4）存货核算系统期初数据录入

存货核算系统期初数据的录入方法有两种：一是在存货核算系统直接录入；二是从库存管理系统取数。

3. 期初数据审核与记账

（1）库存管理系统期初数据审核。

（2）采购管理系统期初记账。

（3）存货核算系统记账。

4. 基础档案设置

（1）仓库档案

仓库编辑	仓库名称	计价方式
01	原材料仓库	移动平均
02	产成品仓库	全月平均

（2）收发类别

一级编码及名称	二级编码及名称	一级编码及名称	二级编码及名称
1 入库	101 采购入库	2 出库	201 销售出库
	102 采购退库		202 销售退回
	103 调拨入库		203 调拨出库
	104 盘盈入库		204 盘亏出库
	105 其他入库		205 其他出库

（3）采购类型和销售类型

采购类型		销售类型	
名称	入库类别	名称	出库类别
01 厂商采购	采购入库	01 批发销售	销售出库
02 采购退货	采购退货	02 经销商批发	销售出库
		03 销售退回	销售退回

（4）费用项目分类及档案

费用项目分类：1 无分类。

费用项目档案：01 运输费；02 装卸费；03 包装费。

（5）非合理损耗类型：01 运输部门责任

（二）供应链管理系统日常业务处理

修改系统时间为 2020 年 3 月 31 日。2020 年 3 月，该公司发生如下经济业务：

（1）3 日，华盛公司准备向本公司订购甲产品 1 000 件，本公司报价 180.00 元/件，华盛公司同意本公司的报价。本公司确认相关手续后，于本月 4 日发货，并于本月 5 日开出销售专用发票，票号为 ZY20140001，款项未收到，确认销售成本和应收款项。

（2）5 日，向埃泰克公司提出采购请求，请求采购 A 材料 100 千克，报价 68.00 元/千克，需求日期为 2020 年 3 月 10 日。

（3）6 日，埃泰克公司同意采购请求，但要求修改采购价格，经协商，本公司同意对方提出的订购价格 70.00 元/千克。并签订订货合同，要求本月 10 日到货。

（4）10 日，收到埃泰克公司发来的 A 材料和专用发票，发票号为 ZY34020001，经检验质量全部合格，办理入库手续，财务部门确认该笔存货成本和应付款项，尚未支付。

（5）10 日，福耀公司有意向本公司订购乙产品 100 件，出价 80.00 元/件。要求本月月底发货，本公司报价为 110.00 元/件，经协商最终的订购价格为 100 元/件，签署合同。

（6）13 日，收到 2019 年 12 月 19 日暂估业务的专用发票，发票号为 ZY34020002，发票上载明 B 材料 1 000 千克，单价 45.00 元，短缺的 50 千克为非合理损耗，经查明是运输部门责任，运输部门同意赔偿全部损失 2 632.50 元（尚未收到），财务部门按发票开出转账支票（1016）支付全部贷款。

（7）16 日，本公司向福耀公司发货，并于次日开具增值税发票，票号为 ZY20140002，并代垫运杂费 500.00 元（现金支票 XJ0112），福耀公司于 3 月 18 日开出转账支票，票号为 ZZ202001，支付所有款项，确认销售成本。

（8）17 日，与恒鑫公司签订合同，采购 B 材料 500 千克，要求 20 日到货。

（9）18 日，鑫科公司到本公司订购甲产品 2 000 件，本公司报价 160.00 元/件，经双方协商，最后的价格为 120 元/件，并签署订单。当日，本公司开具销售专用发票，票号为 ZY20200003，同时收到对方的全额付款的转账支票，票号为 ZZ0128（取消销售生成出库单）。

（10）19 日，本公司向鑫科公司发货，并确认相关成本。

（11）19 日，与华城公司签订合同，采购 A 材料 100 千克，要求 21 日到货。

（12）20 日，收到恒鑫公司发来的 B 材料和专用发票，发票号为 ZY34020003，合同约定运费由对方承担。专用发票上注明 B 材料 500 千克，单价 50.00 元，增值税税率 13%。在办理入库手续时发现短缺 10 千克，属于合理损耗，当日通过现金支票（XJ0120）支付货款和税款。

（13）21 日，向华城公司采购的 A 材料 100 千克到货并验收入库。

（14）26 日，福耀公司要求退货，退回乙产品 5 件，此次销售的乙产品已于本月 16 日开票并收款，本公司同意退货，同时办理相关退货手续（转账支票 ZZ0155）。

（15）31 日，本月 18 日向华城公司订购的 A 材料 100 千克，单价 75.00 元，已于 21 日收到并签收入库，但发票至今未收到。

（16）31 日，本月 10 日入库的 10 千克 A 材料存在质量问题，要求退货。经与埃泰克公司协商，对方同意退货。该批 A 材料已于 10 日办理采购结算。

（三）供应链管理系统期末业务处理

（1）采购管理系统月末结账。

（2）销售管理系统月末结账。

（3）库存管理系统月末结账。

（4）存货核算系统月末结账。